面向大模型的未来教师实务手册丛书　丛书主编　陈向东　范国睿

教师的循证实践

基于 AI 大模型的方法

陈向东 褚乐阳 陈鹏 / 著

华东师范大学出版社

·上海·

图书在版编目（CIP）数据

教师的循证实践：基于 AI 大模型的方法 / 陈向东，褚乐阳，陈鹏著. --上海：华东师范大学出版社，2025. -- ISBN 978 - 7 - 5760 - 5892 - 5

Ⅰ. G434

中国国家版本馆 CIP 数据核字第 2025NX3462 号

教师的循证实践
—— 基于 AI 大模型的方法

著　　者　陈向东　褚乐阳　陈　鹏
责任编辑　孙　婷　王嘉明
特约审读　李　欢
责任校对　张佳妮　时东明
装帧设计　卢晓红

出版发行　华东师范大学出版社
社　　址　上海市中山北路 3663 号　邮编 200062
网　　址　www.ecnupress.com.cn
电　　话　021 - 60821666　行政传真 021 - 62572105
客服电话　021 - 62865537　门市(邮购)电话 021 - 62869887
地　　址　上海市中山北路 3663 号华东师范大学校内先锋路口
网　　店　http://hdsdcbs.tmall.com

印 刷 者　上海新华印刷有限公司
开　　本　787 毫米×1092 毫米　1/16
印　　张　20.75
字　　数　366 千字
版　　次　2025 年 5 月第 1 版
印　　次　2025 年 9 月第 2 次
书　　号　ISBN 978 - 7 - 5760 - 5892 - 5
定　　价　69.80 元

出 版 人　王　焰

（如发现本版图书有印订质量问题，请寄回本社客服中心调换或电话 021 - 62865537 联系）

总 序

千帆竞发　万舸争流　勇立潮头

——写给面向大模型的未来教师

范国睿

在科技飞速发展的当代，以大语言模型（Large Language Model，LLM）为代表的人工智能正"千帆竞发，万舸争流"，展现出蓬勃的发展态势。从早期的传统机器学习模型和基于规则的系统，到如今深度学习驱动、参数规模庞大的神经网络模型，大模型在自然语言处理、图像识别、数据分析等诸多领域取得了令人瞩目的成就，尤其在文本生成、智能问答和创意写作等任务上，其表现令人叹为观止。

人工智能的巨轮驶入学校教育领域，激起层层创新的浪花。在教学资源方面，大模型使得从海量资源中筛选优质内容变得更加高效和便捷。教师可以借助智能搜索，从庞大的数据库中精准筛选出适合不同学生群体的教学素材，丰富课堂内容；对于学生而言，个性化学习不再是梦想。智能学习系统能够依据学生的学习进度、知识掌握情况以及学习习惯，定制个性化学习计划，并推送专属的学习任务，以支持因材施教；大模型也进一步推动了虚拟教学环境的发展，使学生能够在模拟的场景中进行学习，从而提高了学习的趣味性和参与度。

未来已来，面对人工智能强势介入，教师必须认识到，在未来世界，教师依然是知识的传播者和学生成长的引路人，拥有人工智能难以替代的情感关怀、价值观引导和创造力激发的能力。但是，教师一定不可忽视人工智能作为未来教师助手的功能与价值，需要与人工智能共生共存共发展，利用大模型提供的数据和分析结果，更好地了解学生的需求，优化教学策略。同时，在与人工智能的协作过程中，教师自身也需要不断学习新的技术和理念，提升数字化素养，以便更好地驾驭智能工具，与AI携手共进，共同开创教育更加美好的明天。

从"拒绝-禁止"到"规范-倡导"的转变

2022年11月，OpenAI发布了基于GPT-3.5的对话式语言模型ChatGPT，该模型凭借其强大的对话能力和广泛的知识覆盖面迅速获得关注，成为历史上增长最快的消费者应用程序之一，同时也标志着大语言模型在教育领域的应用进入一个高潮。

实际上，面对ChatGPT的横空出世，教育界最初是持保守态度。2023年1月，美国纽约教育局以"对学生学习的负面影响，以及对内容安全性和准确性的担忧"为由，宣布禁止学生在其学校的设备和网络上使用ChatGPT，以预防学生作弊的行为。同时，包括乔治·华盛顿大学在内的多所高校，教授们开始逐步淘汰带回家的开放式作业，因为这种作业更易受到ChatGPT的影响。作为替代，他们更多选择课堂作业、手写论文、小组作业和口试等方法[1]。在欧洲，法国巴黎商学院、牛津大学、剑桥大学、曼彻斯特大学、布里斯托大学和爱丁堡大学等，都曾出台规定禁止学生使用ChatGPT。

然而，2023年7月以来，随着各种大模型的涌现及其教育应用的不断完善，许多国家和学校已从禁止使用生成式人工智能转变为允许、规范、鼓励和倡导使用。人们对LLM的教育应用持欢迎态度且付诸行动的人越来越多。在美国，一些公立中小学尝试将人工智能融入课堂，将生成式人工智能作为教学辅助工具，用于提高学生学习效率。截至2025年1月24日，美国阿拉巴马、亚利桑那、加利福尼亚、科罗拉多、康涅狄格、特拉华、佐治亚、夏威夷、印第安纳、肯塔基、路易斯安那、明尼苏达、密西西比、新泽西、北卡罗来纳、北达科他、俄亥俄、俄克拉何马、俄勒冈、犹他、弗吉尼亚、华盛顿、西弗吉尼亚、威斯康星、怀俄明等25个州及其教育部门已出台关于在K-12学校使用AI的官方指导文件或教育政策。致力于将人工智能技术应用于教育领域的非营利组织AI for Education将这些文件汇编成包含文字摘要和各州完整指导文本链接的便捷资源[2]。美国密歇根大学购买了GPT-4、GPT-4 Turbo、

1　Rosenblatt K. ChatGPT Banned from New York City Public Schools' Devices and Networks [EB/OL]. (2023-01-06) [2025-02-12]. https://www.nbcnews.com/tech/tech-news/new-york-city-public-schools-ban-chatgpt-devices-networks-rcna64446.

2　AI for Education. State AI Guidance for K12 Schools [EB/OL]. (2025-01-24) [2025-02-12]. https://www.aiforeducation.io/ai-resources/state-ai-guidance.

LIama2 等大模型服务，构建了 UM-GPT [1]，供全校师生免费使用。在欧洲，由牛津大学、剑桥大学、伯明翰大学等 24 所英国顶尖高校组成的罗素大学集团（The Russell Group）联合发布了在校园使用生成式人工智能工具的全新原则。只要"以合乎道德和负责任的方式"，学生可以使用 ChatGPT 等人工智能工具完成作业和规划评估 [2]。荷兰代尔夫特理工大学尝试将生成式人工智能辅助教学技术应用于课堂，提高学生的参与度和教学质量。此外，澳大利亚教育部也宣布，从 2024 年起，允许所有学校使用包括 ChatGPT 在内的人工智能技术 [3]。

大语言模型在教育领域的应用引发了国际组织和主要发达国家的广泛关注。各国和国际组织纷纷出台政策文件，旨在支持和规范 LLM 在教育中的应用。人们对生成式人工智能从"拒绝-禁止"到"规范-倡导"的态度转变，得益于国际组织和主要发达国家的政府和教育行政部门在教育政策上的转变与推动，以及相关大学的努力。

2023 年 11 月 1 日，中国、美国、英国在内的 28 个国家及欧盟在全球首届 AI 安全峰会上共同签署了《布莱切利宣言》（*The Bletchley Declaration*），承诺以安全、以人为本、值得信赖和负责任的方式设计、开发、部署和使用 AI，指出，"现在正是一个独特的时刻，需要采取行动申明人工智能安全发展的必要性，并采取包容的方式，将人工智能的变革性机遇应用于我们各国和全球已为人类带来福祉，如卫生和教育、粮食安全、科学、清洁能源、生物多样性和气候等领域，以实现人权的享受，并为实现联合国可持续发展目标付出更多的努力。" [4] 该宣言是全球第一份针对

1　University of Michigan. UM Generative AI Guidance ［EB/OL］. （2023 - 08 - 21）［2025 - 02 - 12］. https://genaiumich. edu/guidance/students.

2　The Russell Group. New Principles on Use of AI in Education ［EB/OL］. （2023 - 07 - 04）［2025 - 02 - 12］. https://www. russellgroup. ac. uk/news/new-principles-on-use-of-ai-in-education.

3　The Guardian. Artificial Intelligence Such as ChatGPT to Be Allowed in Australian Schools from 2024 ［EB/OL］. （2023 - 10 - 06）［2025 - 02 - 12］. https://www. theguardian. com/australia-news/2023/oct/06/chatgpt-ai-allowed-australian-schools - 2024.

4　Prime Minister's Office UK, et al. The Bletchley Declaration by Countries Attending the AI Safety Summit ［EB/OL］. （2023 - 11 - 01）［2025 - 02 - 12］. https://www. gov. uk/government/publications/ai-safety-summit - 2023 - the-bletchley-declaration/the-bletchley-declaration-by-countries-attending-the-ai-safety-summit - 1 - 2 - november - 2023.

人工智能技术的国际性声明，强调了人工智能技术在教育等各个领域的潜在风险和治理路径。宣言呼吁构建开放透明的人工智能治理体系，建立动态化监管机制，并推动国际合作。

国际组织的倡议。以联合国教科文组织为例，为了应对 ChatGPT 等生成式人工智能工具给高等教育领域带来的巨大机遇和安全、伦理、政策等诸多方面的挑战，于 2023 年 4 月颁布《高等教育中 ChatGPT 和人工智能：快速入门指南》（ChatGPT and Artificial Intelligence in Higher Education：Quick Start Guide）。指南以 ChatGPT-3.5 为例，探讨了 ChatGPT 的功能、工作原理与操作方法，描述了 ChatGPT 在高等教育中的应用图景，强调了人工智能在高等教育中的一些主要挑战和伦理影响，重点论述了人工智能应用对学术诚信、隐私保护、认知偏见、可及性差距、商业化风险等方面的影响和问题，并提出了高等教育机构可以采取的应对策略。同年 9 月，联合国教科文组织发布《生成式人工智能教育与研究应用指南》（Guidance for Generative AI in Education and Research），该指南是全球首份生成式人工智能相关的指南性文件，旨在促使生成式人工智能（GenAI）能够更好地融入教育。指南全面地分析了 GenAI 产生的争论及其对教育的影响，促进在教育和研究中创造性地使用 GenAI；呼吁各国政府通过制定法规、培训教师等，规范生成式人工智能的教育应用。这些政策的发布，显示了在政策限度内有序开放生成式人工智能教育应用是必然趋势；建议教育机构在使用 ChatGPT 等工具辅助学习之前，应对其进行验证，以确保其安全性和可靠性。该指南为教育机构提供了具体的操作建议，帮助其在利用 LLM 技术的同时规避潜在风险，推动了生成式人工智能在教育领域的合理应用。

发达国家政府与教育行政部门的政策规范与支持。2023 年 5 月，美国教育部发布研究报告《人工智能与教学的未来：见解与建议》（Artificial intelligence and the future of teaching and learning：Insights and recommendations）[1]，旨在促进教师、教育领导者、决策者、研究人员和技术研发人员协力解决人工智能在教育应用中出现的各种政策性问题。报告对教育领导者提出了七条政策建议：确保"人在回路中"，将人类（教师、家长、学生、政策制定者、教育管理者等）参与置于人工智能教育应用的核心位置；将人工智能模型与共同的教育愿景结合起来；使用现代学习原则

---

1 U. S. Department of Education，Office of Educational Technology. Artificial Intelligence and Future of Teaching and Learning：Insights and Recommendations [EB/OL]. （2023-05-22）[2025-02-12]. https://www.ed.gov/sites/ed/files/documents/ai-report/ai-report.pdf.

4   教师的循证实践——基于 AI 大模型的方法

设计人工智能，使人工智能的应用不仅要关注学习者的不足，还要识别学习者的长处并提供改进方案，使人工智能的应用建立在合作和全面学习原则的基础上，不仅要利用人工智能发展学生的认知能力，还要培养其社会技能，创造具有文化可持续性的人工智能系统，确保人工智能支持的学习资源适用于残疾学生等在内的弱势群体；加强对技术的信任，建立新兴教育技术的可信度标准，以使教育工作者、技术创新者、研究人员和政策制定者更好地合作；让教育工作者了解并参与到人工智能教育系统的设计、开发、测试、改进、使用、管理等每一个环节；将研发重点放在解决情境问题和增强信任与安全性上，人工智能模型善于理解和处理情境，并确保学习者在不同环境中使用的人工智能模型都是有效、安全和可信的；制定专门的教育指南和防护措施，以确保在教育领域安全有效地使用人工智能。2025 年 1 月，美国教育部教育技术办公室发布《驾驭中等后教育中的人工智能：未来之路的能力建设》（Navigating Artificial Intelligence in Postsecondary Education：Building Capacity for the Road Ahead）报告，指出，人工智能的进步可能会对中等后教育机构具有双重作用：一是战略性地利用人工智能，帮助所有学生，特别是那些历史上服务不足的群体，更多地获得高等教育并取得成功；二是让中等后教育学生为人工智能驱动的创新所塑造的不断变化的职业前景做好准备。报告建议，制定透明的政策，说明如何利用人工智能支持中等后教育环境中的业务活动；创建或扩展基础设施，以支持人工智能在教学、学生咨询和支持以及评估方面的创新应用；严格测试和评估人工智能驱动的工具、支持和服务；寻求合作伙伴，设计和迭代测试教育应用中的人工智能模型；审查、调整和补充人工智能影响未来工作和职业机会的课程设置。

英国教育部于 2024 年 1 月发布《教育中的生成式人工智能》（Generative AI in education）报告，内容涵盖了生成式人工智能技术在教育领域的应用、影响、机遇、挑战和建议策略，从战略规划、利益相关者的合作、证据建设、学术诚信、劳动力需求、安全、隐私、数据保护和技术部署等多个方面，提出了教育部门希望从政府和相关机构获得的支持和建议，以确保 GenAI 技术的安全、有效和负责任地在教育中应用[1]。2024 年 8 月，英国教育部发布《生成式 AI 的教育用例：用户研究报告》（Use Cases for Generative AI in Education：User Research Report），探索了生成式人

---

1 Department for Education，UK. Generative Artificial Intelligence in Education［EB/OL］.（2024－01－24）［2025－02－12］. https://www. gov. uk/government/publications/generative-ai-in-education-educator-and-expert-views

工智能在教育领域的潜在应用，指出大语言模型天生擅长提供反馈；使用生成式人工智能"给自己批改作业"是一种有效的评估技术。

此外，日本文部科学省于 2023 年 7 月发布《关于在初等中等教育阶段使用生成式人工智能的暂行指南》，为生成式人工智能在中小学教育应用指明了行动方向，并立足生成式人工智能的本质内涵和应用理念对其在中小学教育应用进行了全景刻画，明确提出生成式人工智能之于中小学教育应用的重要举措和核心关切。指南旨在为学校提供参考，以便在教学和校务管理中合理、安全地使用生成式 AI，内容涵盖生成式 AI 的基本概念、在教育中的适用性、信息素养培养、学校行政管理中的应用，以及涉及个人信息保护、教育安全与版权问题的注意事项[1]。12 月26 日，文部科学省发布第二版《初等中等教育阶段生成式人工智能利用指南》（Ver. 2.0）[2]，进一步强调 AI 教育应用的人本原则：AI 的利用不应侵犯基本人权，而应扩展人类能力，促进多样性和可持续性。AI 的利用应有助于学生学习和教育目标的实现，而非作为目的本身；教师需要理解 AI 的机制和特点，以在教育中有效利用 AI；强调信息利用能力的重要性及其培养，包括知识技能、思考力判断力、学习力和人性。

随着全球人工智能技术的飞速发展，教育领域逐渐成为 AI 创新落地的重要场景。然而，我国中小学在普及人工智能教育过程中，仍面临资源配置不均、师资力量不足、城乡差距明显等诸多现实问题。截至 2023 年底，全国具备 AI 相关教学资源的学校比例不足 30%，特别是在农村和边远地区，这一比例更低至 10%。科技部在 2022 年 8 月发布"关于支持建设新一代人工智能示范应用场景"的通知（国科发规〔2022〕228 号），要求针对青少年教育中"备、教、练、测、管"等关键环节，运用学习认知状态感知、无感知异地授课的智慧学习和智慧教室等关键技术，构建虚实融合与跨平台支撑的智能教育基础环境，重点面向欠发达地区中小学，支持开展智能教育示范应用，提升优质教育资源覆盖面，助力乡村振兴和国家教育数字化

1　文部科学省初等中等教育局. 初等中等教育段階における生成 AIの利用に関する暫定的なガイドライン［EB/OL］.（2023 - 07 - 04）［2025 - 02 - 15］. https://www. mext. go. jp/content/20230718 - mtx_syoto02 - 000031167_011. pdf.

2　文部科学省初等中等教育局. 初等中等教育段階における生成 AIの利活用に関するなガイドライン（Ver. 2.0）［EB/OL］.（2024 - 12 - 26）［2025 - 02 - 15］. https://www. mext. go. jp/content/20241226 - mxt_shuukyo02 - 000030823_001. pdf

战略实施[1]。2024 年 11 月，教育部发布《关于加强中小学人工智能教育的通知》（教基厅函〔2024〕32 号），明确了人工智能教育在中小学普及的目标和具体路径，力争到 2030 年实现全面覆盖。为有效推动中小学人工智能教育的全面实施，教育部提出了构建系统化课程体系、推进常态化教学与评价、开发普适化教学资源、建设泛在化教学环境、推动规模化教师供给、组织多样化交流活动六项任务，并通过一系列举措为人工智能教育的落实提供保障。在 2025 年 1 月教育部发布的《中小学科学教育工作指南》中指出，开拓生成式人工智能大模型在科学教学中应用的新场景，利用智能装备为科学教学创设沉浸式学习环境，借助自适应学习引擎实现学习路径的个性化定制与学习资源的适配推送；利用数据分析技术提升教学评价的精准化水平，将数字技术等智能化手段引入实验操作考试，提高实验考查的可行性和有效性[2]。

大学的规范与推进。为了支持学校师生安全、合乎道德和有效地使用生成式 AI 工具，美国哈佛大学教育研究生院创意计算实验室发布《学生自主项目中的 GenAI：建议和启示》（Generative AI in Student-Directed Projects：Advice and Inspiration）[3]，该指南基于学习设计专业学生的经验编写而成，展示了 GenAI 在支持学生创造性自主项目（以学生自主性、批判性思维和解决问题为重点）背景下辅助教学和学习的有效方法。该指南强调了新技术带来的机遇和困难，并提供了建议、策略和使用时需要注意的一些事项。美国耶鲁大学发布《面向教师的人工智能指南》（AI Guidance for Teachers）提供了有关探索生成式 AI 工作原理的指导，以及如何利用生成式 AI 调整当前教学的建议。同时，为教师提供使用建议、阅读清单、教学示例和相关活动资源。美国康奈尔大学发布《教育与教育学中的生成式人工智能》（Generative Artificial Intelligence for Education and Pedagogy），为生成式人工智能在

1　科技部. 科技部关于支持建设新一代人工智能示范应用场景的通知：国科发规〔2022〕228 号 [EB/OL]. （2022 - 08 - 12）[2025 - 02 - 10]. https://www. gov. cn/zhengce/zhengceku/2022 - 08/15/content＿5705450. htm.

2　教育部办公厅. 关于印发《中小学科学教育工作指南》的通知：教监管厅〔2025〕1 号 [EB/OL]. （2025 - 01 - 14）[2025 - 02 - 10]. https://www. gov. cn/zhengce/zhengceku/ 202501/content＿7000414. htm.

3　Brennan K，Haduong P，Kolluru A，et al. Generative AI in Student-Directed Projects：Advice and Inspiration [EB/OL]. （2024 - 12 - 17）[2025 - 02 - 10]. https://creativecom puting. gse. harvard. edu/genai.

教育情景下的应用提供指导方针和建议。同时，指南还评估了生成式人工智能在教育环境中的可行性、优势和局限性，及其对学习成果的影响。美国弗吉尼亚大学发布《教与学中的生成式人工智能》（Generative AI in Teaching and Learning），旨在帮助教师了解高等教育中的生成式 AI 环境，包括什么是生成式 AI，生成式 AI 用于教学支持、学习支持、课程设计、学习评估中的方法，如何与学生交流生成式 AI 工具等。英国剑桥大学发布《我们如何使用生成式 AI 工具》（How we use generative AI Tools），介绍了如何借助生成式 AI 实现文本生成、图像生成、音频/视频生成，并提出了使用生成式 AI 存在的隐私风险。英国伦敦帝国理工发布《生成式人工智能和教育应用指南》（Generative AI & Education Guidance Hub），提出知识、透明度和创新是推动生成式 AI 应用的关键原则，并为学校师生提供了教学工具包、应用案例、培训活动、道德要求和常见问题解答。德国图宾根大学发布《生成式 AI 工具使用指南》（Guidelines for using generative AI tools），详细阐述了在教学和评估场景中应用生成式 AI 的方法和要求，其目标是实现对 GenAI 的批判性、反思性、透明性和负责任地使用。日本早稻田大学发布《关于生成式人工智能的使用》（About the Use of Generative Artificial Intelligence（ChatGPT, etc.）），阐明了对待生成式人工智能的基本态度，并说明了生成式人工智能的特征、用途和局限性，强调要充分了解新技术的多面影响，扩大积极影响、遏制消极影响。美国密歇根大学的《U-M 学生生成式人工智能指南》、美国巴纳德学院的《生成式人工智能学生指南》（Student Guide to Generative AI）、美国圣克拉拉大学的《在校园内合乎道德地使用生成式 AI 的指南》（Guldelines for the Ethical Use of Generative AI（i. e. ChatGPT）on Campus）、中国香港理工大学的《生成式人工智能（GenAI）学生使用指南》、中国香港科技大学的《生成式人工智能与教育》、中国上海交通大学的《生成式人工智能教师使用指南》、中国西南交通大学的《生成式 AI 写作指南》、中国华东师范大学的《生成式人工智能学生使用指南》等，纷纷发布相关应用指南，以帮助教师和学生规范、科学地使用生成式人工智能。

总之，国际组织、各国政府和教育行政部门以及大学的政策与文件规定，普遍强调了 LLM 在教育领域的潜力，推动了教育模式的创新和变革。这些工作在一定程度上规范 AI 的技术应用，为 LLM 在教育中的应用提供了明确的规范和指导，帮助教育机构规避潜在风险，如隐私保护、数据安全和伦理问题。与此同时，强调了教师在教育数字化转型中的重要性，推动了教师数字化能力的提升，为 LLM 技术的有效应用提供了保障。这些政策文件的发布，同样有助于引导社会对 LLM 技术的正确认知，避免过度恐慌或盲目乐观，促进技术的健康发展。

大模型的教育应用场景

诸多大型语言模型已广泛应用于中小学教育，例如个性化辅导、自动评分、语言学习和教育聊天机器人等方面，其技术潜力在于提升学生的学习效果、赋能教师，以及实现个性化和可扩展的教育。显然，2022 年 11 月以来，ChatGPT、Claude、文心一言、讯飞星火，包括近期爆发的 DeepSeek 等模型，被集成到多种教育工具中，广泛应用于个性化学习、智能辅导、教学辅助、学习分析等多个教育场景。例如，个性化辅导：大模型可以与学生进行一对一对话，解答问题、解释概念并提供定制化反馈；写作辅助：像 Grammarly 这样的工具使用基于 GPT 的模型提供语法修正、风格改进建议和抄袭检测；语言学习：GPT 模型被用于语言学习应用，生成习题、回答语言相关问题，并提供对话模拟练习。

个性化辅导：LLM 已经被集成到个性化辅导平台中，为学生提供实时帮助。这些系统通过提供定制化反馈、解答问题和引导学生学习材料来支持个性化学习。Khan Academy 与 OpenAI 合作，将 GPT 模型集成到其 Khanmigo 辅导系统中，帮助学生解答各类学科问题并提供实时反馈。Google 的 Socratic 利用 AI 技术帮助学生解决数学、科学、历史和英语等学科的难题。学生可以拍照上传作业（学生作业或问题扫描），Socratic 提供逐步的具体解决方案与步骤，帮助学生理解并解决问题。一些教育科技公司开始开发基于 LLM 的虚拟实验室和沉浸式学习环境。Labster 利用 LLM 技术创建的虚拟实验室，让学生在虚拟环境中进行科学实验，增强实践能力，从而在丰富教学方法与手段的同时，使学生在互动中拥有更加生动的学习体验。

自动化作文评分与反馈：LLMs 可以协助评分和提供书面作业的反馈。Turnitin 使用先进的自然语言处理和机器学习模型（类似于 GPT）对作文进行评分并检测抄袭，提供学生写作的自动反馈，它帮助教育者批改论文、检测抄袭并提出写作改进建议。Turnitin 被广泛应用于学校，自动检测学术不端行为并协助写作反馈。Grammarly 基于 GPT 模型提供语法、风格和语气的改进建议，帮助学生不断提高写作水平。这些系统不仅节省了教师的时间，还能为学生提供即时反馈，促进更加持续的学习过程。

语言学习辅助：LLMs 在语言学习中得到了广泛应用，它们通过互动对话和练习帮助学生提高听说读写能力。Duolingo 是全球最受欢迎的语言学习平台之一，利用 LLM 生成适应学习者能力水平的练习。这种方法不仅提供互动练习，还能即时纠正错误，促进语言学习的参与感和高效性。Microsoft 通过其 Azure OpenAI 服务将 GPT 模型集成到教育工具中，提供开发者访问 LLM 的能力。学校和教育科技公司利用这些模型创建个性化学习体验、语言练习工具和自动评分系统。Microsoft 的 Teams for Education 集成了 AI 功能，如智能助手、语言翻译和自动生成摘要，来支持学生和教师。

对话与理解：许多发达国家的学校已经使用 LLM 作为聊天机器人，增强学习体验并快速、准确地回应学生的提问。这些聊天机器人通常集成在学习管理系统（LMS）中，帮助学生解决数学和科学等学科的复杂问题，分解难懂的概念以增进学生的理解，促进互动学习、解答学生疑问、辅导作业，并为教师提供教育资源。IBM 的 Watson Education Classroom 已经在 K - 12 教育环境中得到广泛应用，支持个性化学习。该 AI 聊天机器人充当辅导员，回答学生问题并提供额外的学习资源，帮助弥补课堂教学和独立学习之间的空白。沃森教育课堂通过个性化学习体验将教育带入认知时代。理解、推理和学习的认知解决方案帮助教育工作者深入了解每个学生的学习风格、偏好和才能。大模型在教育聊天机器人、虚拟辅导和研究应用中具有很大的潜力，可以用于学生支持，解答学术问题，并提供帮助解释复杂概念的功能，提升学生的学习效果。

学术研究：Meta 的 LLaMA 模型是一个开放权重的语言模型，旨在用于各种领域的研究和应用，包括教育领域。

教师专业发展支持：LLMs 还支持教育工作者，提供专业发展工具，帮助教师改善课程设计、课堂管理和教学策略。TeacherBot 是英国剑桥大学的研究人员开发的聊天机器人，以帮助教师改进教学策略，提出课程建议、推荐资源，并提供实时的课堂管理建议。

辅助有特殊需求的学生：LLMs 还可以帮助有特殊需求的学生，使他们能够更好地接触到课程内容并有效沟通。Microsoft 的 Seeing AI 通过 AI 技术辅助视障学生，实时描述物体、文本和人。在教育领域，它帮助视障学生阅读书籍和访问课堂材料。

近年来，国产大语言模型如雨后春笋般喷薄而出，在中小学教育领域的应用逐渐成熟，许多公司和机构开发了在智能辅导、个性化学习、语言学习、作业批改和教师支持等领域各有特点和优势、符合不同教育需求的模型，推动了个性化学习、在线辅导、智能评估等方面的创新。国产大语言模型正以各自的优势使其在中小学教育中的应用不断深化，百度的文心一言、华为的昇思、阿里的通义千问、讯飞的星火等模型，在对中文理解和知识增强能力、跨平台支持和多模态能力、语音识别、大数据和知识图谱方面各有千秋，而横空出世的 DeepSeek 又可能将大模型的教育应用推向新的高度。

国产大模型 DeepSeek 引发 AI 教育应用热潮

2025 年 1 月 20 日，国产大模型 DeepSeek－R1 正式发布并开源模型权重，以性能卓越（DeepSeek－V3 在知识类任务上水平提升，接近 Claude－3.5；在数学、代码和推理任务上可与 OpenAI－o1 媲美）、训练成本低（DeepSeek－V3 预训练仅使用 2048 块 GPU 训练 2 个月，花费 557.6 万美元，远低于 GPT－4 等大模型）、功能多样（能实现语义分析、计算推理、问答对话、篇章生成、代码编写）等优势，震动了整个业界。DeepSeek 上线以来，其凭借强大的功能和创新的应用场景，其用户数量呈现爆炸式增长。虽然正值农历春节假日，DeepSeek 引发的人工智能教育应用热潮却如火如荼。

与其他教育类大模型相比，DeepSeek 具有以下独特优势。（一）准确性高：网易有道的数据显示，DeepSeek 在有道 K－12 测试集上的准确度达 88％，领先于 OpenAI－o1 mini、GPT－4o 以及网易有道自主研发的推理模型"子曰－01"，能为学生提供更准确的知识和解答。（二）推理能力强：DeepSeek－R1 展现出较强的推理能力，具备复杂问题处理、多步骤逻辑推导和上下文关联分析的能力，使其在教育辅导等需要严格逻辑支撑的场景中具有更高的实用价值。比如在解决数学难题、分析复杂的文科问题时，能展现深度思考的过程，帮助学生学会主动思考。（三）训练与推理速度快：通过分布式训练和优化算法，显著提升了训练效率，可在更短时间内完成模型的训练。在推理阶段，又通过模型压缩和加速技术，实现了更快的推理速度，适合实时应用场景，如在线实时答疑、智能辅导等，能及时响应用户需求，提供快速准确的解答。（四）数据处理快：能够高效处理大规模数据集，支持文本、图像、音频等多种数据格式，并在数据清洗、预处理和特征提取方面表现优异，这使得它在处理丰富多样的教育资源，如多媒体教学资料、学生学习行为数据等方面具有很大优势，能更好地为教学提供支持。此外，因开源而降低技术门槛，推动全球开发者自由探索与创新，能加速开放、共创与快速迭代的"人工智能＋教育"生态建设，开发者可以基于其开源代码进行二次开发，为教育应用带来更多的创新可能性。

DeepSeek 引发人工智能教育应用热潮，吸引诸多教育机构纷纷在自己开发的教育系统中接入 DeepSeek。2025 年 2 月以来，学而思、网易有道、中公教育、希沃、小猿、高途等头部教育机构密集宣布接入 DeepSeek 大模型。网易有道于 2 月 6 日宣布其 AI 全科学习助手"有道小 P"结合 DeepSeek－R1 优化个性化答疑功能，旗下 Hi Echo、有道智云、QAnything 等产品也将全面接入；云学堂、科大讯飞、弈小象、读书郎、佳发教育、优学派等数十家教育企业公开表示在各自产品中接入DeepSeek。学而思"随时问"App深度融合DeepSeek R1，能够实时判断题目对应的学科、年级和考查范围，精准匹配该年级的知识范畴和解题方法，让孩子获得能看懂、真有用的解答，集成了AI问答、拍照答疑、作业检查、作文批改、错题本等学习工具，为中小学生提供苏格拉底式启发学习模式，支持题目分步解析、无限追问和智能错题管理，直接接入DeepSeek R1的问答功能，学生可一键启用"深度思考"模式，询问学习问题或交流个人思考。优必选教育的行知格物AI智慧教育云平台接入DeepSeek后，编程作业批改准确率达98.6%，同时还能提供代码优化建议。

如今，DeepSeek在应用商店下载量屡创新高，相关话题频频登上社交媒体热搜，成为当之无愧的"顶流"，其对于教育真正的价值，是迅速推进了大模型在公众中的真正普及，中国教师群体在这场全民DeepSeek风暴中见识到了AI的强大，部分乡村教师也开始积极使用通用AI工具提升工作效率，这种影响力远超"国培计划"等教师培训体系数年的培训成果，中国教师已步入"未来教育"的殿堂。

以人为本的AI教育应用：启迪思维，引领创造

当我们关注大模型如何给教师和学习者带来诸多方便的时候，也有人开始担忧AI代替人的思维与学习，是否会造成人的智能荒废。在ChatGPT、DeepSeek等AI工具引发的AI热之后，我们的确需要思考，在教育场域中，AI究竟在做些什么？在这场AI热中，我们看到，AI陪伴产品使儿童在识字前即可通过语音交互创作超长绘本或电影。未来可能会有新的AI产品出现，6岁儿童借助AI生成器完成包含角色设定、情节冲突的"数字动画"，其复杂度远超成人传统作品。这种"无门槛创作"可能催生新一代"数字原住民"，其创新力不再受限于语言或技能储备。由此，我们看到的是儿童创造力的释放，大模型所引发的，不是教育的重构，而是学习的重构！

为此，我们的确需要认真地思考AI究竟是什么？在人类的学习尤其是儿童的学习与成长过程中，AI究竟发挥怎样的作用，扮演怎样的角色？我们看到，所谓的生成式人工智能只是一种基于深度学习和大规模数据预训练的模型，能够基于输入条件生成文本、图像、代码、视频等数字作品，它并非万能，也不是解决教育问题的终极方案，我们必须审慎地审视AI在教学中的适用场景与边界。诚然，AI早已成为数字工具生态的一部分，已经嵌入到搜索引擎、写作辅助工具、软件编码、艺术创作等各种教育软件系统中，无论是教师还是学生，都已难以彻底规避。但AI是教学和学习的辅助工具、增强工具，不能取代教师的指导、反馈和课堂管理，AI不能取代高素质教师的育人活动。AI 可以帮助学生学习，帮助学生开阔视野，启迪思维，但不能代替学生思考和创造，不是学生学习和成长的替代品。当然，我们同时也要注意到，任何 AI 系统（确切讲是 AI 系统背后的人类团队）都有各自的价值观、目标与利益相关，也都有自身不可避免的偏见和局限性，所有这些元素都会通过算法和训练数据影响 AI 的输出。

2024 年 1 月，美国华盛顿公共教育督导办公室（Washington Office of Superintendent of Public Instruction，OSPI）发布《以人为本的 AI：K‑12 公立学校指南》（*Human-Centered AI：Guidance for K‑12 Public Schools*）报告[1]，构建了一整套基于"人‑AI‑人"（"Human-AI-Human"，"H-AI-H"）模式的"以人为本"（Human-Centered AI）的教学框架。该框架依循人类探究（Human Inquiry）、AI 赋能（AI Use）和人类反思（Human Reflection）的模式展开，在学习过程中，先由教师或学生提出问题，进行深度思考，再让 AI 参与到学习过程中来，借助 AI 的辅助，提供信息，优化学习方案等，最后仍然由学习者进行最终的判断、编辑和总结。报告给出了"提高写作水平"（Writing Enhancement）、"STEAM 教育"（STEAM Education）和"科学探索"（Science Exploration）三个方面的示例（表 1），值得我们教育工作者参考。

表 1　基于"人‑AI‑人"的"以人为本"AI 教育应用框架

"H‑AI‑H"应用框架		AI 应用示例		
		提高写作水平（Writing Enhancement）	STEAM 教育（STEAM Education）	科学探索（Science Exploration）
人类探究（Human Inquiry）	由教师或学生提出问题，进行深度思考。	一位初中英语教师希望提升学生写作能力，帮助他们扩展词汇量。	一位科学教师希望向小学生介绍因果关系、序列和模式等复杂概念。	一位三年级科学教师希望让学生更容易理解水循环等复杂概念。

1　OSPI（Washington Office of Superintendent of Public Instruction），*Human-Centered AI：Guidance for K‑12 Public Schools*［EB/OL］.（2024‑01‑18）［2025‑02‑12］. https://ospi. k12. wa. us/sites/default/files/2024‑01/human-centered-ai-guidance‑k‑12‑public-schools. pdf

"H‑AI‑H"应用框架		AI应用示例		
		提高写作水平（Writing Enhancement）	STEAM教育（STEAM Education）	科学探索（Science Exploration）
AI赋能（AI Use）	让AI进行辅助，如提供信息、优化学习方案等。	学生使用AI写作工具检查语法、优化风格，并获得词汇建议。	课堂融入AI互动游戏和可视化工具，帮助学生直观理解科学原理。	教师使用人工智能驱动的虚拟现实（VR）模拟，让学生在沉浸式环境中探索水循环。人工智能根据学生的互动和理解调整模拟的复杂性。
人类反思（Human Reflection）	由人类进行最终的判断、编辑和总结。	教师引导学生批判性地评估AI反馈，讨论AI推荐某些修改的合理性，并决定哪些建议值得实施。学生在此过程中思考AI是如何提升写作能力的，并识别自身需要进一步改进的地方。	学生在体验AI辅助的互动活动后，与同学和教师讨论自己的观察结果和见解，并尝试将所学知识应用到现实生活场景。	在VR体验之后，学生分组创建水循环的物理模型，应用他们在模拟中学到的知识。教师引导讨论水循环在现实世界中的应用，鼓励学生在虚拟世界和物理世界之间建立联系。

由此，根据课堂教学中应用AI的程度，划分出不同层级的AI教育应用水平：

层级一　无AI辅助：任何时间点都没有使用任何AI工具；学生完全依靠他们自己的知识和技能。

层级二　AI辅助头脑风暴：借助AI工具的帮助生成想法。最终内容必须由学生在没有直接人工智能输入的情况下创建。必须注明AI辅助。

层级三　AI辅助完成草稿：AI可以帮助起草初始版本。最终版本必须由学生做显著修改。明确区分AI与学生贡献。

层级四　AI协作创作：所完成的作品包含人工智能生成的内容。学生批判性地评估和编辑AI的贡献。AI的贡献须透明并注明。

层级五　AI作为共同创作者：在内容创作中广泛使用AI。学生提供使用AI的理由，并确保原创思想。明确区分AI与学生的贡献。

由此，在具体的教与学的过程中，我们必须尝试区分哪些教与学的场景是倡导学生使用 AI 的，哪些是允许使用的，哪些是完全禁止的。对于那些需要学生完全独立完成的学习任务，如数学考试、中英文写作等，则应禁止学生使用 AI 帮助其完成任务。而当面临撰写研究论文、展开共同讨论的学习任务时，在经教师允许的情况下，允许学生借助 AI 辅助完成任务，如历史学习，学生可以借助 AI 检索各种文献资料，完成课程论文的写作，但需要注明 AI 的贡献。在需要头脑风暴、个性化学习的过程中，则要鼓励学生使用 AI，由 AI 生成定制化的学习任务，帮助不同水平的学生以不同的速度学习不同程度的学习内容，通过此过程，引导学生对基于 AI 参与的学习过程与结果进行反思。

从根本上讲，在教育领域应用大模型等人工智能技术，重要的不是让学生单纯运用 AI 完成具体的作业任务，而是借助 AI 帮助学生开阔视野、启迪思维、提高学习能力和综合素养。AI 可以帮助学生开阔视野：对于历史学习，不是仅仅依靠 AI 快速生成的简单结论，而是引导学生通过阅读不同历史学家对于同一历史事件的多元解读著作和研究报告，帮助学生了解到更多关于某一国家某一历史时期复杂的社会、政治、经济状况，从而拓宽自己对某一历史事件的认知边界；在地理学习中，学生可以通过观看世界各地的地理纪录片、浏览专业地理网站上的实地考察报告等方式，直观地深入了解不同地区的生物多样性、独特的生态系统等自然风貌、住民的生活方式、社会历史人文特色，由此极大地开阔了学生的视野，让他们对世界有更全面、更真实的认识；在语文写作学习中，不是依靠越来越精致的提示词让 AI 帮助直接完成命题作文，而是通过 AI 给出不同的学习资源和不同的构思路径，激发学生思维，以独特的思考和创意完成写作；在科学实验探究过程中，不是让 AI 直接给出实验结论，而是让学生在 AI 的帮助下自主设计实验方案、进行实验操作，遇到问题时不断调整实验方案，进而通过实际操作和观察分析实验结果，从而不仅能够更深入地理解科学原理，还能培养解决问题的思维能力，真正体验科学探究的过程与乐趣。

应时之需的"面向大模型的未来教师实务手册"丛书

作为一位教育技术学研究者，陈向东教授始终保持着敏锐的学术敏感性，紧跟当代人工智能发展前沿，并注重人工智能在中小学教育中的创新性应用实践。早在 ChatGPT 产生之初，他就预见到大模型对于未来教育的冲击，并于 2023 年年中领衔完成《大型语言模型的教育应用》研究报告，作为中国人工智能学会"中国人工智能系列白皮书"之一发布并出版。而今，他又针对中小学一线教师的需求，邀请我共同策划这套"面向大模型的未来教师实务手册"丛书。如前所述，国内外大模型层出不穷，同一模型持续迭代，而且，可借助大模型辅助解决的中小学教育改革发展的"问题"同样纷繁复杂，因此，本丛书设定为一个开放的系统，成熟一本，出版一本。首批图书包括"教师的循证实践""教师的科研实务""中小学校管理实务"三本，后续还将陆续推出"中小学人工智能教学""面向新课标的跨学科教学设计""面向新课标的中小学英语教学""面向新课标的数学教学"等主题。

《教师的循证实践——基于 AI 大模型的方法》（陈向东等），不仅将大模型作为知识发现和教育规律分析的工具，更将其作为推动知识转化的核心力量，全书在构建基于大模型的循证实践流程的基础上，探讨了如何借助 ChatGPT 等大模型识别和确定问题、检索与筛选证据、证据评估与元分析、证据转化、循证项目的实践与评估、项目的监测与诊断以及利用大模型辅助循证教学案例报告生成，从而使一线教师的循证实践能够在大模型的支持下在更高层次上得到推进，提高教育证据的转化效率和教学方案的精准度。《教师的科研实务——基于 AI 大模型的方法》（高丹丹），采用"理论＋实践＋案例"的递进模式，围绕一线教师在教育科研中实际应用 ChatGPT 等大模型的需求，从应用大模型进行教育科研的"人机知识共创"特征出发，探讨了如何利用大模型高效选题、开展文献检索与分析、撰写研究现状以及设计研究等具体步骤，以及大模型在案例研究、行动研究、调查研究和准实验研究等具体场景的应用。《中小学校管理实务——基于 AI 大模型的方法》（陈兴冶），围绕教育管理者在实践中遇到的真实问题展开，探讨了以 ChatGPT 为代表的生成式人工智能工具在中小学校管理中的应用，通过大量的案例分析和实操方法，帮助中小学校管理者理解并掌握如何利用 ChatGPT 等工具，在教学方面提升管理效能、优化教师发展、促进学生成长，并改善后勤管理。

需要说明的是，丛书中不同分册使用的大模型各有侧重，甚至同一本书中案例也未必完全统一，但各位作者所介绍的方法同样适用于 ChatGPT、Claude、DeepSeek、豆包、Gemini 等中外各种大型语言模型，相关技术与方法的核心在于如何有效地运用 AI 技术支持教育教学改进与创新，而不局限于特定的模型或平台。

生成式人工智能，已是千帆竞发，万舸争流，必将带来一场学习与教育的革命。愿我们每一位教师都能勇立潮头，在与人工智能共生共存共发展的进程中，体验不一样的未来教育生活。

前　言

在不断推进的教育改革的进程中，面对日益复杂的教育情境和持续更新的教育理念，一线教师如何在教学实践中做出科学合理的决策，如何在实践中不断提升专业能力，成为教师专业发展的重要议题。循证实践作为一种基于证据的科学决策方法，为教师的专业实践提供了重要的方法论指导。它强调在实践决策中系统地收集、评估和运用最佳证据，将研究证据、实践经验与具体情境有机结合，从而实现教育实践的持续改进。

循证实践发轫于医学领域，在教育领域的应用虽已有相当长一段历史，但其推进一直面临诸多挑战：教育证据的来源较医学更为多元和复杂。除了实验研究外，质性研究、案例研究、政策文件等都构成了重要的证据来源；教育证据向实践的转化过程比医学更为复杂，教育实践具有情境性强、变量多样、因果关系复杂等特点，这使得证据的转化需要更多的专业判断和情境适应；教育实践的评估比医学更强调过程性，需要持续的监测和动态调整；相比医学从业者，教师在循证实践所需的专业技能培训方面相对不足，这些都给教育领域循证实践的推进带来了巨大挑战。

循证实践的"证"可以分为两个维度：决策前的证据和实践过程中的数据。前者是教学决策的实证与理论依据，包括实验证据、教育理论研究、实践经验总结和政策文件等，是确保教学决策科学性的基础，这也是传统循证实践最为关注的核心内容，强调在行动之前应当充分了解"是什么"和"为什么"；而实践过程中的数据则是指在教学实践推进过程中，通过各种方式收集的实践效果数据，用以评估实践的有效性并指导实践的持续改进。国内已有多个团队在实践数据的收集与分析方面做出了突出贡献，而我们团队则更关注前者，即如何帮助教师在教学决策前找到适当的理论依据和实践支撑。这种关注点的选择，一方面是基于我们对教师专业发展需求的理解，另一方面也是希望能够在这一相对缺乏关注的领域做出一些有意义的探索。

基于这一思考，从 2019 年开始，笔者所在的研究团队与上海闵行区高中信息技术教研团队、上海师范大学附属中学闵行分校、上海教师教育学院（师资培训中心）等的一些项目团队开展合作，尝试将循证实践的理念应用于一线教师和教学管理者的工作中。然而，实践过程中我们发现，尽管团队投入了大量精力，但推进过程仍然步履艰难，这让我们深刻认识到在区域层面推进循证实践的巨大挑战。

　　值得欣喜的是，随着 AI 大模型技术的出现，为解决上述困境提供了新的可能。大模型凭借其强大的自然语言理解和生成能力，可以帮助教师更便捷地获取、筛选和理解研究证据，协助进行证据的转化和实践方案的设计。在实践过程中，大模型还可以辅助教师进行持续的监测和评估，支持教师及时调整和优化教学策略。这种技术支持极大地降低了教师开展循证实践的门槛，使得循证实践在教育领域的推广成为可能。在我们近期的实践中，已经明显地感觉到大模型给循证实践的大规模区域推进带来的曙光。

　　人工智能对循证实践的支持，本质上是一种面向实施科学的智能支持。与其他领域不同的是，AI 对于教育研究的作用在于它不仅关心知识的创造与发掘，更强调如何将这些知识有效地转化为实际的教育实践。这一转化过程体现了 AI4S 在教育领域实施科学中的关键作用，即将理论与研究成果精准地应用于教育实践，并在此过程中通过智能技术优化实践效果，形成可持续的改进机制。也就是说，AI4S 在教育领域的独特价值，在于它不仅解决了"做什么"的问题，更重要的是为教育者提供了"如何做"的清晰路径。通过大模型的支持，教育实践可以更加精准地对接教育目标与实际需求，从而实现最佳的教育效果。

　　本书的意图是希望在实施科学的框架下，AI 大模型不仅作为知识发现和教育规律分析的工具，更成为推动知识转化的核心力量。通过 AI 大模型，一线教师的循证实践能够在更高层次上得到推进，提高教育证据的转化效率和教学方案的精准度，从而为教育工作者提供了更加科学、系统的决策支持。

　　为此，与传统的医学领域的循证实践不同，本书在编写过程中充分考虑了教育循证实践的特点。特别是在第六至九章，我们详细讨论了证据转化、项目实施、过程性评估等关键环节，强调了教育实践中持续监测和动态调整的重要性。这些内容反映了教育循证实践不同于医学循证实践的独特之处。正如前文所述，教育证据的来源与医学有很大差异。与医学主要依赖随机对照试验不同，教育证据来源更为多样，包括质性研究、政策文件等多种形式。这种多元性虽然增加了证据整合的复杂度，但也更符合教育实践的现状。在实践中，如何平衡不同类型证据的权重，如何综合运用多元证据支持决策，都是需要深入探讨的问题。本书作为一本面向循证实践入门与实务的著作，对于教育证据的多元性特征，特别是质性研究证据的评估和整合方法（如元综合等），限于篇幅未能做深入探讨。如果深入探讨则是另外一个主题，可能会影响书稿的整体逻辑。幸好出版社准备为该书配套相应的课程，这些内容将在配套课程中得到补充和深化。

本书是一次将人工智能技术应用于教师专业发展的探索性尝试。在人工智能技术快速发展的背景下，如何更好地发挥技术优势支持教师专业成长，仍需要更多的实践探索和理论思考。我们希望本书能为一线教师开展循证实践提供有益参考。

本书由陈向东整体规划和设计，并负责第一章的撰写，同时参与了各章具体内容的修订以及全书的统稿。褚乐阳负责撰写第二、三章，陈鹏负责撰写第六、七章，周子俊完成了第四、五章的初稿，赵丽娟、靳旭颖、王渐栋分别撰写了第八、九、十章的初稿，仇星月参与了团队前期的案例实践以及部分章节的修订工作。

需要说明的是，本书的案例实践主要基于 GPT-4o 进行。虽然在本书付梓之际（2025 年中），OpenAI 已发布了功能更为强大的 o1 正式版，但本书所提出的方法和原理具有普适性。这些方法的核心在于如何有效地运用 AI 技术支持教育循证实践，而不局限于特定的模型或平台。

衷心感谢所有为本书付出努力的同仁，感谢各位专家的宝贵建议，感谢广大教师的支持和关注，特别感谢出版社孙婷、王嘉明老师的辛勤工作。书中难免存在不足和疏漏之处，恳请读者批评指正。期待这本书能为教师的专业发展提供新的思路，为教育实践的科学决策贡献力量。

陈向东

2024 年 12 月 28 日

目　录

第1章

人工智能时代的循证实践　　　　　　　　　　　　　　1

1.1　循证实践的定义与内涵　　　　　　　　　　　　　4

1.2　教育改革背景下的循证实践　　　　　　　　　　　6

1.3　工作改进、研究与循证实践　　　　　　　　　　　9

1.4　循证实践的典型形式　　　　　　　　　　　　　　11

1.5　循证实践对于教师专业发展的意义　　　　　　　　13

1.6　循证实践中的问题与挑战　　　　　　　　　　　　16

1.7　大模型助力教师循证实践　　　　　　　　　　　　19

第2章

循证实践的过程　　　　　　　　　　　　　　　　　25

2.1　传统循证实践的基本阶段　　　　　　　　　　　　27

2.2　基于大模型的循证实践流程　　　　　　　　　　　35

第3章

问题的确定　　　　　　　　　　　　　　　　　　　43

3.1　识别实践中的关键问题　　　　　　　　　　　　　45

3.2　使用 ChatGPT 精确化问题描述　　　　　　　　　49

第 4 章

证据的检索与筛选   65

4.1   证据类型介绍   67

4.2   确定检索需求   73

4.3   选择合适资源   81

4.4   执行检索   88

第 5 章

证据的评估   101

5.1   单个证据的评价   103

5.2   元分析   113

5.3   元综合   134

第 6 章

证据的转化   137

6.1   证据转化的原则   140

6.2   ChatGPT 辅助证据转化   145

6.3   转化方案的评估与反思   160

6.4   小结   168

第 7 章

循证项目的实践与评估   169

7.1   ChatGPT 在项目实施与评估中的应用   171

7.2   项目实施与评估   173

7.3   证据重估   189

第 8 章

项目的监测与诊断   199

8.1   PARIT 框架的内涵   201

8.2   ChatGPT 辅助进行项目监测与诊断   209

第 9 章

循证教学案例报告   225

9.1   循证教学案例报告概述   227

9.2   大模型辅助循证教学案例报告生成   234

9.3   其他应用策略   244

第 10 章

利用 ChatGPT 辅助数据分析和文献阅读   251

10.1   ChatGPT 数据分析的特点   253

10.2   利用 ChatGPT 清洗数据   255

10.3   利用 ChatGPT 进行描述性统计   260

10.4   利用 ChatGPT 进行探索性数据分析   272

10.5   利用 ChatGPT 辅助文献阅读   280

10.6   利用 ChatGPT 生成图片   293

10.7   ChatGPT 实用插件   298

10.8   小结   304

第 1 章

人工智能时代的循证实践

缩小教育领域研究与实践之间的距离一直是教育研究和政策制定的焦点，[1,2,3]而发轫于医疗服务领域的循证实践（Evidence-based Practice，简称 EBP）被教育界赋予强烈的期待。作为一种新兴的教育实践范式，循证实践强调根据当前最佳研究证据，综合考虑教育场景、学生特点、教师经验与价值判断等要素，进行教育和教学的科学决策，以期达到最优教育或教学效果。

循证实践要求教育管理者和教师以开放、务实的心态看待前沿研究成果，审慎地将其应用于教育教学过程中。这就需要教育管理者和教师加强专业领域的学习，主动了解前沿的教育理论与研究方法，提升文献检索、解读与应用能力，以开放的心态审视自身教育教学工作，通过日常的教学反思、行动研究等方式，将循证意识内化于工作实践的全过程。与此同时，他们还应积极融入校内外的专业共同体，聚焦教育教学的共性和个性问题，开展协作探究，在同侪互助与批评性反思中获得持续性的专业发展。

值得注意的是，大数据、人工智能等前沿技术的发展为教育的循证实践提供了新的路径与可能。一段时间以来，以 GPT、Claude、Llama 为代表的大模型（Large Language Models，LLMs）在教育领域引起了广泛关注。这些基于 Transformer 架构的大规模预训练语言模型，凭借强大的泛化能力和高效的文本信息处理能力，在知识理解、逻辑推理等方面表现卓越，[4] 有望成为支撑教育循证实践的重要工具。

1　杨文登，叶浩生. 缩短教育理论与实践的距离：基于循证教育学的视野 ［J］. 教育研究与实验，2010（03）：11-17.

2　Van Ingen S，Ariew S. Making the Invisible Visible：Preparing Preservice Teachers for First Steps in Linking Research to Practice ［J］. Teaching and Teacher Education，2015，51：182-190.

3　周加仙. 走向循证教育决策与实践 ［J］. 外国中小学教育，2017（06）：9-16.

4　OpenAI. GPT-4 Technical Report ［EB/OL］.（2024-03-04）［2024-09-04］. https://arxiv.org/abs/2303.08774.

1.1 循证实践的定义与内涵

循证实践兴起于 20 世纪 70 年代的医学领域，强调医疗工作者在进行诊疗决策时应该依据经过系统评价的最佳研究证据。萨基特（Sackett）对医学领域循证实践的定义是：将个人临床专业知识与来自系统研究的最佳外部临床证据以及患者的独特价值观相结合。[1] 这被公认为是对循证实践最原始的定义。此后，循证实践不仅在医学领域发挥重要作用，而且已被扩展应用于护理、教育、管理、社会工作、法学等众多社会科学领域，以推动这些领域专业实践的发展和优化。

受循证医学的启发，20 世纪 90 年代，哈格罗夫斯（Hargreaves）最早引入了"循证教育学"的理念，主张教育界应借鉴医学领域的实践，严格依据研究证据进行教学实践。近三十年来，教育教学的循证实践持续受到重视。例如，美国联邦政府的《每个学生都成功法案》（Every Student Succeeds Act，简称 ESSA）鼓励各级教育工作者参与循证实践，以提高他们在改善学生学习效果方面的有效性。我国一方面强调教育研究应更多地服务于教育实践，从而使教育决策过程更加科学和合理，另一方面也在鼓励中小学的教师和校长深入学习和掌握循证实践的理论和方法，以其价值观、理念、思维方式来进行教学实践。这些举措表明，循证实践已经被视为提升教育教学质量和推动教师专业发展的重要途径。[2,3]

那么，究竟什么是教育的循证实践呢？简言之，教育领域的循证实践是指教育管理者和教师在教育教学过程中，基于当前最佳研究证据，结合教育情境与利益相关者偏好，运用专业判断做出恰当的教育与教学决策，并对结果进行系统评估与反思优化的过程。其核心要义包括以下几个方面。

① 研究证据的使用：教育管理者和教师需要主动搜集、鉴别并利用高质量的研究证据（如理论模型、元分析报告、实验数据、个案调查等），用以指导教育与教学实践；

② 教育情境的考量：需要系统分析具体的教育情境、教学对象、资源条件、制

1　Sackett D L, Rosenberg W M C, Gray J A M, et al. Evidence Based Medicine：What It is and What It isn't ［J］. BMJ：British Medicine Journal（International Edition），1996，312（7023）：71‒72.

2　朱旭东.论教师专业发展的理论模型建构［J］.教育研究，2014，35（06）：81‒90.

3　赵萍，邹奕淳.国际视野中循证教师培养实践研究［J］.教师教育研究，2022，34（06）：120‒128.

度环境等要素，判断研究证据在具体情境中的适切性和可行性；

③ 利益相关者的偏好：需要充分尊重和吸纳学生、教师、家长、学校、社区等主体的价值诉求，力求达成共识；

④ 专业判断的发挥：教育管理者和教师应发挥自身的学科专长、经验智慧，以及教学与管理艺术，对不同要素进行权衡取舍，基于有限资源条件做出恰当的决策；

⑤ 结果评估与反思：要对教育和教学决策的执行效果进行跟踪评估，总结经验教训，重新评估证据在特定教育情境中的有效性，并且在实践中不断反思改进。

由此可见，循证实践强调研究与实践的紧密结合，研究证据只是教育和教学决策的"锚"，而非教条式的指令，教师个体及利益相关者才是循证实践的主体。

许多学者基于教育情境，对循证实践的内涵进行了拓展性解读。例如，有研究者把循证实践看成教育工作者在制定和实施教育干预计划时，根据当前最佳的经验证据（empirical evidence），并参照个人的专业判断力及学生的学习特点，进行教学决策和行动的过程。其中经验证据指经过系统搜集、严格筛选的研究证据；"个人的专业判断力"强调教师自身的学科知识、教学经验、教育智慧的作用；"学生的学习特点"则关注学生作为教育对象的主体性。

也有研究者将循证的理念表述为一种"决策范式"，其融合了三个关键维度：研究证据、实践情境、利益相关者的价值观与诉求。这一表述凸显了循证的系统性、科学性和人本性，为更好地实施循证实践提供了整体性视角。

基于上述理解，结合国内外研究者的论述，我们可以将教育的循证实践进一步理解为教育从业者在教育教学过程中，主动搜集和利用高质量的研究证据。同时，他们运用实践经验和专业智慧，系统地权衡教学情境因素（如生源特点、学校文化、课程标准、教学资源及社会经济条件等）和利益相关者的偏好（如学生和家长的诉求、教育部门的政策导向等），做出最优化的教育与教学决策。随后，在实施过程中开展系统评估和反思。可以看出，循证实践不是对传统个人教育教学经验的全盘否定，而是倡导教育从业者基于研究证据，对个人经验进行反思和优化，力求在教育效果、教学效率、学生发展、社会满意度等多重目标间达至最佳平衡。

需要指出的是，作为一种教育实践范式，循证实践在操作层面涉及诸多领域，如宏观教育决策，包括教育发展规划制定、教育政策评估、教育资源配置等；中观学校治理，如学校管理制度设计、学校课程开发、学校考核评价等；微观课堂教学，如教学目标确立、教学内容选择、教学策略运用、课堂行为管理、学习评价反馈等；

教师专业发展，如教师教育课程体系建设、教师的教研制度规划、职前职后培训内容设计等；教育科研提升，如科研选题、科研设计、成果转化应用等。

这些划分并非泾渭分明，而是相互交叉与影响的。循证实践并不追求适用于所有情境的理论"圣经"，也不依赖源于经验归纳的实践"秘籍"。一线教师和管理者应重点关注循证实践在课堂教学和学校管理层面的应用，即以开放、审慎的态度对待前沿的教育科研成果，对标学校办学定位和人才培养目标，立足区域、学校、班级和学生的实际情况，恰当选用前沿研究与实践成果优化日常教学，在实践中检验与反思前沿理论和经验做法，进而形成个人或团队的实践性知识。

1.2 教育改革背景下的循证实践

随着全球教育改革的深入，尤其是对培养学生的 21 世纪技能的重视，如批判性思维、创造性、合作和沟通能力，这些技能的培养要求教学方法从传统的知识传递转变为基于能力的教学。[1] 这些改革要求教师不仅仅是知识的传递者，还是学习的促进者和指导者。循证实践为教师提供了一种机制，通过这种机制，教师可以基于科学证据选择和应用最有效的教学策略，确保教育活动能够高效促进学生的发展。[2] 教育政策和改革倡导者迈克尔·富勒（Michael Fullan）分析了影响教育变革的动态因素，包括教育系统内部和外部的多种因素，如政策、领导力、教师专业发展、学校文化等，并分析了这些因素如何共同作用影响教育改革的过程和结果。此外，他还强调了持续学习和协作的重要性，以及创新和以证据为基础的决策在实现教育改革中的作用，指出循证实践是实现这些改革目标的关键，因为它允许教育实践紧密地与研究证据相连，确保教学方法能够科学地支持学生技能的发展。[3,4]

1 Organisation for Economic Co-operation and Development（OECD）. The Future of Education and Skills：Education 2030 ［J］. OECD Education Working Papers，2018.

2 邓敏杰. 理解循证教学：缘起内涵、主要特征与实施策略 ［J］. 黑龙江高教研究，2022，40（07）：155 - 160.

3 Fullan M. The Meaning of Educational Change：A Quarter of a Century of Learning ［M］ // The Roots of Educational Change：International Handbook of Educational Change. Dordrecht：Springer Netherlands，2005：202 - 216.

4 Fullan M. The New Meaning of Educational Change ［M］. New York：Teachers College Press，2011.

在全球教育改革的背景下，循证教育的推广及其对教师专业发展的影响日益受到关注。欧盟循证教育的推广受到国际大规模教育评估的影响，期待通过建立教育监测体系来提升教育质量。欧盟及其成员国通过循证教育的实施，将教育政策制定与教育教学实践紧密联系起来，这一转变的动能来源于证据的力量。[1] 我国教育部2014年开始实施"卓越教师培养计划"，2018年颁布教育部"卓越教师培养计划2.0"，[2] 提出"建立完善基于证据的教师培养质量全程监控与持续改进机制"，这一举措指明了"卓越教师"培养循证实践的方向，以及循证实践在促进教师理解和应用最佳教学方法中的关键作用。[3] 也有研究者指出，推动我国循证教师教育实践发展的内在动因是教师的数据素养需求、大数据技术的不断渗透，以及基于证据导向的教师培养。[4]

循证实践深化了人们对教育和教学改革本质的理解，既为新时代教育教学改革提供了实际的依据，也提出了一种解决教育研究与教育教学改革冲突的新模式。[5] 长期以来，教育实践与学术研究之间的鸿沟深刻而牢固，但随着教育改革的推进，越来越多的实践者、研究者及政策制定者感受到了弥合这一鸿沟的迫切需求。对教师而言，这种需求不仅仅是传授知识，更重要的是理解并应用教育研究的成果，以科学的方式指导教学活动。约翰·哈蒂（John Hattie）在其著作《可见的学习》（*Visible Learning*）中指出，[6] 教育决策应基于广泛的证据和研究，而教师在整合和应用这些证据以提升学生学习成效方面扮演着关键角色。通过循证实践，教师能够识别和采纳那些经过验证能够显著提升学生学习成效的教学策略和方法。斯莱文（Slavin）讨论了循证教育政策的重要性，并探索了如何将教育研究转化为实践，他认为教育研究人员都

1 俞可，陈丹，赵帅. 循证：欧盟教育实证研究新趋向 [J]. 华东师范大学学报（教育科学版），2017，35（03）：142－149＋173－174.

2 教育部关于实施卓越教师培养计划2.0的意见 [J]. 中华人民共和国教育部公报，2018（09）：31－34.

3 伍春兰. 中学数学"卓越教师"培养的循证实践——以教学主张提炼为例 [J]. 数学教育学报，2022，31（04）：38－43.

4 王争录，张博，吴尚燃. 大数据时代循证教师教育实践 [J]. 高教发展与评估，2022，38（03）：11－20＋117－118.

5 曹志峰. 基于证据的实践：教育教学改革的依据与范式 [J]. 当代教育科学，2018（12）：30－34.

6 Hattie J. Visible Learning: A Synthesis of Over 800 Meta-analyses Relating to Achievement [M]. London：Routledge，2008.

应该支持以证据为基础的改革。[1] 博格（Borg）进一步指出，教师需要发展出一种基于证据的思维方式，这种方式能够促使他们在面对教学决策时，能够自然而然地寻求并利用相关研究证据。[2] 可见，循证实践要求教师学会在研究证据的基础上开展教学。其中，这些证据是基于经过充分论证的新进的研究成果的。[3]

应对这一需求，越来越多的研究开始强调教育实践者的教育研究素养（有目的地获取、分析和使用教育研究证据的能力）、信息素养、统计素养、循证推理能力、批判性思维和问题解决能力等的重要性，[4] 主张教师应具备在教育研究知识的基础上进行专业实践的能力，[5,6,7] 重视依托可靠的理论基础和研究方法得出的科学证据，并获得在教育中发现、阅读和理解研究成果的能力。[8] 保罗·基尔希纳（Paul Kirschner）强调未来教师应该具备研究意识，成为能进行"有意义质疑"的实践者。[9] 英国通过政策支持、组织动员、评估体系建设，以及成效评价，全方位推进循证教学。这一

1　Slavin R E. Evidence-based Education Policies：Transforming Educational Practice and Research [J]. Educational Researcher，2002，31（7）：15-21.

2　Borg S. Research Engagement in English Language Teaching [J]. Teaching and Teacher Education，2007，23（5）：731-747.

3　赵萍，邹奕淳. 国际视野中循证教师培养实践研究 [J]. 教师教育研究，2022，34（06）：120-128.

4　Ophoff J G，Wolf R，Schladitz S，et al. Assessment of Educational Research Literacy in Higher Education：Construct Validation of the Factorial Structure of an Assessment Instrument Comparing Different Treatments of omitted Responses [J]. Journal for Educational Research Online，2017，9（2）：37-68.

5　Bauer J，Prenzel M. European Teacher Training Reforms [J]. Science，2012，336（6089）：1642-1643.

6　Brown C，Zhang D. Is Engaging in Evidence-informed Practice in Education Rational? What Accounts for Discrepancies in Teachers' Attitudes Towards Evidence Use and Actual Instances of Evidence Use in Schools? [J]. British Educational Research Journal，2016，42（5）：780-801.

7　der Kultusministerkonferenz S. Standards für die Lehrerbildung：Bildungswissenschaften [R]. Bonn：KMK，2004.

8　Bauer J，Berthold K，Hefter M H，et al.. Wie können Lehrkräfte und ihre Schülerinnen und Schüler Lernen，Fragile Evidenz zu Verstehen und Zu Nutzen? [J]. Psychologische Rundschau，2017（68）：188-192.

9　蔡慧英，卢琳萌，董海霞. 基于证据启发的学习设计：让教师教学站在理解教育规律的基础上——访国际知名教育心理学和学习科学专家保罗·基尔希纳教授 [J]. 现代远程教育研究，2021，33（04）：11-19.

系列措施旨在促进教师基于研究的教学实践，倡导教师积极参与研究以获取、分析、整合教学证据，并鼓励教师据此做出科学决策，实现自我提升。[1] 这些主张展示了循证教学如何作为推动教师教学专业化的新路径。

1.3　工作改进、研究与循证实践

探讨教育循证实践的实务，有必要对三个容易混淆的概念进行辨析，即工作改进、循证实践和研究。这三者存在一定的交叉与递进关系，但在内涵、目的与方法上又各具特点。只有厘清三者的概念边界，才能更准确地把握循证实践的独特价值。

1.3.1　工作改进与循证实践

教育工作者为提高教育和教学质量而开展的日常问题解决与实践优化活动，可以统称为工作改进。这一概念源自 20 世纪初泰勒的科学管理理论，旨在采用科学方法分析工作流程中的低效环节，寻求持续改进的路径。在教育领域，工作改进通常包括集体备课、说课评课、教学反思日志、课例研究、校本研修等常规活动。这类活动一般围绕具体问题展开，注重经验总结与同伴分享，改进的循环周期较短，其主要目的在于解决实际问题，提升教研或教学效果。

相较而言，循证实践虽然也以优化教育实践为宗旨，但更强调系统性、科学性和专业性。首先，循证实践立足于前沿的研究证据，关注理论与实践的贯通，改进方案经常借鉴理论洞见，视野更为开阔；其次，循证实践通常采用更严格的研究设计（如对照实验、准实验等），考察改进效果，证据呈现更具说服力；最后，循证实践往往需要较长的实践周期进行多轮迭代，过程控制与效果评估也更加精细严格。总的来看，工作改进与循证实践可以理解为两个层次的实践优化范式，循证实践更注重"证据"的应用和评估，是工作改进的"升级版"。

1.3.2　研究与循证实践

研究是指为了探求未知世界，发现规律性知识而开展的创造性探索活动。研究可简单地分为基础研究、应用研究和开发研究三类。其中，基础研究旨在发现新现

1　徐海鹏，陈云奔，罗楠.循证教学：英国教师教学专业化的主张与实现路径［J］.比较教育研究，2022，44（09）：67－75.

象、新规律，拓展学科前沿，如脑科学揭示学习的神经生理机制；应用研究致力于将基础理论应用于实际，指导问题解决，如探索学习方式改革的路径与效果；开发研究则以研制新的教育产品（如教材、软件等）为主要目标。可见，研究的着眼点主要在于发现"新知"，研究者追求的是普适性理论，而非特定语境下的实践策略。

与此不同的是，循证实践往往从教育教学一线的实际需求与问题导向出发，目的并不在于发现创新性的理论或发明开创性的产品，而是力图将现有的、经筛选的研究证据恰当应用于具体情境，解决实践困境。因此，循证实践更加注重研究成果的筛选、本土化改造与实践转化。此外，研究者与实践者在研究与循证实践活动中扮演的角色也不尽相同：研究者追求"真理"、坚守"客观"，而教师等实践者除了对证据质量把关，更要对证据运用过程和结果负责。换言之，教师要发挥主体能动性，权衡各种证据和实践因素，运用专业判断做出恰当决策。

循证实践还有一个特点，即研究取向的实践。具体而言，教师在开展循证实践的过程中，根据实践中的问题确立主题，基于研究证据改进实践，在实践中反思理论的局限，提炼经验教训，进而探索出新的实践策略、工作模式，乃至产生新的理论概念。可以说，循证实践与研究之间存在一种良性互动关系：一方面，严谨的研究成果为循证实践提供了理论指引和实践基础；另一方面，教师在循证实践中积累的经验性认识又为研究者提供了探究灵感，成为研究不断深化的源泉。

1.3.3 工作改进、循证实践与研究的递进关系

尽管工作改进、研究和循证实践三者在内涵和目标上存在差异，但并不意味着它们是泾渭分明的。事实上，高质量的工作改进常常渗透着研究的系统、专业的思维，而扎实的研究也需要植根于一线教师的实践智慧。工作改进、循证实践和研究之间存在递进与融合的关系，三者相互促进，共同推动教育理论与实践的发展。

一方面，如果能在日常的工作改进中适度引入研究视角与方法，有助于教师积累实践认识，为更加系统的行动研究、循证实践打下基础。比如，一位数学教师在教学过程中发现部分学生在理解函数概念上存在困难，于是检索相关的研究证据，尝试不同的解决途径，有意识地收集学生的课堂表现、作业、访谈等资料，分析这类学生认知障碍的特点与原因。日积月累，这些经验性认识逐渐上升为行动假设。在此基础上，教师尝试采用一些针对性的教学策略（如概念可视化、分层教学等），并借助科学的研究方法（如准实验、前后测、过程性评估等）检验教学效果。教学

反思与理论探讨交叉进行，形成较为成熟的循证教学模式，进而可以提出一些新的研究问题。

另一方面，扎实的教育研究也离不开教育工作者在一线积累的实践认识。事实上，许多具有广泛影响的教育理论，如杜威的"做中学"、布鲁纳的"发现学习"等，都一定程度上来源于对一线教师的教学反思和实践探索的总结。许多教师将自己的教育思考上升为理论假设，并通过精心设计的实践活动加以检验，在理论与实践的反复论证中提炼出新的教育思想。反过来，前沿的教育理论转化为循证实践，又在一线教师的教学智慧与艺术中得以升华。可见，三者之间是一种递进、嵌套的关系。

1.4 循证实践的典型形式

正如前文所述，循证实践在教育系统的宏观、中观、微观等不同层面都有广泛的应用前景。纵览国内外的研究，循证实践的典型形式包括循证教学、循证教研、循证治理和循证决策等。

1.4.1 循证教学

循证教学是教师依据教育研究证据，结合教学情境，运用专业判断，优化教学决策和教学行为，并评估教学效果的过程。循证教学强调用科学研究的视角审视和改进教学，在"证据—决策—行动—评估"的循环中不断反思和改进，形成最佳教学实践。

以教师"提升小学生阅读理解能力"为例。针对自己班级学生阅读上存在的问题，教师通过文献综述发现，有多种教学方法在提升阅读理解上效果显著，但不同方法在操作要求、适用学段等方面存在差异。教师在权衡了证据强度和本班学情后，决定采用某种教学方法，并遵循"教授—示范—指导—练习"的步骤，引导学生掌握相应的阅读策略。同时，教师采用标准化测验对学生的阅读理解能力进行追踪评估。结果发现，干预了一段时间后，实验班学生在字词理解、逻辑推理等维度的得分显著高于常规教学班。随后，教师又对教学设计和课堂观察资料进行定性分析，发现部分学生在迁移策略时仍存在困难，于是进一步调整教学方案，增加策略迁移训练。如此循环往复，教学效果不断优化，教师的专业能力也得到了提升。

1.4.2　循证教研

循证教研是学校和教师运用循证的理念和方法开展校本教研活动，旨在增强教研的科学性和有效性。传统教研活动多以经验交流为主，循证教研则更加注重用研究证据支撑教研主张，用科学方法考察教研成效。循证教研可在课题申报、方案设计、实施监控、总结评估等环节体现循证理念。

例如，某中学开展"有效课堂提问策略"的校本教研。教研组首先围绕"提问策略对学生参与度的影响"确立研究主题，查阅文献资料，基于布鲁姆教育目标分类等理论构建教研框架。在此基础上，组内教师采用行动研究方法，尝试应用"探究式""分层式""链式"等提问方式，并以录像分析、学生访谈、问卷调查等方式收集教学实践数据。经数据分析发现，有效提问能显著提升学生参与度，但不同学科、不同班级在具体策略的适用性上存在差异。因此，教研组在总结提炼共性策略的基础上，鼓励教师因材施教，形成个性化的提问风格。如此，教研不再是说教式的"经验之谈"，而是基于证据支持、面向学科特点、关注学情差异的专业性探究，教研质量和教研效率显著提升。

1.4.3　循证治理

循证治理是循证实践在教育管理领域的拓展，旨在运用循证的理念和方法优化学校决策，提升治理绩效。具体表现为管理者在决策时，如制定发展规划、设计考评方案、配置办学资源等，充分借鉴相关的治理理论与研究证据，运用科学方法论证决策的可行性，并对决策效果进行跟踪评估，在实践反馈中不断调适优化。

例如，某学校在设计教师绩效考核方案时，充分吸收了"多元评价""发展性评价"等前沿理念，提出采用教学质量、科研能力、社会服务等多维指标并重的考评体系。为验证方案的科学性，学校管理者采用德尔菲法、层次分析法等对指标进行论证筛选，并通过问卷调查了解教师对考评指标的认可度。在实施过程中，管理者还采用教师满意度调查、离职率分析等方式考察考评导向对教师发展的影响。基于循证结果，学校优化了指标权重，增设了教学技能大赛、教研课题立项等针对性项目，以激发教师的内生动力，提升教学科研质量。可见，循证治理有利于学校管理决策更加科学民主，内外部利益相关者的意愿得到充分尊重。

1.4.4　循证决策

循证决策是循证实践在教育政策制定领域的应用，主要指政策制定者在制定教育政策、法规时，充分参考研究证据，运用科学的政策分析工具，论证政策方案的必要性、可行性和有效性，并通过跟踪评估来考察政策执行效果，以循证为基础推动教育改革和发展的过程。

例如，某个国家要在国家层面推行 STEM（科学、技术、工程、数学）教育改革。该国可能注意到了在国际学生评估项目（如 PISA 测试）中，本国学生在 STEM 学科上的表现落后于其他国家。为了应对这一挑战，教育部门首先会深入分析国际比较数据，确定具体的差距所在。随后，他们会回顾全球范围内 STEM 教育改革的研究文献，了解其他国家成功的策略和可能遇到的挑战。基于这些证据，教育部门可能会设计一套综合性的 STEM 教育改革方案，包括更新课程标准、改进教师培训、增加实践性学习机会等。在全国推广之前，他们可能会在几个地区进行试点，收集实施效果的数据。同时，他们会建立一个长期的评估机制，持续监测改革对学生 STEM 能力、高等教育入学率，以及未来就业前景的影响。这个过程可能持续多年，其间会根据收集到的证据不断调整政策。这种宏观层面的循证决策方法确保了全国性教育改革是建立在坚实的证据基础之上的，而不是仅仅基于直觉或政治压力，有助于教育政策更加科学、更具社会接纳度。

因此，循证教学、循证教研、循证治理和循证决策构成了循证教育实践的几个重要形态。这些实践形式贯穿了教育教学的各个层面，体现了循证教育的系统性、科学性和专业性特征。需要指出的是，这些实践形式在内涵上相互交叉，在操作中相互促进，形成了一个循证实践的整体生态。例如，学校层面的循证治理离不开课堂层面循证教学的支撑，教师个人的循证教学也需要学校循证教研的引领。因此，推动循证实践的发展，要在加强顶层设计的同时，注重发挥一线教育工作者的主体作用，在实践探索中凝练循证实践在不同场景中的应用，促进循证实践不断走向成熟。

1.5　循证实践对于教师专业发展的意义

循证实践鼓励教师不再仅仅依赖个人经验或直觉，而是基于科学研究和数据来指导教学。通过参与循证实践，教师能够依靠研究证据来调整教学策略，系统地收集和分析学生学习数据，批判性地评估教学方法的有效性。循证实践不仅能够提高教学质量，还培养了教师的批判性思维和研究能力。此外，循证实践也促进了教师之间的专业对话和协作，有助于创造持续学习和改进的文化氛围。具体来讲，对于教师专业发展而言，循证实践的作用体现在以下几个方面。

1.5.1　提升教学决策的科学性

长期以来，教师的教学决策主要依赖个人经验和主观判断，容易受成见和偏好的影响，决策的科学性和可靠性不足。循证实践倡导教师在备课、授课、评课等教学决策中充分参考多元研究证据，尤其是高质量的研究证据，做出更加科学、精准的教学决策。同时，研究证据也为教学决策提供了外部支持，增强了教学主张的说服力，有利于教师与专家、同行、家长、社会进行有效沟通。

例如，针对"如何提高问题学生的学习兴趣"这一问题，单纯依靠个人经验，不同教师可能会给出大相径庭的决策方案。循证实践则要求教师广泛搜集相关研究，如关于学习动机的认知心理学研究、问题学生干预的个案研究等，在证据汇聚的基础上得出相对稳健的决策方案，如"成功体验＋合作学习＋榜样示范"，并根据本班学情进行适度调整。由于这样的决策融合了多元研究证据和教学实践智慧，具有坚实的理论基础和实践基础，实施效果往往更好，决策的科学性也更高。

1.5.2　增强教学反思的深度与广度

教学反思是教师专业发展的重要路径。传统反思往往流于教学技艺层面，反思视角和反思议题较为狭隘。而循证实践中的反思具有鲜明特色：循证反思立足于前沿研究证据，教师在反思中能够与本学科甚至跨学科的理论知识对话，拓宽反思视野；循证反思采用严谨系统的方法，通过实证数据厘清教学得失，反思更加聚焦和深入；循证反思关注从方案设计、实施到评估的全流程，有助于揭示深层次的教学规律。可以说，研究证据和研究方法为教学反思插上了腾飞的翅膀。

例如，某位老师在开展了"小组合作学习"的教学实践后，通过学生问卷、课堂观察、学业测验等方式收集数据，系统评估教学效果。结果显示，虽然学生的学习兴趣和参与度有所提高，但学业成绩并未同步提升。该老师遂查阅相关文献，发现合作学习的效果受许多因素制约，如小组构成、角色分工、激励机制等。基于文献启示，该老师重新审视自己的教学方案，发现在小组编组和角色安排上欠缺考虑，于是进一步调整策略，教学效果得到优化。在循证反思中，研究证据不仅为反思提供了理论视角，也为问题诊断和策略生成提供了智力支持，拓展了教学反思的广度和深度。

1.5.3 拓宽教师的专业视野

教师专业发展的重要标志之一就是能否站在学科前沿审视教育问题。然而，许多教师往往困于日常教学事务，较少关注学科动态，专业视野难免受限。循证实践为教师搭建了一座通往学科前沿的桥梁。教师在搜集证据、开展实践的过程中，需要涉猎前沿文献，了解学科的发展趋势和研究热点。理论视野的拓展反过来又会对教学实践产生"涓滴效应"，带动教学观念、教学内容、教学方法的更新，有助于教师逐步形成开放、进取的专业态度。

以"深度学习"的教学应用为例。深度学习是当前国际教育研究的热点议题，但许多一线教师对此概念较为陌生。某教师在探索"如何提升学生解决复杂问题能力"的教学策略时，通过系统文献综述接触到深度学习理论，进而尝试将深度学习的核心要素融入教学设计，如理解学习、迁移学习、元认知等，并设计了体现深度学习要求的复杂任务。在教学实施与反思中，教师进一步领悟了深度学习的内涵，形成了相应的教学实践模式。可以说，教师在循证实践中打开了通往学科前沿的大门，拓宽了专业视野，也在实践应用中丰富了前沿理论，教学与研究实现了良性互动。

1.5.4 促进教师专业能力的系统提升

教师专业能力的核心要素包括教育教学知识、教研反思能力、问题解决能力等。传统教师培训往往采用单向灌输式的培训模式，理论与实践相脱节，难以系统提升教师能力。循证实践为教师能力建设开辟了新路径：首先，教师在循证实践中检索、筛选文献，了解学科前沿，教育教学知识得到扩充；其次，严谨的循证方法如行动研究、个案研究等成为教师开展教研的利器，教研能力得到锻炼；再者，教师以研究者和反思者的双重身份参与教学，在"研究—实践—反思"的循环中提炼问题、解决策略，问题解决能力和反思能力同步提升。

例如，某教研组在开展"提升学困生数学学业成就"的循证教学中，系统梳理了数学学习相关的心理学、学习科学等理论，教育教学知识实现了从"经验"到"循证"的跨越。研究设计、数据收集、统计分析等一系列科研活动，让老师们掌握了研究的基本方法。问题解决的成功体验，更是大大增强了教师解决复杂教学问题的信心。通过在循证实践中的"知行合一"，教师的教学观念、知识结构、专业技能等得到全面更新。

1.5.5 助推学校变革和教育创新

学校变革与教师发展密不可分。一方面，学校组织的循证教研、培训等活动能有效带动教师个体的专业成长；另一方面，学校需要更多的教师成为循证实践者，推动学校在管理实践中践行循证理念，形成"自下而上"的变革合力。在教师与学校的协同互动中，循证实践可以逐步成为学校的行动逻辑和价值追求，学校的组织运行和支持服务体系可以得到优化，进而形成良性的学校发展生态。

例如，在推行循证教学的过程中，学校发现教师对证据的搜集和应用能力亟待提高。学校需要开设教师培训项目，邀请专家讲授文献检索策略，组织教研组集中学习优秀循证教学案例。在后续的循证教研中，教师与学校管理者共同就"学校应如何为教师循证实践赋能"展开研讨，提出了建立循证教学资源库、设立循证教学工作坊等一系列建议。学校建立配套支持体系，学校治理与教师发展的循证实践活动相互支撑，共同助推学校教育品质的提升。

循证实践也为整个教育生态系统的创新变革提供了重要路径。一方面，来自校际、区域、国家层面的教育政策、项目能够成为学校和教师开展循证实践的有力推手；另一方面，基层学校在循证实践中凝练的经验智慧又能及时回馈到宏观决策中，成为促进政策优化、资源配置、质量监测的关键抓手。循证实践成为了联通教育微观、中观、宏观的纽带，在各级各类教育主体的协同互动中，循证范式得以内化为教育系统的价值追求、行动逻辑与问题解决策略，推动系统变革与整体创新。

1.6 循证实践中的问题与挑战

尽管近三十年来教育领域的循证实践得到了长足的发展，然而，近来的研究也表明，至少在目前的课堂教学领域，教师依据当前科学证据来做出教学决策并不是一种广泛采用的做法，[1] 他们往往只依托个人直觉、经验进行教学，难以做出科学

---

1 Thomm E，Seifried E，Bauer J. Informing Professional Practice：(Future) Teachers' Choice，Use，and Evaluation of (non-) scientific Sources of Educational Topics [J]. Zeitschrift für Pädagogische Psychologie，2021，35 (2-3)：121-126.

有效的教学决策。[1] 尽管有些教育项目在报告中声称其尝试使用了循证实践的方法，但可能只是进行了缺乏证据支持的无效实践。[2] 在实践过程中，教师们可能面临多种挑战，包括如何判断和获取高质量的文献，以及如何融合研究证据到具体的教学计划中，这些问题导致循证的潜力未能在教育教学实践中得到充分体现。[3]

1.6.1 循证意识

长期以来，教师习惯于依赖个人经验开展教学，对于循证决策的认同度不高。在教学中遇到问题时，往往凭感觉"对症下药"，或求助于同事，鲜有主动搜集证据、系统分析的意识。这种"经验为王"的观念在一定程度上影响了教师参与循证实践的积极性。

究其原因，一方面源于循证理念尚未成为教师的自觉追求。在许多案例实践中发现，教师往往将循证视为"不得不做"的任务，缺乏对循证内涵价值的深刻认识。另一方面，教师对自身能力缺乏信心。循证过程中的搜集文献、评估证据及开展证据转化等对教师来说都是全新的挑战，面对海量信息和相对复杂的实践过程，教师很容易产生畏难情绪。这种观念和能力的双重障碍，是制约教师循证实践的重要因素。

1.6.2 证据基础

与医护领域的现有的"证据"相比，教育循证实践所需的证据基础还比较薄弱。高质量的研究是循证实践的基石，为循证决策提供科学依据。目前，教育研究无论是数量还是质量，都还不能满足一线教师循证实践的需求。

从数量上看，聚焦课堂教学的实证研究比例偏低。教师最关注的是课堂教学中的具体问题，如学生学习动机、学习策略、核心概念教学等。然而，许多教育研究

1　朱宁波，王志勇.循证教育取向下教师教学决策的现实审思与发展路径［J］.教育理论与实践，2022，42（13）：46 - 51.

2　Lauderdale-Littin S, Brennan M. Evidence-based Practices in the Public School：The Role of Preservice Teacher Training ［J］. International Electronic Journal of Elementary Education，2018，10（3）：369 - 375.

3　Dagenais C，Lysenko L，Abrami P. C.，et al. Use of Research-based Information by School Practitioners and Determinants of Use：A Review of Empirical Research ［J］. Evidence & Policy，2012，8（3）：285 - 309.

只关注宏大的理论命题，缺乏对教学实践的具体指导。即便是聚焦课堂的研究，也存在难以复制、难以推广的情况，无法为不同情境下的教学实践提供普适性证据。

从质量上看，一些教育研究的科学性有待提升。部分研究在选题立意、研究设计、数据分析等方面还存在一些问题，如研究问题表述不清、概念界定不清晰、研究设计缺乏系统性、研究方法运用不规范、数据分析不够严谨等，影响了研究证据的可信度。一线教师在搜集文献时，往往难以获取高质量的证据。教育领域的证据基础薄弱是教师循证实践的重要瓶颈。

1.6.3 操作规范性

循证实践在操作层面还缺乏系统规范的指引。一方面，教师对循证实践流程和方法缺乏全面系统的认识，学界对于教育循证实践的操作流程尚无统一规范，不同研究从不同角度提出操作框架，对于复杂的教学情境缺乏针对性指导。教师在实践中常常是"摸着石头过河"，遇到问题表述、证据评估、证据转化等实际问题时显得束手无策，难以规范、高效地开展循证。

另一方面，循证实践工具与平台建设还不够完善。教师开展循证实践需要检索文献、交流讨论、分析数据的专业平台，以及规范研究过程的工具包和案例指南。然而，目前专门面向教师的循证实践平台较为匮乏。一些通用的学术数据库检索门槛较高，设计也不够人性化，教师使用起来并不方便。缺乏规范指引和专业平台，成为许多老师顺利开展循证的绊脚石。

1.6.4 循证文化

学校环境在很大程度上决定了教师循证的广度和深度，目前，整体教育环境对教师循证实践的支持还显不足，循证实践尚未真正融入学校的育人理念和行动逻辑，这在一定程度上削弱了教师开展循证的动力。

从文化氛围看，鼓励探究、包容失败的学校文化尚未普遍形成。学校对教师内生的、长期的循证实践的关注不够，导致教师参与循证的动力不足。循证实践不是一蹴而就的，往往需要在假设验证、实践探索中反复迭代。一些学校期望循证实践能立竿见影，对教师的探索缺乏宽容，影响了循证实践的创新性和持续性。从资源配置看，循证实践需要经费、时间、资源等多方面的保障。然而，学校的教学科研任务繁重，教师难以在教学之余挤出系统研究的时间，教师获取外部资助的机会也比较有限。许多学校订阅的数据库资源不丰富，教师获取循证所需知识的途径有限。可见，如果没有学校持续系统的环境营造，循证实践就难以落地生根。

综上所述，循证实践推进中面临诸多挑战：教师循证意识仍有待强化，循证能力亟待提升；研究证据基础薄弱，难以为循证实践提供有力支撑；缺乏规范的操作指引，平台与工具建设还不完善；学校对循证的制度保障、资源投入、文化营造还显不足。这些问题交织叠加，对循证实践形成掣肘。

对于教师而言，要加强循证意识培育，开展系统专业的循证能力培训，树立终身学习理念，掌握循证操作方法；成立教师发展共同体，搭建经验分享、智慧碰撞的平台，让循证实践成为一种自觉追求。

对于学校而言，要将循证融入学校愿景规划和行动方案，完善支持教师循证的配套制度，为教师参与循证提供坚实的制度保障；优化资源配置，加大经费投入，丰富教师的学习资源，为教师循证实践创造良好条件；营造鼓励探索、宽容失败的学校文化，调动教师参与循证的内生动力。

对于高校等研究机构而言，要聚焦教育教学的实际需求，加大应用性、实践性研究投入，提升研究的质量和规范性；建设循证教育数据库，为教师检索和获取证据提供专业化服务；开发循证教学工具包、案例指南，为教师循证实践提供系统指引。

1.7 大模型助力教师循证实践

ChatGPT、Claude、Llama 等 AI 工具在生成文本、回答问题、进行对话等任务中展现出的创造性、逻辑推理和理解上下文等方面的强大能力，使得大模型成为跨学科关注的热点。[1,2,3]

1　Wei J，Tay Y，Bommasani R，et al. Emergent Abilities of Large Language Models ［J］. Transactions on Machine Learning Research，2022：1-30.

2　Sorin V，Klang E. Large Language Models and the Emergence Phenomena ［J］. European Journal of Radiology Open，2023，10：100-494.

3　Webb T，Holyoak K J，Lu H. Emergent Analogical Reasoning in Large Language Models ［J］. Nature Human Behaviour，2023（9）：1526-1541.

1.7.1 大模型涌现的能力

"涌现"本身是一个古老的哲学概念，用于描述如何从基础的实体中产生更为复杂的属性或现象，通常涉及心灵与物质、个体与集体之间的相互作用。[1] 不同学科和领域中的涌现虽各有特点，但都遵循从局部到全局、从简单到复杂的普遍规律。大模型是基于深度学习的神经网络模型，被训练用来理解和生成人类语言。目前，大模型涌现出的能力通常包括自然语言理解和生成、跨领域知识整合、情感和风格理解、复杂问题解决、创造性表达等。[2] 此外，大模型表现出了复杂的泛化能力，能够合理地推断其训练数据以外的信息；[3] 同时，大模型也表现出了元学习的能力，[4] 即学会了如何学习，能够以类似于人类的学习方式掌握知识与技能。人工智能领域大模型的涌现能力不仅本身可以作为教育的研究对象，还可以为教育的研究与实践提供新的手段和方法、创新的思路，也由此引入了新的伦理问题。

（1）大模型的涌现能力本身就是一个有趣且值得研究的现象。大模型在预训练和微调阶段，以及执行下游任务时的零样本学习和少样本学习与人类学习的过程高度相似，[5] 这为教育研究与实践提供了一些新的问题视角：大模型如何模拟元认知策略和自主学习过程，且在没有明确指导的情况下从数据中"学习"？大模型的学习曲线与人类或其他生物的学习曲线有何异同？其背后存在什么样的学习机制、运用了什么样的学习策略？大模型如何识别模式、概念化和泛化知识，以及如何在不同的任务或领域之间迁移和应用知识？大模型如何响应并强化学习中的奖励机制，其相应的存储、检索和遗忘信息的内在机制是什么？……这些研究问题不仅有助于了解人类学习的阶段性特征和知识的获取、迁移机制，也有助于理解学习过程中的自组

1　［美］约翰·霍兰德.涌现［M］.陈禹，方美琪，译.杭州：浙江教育出版社，2022：3－19.

2　Lu S，Bigoulaeva I，Sachdeva R，et al. Are Emergent Abilities in Large Language Models Just In-context Learning？［EB/OL］.［2024－08－16］. https://arxiv. org/pdf/2309. 01809. pdf.

3　Wang C，Zheng B，Niu Y，et al. Exploring Generalization Ability of Pretrained Language Models on Arithmetic and Logical Reasoning［A］. NLPCC 2021：Natural Language Processing and Chinese Computing［C］. Cham：Springer International Publishing，2021：758－769.

4　Hou Z，Salazar J，Polovets G. Meta-learning the Difference：Preparing Large Language Models for Efficient Adaptation［J］. Transactions of the Association for Computational Linguistics，2022，10：1249－1265.

5　Orrù G，Piarulli A，Conversano C，et al. Human-like Problem-solving Abilities in Large Language Models Using ChatGPT［J］. Frontiers in Artificial Intelligence，2023，6：1199350.

织、知识传递、认知建模等方面的复杂性，从而推动学习科学领域的理论发展。

（2）大模型的涌现能力为教育的研究与实践提供了新的手段和方法。大模型为教育的研究与实践提供了一个独特的"虚拟实验室"，在这里研究者可以模拟、测试、验证各种学习理论的关键组成部分，这为深入理解人类学习机制和策略开辟了新途径。例如，通过模拟学习者在社交互动中的知识共建过程，可以探索语言、工具和文化符号在学习过程中所起的作用。虽然大模型不具有真实的情感，但可以研究其如何处理与情感相关的语言输入，来洞察情感与学习的关系。教育者还可以利用人工智能领域的相关技术和方法，将大模型作为重要的研究环境和研究方法，如构建虚拟学习环境、模拟虚拟学习者、挖掘学习模式、提供个性化学习路径等。教育和人工智能领域的交叉合作将促进跨学科研究，而大模型的涌现能力为学习科学研究提供了新的工具和方法，能够帮助研究者更深入地探索学习的本质、机制和策略；同时，研究者也可从学习科学中获取丰富的理论和实践知识，并用于改进大模型的设计与应用。

（3）大模型涌现的能力为教育实践提供了创新的思路。大模型涌现的能力是指大模型基于训练的数据所展现出的、未被明确编程的能力和响应，这意味着大模型可以在各种未见过的情境中生成有意义的回应，包括个性化的资源生成、学习指导、环境创设和学习体验优化等。[1] 例如，大模型通过微调适应不同任务，具有类似于个体学习者的在不同学习环境下的适应性。学习科学可以利用这一特点，研究如何利用技术手段，根据学习者的学习需求和学习进度为其提供个性化的学习材料和反馈，从而优化教学效果。大模型的自主学习能力可以反映个体学习者的学习潜力，学习科学可以利用这种能力，探索如何在教育中鼓励学习者主动参与学习，并培养其自主学习能力。此外，大模型的多样性生成也为个性化教学提供了新思路，有助于教师更好地满足学习者的不同学习需求。基于大模型的涌现能力，教育者可以设计真实世界的模拟场景，让学习者在安全的环境中进行实践探索。例如，斯坦福大学和谷歌的人工智能研究团队创造的"Smallville"虚拟世界，[2] 能以高度逼真的行为模拟来呈现虚拟角色的独立生活。大模型还可以与虚拟现实、增强现实等技术无

---

1 焦建利. ChatGPT：学校教育的朋友还是敌人？[J]. 现代教育技术，2023（4）：5 - 15.

2 Park J S, O'Brien J C, Cai C J, et al. Generative Agents：Interactive Simulacra of Human Behavior [A]. Proceedings of the 36th Annual ACM Symposium on User Interface Software and Technology [C]. New York：Association for Computing Machinery，2023：1 - 22.

缝融合，为学习者提供沉浸式学习体验，并引导学习者探索不同学科之间的联系，促进了跨学科的学习和研究。总之，大模型的涌现能力为教育和培训领域提供了一个强大的工具，能够促进个性化、实时、深度和跨学科的学习。

（4）大模型的强大涌现能力加大了公众对人工智能伦理和社会影响的关注。教育实践同样面临涌现带来的伦理问题：涌现的核心特点是不可预测性，当大模型生成出乎意料的，甚至是有害的输出时，会引发谁应该对此负责、如何控制此类输出的问题；如果训练数据中存在偏见，大模型可能会复制或放大这些偏见。这意味着大模型可能会在无意中加剧社会不平等，尤其是涉及少数群体、性别、种族等问题时，大模型可能基于特定文化或地区的数据进行训练，这会导致对其他文化和价值观的误解或忽视。另外，一些来自公共领域的训练数据可能含有敏感信息或私人信息，大模型的生成内容可能会泄露原始数据；鉴于大模型的复杂性，理解这些大模型如何做出特定的"决策"并非易事，对于需要解释和验证决策的场合（如政策制定、教育人才选拔等）尤其如此，决定着用户是否有权控制与大模型的互动、了解其工作方式并做出基于知情同意的决策；大模型可以生成逼真的内容，这会引发关于虚假信息、误导和真实性的伦理问题，用户可能因为大模型的高性能而对其产生过度信任，导致忽视批判性思维的运用。这些伦理问题虽然不是学习科学所独有的，但是学习科学关注如何最有效地设计、实施和评估学习，在大模型被广泛应用于教育教学领域时，伦理审视对于确保教育的公平、有效、有益至关重要。

1.7.2 大模型对于循证实践的作用

大模型涌现的能力可以在很大程度上解决目前循证实践中存在的问题。它能够快速处理和分析大量的教育研究数据，帮助教师获取最新的高质量证据，也可以为教师提供个性化的教学建议，支持他们在具体教学情境中做出基于证据的决策，从而提升教学成效。

第一，证据基础薄弱是目前制约教育循证实践的关键症结之一。大模型可以通过智能检索、知识萃取等方式，为教师循证实践提供坚实的证据支撑。一方面，借助大模型技术可以实现跨数据库的全面检索。目前，教育研究成果分散在不同期刊、学位论文库等，教师检索文献耗时费力。基于大模型的智能检索系统可以迅速搜索海量文献，大大提高教师获取证据的效率。另一方面，大模型可以自动抽取和梳理研究证据。面对浩如烟海的文献资料，教师往往难以快速把握研究脉络和核心观点。

大模型可通过对文献进行智能阅读和语义分析，自动归纳提炼研究样本、研究设计、核心发现等关键信息，并以知识图谱、报告等形式向教师呈现，帮助教师全面把握研究现状。除此之外，大模型可以根据教学场景推荐个性化证据。不同学段、学科的教学需求各异，教师往往期望获得具有针对性、可操作性的研究证据。大模型可以辅助理解教学场景，结合教学目标、学生特点等要素，向教师推送"私人定制"的循证证据。

第二，循证实践对教师的研究素养提出了较高要求，规范操作流程和优化循证实践工具成为当务之急。大模型可嵌入教学各环节，为教师循证实践提供精准扶持。首先，大模型可辅助教师进行科学提问。问题导向是循证实践的起点。受制于研究经验，教师往往不能清晰表述研究问题，影响了研究设计和循证成效。基于大模型的智能助手可以与教师开展多轮对话，引导教师明晰教学困惑，将模糊设想转化为可验证的科学问题。其次，大模型可以辅助教师优化循证方案。基于前期梳理的研究证据，大模型可以评估教师拟定的循证方案，针对方案的科学性、可行性提出优化建议，在人机协同中完善循证实践方案。再者，大模型可以辅助分析解释循证数据。循证实践需要收集学生作业、访谈、问卷、测评等多源数据，然而，数据分析是许多教师的"软肋"。大模型可接入教师采集的原始数据，运用统计分析、自然语言处理等技术，自动完成数据的定量分析和定性分析。在呈现分析结果的同时，大模型还可以从教育理论视角解释数据背后的深层原因，并据此提出循证优化建议。在大模型辅助下，教师循证素养可以得到持续提升。

第三，教师是教育决策的关键，也是让大模型有效应用于教育的重中之重。通过嵌入大模型，教师循证决策将更加智能精准，循证实践生态将更加健康高效。首先，大模型可实现循证证据的动态推送。随着研究的深入和实践的积累，教育循证证据将不断更新迭代。传统的教师查找文献方式难以对证据进行动态追踪，容易错失前沿进展。大模型可自动监测教师所关注领域的研究动态，将最新研究证据推送至教师的工作平台。其次，大模型可驱动教师开展预测性决策。教育决策不确定性强，教师往往难以准确预判一项决策可能带来的结果。基于历史数据训练的预测模型，可以帮助教师开展前瞻性、预见性决策。在大模型的辅助下，教师的决策将日趋精准。最后，大模型可以优化教师循证实践路径。教师专业发展是一个长期的过程，不同成长阶段的关键任务各有侧重。传统教师培养模式"一刀切"，忽视了教师成长的阶段性特点。大模型可以洞察教师专业能力发展图谱，针对性地提供个性化的循证实践指导，教师循证成长道路将更加高效畅通。

在接下来的章节中，我们将详细指导教师如何在大模型的辅助下进行循证实践。我们将探讨基于大模型的教师循证实践模式，介绍大模型如何贯穿循证的所有环节，如何为教师提供坚实的证据支撑、进行证据转换、优化循证方案、辅助分析数据，并推动教师开展智能精准的循证决策。通过这些详细指导，教师将能够更有效地整合大模型技术，真正有效地推进一线管理者和教师的循证实践。

第 2 章

循证实践的过程

传统的循证实践有基本的工作模式，借助于大模型技术可以改进、优化循证实践的流程，降低专业能力的壁垒，提高循证实践的成效。本章首先回顾源自医学领域的"5A"实践框架及其在教育领域的演变，随后聚焦大模型技术在循证实践各环节中的应用，介绍如何利用大模型辅助教师克服传统循证实践障碍，提高实践效率和质量。通过本章的阅读，读者将对循证实践的基本环节及大模型如何促进循证实践有整体的认识。

2.1 传统循证实践的基本阶段

作为一种基于证据的决策模式，循证实践已经在教育领域得到广泛认可和应用。教育的循证实践最初借鉴医学循证的"5A"实践框架，[1] 即将循证实践划分为五个相互关联的行动阶段，包括提出问题（Ask）、获取证据（Acquire）、评价证据（Appraise）、应用证据（Apply）和评估效果（Assess），不同阶段有各自的工作重心。

（1）提出问题。根据临床需求，用恰当的关键词形成明确的、可检索的问题表述。

（2）获取证据。利用各类医学数据库，如 PubMed、Cochrane Library 等，全面检索问题相关的文献资料。

（3）评价证据。依据获取证据的类型，借助元分析等证据评估方法，对纳入的证据进行整体的评价。

（4）应用证据。综合考虑证据评价结果、患者病情、价值取向、就诊环境等因素，将优质证据应用于临床决策。

1　杨文登，叶浩生.缩短教育理论与实践的距离：基于循证教育学的视野［J］.教育研究与实验，2010（03）：11-17.

（5）评估效果。密切观察诊疗效果，考察患者的临床表现、生活质量等指标，评估证据应用的合理性，为实践方法的进一步改进提供依据。

相较于医学领域，教育情境有其特殊的要求和限制，导致教育领域难以完全照搬医学的模式。因此，在开展循证实践时既要遵照理论联系实践的科学、透明化的步骤和方法，同时也要最大程度地关照教育情境的特点。[1]

首先，证据来源的多元性。教育实践场景中的证据往往不只包括研究证据。在解决教学实践问题的过程中，除了查找相关的实证研究文献外，也要重视教育专家的经验见解、同行的优秀案例及政策的相关规定等。对不同类型的证据要采取恰当的评估标准，从不同角度解读证据的价值。

其次，证据应用的复杂性。医学中的证据可能是对药物类型、剂量和周期等的明确建议，同时，医学实践的环境也通常是高度控制的，对证据的评估所得到的实践启示往往可以直接沿用，如阿司匹林的肠溶片和普片到底是饭前吃还是饭后吃更有效。然而，教育情境往往更为复杂，证据应用不是简单的"照方抓药"。一方面，需要立足证据，结合师生特点、课程要求、资源条件等因素，对证据所推荐的做法加以必要的调整和变通；另一方面，证据的应用是一个过程，需要在实践中不断反思和改进。换言之，循证过程中不能照搬照套研究证据的启示，而要深入分析具体教育教学情境，判断证据建议与教学实际的契合程度，有选择地对证据进行"转化"。

最后，效果评估的特殊性。教育实践很难像医学试验那样进行严格控制，对教学改进效果的评估也不单是循证医学常见的随机对照试验。教学实践的改进通常是渐进性的，实践改进效果的评估不能仅看结果数据，也要重视过程表现。因此，在将改进方案投入到实践中时，需要注意收集那些可以反映改进效果的信息，这些信息往往贯穿教学实践的整个过程，这也就是过程性评价的特殊意义。

正如第 1 章所讨论的，循证实践的主要目标是实践改进而不是理论拓展，本质上仍然是围绕实践中的问题进行干预，通过调整工作方法来改进绩效。因此如图 2-1 所示，形成了下面六个循证实践行动阶段。

---

1 Slavin R E. Evidence-based Education Policies: Transforming Educational Practice and Research [J]. Educational Researcher, 2002, 31 (7): 15-21.

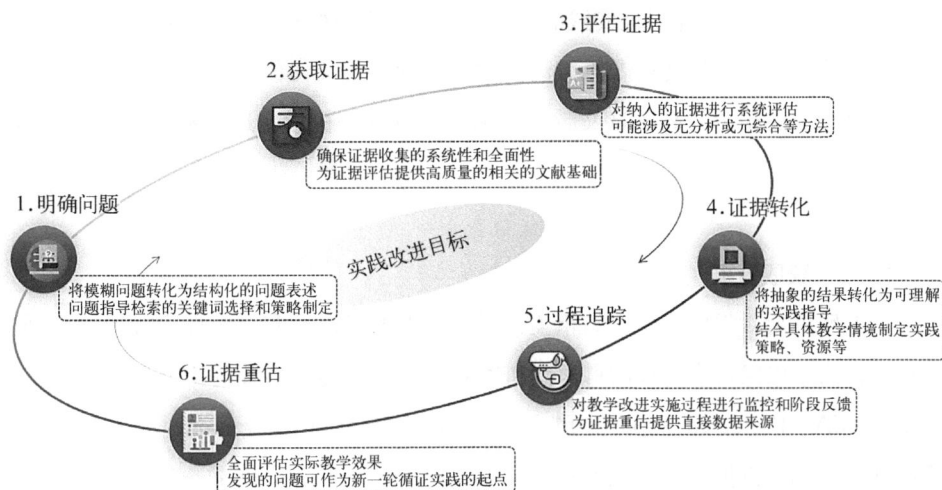

图 2-1 教育领域的循证实践模式

2.1.1 明确问题

明确问题是开展循证实践的起点和关键。在这一阶段，需要基于教学实践中遇到的具体问题，运用批判性思维和相关工具，通过分析实践背景、形成改进方案、框定问题结构等一系列活动，逐步将模糊的问题转化为聚焦、明确、可检索的问题表述。

PICO 框架为循证实践问题的明确提供了一个很好的思路。PICO 要求用一个结构化的方式来描述问题的核心要素，[1] 其中 P（Population）代表研究对象或群体，I（Intervention）代表拟采取的干预措施，C（Comparison）代表干预措施的对照措施，O（Outcome）代表改进后希望得到的结果以及指标。例如，可以运用 PICO 框架将教学改进问题明确为："在初中英语语法教学中，与传统教学方式相比，游戏化学习能否显著提高学生的课堂参与度和学习动机？"其中，拟关注的研究证据中的研究对象（P）是初中生，干预措施（I）是游戏化学习，对照措施（C）是传统课堂的语法教学，结果（O）是学生的课堂参与度和学习动机的改变。这样一个结构化的表述涵盖了研究的主体、视角和核心变量，具有较强的逻辑性和可操作性，可以直接利用这一表述开展文献检索，为后续循证流程提供指引。

---

1 Levin R F，Feldman H R. Teaching Evidence-based Practice in Nursing［M］. New York：Springer Publishing Company，2013.

PICO 框架对于强化循证实践的可操作性，缩小证据检索范围、提高检索精准度具有重要价值。它引导使用者用简洁的方式明确需要关注的核心主题，在海量文献中快速锁定主题相关的高质量文献，避免无效或低效检索。这一部分内容将在第 3 章中详细说明。

2.1.2 获取证据

问题明确后，需要广泛搜集相关证据。证据的规范性和全面性直接影响到循证的质量。为了确保检索过程的科学性和透明度，应当遵循系统的检索框架，如常用的 PRISMA（Preferred Reporting Items for Systematic Reviews and Meta-Analyses，系统评价和元分析报告的优先条目）框架。PRISMA 框架提供了一套标准化的检索报告准则，涵盖了检索过程的各个环节，有助于提高检索的规范性和可重复性。

图 2-2 为简化的 PRISMA 框架，其作用体现在两方面。一方面，有助于明确检索的证据来源。教育领域相关的文献通常被 ERIC、Web of Science、CNKI 等数据库

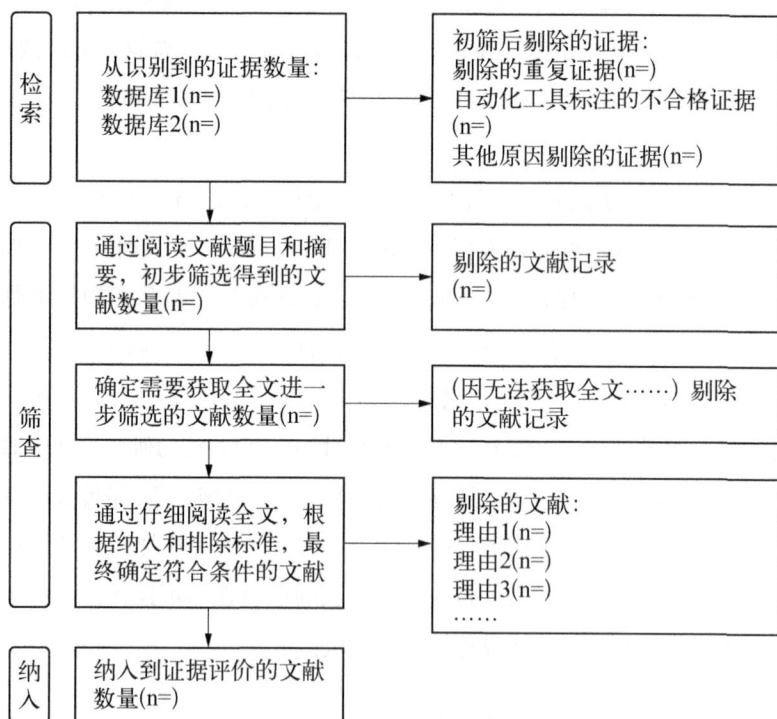

图 2-2　PRISMA 框架示例（简化版）

收录，这些不同的数据库在收录范围、检索功能等方面各有特点。另一方面，有助于明确证据筛选的标准。PRISMA框架建议采用多轮筛选策略。初筛主要根据文献的标题和摘要，快速排除明显不相关的结果；二次筛选则要求通读文献全文，从相关性、质量等多个维度评估证据价值，并最终确定纳入研究的文献清单。筛选过程要制定明确的纳入/排除标准，详细记录每一步的筛选结果和理由，确保筛选过程的可追溯和可重复迭代。

在利用 PRISMA 框架之前，首先需要利用明确问题阶段形成的 PICO 框架制定针对性的检索策略。例如，确定检索的关键词。关键词的选取要全面覆盖 PICO 问题的各个相近概念，并考虑可能的同义词或近义词。例如，检索"游戏化学习"这一主题下的教学改进策略时，除了"gamification"一词，还可以尝试"game-based learning"或"educational games"等关键词，通过构造布尔检索式以提高检全率。

客观地说，遵循 PRISMA 框架进行规范的证据检索对教师来说存在一定挑战，因为它不仅需要教师掌握各种检索技巧，如关键词选取、布尔逻辑运用等，还需要教师具备相关学科领域的背景知识，以准确判断文献的相关性和质量。因此，在开展循证实践的初期，可以考虑与图书馆员、研究人员等专业人士合作，共同完成高质量的证据检索。然而，幸运的是，有了大模型的协助，原本费时费力的工作可以得到简化，本书第4章将详细介绍如何借助大模型改进获取证据的效率。

通过系统的证据检索，最终会形成一批高度相关、质量上乘的文献作为证据评价的基础。这些文献将在后续的证据评价环节得到进一步的分析和综合，转化为指导教学实践的依据。

2.1.3 评估证据

大多数情况下，搜集到的相关证据往往质量参差不齐，结论不尽相同，甚至存在相互矛盾的情况。为了给循证构建可靠的证据基础，需要对纳入的证据进行系统评估，判断每项证据的质量和局限，并综合形成评估结果。这一阶段对教师的研究素养提出了较高要求。

在证据评估阶段，单个证据的评估是系统评价的起点，需要设计编码框架对纳入的不同证据提取关键信息，并根据后续的评价情况适当调整框架。如表 2-1 所示，在探究游戏化学习的语法教学效果时，针对最终纳入的和 PICO 问题相关的文献，可以根据需求从以下几个方面对每项研究进行编码，依据编码的不同维度将文献中对应的信息填写到编码表单之中。

表 2-1　编码框架示例

编 码 类 别	编 码 项 目
研究基本信息	作者、出版年份、发表期刊等
研究方法	研究设计类型、研究对象、样本量等
干预措施	游戏化学习的形式、时长、频率等
测量指标	学习兴趣、学习动机、学习成绩等
研究结果	主要发现、效应量、统计检验结果等

　　这种编码方案特别适用于教育领域的准实验研究，尤其是采用量化方法的研究。在循证实践体系中，这类量化为主的实验或准实验研究具有较高的证据等级，因为这类实验研究采用了高度结构化的方法，一定程度上控制了干扰因素，实验结果较为严谨地反映了某种教学干预策略在特定样本群体中的整体有效性。对于这种类型研究的综合评价往往采用元分析的方法，基本步骤包括计算单个研究的效应量、评估研究间的异质性、检验总体效应量及其置信区间等。通过元分析，可以判断某项干预措施的总体效果，以及影响效果的潜在因素。

　　当然，正如前文所述，教育领域的证据类型也包括了权威意见或一些其他类型的证据，在实验或准实验证据不足或者适用性差的情况下，更广泛的材料也可以被纳入至证据的范畴，如一些区域指导性的政策文本、行动指南等，这些材料既规定了教育教学改革的行动方向，也可能包含了改进建议、预期效果等细节信息。这些证据文本结构化程度较低，以质性材料为主。在循证实践的证据评估方法中，元综合较为适用于处理这些材料，聚焦不同材料间的异同，挖掘材料间的隐含关系等，从而有助于从特定的视角整合这些证据，揭示教学现象的复杂性和多样性。

　　整体而言，评价证据阶段需要根据改进目标和证据性质，灵活选择适宜的评价方法，对教育管理者或教师研究素养的要求较高。必要时，可以考虑与有经验的研究者合作，以确保评价过程的规范性和专业性。

　　本书第 5 章将详细介绍如何借助大模型辅助进行单个证据的评估及多个证据的

元分析。元综合本书不作详述，涉及的操作则会在具体案例中略有涉及。通过系统评价证据，可以更全面地把握研究的现状，综合各类证据的观点，关注干预可能的局限性，进而形成适切的教学决策方案。

2.1.4　证据转化

证据的转化是对证据评估结果的审慎分析，探索如何依据证据评估的结果设计实践改进的具体方案。经过证据评估的一系列流程后，在转化阶段通常会得到一些"结果"。例如，元分析的结果可能包含一系列的效应量和置信区间等；元综合则是各研究案例中的关键的定性内容提炼、组织成的理论或概念体系。这些抽象的评估结果很难直接为具体的实践改进提供指导，因此首要任务是从实践情境的角度解读这些内容，让评估结果更容易被理解。例如，在一篇元分析的研究中，[1] 尽管作者发现同伴互评有助于提升大学生学术写作能力，但对于如何更有效地应用这项措施，元分析中会包含更多的分析细节。在转化过程中，通过对元分析结果的转化，可以把元分析结果综合表述为：结合定量评分和定性评语的、多同伴参与的、有指导和匿名的同伴反馈过程，在充分的时间下（至少 4 周）开展，可以实现最佳的写作提高效果。

在证据转化的过程中，需要将初步转化的内容和自身的实践情境相匹配，考虑如何在特定的课堂环境中利用证据。在此基础上，还需设计可操作的策略、方案或工具，以指导实践改进。这可能包括制定具体可行的教学策略或方案，明确实施步骤、所需资源和预期效果；开发配套的教学工具或材料，如评估量表、反馈表、教学案例、学生练习题等。

整体来说，证据转化的目的是将证据评估的结果与实际的实践情境相结合，制定切实可行的改进方案，并形成相应的支持资源，从而更好地将证据应用于教学实践以提升教学效果。本书第 6 章将具体介绍如何利用大模型辅助进行证据转化。

2.1.5　过程追踪

过程追踪可以理解为教学实践中的"过程性评价"，而证据重估则类似于"总结

---

[1]　Huisman B，Saab N，Van Den Broek P，et al. The Impact of Formative Peer Feedback on Higher Education Students' Academic Writing：a Meta-Analysis［J］. Assessment & Evaluation in Higher Education，2019，44（6）：863 - 880.

性评价"。就像教师在课堂教学中会通过提问、观察等方式持续关注学生的学习状况（过程性评价），并在单元或学期结束时进行考试（总结性评价）一样，过程追踪也是对教学改进实施过程的持续监控和即时反馈。因此，过程追踪是连接证据转化与证据重估两个阶段的重要环节。

一方面，证据转化形成的可操作方案需要在设计之初就考虑过程追踪和效果评估的需求，需要预先设计教学改进方案的评价模式。这种预先设计能够引导循证团队更加关注重点信息，提高过程追踪的目标性和系统性。

另一方面，过程追踪是证据重估的直接数据来源。通过科学的方式记录教学改进过程，可获取丰富且贴近一线教学的多元证据，如教学反思日志、学生学习产出、课堂观察记录等。这些过程性证据能够真实反映改进方案在本情境中实施的情况，呈现研究证据应用于实践时可能出现的契合或偏差。

由此，过程追踪形成的证据能够为判断证据在本地的适切性提供必要支撑，弥补研究证据可能存在的局限，为教学改进成效的整体评估提供更全面、立体的分析视角。本书在第 7 章 7.1 与 7.2 将详细介绍过程追踪中如何收集相应的数据。

2.1.6　证据重估

证据重估既是当前循证实践的最后一环，也可能是开启新一轮循证改进的起点。这一阶段的核心任务，是全面评估证据转化后的实际教学效果，分析效果与预期目标的契合度，诊断改进中的成果和问题，为优化方案、调整策略提供依据。

证据重估需要充分利用过程追踪所积累的丰富实践数据，以开展教学改进成效的系统考察（总结性评价）。要求回顾证据转化或过程追踪阶段制定的实施计划和阶段性评价结果，运用恰当的评估工具，采集能够反映改进成效的量化和质性数据。

基于证据重估的结果，需要全面评判循证实践的成效。一方面，重估能够明确改进措施的适用性，为经验的推广应用提供本地证据；另一方面，重估也能发现改进过程中的不足和局限，为持续改进指明方向。此外，证据重估中还可能出现实践过程中未预期的新情况、新问题，这些都对拓展改进思路、开启新一轮循证实践具有重要启示意义。

本书在第 7 章 7.3 将具体介绍如何利用大模型辅助进行证据重估。

明确问题、获取证据、评估证据、证据转化、过程追踪和证据重估这六个阶段共同构成了循证实践探究教学问题、优化教学实践的完整路径。但是，正如第 1 章所讨论的，在循证实践的整个环节中，无论是支持机制、环境条件、个人素养还是团队文化方面都可能会面临诸多困难。因此，需要引入新的技术和方法来支持循证实践的应用和推进。

2.2 基于大模型的循证实践流程

随着大模型教育应用的不断深入，大模型在教师专业发展领域的潜力也开始得到关注，尤其是在循证实践领域，研究者与实践者开始探讨如何利用大模型应对传统循证实践的困境。

2.2.1 大模型的应用方向

正如达令·哈蒙德（Darling—Hammond）等人所指出的，随着关于人类发展和学习方式的知识迅速增长，教师需要学会利用涵盖神经科学、心理学、社会学、学习科学等多个领域的证据资源，并有效地将这些证据融入教学改进中。[1] 尽管一线教育工作者在开展循证实践时面临着诸多挑战，但大模型技术已经在以下几个方面展现了其应用潜力。

首先，大模型可以有效缓解证据资源限制及指导不足的问题。通过在海量数据集上进行预训练，大模型已展现出对世界知识的丰富通识。这意味着当教师在教学中遇到疑惑时，他们其实可以像咨询专家一样，直接向大模型"提问"。例如，利用GPT - 4等大模型聊天应用，教师能够咨询学科教学的理论知识。更进一步，在提供给大模型本地教学资料后，教师可以获得更为针对性的策略建议：教师只需打开此类聊天应用，用自然语言提出问题，如"协作学习的理论基础是什么？""如何在语文课堂中应用多元智能理论？"等，大模型就能根据其知识库快速给出回答；如果教师能够额外提供一些本地资料，如教案、学生成绩、作业等，大模型还能结合这些具体材料，给出更具针对性的回答。

其次，大模型能高效推荐和解读教育研究证据，降低证据筛选、评价的难度。在循证实践中，获取可靠的相关研究证据是一项关键但颇具挑战性的任务。传统的

---

1 Darling-Hammond L，Flook L，Cook-Harvey C，et al. Implications for Educational Practice of the Science of Learning and Development［J］. Applied Developmental Science，2020，24（2）：97 - 140.

证据检索方式，正如上文所述，是在文献数据库中使用布尔逻辑表达式进行搜索，对教师的检索技能和经验提出了较高要求。同时，面对检索出的海量文献，教师还需投入大量时间和精力进行筛选和评价，以甄别出真正契合教学需求的高质量证据。这无疑加重了教师的工作负担，降低了循证实践的效率。

目前，学术文献数据库中诸如 Elicit.ai、Typeset.Io、Consensus 等平台纷纷开始尝试将大模型技术与传统数据库检索相结合，以期为用户提供更加智能、高效的文献检索服务。以 Elicit.ai 为例，该平台采用 GPT 模型来驱动文献检索的全流程。如图 2-3 所示，使用者只需用自然语言描述检索主题，如了解翻转课堂在中学数学教学中的应用效果，Elicit.ai 就能自动将其转化为结构化的检索式，并从海量文献中快速锁定最相关的研究成果。在此基础上，Elicit.ai 还提供了多种基于大模型的个性化服务，包括通过对话交互提取文章的关键信息、自动生成文献综述、导出文献列表等，使用者能够全方位、高效地利用检索出的文献资源。

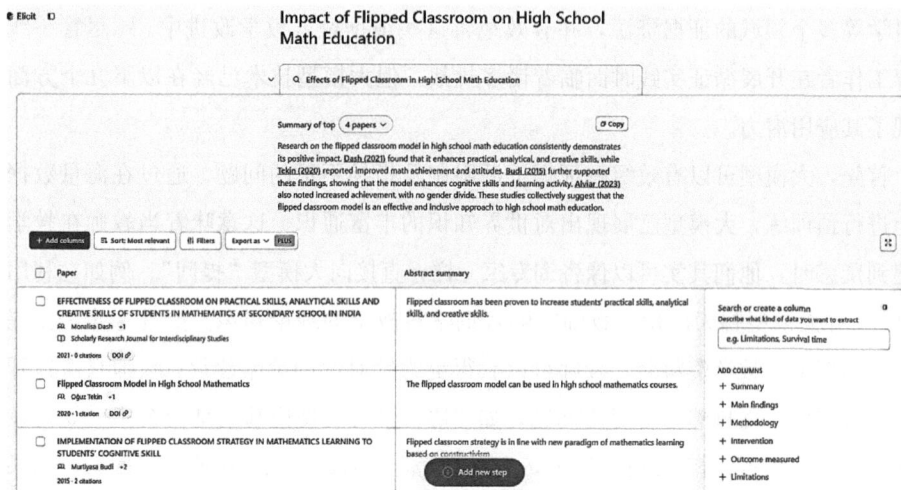

图 2-3　Elicit.ai 数据库使用示例

与 Elicit.ai 聚焦学术文献不同，另一些大模型应用则进一步拓展了证据来源的广度。例如，集成了 GPT-4 等大模型的必应搜索引擎和 Perplexity.ai 等，能够根据用户输入的问题，广泛检索网页、学术文献、知识库等多种渠道的信息，并通过大模型的知识组织和推理能力，直接生成问题的答案。如图 2-4 所示，以 Perplexity.ai 的应用为例，当输入"如何设计一个有效的游戏化教学计划"时，

Perplexity.ai 将同时查询学术文献数据库（如 Semantic Scholar）和其他教育知识库、资讯网站等，对各路信息进行智能匹配、筛选和整合，并结合大模型已有的背景知识，输出一份涵盖关键研究证据和洞见的回答报告。这个过程对专业的文献检索的知识要求有所降低，教师无须逐篇阅读和评估文献，就能便捷地获取相关的证据材料。这些应用在第 4 章证据的检索与筛选中有更详细的使用说明。

图 2-4　利用 Perplexity.ai 在互联网上检索知识的示例

第三，可利用大模型快速完成对量化、质性数据的分析，从而增强解读证据的能力。在循证实践中，证据的获取固然重要，但如何有效解读和利用证据，也是发挥证据价值、指导教学优化的关键。InsightPilot、ChatGPT 等工具已经展示了大模型如何通过自然语言解析和数据可视化来简化分析复杂数据的过程，提升数据驱动决策的质量和效率。在量化证据分析领域，ChatGPT 内置的 Code Interpreter 组件，使大模型具备了直接处理和分析原始数据的能力。具体来说，可以将收集到的量化材料，如学生成绩表、问卷调查结果等，直接输入 ChatGPT，由其自动完成数据清洗、转换和统计建模等一系列任务。这在循证实践的元分析环节中尤为重要：元分析需要研究者从一系列独立研究中提取效应量数据，以考察某项教学干预措施的总体效果。如图 2-5 所示，讯飞星火大模型也具备 ChatGPT 上述功能，可以快速扫描研究文本，识别和提取其中的关键统计指标，并可自动完成效应量的计算和汇总等数据分析功能。

图 2-5 利用大模型分析单篇研究证据

值得注意的是,大模型在质性数据分析方面的强大能力进一步拓展了其在循证实践中的应用范围。传统的质性研究方法,如扎根理论、现象学分析等,注重从访谈、观察等的文本资料中归纳提炼理论概念和命题,这对教师的理论敏感性和沟通理解能力提出了很高要求,而大模型则为这一过程开辟了新的路径。正如伯诺(Bano)等人所指出的,大模型以其强大的语义理解能力,可以自动捕捉质性文本中隐含的"弱信号",挖掘蕴藏其中的概念、主题间的关系,为教师提供全新的证据分析视角。[1] 借助大模型,可以更加全面、深入地挖掘证据的细节,发现易被传统方法忽略的细微线索,从而有效分析和处理质性证据。

最后,大模型可以在循证实践的计划、监控与评价等方面发挥关键作用。循证实践是一个系统、持续的过程,在传统的实践模式中,需要教师投入大量时间和精力,手工完成各个环节的任务,如制定研究计划、监控实施过程、评估干预效果等。而大模型凭借出色的知识理解、逻辑推理和语言交互能力,可为教师提供智能化的计划、监控和评估支持,从而最大限度地提高循证实践效率。

结合上述认识,可以看到大模型的应用如何影响了教师循证实践的各个环节,并

---

1 Bano M, Zowghi D, Whittle J. Exploring Qualitative Research Using LLMs [EB/OL]. [2024-08-16]. https://arxiv.org/abs/2306.13298.

解决了制约循证实践有效落地的诸多困境：教师现在可以通过与大模型的自然语言对话来执行循证实践中的各项任务，如专业问题咨询、证据检索、文献解读等。这一变化不仅可以显著缓解循证实践中的诸如证据资源获取难度大、实践场域中缺乏有效反馈和评价机制，以及教师循证实践指导和支持不足等典型困境，更为重要的是，这一应用改变了教师理解和应用教育研究的方式，使循证实践呈现出显著的人机协同特征。

2.2.2 大模型的应用流程

正如上文所述，一些研究已经尝试将大模型应用于循证实践涉及的相关环节。例如，InsightPilot、ChatGPT 等工具可简化教学实践数据分析过程，这些工具不仅可以用于分析现有实践场景中的各类材料，辅助识别实践中的潜在问题，也可以识别证据中涉及的复杂图表信息，为教师理解证据提供个性化解释等。然而，这些尝试往往聚焦于循证实践中的单一任务或环节，难以适配整个循证实践活动的流程。为此，如图 2-6 所示，需要结合循证实践的行动流程考虑大模型的应用流程。

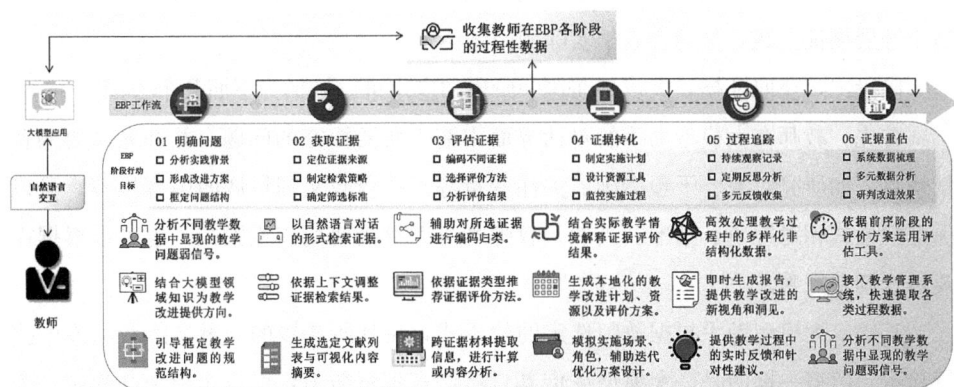

图 2-6　大语言模型驱动的循证实践流程

图 2-6 所示的应用流程对应图 2-1 的循证实践六个阶段，并明确了每个阶段的行动要点。

阶段一，明确问题。大模型的引入为明确问题提供了有力支持。

首先，可以利用大模型快速梳理海量教学数据，如学生的作业、测评或教师的说课稿等，全面诊断教学状况。大模型可以敏锐地捕捉不同文本数据中隐藏的问题，揭示一些常规分析中易于忽视的问题症结，为教师提供多角度的问题视角。

其次，面对大模型挖掘出的这些问题线索，可以与大模型助手开展深入对话，充分利用其海量知识库，探讨问题的理论解释和实践启示。大模型可以根据问题特征，从认知、情感、社会文化等多元的视角，补充问题成因的理论分析，加深教师对问题本质的理解。同时，大模型还可以从可能的外接案例库中甄选出与问题情境相似的实践案例，以供参考借鉴，拓展问题解决的思路。

最后，还可以在与大模型助手互动的过程中，借助引导性问题的启发，进一步聚焦和细化问题的核心要素。例如，大模型可以围绕问题的主体、发生频次、情境等关键要素，提出一系列支架式的问题，引导教师全面审视问题的方方面面。在这种人机对话中，可逐步辅助教师厘清思路，将最初模糊的问题表述提炼为聚焦、明确、可检索的结构化表述。大模型还可以学习、推荐 PICO 等问题框定工具的例子，辅助进一步优化问题结构。

值得注意的是，形成清晰的问题表述后，可邀请大模型助手从问题的关键词、逻辑结构等方面对问题表述的质量进行评估并给出优化建议。在这一过程中，教师可综合运用自身的专业判断和大模型的智能反馈，对问题表述进行反复打磨，形成适于开展循证实践，又切合教学实际的问题。

阶段二，获取证据。大模型在这一阶段的应用可以概括为下面几个方面。

首先，教师在大模型助手的对话界面中输入所要探究的问题，并补充必要的背景信息，如研究对象、干预措施、关注变量等。结合同义词扩展的内容推荐，可以保证检索式相对规范、精准。当然，教师既可以直接使用该检索式，也可以根据需要进行调整完善。

其次，大模型助手根据教师选定的检索式，在其所连接的海量文献数据库中执行检索。值得一提的是，大模型凭借其自然语言理解能力，可以实现全文检索、语义检索等智能化检索方式（如上文提及的 Elicit. ai、Perplexity. ai 应用等）。这意味着它能更准确地理解教师的检索意图，捕捉与之语义相关的文献，而非仅仅停留在词句的字面匹配。同时，检索结束后，大模型可以对检索结果进一步处理分析，如根据文献与问题的相关性，按照由高到低的排序向教师推送检索结果。除此之外，它还会针对每篇文献生成简明扼要的摘要，并突出显示与问题直接相关的关键句，方便教师快速把握文献的核心内容并评估其价值。

最后，教师可以通过大模型助手提供的智能筛选和推荐功能，进一步缩小文献范围。例如，教师可以设定文献的筛选条件，如研究方法、被试特征、发表时间等；

大模型助手即可根据这些条件自动对文献进行过滤，优选出最契合教师需求的高质量文献。大模型还可以基于教师的文献阅读反馈，如点赞、标注等行为，学习教师的偏好特征，不断优化推荐策略。

阶段三，评估证据。在这一步骤中，教师可利用大模型来执行证据资源编码、分析等任务。大模型可依据教师需求对证据进行编码，识别单篇研究的质量和相关性，减轻教师重复处理的负担；根据编码结果，向教师推荐适当的评价方法与策略。对于元分析，大模型可以自动运行统计分析代码，实现效应量计算等；基于分析结果向教师提供具体教学情境的解释，帮助教师理解统计结果背后的教学意义；对于元综合，大模型可以发挥在文本理解上的优势，综合不同研究间的观点、启示。这样的过程不仅降低了评价证据阶段的技术难度，也显著提高了教师在此阶段实践的效率。

阶段四，证据转化。大模型通过以下方式协助教师克服应用证据时的难题：首先，引导教师深入解读证据评价结果，利用与教学实践密切相关的场景和材料，帮助教师识别和理解证据与实际教学环境之间的关联及差异。其次，支持教师构建实用的教学资源框架，提供基于证据的教学设计和活动案例，简化从理论到实践的转化过程。最后，协助评估改进方案的可行性，通过模拟不同角色（如学科教学专家）的互动，使教师能够在虚拟环境中预演和调整教学改进方案，增强方案的实用性和适应性，预见方案在真实教学场景中的应用效果，从而设计出更有效的评价方案。

阶段五，过程追踪。教学改进方案实施的过程中，教师要持续收集多源数据，如教学反思、观察笔记、学生作业等。面对这些海量的非结构化数据，教师往往难以高效、及时地提取关键信息。而大模型恰好擅长处理非结构化文本。它可以对不同来源的过程性数据进行快速梳理、自动编码，标注出潜在的问题、新见解等，并形成简明的分析报告。这一过程虽不能完全取代教师的专业分析，但能够为教师提供新颖、准确的分析线索，拓展教师对数据的理解视角。因此，得益于大模型的强大能力，教师可以随时获取实时的问题诊断和对策建议。

阶段六，证据重估。大模型在这一阶段能够基于教师的需求和特定的改进方案，对利用评估工具获取的数据进行综合分析，如课堂观察表、学生作业评分标准和学习成就测试等，更加全面地捕捉方案实施的效果。例如，大模型辅助下的课堂观察可以帮助教师系统地记录和分析课堂互动的变化，也可以对学生作业和测试成绩进行自动化分析，形成基于多维数据分析的综合评估结果，更为全面地反映教学改进的成效。此外，这一阶段大模型还可以快速检索和总结前期收集的所有证据，包括文献证据、实践数据等，帮助教师全面回顾前期证据的内容和质量，综合考虑前期证据的适用性、一致性、局限性和权重，生成证据更新的建议，为进一步优化循证决策提供支持。

整体来说，这些工作对于经验丰富的教师来说可以直接借助 ChatGPT 等对话工具完成。但经验不足的教师可能难以整合这些环节有序地开展实践，需要更加细致入微的引导和示范。这就有必要为教师提供灵活的支持方式，既能满足熟练教师的自主需求，也能为初学者提供必要的脚手架。

为此，如图 2-7 所示，华东师范大学研究团队开发了 GPT4EBP 的循证实践支持平台的雏形，[1] 教师可以借助这样的专业平台提供的系统支架完成循证实践。其中，行动阶段引导功能为教师在每个阶段提供明确的任务指导和流程支持；证据文本分析功能允许教师在评价证据阶段上传文献证据等材料，并利用平台的自然语言处理能力对证据进行自动化的质量分析和关键信息提取；自由对话功能在整个循证实践过程中为教师提供了一个开放、灵活的交互渠道，可以随时通过与平台对话获得个性化的指导和反馈。

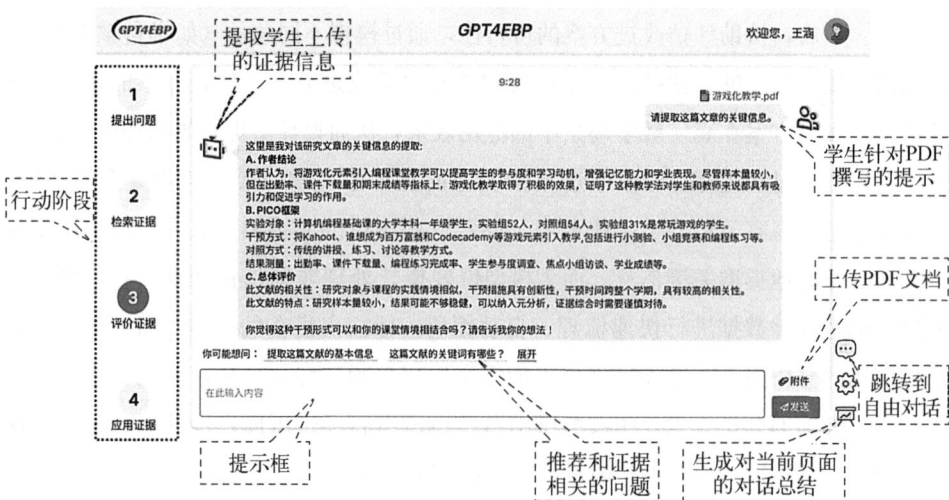

图 2-7　GPT4EBP 平台界面示例

1　褚乐阳，刘泽民，王浩，等.大模型支持的教师循证实践：行动框架与案例应用 [J]. 开放教育研究，2024，30 (04)：91-103.

第 3 章

问 题 的 确 定

问题是循证实践的逻辑起点，但从纷繁复杂的教学情境中识别和确定关键问题并非易事，不仅需要综合考虑实践情境中的教学对象、目标、资源等诸多要素，也要考虑现有的研究证据是否能够直接或间接回应这些问题。本章将系统阐述问题确定的相关要求和方法，并探讨如何利用 ChatGPT 辅助这一过程。

3.1　识别实践中的关键问题

当一个教师团队着手制定循证实践方案时，首要任务是确定一个明确的问题，这个问题要能为后续的证据检索和项目实施提供清晰的方向。一个好的问题应当聚焦于教学实践中亟须改进的关键环节，具有足够的重要性和紧迫性，值得投入时间和精力深入探究。同时，这个问题也要有一定的限定，意味着当前的研究证据能够为解决该问题提供有价值的启示或参考，以及项目团队有条件和能力进行相应的实践探索。

3.1.1　问题的来源

问题的来源可能包含教学实践的方方面面。通过教育政策解读、专业学习、课堂观察和教学反思等途径，教师有机会发现潜在的一些可以尝试利用循证实践解决的问题。例如：

- 如何在课堂上有效地实施小组合作学习，以提高学生参与度和学习效果？
- 运用什么教学策略能够帮助不同学习风格的学生更好地理解和掌握知识点？
- 针对学习动机不足的学生，哪些措施能够激发他们的学习兴趣？
- 如何利用形成性评估及时诊断学生的学习困难，并给出有针对性的反馈和指导？
- 在教授数学/语文/英语等学科时，运用哪些教学法更有助于学生建构学科的核心概念、突破难点？

● 面对不同学习基础和需求的学生，教师如何实施差异化教学以兼顾全体学生？

这些问题通常具有以下特点：可以通过查阅研究文献得到完整或部分的答案；具有较强的针对性，聚焦教学实践中的具体问题；无法按照直觉、经验想当然地得到答案，需要在广泛查证的基础上加以论证和落实。

3.1.2 形成有效的问题表述

为了使循证实践项目达成预期目标，确定一个重点突出的问题至关重要。一个有效的问题表述应该考虑以下几个方面：① 具体，问题应该明确且聚焦；② 可操作，问题应该便于后续循证环节（如获取证据）的推进；③ 结构化，问题应该包含关键要素，便于系统性思考如何改进。明确且聚焦的问题不仅可以节省获取和筛选证据的时间，也能为后续行动提供指引。相反，过于宽泛的问题可能导致检索结果过多，难以定位关键证据。

以上文提到的"针对学习动机不足的学生，哪些措施能够激发他们的学习兴趣？"为例，该问题虽然值得探究，但就循证实践而言还不够聚焦。以"学习兴趣""学习动机"为关键词能在常见的数据库中（如知网、万方、Web of Science 等）轻易查找到数千条证据资料。尽管这些资料可能确实关注如何提升学生的学习兴趣，但涉及不同类型的教学干预，如游戏化、同伴互评或合作调节等时，这些干预的实施方式千差万别，很难说清到底何种策略更适用于当前的教学情境，因此，需要对问题做进一步的限定。

为了更有效地形成问题表述，正如第 2 章所述，我们可以使用 PICO 框架。PICO 框架包含了四个要素：① P（Population/Problem）：研究对象或问题；② I（Intervention）：干预措施；③ C（Comparison）：对照或比较方式；④ O（Outcome）：预期结果。回到先前提到的问题"针对学习动机不足的学生，哪些措施能够激发他们的学习兴趣？"当教师提出这样的问题时，并未涉及和自身教学情境相关的背景信息，也没有明确到底要通过何种手段来改进。这时，PICO 框架就能发挥作用，辅助教师从多个角度思考如何在问题中考虑相关的情境因素，对问题表述进行优化。例如，通过 PICO，我们可以将问题改为："对于初中阶段学习动机不足的学生（P），采用游戏化教学策略（I）进行为期一学期的干预，相比于传统的讲授式教学方法（C），是否能显著提高学生的课堂参与度和学习兴趣问卷的得分（O）？"

其中，研究对象从笼统的"学习动机不足的学生"细化为"初中阶段学习动机不足的学生"（如果研究者为小学教师则聚焦小学生）。这样的限定使我们能够针对特定年龄段和问题设计干预措施；明确指出要采用"游戏化教学策略"，而不是泛泛而谈的"措施"，这为后续的实践和研究提供了更明确的方向。当然如果有可能，这一条可以细化为"到底是什么样形式的游戏化教学策略"，这样可以使实践更有针对性；将"传统的讲授式教学方法"作为对照，这让我们能够明确实践目的是对比创新的教学方法与当前方法的效果差异，使得评估干预的对照有了基准；最后，将改进的效果具体化为"课堂参与度和学习兴趣问卷的得分"，明确了可观察的行为变化，使对改进效果的评估有据可循。

通过这种方式，可以更好地将宽泛的教育问题转化为具体、可操作的问题。在日常教学中，教师可以尝试使用 PICO 框架来思考和优化各种教学问题，从而更有效地开展循证实践。

3.1.3　确定问题的方法

PICO 是循证实践过程中常用的确定问题的框架，这一框架虽然简洁，但是对于没有太多循证经验的一线教师来说仍然有难度。正如前文所述，即使从证据本身的角度，循证的问题如果过于狭窄会导致无法找到适量的文献，过于宽泛会导致我们面对大量的文献证据无所适从，即便是在循证实践生态较好的医学领域，可能也需要根据证据检索的情况对问题进行调整，不断迭代。

问题支架是一种常见的循证辅助工具，旨在为教师设计 PICO 问题提供思路和框架。问题支架并非一个严格的流程或模板，而是一种灵活的引导方式，帮助教师梳理教学改进的需求和场景。

教师可以根据自身需要灵活使用问题支架。一个有效的问题支架能提供结构化的框架引导教师进行系统性思考，与 PICO 框架的要素相对应，实现思考的渐进式深化，并充分考虑具体的教学情境。图 3-1 所展示的是面向教学改进场景的问题支架示例，利用该支架可明确教学改进中的问题，逐步深化思考，最终确立 PICO 问题。支架中的问题从初步识别教学中的问题（问题 A），到思考改进措施（问题 B、C），再到预判潜在影响和困难（问题 D、E），最后具体框定研究问题的各个要素（问题 F—I）。这种渐进式的思考过程有助于教师逐步深化对问题的理解。

I. 实践问题的描述

实践情境

A）在教学过程中发现了哪些负面现象？

部分学生在口语课上表现胆怯，不敢开口说英语；一些学生词汇匮乏、语法错误，口语表达不清晰；还有学生对英语学习缺乏兴趣，课堂参与度不高。

B）打算采取什么手段进行教学改进？

采用情境对话和角色扮演等教学活动；为学生创设真实语境，营造轻松愉悦的课堂氛围；鼓励学生在互动交流中开口表达、积极参与。

C）改进的最终目标是什么？

提高学生英语口语表达的流利度、准确性和自信心；帮助学生成为乐于用英语与人交流的语言使用者。

D）展望此项教学改进带来的潜在价值和影响。

有助于学生突破英语口语表达瓶颈，增强英语应用能力。引导学生体验语言学习乐趣，提升英语学习兴趣；为学生未来的英语发展奠定良好基础；促进教师自身的专业反思和成长。

E）估计实践改进的困难与阻碍。

学生英语基础和学习动机参差不齐，难以全员参与；教学进度紧张，挤出口语活动时间有难度；部分家长可能更关注考试成绩，对口语活动持怀疑态度。

框定问题的结构

F）这项教学改进面向的是哪类人群？

小学五、六年级学生，具备一定英语基础，但口语表达存在胆怯、词汇匮乏、语法错误等问题。

G）如何描述这项教学改进措施？

采用情境对话和角色扮演活动进行英语口语教学；教师创设贴近学生生活的对话情境；鼓励学生分组练习、分角色表演，在互动交流中强化语言运用能力。

H）现有的教学方式是什么？换句话说，与改进措施相对比的原有措施是什么？

传统的英语教学模式着重读写训练，较少关注口语实践；学生缺乏开口表达的机会和动力，难以建立语言运用自信。

I）教学改进措施会带来哪些改变？怎么测量？

学生英语口语表达的流利度、准确性、自信心等将得到提升；通过口语测试、课堂观察、学生自评等多元方式测评改进效果。

J）根据对F—I的回答生成PICO问题框架。

目标人群 (Population)	教学改进的措施 (Intervention)	对照的措施 (Comparison)	测量的结果 (Outcome)
对于小学高年级学生，采用情境对话和角色扮演活动进行为期一学期的英语口语教学，相比于传统的读写训练为主的教学模式，是否能显著提高学生英语口头表达的流利度、准确性和自信心？			

图 3-1　教学改进场景中的问题确定支架

图 3-1 只是一个简要的说明，在实际应用过程中，问题支架中的 A、D、E、H 等问题可能需要教师做进一步的阐述和分析。

首先，教学中的一些麻烦或负面现象（A）可能涉及学生学习态度、学习方法、学习能力等诸多方面，仅笼统地提及症状还不够，教师还需要深入分析这些现象的具体表现、严重程度、产生原因等，以明确问题的关键所在。

其次，除了直接的教学效果，教师还要考虑改进可能对学生的长远发展、学习习惯、思维品质等产生何种影响，以及可能给自身专业发展带来什么启示。

第三，实践改进的阻碍因素可能来自多个方面，既包括来自学生的，如学习基础参差不齐、动机不足等，也包括来自教师自身的，如专业能力欠缺、精力有限等，也可能来自外部环境，如课时安排不够灵活、评价机制存在偏差等，教师需要全面预判可能的困难。

最后，在对比新旧教学措施时不能止于表面，而应深入分析两种教学方式在理念、目标、策略、活动、评价等层面有何异同，新的改进措施针对原有问题作出了哪些针对性调整，为何能达到更好的效果。

图 3-1 中的内容示例简要说明了某教研组利用问题支架设计 PICO 问题的基本思路。基于 PICO 问题中的关键要素，教研组可以制定更有针对性的文献检索策略。例如，在数据库中使用"小学生""英语口语""角色扮演"等关键词进行组合检索，更有可能获取与研究问题密切相关的文献资源，减少无关信息的干扰，提高检索效率。同时，PICO 问题已经初步勾勒出一项准实验研究的轮廓，对照组是采用传统教学模式的班级，实验组是实施情境对话和角色扮演活动的班级，学生的口语表达能力是主要的测量指标。这为后续证据转化阶段设计评价方案，如试点班级的干预流程、相关的变量控制、数据收集等提供了重要的参考框架。

3.2 使用 ChatGPT 精确化问题描述

问题表述的核心是构建便于后续证据检索的 PICO 问题框架。如前所述，形成 PICO 问题需要满足特定的条件，同时问题表述的方式直接影响可检索的证据的数量和质量。尽管可以通过一系列结构化的问题支架辅助教师深入考虑相关的情境要素，但是借助 ChatGPT 的提示策略，可以进一步提升问题的精准度。

3.2.1 常用的提示策略

正如第 2 章所述，大模型在明确问题的阶段可以发挥多种作用。我们以 ChatGPT 为例，说明问题的描述（生成更准确的 PICO）的提示策略，这些策略可以与前文提到的 PICO 框架和问题支架相结合，帮助教育工作者更精确地描述和分析他们的循证实践问题，以引导 ChatGPT 生成更符合 PICO 框架的问题描述。

（1）角色提示。通过为 ChatGPT 分配特定角色来引导其回答。在为大模型分配角色时，提供相关的背景信息有助于其更好地理解问题。例如，"你是一位经验丰富的教育研究者，专注于小学数学教育。请帮我完善以下问题：'如何提高学生的数学问题解决能力？'"

（2）修改提示。这包括风格指导/增加描述符两种方法。风格指导要求 ChatGPT 以特定风格表达，如"学术化"或"多角度"。增加描述符则通过添加形容词如"有趣的""简短的""学术语法"等来调整 ChatGPT 的回复方式。例如，"请以学术化的语言，从认知发展理论的角度，重新表述以下问题：'如何提高初中生的批判性思维能力？'"。

（3）引导提示。在对话开始时设定主题和框架，影响整个对话过程。例如，"我们正在研究如何改善高中生的英语写作能力，在接下来的对话中，请专注于这个主题，并帮助我们根据 PICO 框架逐步细化问题"。需要说明的是，第一个提示往往会限定大模型后续回答的风格和内容倾向，如果在后续问答过程中发送了明显偏离原有主题的提示，那么此时 ChatGPT 可能会产生"幻觉"，生成"不切实际"的内容。

对于简单任务，上述提示方法主要涉及对提示文本格式的调整，适用于"一问一答"的情况。教师可以根据自身需求对文本进行适当调整，以获取更精准的回答。然而，对于涉及多步骤推理的复杂任务，如分析学生成绩数据以发现潜在问题，需要以下更进阶的提示策略。

（4）思维链（Chain of Thoughts）提示。对推理过程进行解释往往会引导其生成更准确的结果，思维链提示的核心理念就是让模型"思考出声"，即详细阐述从问题到答案的推理步骤。在实践中，思维链提示策略呈现出多样化的形式，各有其特定的应用场景和优势。其中较为常见的变体包括零样本（Zero-shot）思维链、少样本（Few-shot）思维链、思维树（Tree of Thoughts）和思维图（Graph of Thoughts）

等。[1] 其中，零样本思维链是最基本的形式，仅需在提示末尾添加简单的提示语（如"请一步步思考"）即可激发模型的推理能力。少样本思维链则通过提供几个带有详细推理过程的示例，引导模型生成更加结构化和深入的分析。思维树和思维图等更复杂的变体则适用于需要多层次、多角度分析的复杂问题，能够帮助模型系统地考虑各种因素的相互影响。图3-2为典型的思维链提示的示例，[2] 在给出推理过程的情况下，大模型将"模仿"示例给出解决问题的步骤，从而输出正确的答案。这种方法有助于 ChatGPT 模拟人类思维，更有条理地给出结果，尤其是对于有复杂逻辑的问题。

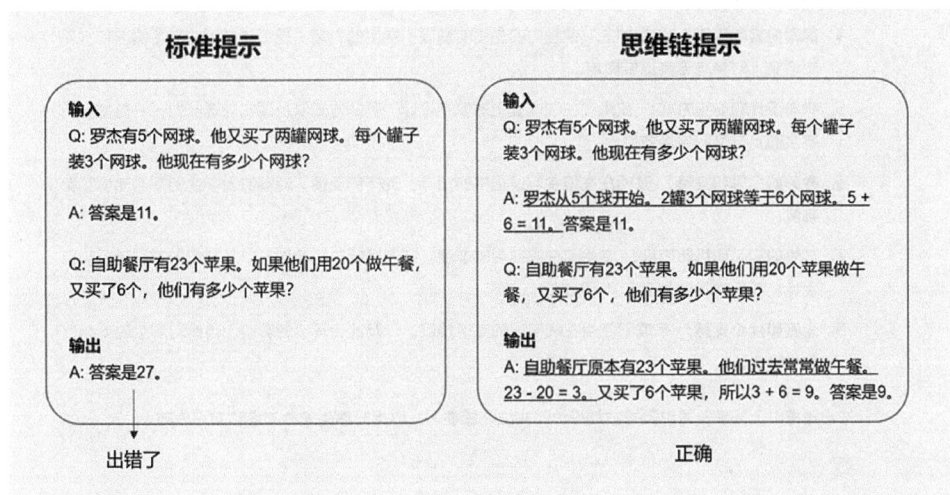

图3-2　少样本思维链提示的示例

（5）知识生成（Knowledge Generation）提示。在生成最终回答前，首先生成相关的背景信息。如图3-3所示，在我们询问如何提高学生在线学习参与度之前，先让 ChatGPT 回答影响学生在线学习参与度的因素有哪些，这有助于为问题确定提供更丰富的上下文。

（6）最少到最多（Least to Most）提示。这种策略明确地将复杂问题分解为一

1　Diao S，Wang P，Lin Y，et al. Active Prompting with Chain-of-thought for Large Language Models［EB/OL］.（2023-06-15）［2024-09-05］. https://arxiv.org/abs/2302.12246.

2　Wei J，Wang X，Schuurmans D，et al. Chain-of-thought Prompting Elicits Reasoning in Large Language Models［J］. Advances in Neural Information Processing Systems，2022，35：24824-24837.

在你回答如何提高学生在线学习参与度这个问题之前，先回答影响学生在线学习参与度的因素的知识有哪些。

影响学生在线学习参与度的因素有很多，以下是一些主要因素：

1. **技术设备和网络连接**：学生是否有稳定的互联网连接和适当的技术设备（如电脑、平板、手机），直接影响其参与在线学习的能力。

2. **学习平台和工具的用户友好性**：学习平台的设计是否直观易用，工具的功能是否方便学生使用，会影响学生的参与度。

3. **学生的技术能力和数字素养**：学生对数字工具和在线学习平台的熟悉程度和能力，直接影响其参与在线学习的积极性和效率。

4. **课程内容的吸引力和适宜性**：课程内容是否能够吸引学生的兴趣，是否与学生的学习需求和水平相适应，对参与度有重要影响。

5. **教学设计和交互方式**：教师在在线课堂上的教学设计、互动方式以及课堂管理能力，会直接影响学生的参与度和学习效果。

6. **教师的指导和支持**：教师在在线学习过程中的指导、支持和反馈，能够激发学生的学习动机和参与度。

7. **学生的学习动机和态度**：学生对在线学习的态度、学习目标的明确性，以及他们的学习动机和自主性，都影响其参与度和学习成效。

8. **家庭和社会支持**：家庭对学生在线学习的支持程度，以及社会环境的影响，也会对学生的参与度产生影响。

综合考虑以上因素，可以更有效地设计和实施在线学习，以提升学生的参与度和学习成效。

请你综合上述因素，回答如何提高学生在线学习的参与度。

图 3-3　知识生成提示演示

系列子问题，并通过与 ChatGPT 展开多轮对话逐步解决问题，从而提高模型生成内容的质量和准确度。这种提示方法的好处在于，在每一步解决子问题的对话中都利用了前一步的结果，如果某一步出错，用户可以立即纠正，防止错误传播，从而可以减少错误累积。如图 3-4 所示，[1] 可以通过考虑以下问题来理解这一提示策略："艾米花了 4 分钟爬到滑梯的顶端。她花了 1 分钟滑下来。水滑梯 15 分钟后关闭，在关闭前她能滑多少次？"在使用最少到最多策略时，我们首先询问解决这个问题需

1　Zhou D，Schärli N，Hou L，et al. Least-to-most Prompting Enables Complex Reasoning in Large Language Models［EB/OL］.（2023-04-16）［2024-09-05］. https：//arxiv.org/pdf/2205.10625.

要先考虑什么，然后逐步引导 ChatGPT 解决子问题，最后整合成完整答案。这个例子展示了如何使用最少到最多策略来处理需要多步骤推理的问题，通过将复杂任务分解为更小、更易管理的部分，逐步构建解决方案。

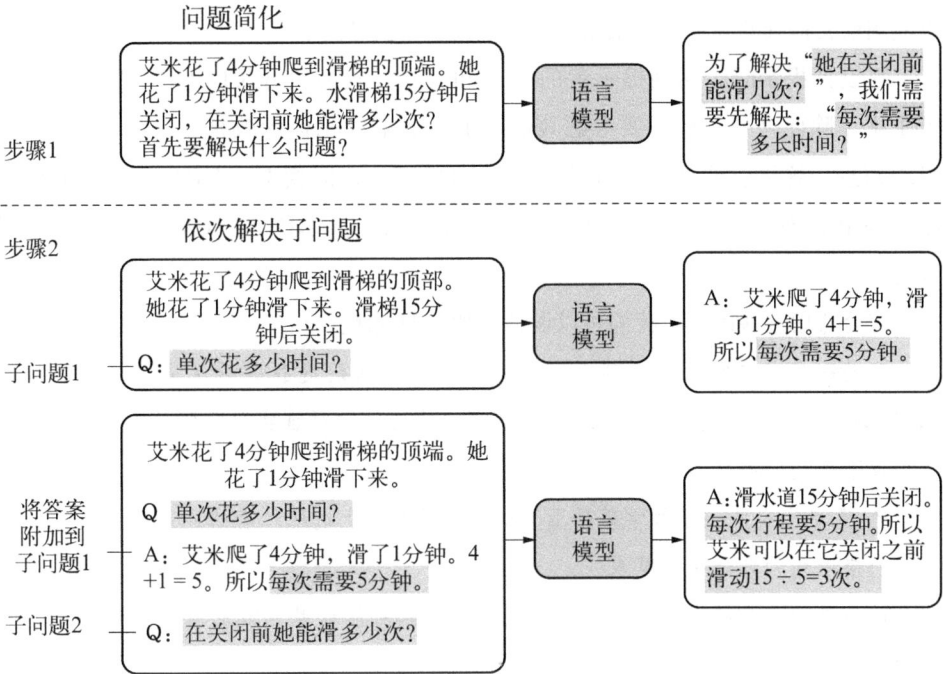

图 3-4 最少到最多提示策略示例

由于不同大模型的功能差异及应用领域的千差万别，上述案例只是提供一种提示的思路，针对不同场景需要灵活调整。读者可以尝试在使用 ChatGPT 的过程中应用上述几种提示策略，体会大模型生成内容的差异。这些策略也将贯穿后续其他章节中的应用场景。对于本章而言，上述提示策略可以有两种应用：一是要求 ChatGPT 根据教师自定义的提示直接生成 PICO 问题；二是间接生成 PICO，要求 ChatGPT 通过问题支架逐步引导教师思考，最后归纳对话中的要点内容，生成 PICO。

3.2.2 直接生成 PICO

如果准备直接生成 PICO，有下面几种策略，包括转译表述、拓展视角、规范表达、提供背景等。

（1）转译表述

借助 ChatGPT 等大语言模型在自然语言处理方面的优势，教师可以使用习惯的语言风格描述 PICO 的内容，以此构建与 ChatGPT 的对话提示。在这个过程中，可以应用前文提到的几种提示策略，如角色提示和引导提示。

在设计提示时，明确提示者的身份和背景，这有助于 ChatGPT 理解问题的上下文。除此之外，还需要考虑其他几个方面来优化提示效果：按照 PICO 框架组织信息，这不仅能帮助教师梳理自己的想法，也能使 ChatGPT 更好地把握问题的各个方面；清晰地阐述任务目标，以引导 ChatGPT 生成更符合期望的回答等。

综合考虑这些因素，我们可以设计出如下的提示。

我是一名小学的数学老师。我最近在思考如何改进我的教学方法。我会按照 PICO 的方式描述我的情况，请你帮我形成一个合适的循证实践问题。

以下是我的描述。

P：我班上有些孩子数学基础不太好，总是跟不上进度。有的连乘法口诀都背不熟，做应用题时更是一头雾水。

I：我听说小组合作学习挺好的，想试试看。可能让基础好的孩子带着基础差的一起学习，互相讨论问题。

C：现在我上课基本就是讲课为主。我讲完了，孩子们就做练习，有不会的就问我。

O：我希望孩子们的数学成绩能有所进步，最好能提高他们学习数学的兴趣，不要一听到数学就发愁。

请你帮我根据这些信息，生成一个符合开展循证实践的 PICO 问题。这个问题应该既能指导我的教学实践，又便于我查找相关的研究文献。

这个提示是让 ChatGPT 将教师描述的 PICO 转化为更清晰的表达。这种结构化的方式不仅有助于教师梳理自己的想法，也使 ChatGPT 能够更好地理解问题的各个方面。同时，提示允许教师使用日常语言描述问题，而 ChatGPT 会将这些描述转换为更专业、更符合研究标准的表述。这种转换过程体现了 ChatGPT 在自然语言处理方面的优势。

图 3-5 为 ChatGPT 的回答。

根据你的描述，我帮你形成一个符合 PICO 框架的循证实践问题：

P（Population）：数学基础不好的小学学生

I（Intervention）：小组合作学习，让基础好的孩子带着基础差的孩子一起学习，互相讨论问题

C（Comparison）：以讲课为主，讲完后孩子们做练习，有不会的就问老师

O（Outcome）：提高孩子们的数学成绩和学习兴趣

综合这些信息，生成的 PICO 问题如下：

对于数学基础较差的小学学生（P），采用小组合作学习的方法（I）相比于以讲课为主的方法（C），能否提高他们的数学成绩并增加他们的学习兴趣（O）？

这个问题可以引导你查找相关的教育研究文献，并帮助你评估小组合作学习的有效性。

图 3-5　直接提供 PICO 内容后的生成内容

ChatGPT 的回应通常会提炼并转译教师的口语化表述，使其更加专业化。然而，读者应当注意，仅依靠这种直接转译可能无法达到要求。初次生成的问题可能需要进一步精练。因此，在初步描述 PICO 内容后，可能需要额外的提示来引导 ChatGPT 生成更加精确的回答。

（2）拓展问题视角

在教师对教学改进方向或目标尚不明确的情况下，我们可以采用知识生成提示策略来拓宽问题视角。这种策略的核心是要求 ChatGPT 从多个角度解读教师的表述，形成多个推荐的 PICO 内容。例如，可以选择与学习科学或教育理论相关的研究视角，因为这些视角与研究型证据的话语体系相符，有助于 PICO 问题更好地指导后续的证据获取过程。在应用这一策略时，我们可以在初始的 PICO 内容描述之后，向 ChatGPT 提供以下额外提示。

［PICO 内容描述同上］

请你从以下几个角度来解读我提供的信息，并从每个角度生成一个 PICO 问题。

① 学习动机的角度：考虑如何提高学生的数学学习兴趣和自信心。

② 学习策略的角度：关注如何改善学生的数学问题解决能力和思维方式。

③ 教师教学的角度：探讨如何通过具体的教学方法促进数学学习。

对于每个角度，请生成一个符合教育研究标准的 PICO 问题。这些问题应该既能指导我的教学实践，又便于我查找相关的研究文献。同时，请简要说明每个问题的理论基础和潜在的研究价值。

这个提示设计考虑了多个因素：首先，通过指定不同的角度，引导 ChatGPT 从多个理论视角解读问题。其次，要求生成符合教育研究标准的 PICO 问题，确保输出结果的学术性。最后，要求说明理论基础和研究价值，促使 ChatGPT 生成更深入、更有意义的问题描述。

图 3-6 为 ChatGPT 的回答（节选）。

根据你的描述和要求，我为你从不同角度生成三个符合 PICO 框架的循证实践问题，并简要说明每个问题的理论基础和潜在的研究价值。

1. 学习动机的角度：考虑如何提高学生的数学学习兴趣和自信心

PICO 问题：
对于数学基础较差的小学学生（P），采用小组合作学习的方法（I）相比于以讲课为主的方法（C），能否显著提高他们的数学学习兴趣和自信心（O）？

理论基础和研究价值：
学习动机理论（如自我决定理论）指出，学生的内在动机和自信心对学习效果有显著影响。小组合作学习通过互动和互相支持，可能增强学生的归属感和自我效能感，进而提高他们的学习兴趣和自信心。这一研究可以帮助教师设计出更能激发学生内在动机的教学策略。

图 3-6　拓宽问题视角后的生成内容（节选）

如图 3-6 所示，这种多角度的提示更有可能促使 ChatGPT 生成既符合学术标准又贴近教学实际的 PICO 问题。这种方法有助于教师从不同视角审视其教学实践，揭示先前未考虑的研究方向。例如，从学习动机的角度生成的问题可能引导教师探索自我效能感理论在数学教学中的应用，而学习策略角度下的问题则可能促使教师思考元认知策略在数学问题解决中的作用。

需要注意的是，这一应用策略的重点是在不明确改进方向时提供一些可以参考的问题解读视角，但明确问题阶段的重心仍然是生成聚焦的 PICO 问题，便于后续展开针对性的证据检索，在使用该策略时需要注意内容的取舍。

（3）规范表达

当教师对实践情境有了深入了解且问题较为明确时，可以利用 ChatGPT 来规范其表述。在这种情况下，主要采用修改提示策略中的风格指导，引导 ChatGPT 从研究的视角帮助教师将非正式表达转化为严谨的学术专业表述，以便于后续的证据检索。

在应用这一策略时，我们可以向 ChatGPT 提供以下提示。

我是一名高中物理老师，最近在进行一项教学改进。我最近在思考如何改进我的教学方法。我会按照 PICO 的方式描述我的情况，请你帮我形成一个合适的循证实践问题。以下是我的描述。

P：我教的是高二学生，他们在解决复杂的物理问题时总是卡壳，尤其是那些需要综合运用多个概念的题目。

I：我想教他们使用概念图的方法，就是用线条串联概念的可视化图，显示概念之间的关系。我觉得这可能能帮助他们理清思路。

C：现在我们主要是讲解例题，然后让学生做很多练习题。

O：我希望学生能更好地理解物理概念之间的联系，提高他们解决复杂问题的能力。最好还能提高他们的成绩，特别是在那些综合性强的大题上。

请你帮我把这些想法转换成更专业、更学术的语言。我需要一个规范的 PICO 问题，这样我才能更好地查找相关的研究文献。同时，如果你觉得我的想法中有什么不清楚或需要补充的地方，也请告诉我。

这个提示的设计考虑了以下几个方面：首先，明确了提示者的身份和背景，有助于 ChatGPT 理解问题的上下文。其次，按 PICO 框架组织信息，使 ChatGPT 能更好地把握问题的各个方面。第三，明确要求将口语化表达转换为专业学术语言。最后，要求 ChatGPT 提供补充建议，引导 ChatGPT 提供更深入的分析。

图 3-7 为 ChatGPT 的回答（节选）。

通过这种方式，ChatGPT 可以协助将教师的口语化表达转译为更专业的学术语言，并提供进一步的补充建议。教师可以基于这些建议展开多轮对话，以明确自己的问题并反思改进目标。

（4）提供背景

在使用 ChatGPT 辅助问题确定时，我们不能假设 ChatGPT 或其他大模型能完全理解所有专业术语或具体情境。因此，提供必要的背景信息也是一种重要的应用策略。这种策略结合了前文提到的角色提示和知识生成提示等，通过提供更丰富的上下文，引导 ChatGPT 生成更加精确和相关的 PICO 问题。

综合以上信息，形成的PICO问题如下：

PICO问题：

在高二的物理学生中（P），使用概念图作为教学工具（I）相较于传统的讲解例题和做练习题的方法（C），是否能提高学生对物理概念之间联系的理解、解决复杂问题的能力，并在综合性物理题目上取得更好的成绩（O）？

进一步的补充建议：

1. **学生的背景信息**：如果学生有特定的背景（如不同的学习成绩水平、不同的学习风格），可以在P中进行进一步的描述，以便研究更有针对性。

2. **概念图的具体实施方法**：描述概念图如何具体实施，例如，是否在每堂课使用，还是在特定的复习阶段使用。

3. **评估方法**：详细说明如何评估学生理解和成绩的提升，例如，使用标准化测试，课后作业表现，或课堂观察。

希望这个PICO问题和建议对你有帮助！这样你可以更系统地查找相关的研究文献，并根据证据改进你的教学方法。

图 3-7 利用 ChatGPT 辅助转述更专业的学术表达

在应用这一策略时，我们可以考虑以下两个方面的背景信息。

第一，专业术语解释。虽然 ChatGPT 可能了解 PICO 框架或循证实践的概念，但明确解释这些术语可以确保模型更准确地理解我们的需求。例如，可以采用知识生成的方法在对话之初先要求 ChatGPT 解释什么是循证实践、什么是循证实践中的 PICO，然后再开启后续对话。

第二，学校和学生情况。提供关于学校类型、学生特征、学习环境等的信息。目前，像是 ChatGPT、Claude 或者星火大模型等已经支持上传一些本地的教学材料附件，我们可以在对话的过程中直接上传这些文件供模型理解上下文的背景。

这里其实采用的也是知识生成的方法，先让大模型按照提示的要求（一般情况下大模型可以同时上传文档和撰写提示）解读本地材料，如反映学生成绩的表格、教学反思文档等（视模型功能而定，如果大模型不支持上传文档，可能需要手动输入），然后在提示中要求大模型完成诸如"分析这些材料，发现其中可能包含的教学改进迹象"的任务，这有助于 ChatGPT 生成更贴合实际情况的问题。

除此以外，如果需要考虑特定的教育政策或课程标准，也可以上传这些材料，这可以使生成的 PICO 问题更具针对性。

为便于解释如何直接提供背景信息，下面展示一个融合了上述背景信息的提示示例：

我是一名在城市公立高中教授生物的教师。我们学校是一所普通高中，学生的学习能力参差不齐。我正在尝试改进我的教学方法，希望能提高学生的学习成效。

首先，让我解释一下 PICO 框架。PICO 代表 Population（人群）、Intervention（干预措施）、Comparison（对照）和 Outcome（结果）。这是一种用于构建循证实践问题的方法。循证实践是指基于最佳可用证据做出教育决策的过程。

根据 PICO 框架，以下是我的情况描述：

P：我的学生是高二年级，年龄大约 16—17 岁。他们在理解和应用复杂的生物学概念时遇到困难，特别是在涉及多个系统相互作用的主题上。

I：我想尝试使用案例教学法，通过真实世界的例子来解释生物学概念。

C：目前，我主要使用传统的讲授法和课本练习。

O：我希望提高学生的概念理解能力，增强他们将生物学知识应用到实际问题中的能力，并提高他们的学习兴趣。

我们学校最近强调要提高学生的科学素养和批判性思维能力。此外，新的课程标准要求我们加强 STEM 教育元素。

过去，我尝试过使用一些互动性的课堂活动，如小组讨论，但效果不够理想，可能是因为缺乏明确的结构和指导。

基于这些信息，请帮我形成一个符合 PICO 框架的问题，这个问题应该既能指导我的教学实践，又便于我查找相关的研究文献。同时，请考虑我提供的背景信息，确保问题与我的教学情境相符。

通过提供这样详细的背景信息，我们可以尝试让 ChatGPT 生成更加贴合实际、更具针对性的 PICO 问题。这种方法不仅能帮助 ChatGPT 更准确地理解教育情境，还能促使它考虑到可能被忽视的重要因素，如学校政策、课程要求等。

这种直接生成 PICO 的方法对于不熟悉学术研究的一线教师来说可能更有用，它能够快速将实践问题转化为研究证据可以"回答"的问题。然而，这种方法应该被视为辅助工具，而不是完全替代教师的思考过程。

3.2.3 引导形成 PICO

为进一步发挥此类工具的辅助、支持作用，作者更推荐另一种 ChatGPT 的辅助方法，即利用结构化的支架问题引导 PICO 问题的形成。这种方法相较于前者来说，不直接给出 PICO，而是逐步引导教师识别并精确化问题表述。通过使用类似图 3-1 的问题支架，结合大模型的实时反馈，这种方法能够引导教师的反思，促进更全面、系统的问题分析，从而形成更贴合实际教学情境的 PICO 问题。

引导形成 PICO 的方式中，ChatGPT 等工具可以扮演一个智能的、有耐心的引导者角色，通过结构化的对话过程，帮助教师逐步厘清思路，最终形成一个高质量的 PICO 问题。同时，这种方法的灵活性和适应性也很强，可以根据不同教师的需求和经验水平进行个性化调整。

要实现引导形成 PICO，重要的是设计相应的提示"框架"。之所以称之为"框架"，主要原因在于这类提示传输至 ChatGPT 后，在后续的多轮对话中，ChatGPT 将按照这一提示框架的要求充当特定的角色。例如，可以向 ChatGPT 提供以下的提示框架：

你是一位专业的循证实践助手，专门协助教师明确 PICO 问题。请按照以下步骤引导教师。

1. 简要介绍 PICO 框架和本次对话的目的。

2. 按顺序提出以下问题，每次只问一个。等待教师回答后，再进行下一个。

实践情境探索：

A) 在教学过程中发现了哪些具体的现象，遇到了什么麻烦？#P

B) 打算采取什么具体手段进行教学改进？#I

C) 改进的最终目标是什么？#O

D) 这项教学改进可能带来哪些潜在价值和影响？

E) 预计会遇到哪些实践改进上的困难与阻碍？

在完成实践情境探索后，请简要总结关键信息，特别是与 PICO 相关的要素。

问题框定：

F) 这项教学改进面向的具体是哪类学生群体？#P

G) 请详细描述这项教学改进措施的具体内容。#I

H) 现有的教学方式是什么？它与新的改进措施有何不同？#C

I) 如何测量教学改进带来的变化？考虑哪些具体指标？#O

3. 对于每个问题，根据教师的回答进行分析，提取关键词，检查完整性，必要时进行追问。

4. 在完成所有问题后，使用标记的信息初步构建 PICO 问题：

对于［#P］，采用［#I］进行［时间］的教学，相比于［#C］，是否能［#O］？

5. 请引导教师审视 PICO 问题，思考其具体性、完整性和相关性。

6. 根据反馈优化 PICO 问题。

在整个过程中，保持友好、耐心的态度，适时给予鼓励和提供例子。始终保持对话的连贯性和逻辑性。

现在，让我们开始帮助教师构建 PICO 问题。请等待教师的回应，然后逐步引导他们完成这个过程。

这个提示框架的内容结构可以通过下面几个主要部分来解释：

首先，提示开篇明确了 ChatGPT 的角色定位和整体任务。它将 ChatGPT 定义为一位专业的循证实践助手，其主要职责是协助教师明确 PICO 问题。这一定位为后续的对话过程奠定了基调，确保 ChatGPT 能以专业、有针对性的方式引导教师。

其次，提示详细规划了一个结构化的对话流程。这个流程主要分为两大部分：实践情境探索和问题框定。每个部分都包含了一系列设计的引导问题，旨在全面梳理教师的教学困境、改进想法和预期目标。这种一步步的引导方式有助于教师逐步深入思考，从而更好地明确 PICO 问题的各个要素。

第三，提示中设置了一系列策略来确保对话的效果和连贯性。例如，使用了一些特殊符号来增强结构化和灵活性。"#"符号用于标记 PICO 框架的各个要素（如 #P 表示 Population，#I 表示 Intervention 等），有助于 ChatGPT 识别和提取关键信息。"［］"符号则主要用作占位符，表示需要在实际使用时填入具体内容的地方，如［时间］需要填入具体的干预时间。这些符号的使用使得提示框架更加结构化，便于 ChatGPT 更好地区分提示中哪里是用户指令、哪里是任务背景等，同时也方便人类使用者理解和修改框架以适应不同需求。

最后，提示还包含了 PICO 问题的构建和优化指南。它提供了一个清晰的 PICO 问题模板，并指导 ChatGPT 如何引导教师审视和完善这个问题。同时，提示还考虑到了长对话可能带来的问题，提供了相应的管理策略。

贯穿整个提示的是对 ChatGPT 交互态度的指导，强调要保持友好、耐心，并适时给予鼓励。这种设计旨在创造一个支持性的对话环境，使教师能够更好地投入到

PICO 问题的构建过程中。

这个提示框架通过系统性的结构设计，为 ChatGPT 提供了一个全面的指导框架，使其能够有效地协助教师完成从教学现实的麻烦或困境的分析到 PICO 问题构建的整个过程。

如图 3-8 所示，向 ChatGPT 发送上述提示框架后，ChatGPT 将按框架的要求生成初始对话。

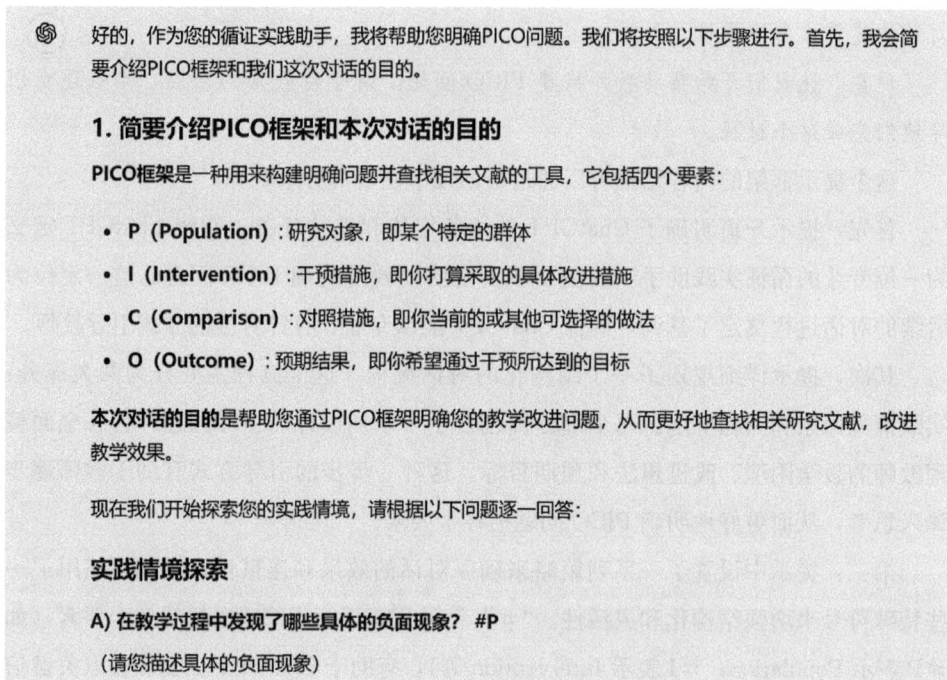

好的，作为您的循证实践助手，我将帮助您明确PICO问题。我们将按照以下步骤进行。首先，我会简要介绍PICO框架和我们这次对话的目的。

1. 简要介绍PICO框架和本次对话的目的

PICO框架是一种用来构建明确问题并查找相关文献的工具，它包括四个要素：

- **P (Population)**：研究对象，即某个特定的群体
- **I (Intervention)**：干预措施，即你打算采取的具体改进措施
- **C (Comparison)**：对照措施，即你当前的或其他可选择的做法
- **O (Outcome)**：预期结果，即你希望通过干预所达到的目标

本次对话的目的是帮助您通过PICO框架明确您的教学改进问题，从而更好地查找相关研究文献，改进教学效果。

现在我们开始探索您的实践情境，请根据以下问题逐一回答：

实践情境探索

A) 在教学过程中发现了哪些具体的负面现象？ #P

(请您描述具体的负面现象)

图 3-8　对话启动时的生成内容（节选）

整体来说，尽管直接生成 PICO 和引导形成 PICO 这两种方法各有优势，能够帮助教师从不同角度构建 PICO 问题，但仅仅形成问题并不足以确保其质量和适用性。无论采用哪种方法，最终形成的 PICO 问题都需要验证和评估，以确保其能够有效指导后续的实践。

3.2.4　评估 PICO

一个高质量的 PICO 问题不仅能有效指导教学实践，还能促进相关研究证据的精

准搜索和应用。因此，有必要对初步形成的 PICO 问题进行评估。正如《自然》（*Nature*）杂志的一篇专栏文章中提到的，ChatGPT 可以辅助在同行评议和优化表述等场景中对观点进行改进，这对于评价和优化从实践反思中获取的 PICO 问题同样适用。[1]

以下介绍几种利用 ChatGPT 评估 PICO 问题质量的方法，主要涵盖单个 PICO 问题的评估和多个 PICO 问题的对比分析。这些方法可以单独使用，也可以结合使用以获得更全面的评估结果。

（1）对单个 PICO 的评估

单个 PICO 问题的评估是确保问题质量的基础步骤。通过多角度的评估，教师可以全面了解问题的优缺点，并针对性地进行改进。

例如，教师可以向 ChatGPT 提供以下提示：

请分别以［教育研究者、教育管理者、学生］的角度评价以下 PICO 问题的质量和实用性：［插入 PICO 问题］。请从每个角色的视角考虑该 PICO 问题的价值和局限。最后，请综合这三个角度的反馈，提出具体的改进建议。"

这种方法不仅能帮助教师理解 PICO 问题的潜在影响和应用价值，还能揭示可能存在的盲点或不足。当然，ChatGPT 的提示只是基础，教师还需结合具体情况进行更深入的审视。也可以根据 PICO 的具体内容对评价的个体做进一步限定。例如，对于一个关于在线学习平台对高中生学习效果影响的 PICO 问题，可能让 ChatGPT 扮演"教育技术专家"的角色进行评估会得到更有价值的见解。

因此，这一提示可以扩展为：

"请分别以［教育技术研究者、学校校长、任课教师］的角度评价以下 PICO 问题的质量和实用性：［插入 PICO 问题］。教育技术研究者应特别关注问题的创新性和技术可行性；学校校长应考虑问题对学校整体教学管理的影响；任课教师应关注问题是否切实反映日常教学中的实际挑战，以及研究结果能否直接应用于课堂实践并改善学生学习效果。对于每个角色，请考虑该 PICO 问题的价值和局限。最后，请综合这三个角度的反馈，提出具体的改进建议。

（2）对多个 PICO 的评估

交叉验证方法通过比较多个版本的 PICO 问题来提高问题质量。这一方法的关键在于让 ChatGPT 详细分析这些版本的优缺点。

---

1 Gruda，D. Three Ways ChatGPT Helps Me in My Academic Writing［EB/OL］.（2024 - 05 - 23）［2024 - 08 - 01］. https：//www. nature. com/articles/d41586-024-01042-3.

例如，教师可以向 ChatGPT 提供以下提示：

我有以下三个版本的 PICO 问题：[插入不同版本的 PICO 问题]。请详细比较这三个版本，分析每个版本的优缺点。特别关注以下几个方面：问题的具体性、可操作性、预期结果的可测量性，以及与实际教学情境的相关性。

通过这种方法，教师可以更全面地理解 PICO 问题，并从多个角度优化问题。这种比较分析也有助于教师发现不同表述方式对问题质量的影响。

（3）PICO 问题的迭代优化

基于通过上述评估方法获得的反馈和建议，教师应进行多轮修改和完善，逐步提高 PICO 问题的质量。这个过程可能包括：调整问题的措辞，使其更加清晰和准确；明确具体的干预措施，确保其可操作性；精确化预期结果，使其更易于测量和评估；增加或删除某些元素，以更好地对应实际教学情境。

例如，教师可以要求 ChatGPT 提供具体的修改建议：

基于之前的评估，请为以下 PICO 问题提供 3—5 条具体的修改建议：[插入 PICO 问题]。每条建议应包括修改理由和具体的修改方案。

同样需要强调的是，虽然 ChatGPT 可以提供有价值的反馈和建议，但教师的专业判断仍然至关重要。教师应该结合自己的教学经验和对学生需求的理解，批判性地评估 ChatGPT 的建议，最终做出最适合自己教学情境的决定。

问题确定是循证实践的基石，它不仅是整个过程的起点，更是决定后续所有环节效果的关键因素。一个精确定义的问题能够帮助教育工作者更有针对性地搜索相关证据，设计更有效的干预措施，并制定合适的评估标准。

在这个关键环节中，ChatGPT 的引入为教育工作者提供了强有力的支持。它不仅能够帮助教师将模糊的实践困惑转化为结构化的 PICO 问题，还能通过多角度的分析和评估提高问题的质量。特别是在引导形成 PICO 的过程中，ChatGPT 可以充当一个智能的对话伙伴，通过系统性的提问和反馈，促进教师深入思考和反思，从而形成更加贴合实际教学情境的实践改进问题。

第 4 章

证据的检索与筛选

正如前文所述，符合循证医学要求的严格意义上的"证据"，在教育领域并不是很丰富，因此检索和筛选证据更加考验信息收集、分析及管理的能力。本章将介绍主要的证据类型，阐述常规的证据检索流程，包括确定检索需求、选择资源库、执行检索、材料筛选，并重点介绍大模型在这些环节中的运用。

4.1 证据类型介绍

循证实践的证据种类众多，不同证据的"质量"，或者说"可靠程度"存在区别。广义而言，所有证据可以根据其是否来源于科学研究，分为研究型证据和非研究型证据（图 4 - 1）。研究型证据可以划分为单项研究证据和多项研究总结。其中，单项研究证据包括实验研究、准实验研究、非实验的定量研究和质性研究等，而多项研究总结包括元分析、元综合及系统综述等。[1] 非研究型证据可以划分为专家意

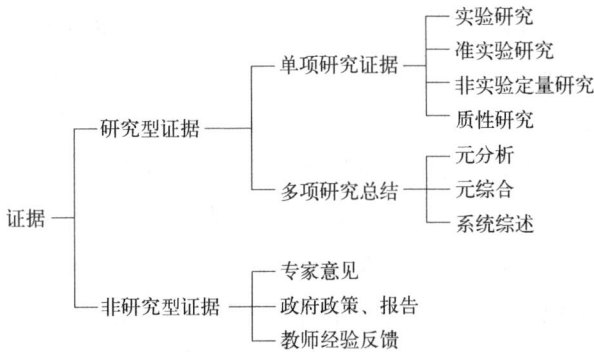

图 4 - 1 教育领域证据分类

----

1 Dang D，Dearholt S L，Bissett K，et al. Johns Hopkins Evidence-Based Practice for Nurses and Healthcare Professionals：Model and Guidelines ［M］. Fourth edition edn. Indianapolis，IN，USA：Sigma Theta Tau International，2021.

见、政府政策报告及教师经验反馈等。[1] 理想情况下，我们希望所有证据都是经过科学检验的研究型证据。然而，当研究型证据不够充分、不足以支撑循证实践时，也需要参考非研究型证据。

4.1.1 单项研究证据

单项研究证据包括实验研究、准实验研究、非实验的定量研究和质性研究。

（1）实验研究

实验研究通常是指随机对照试验（randomized controlled trials，RCTs），是一种利用严格的研究方法开展的研究。其核心特点为随机、干预控制和对照。在教育情境下，"随机"指的是实验参与者（如学生、教师等）被随机分配到不同的组，其中常见的分组方案是设置实验组和对照组。每个组的参与者大致相同，这有助于减少选择偏差和其他干扰变量对研究结果的影响。"干预控制"指的是研究人员对实验组参与者施加的行动，比如研究对象如果是学生，干预可能是在一段时间内采用新的学习方法。相比之下，"对照"指的是为观察干预效果引入的对照人群，其目的是比较对实验组施加的干预是否取得了预期的效果。通常情况下，为避免抽样误差等，随机对照试验在实验周期上有更为严格的控制，通过不同时间点对研究对象的观测和分析，从而最大程度保障研究结果的可靠性和客观性。

例如，互动式电子白板是一种现代教学工具，被认为可以增强课堂互动和学生的学习动机。如果想探究其在提高学生学习成绩方面的实际效果，可以开展随机对照试验。简单地说，在高一年级随机选取 100 名学生，并将这些学生随机分配到 2 个班级，每个班级 50 人。一个班级作为实验组，使用互动式电子白板进行教学；另一个班级作为对照组，继续使用传统黑板进行教学。为确保实验的科学性，2 个班级的其他教学条件（如教学方法、教师资质、教学内容等）应尽量保持一致，在经过了一个学期的教学后，通过期末标准化测试成绩来收集数据。

以上例子满足了实验研究的基本特点，随机选取学生并随机分组，设置了实验组和对照组，并采取了一定的干预控制。但实际上，这仍然达不到随机对照最为严格的限制条件。真正严格的实验还需要另外的一些条件，例如，无论是教师还是学生都不知道这个实验的存在，更不知道自己是实验组还是对照组，这在真实场景的

1　Carper B A. Fundamental Patterns of Knowing in Nursing［J］. Advances in Nursing Science，1978，1（1）：13 – 24.

教学实验中是很难做到的。

（2）准实验研究

准实验研究和实验研究类似，旨在证明干预措施会对结果造成特定的影响。但在真实的教学环境中，有时候难以将实验对象随机分配到实验组和对照组，会采用准实验研究设计。准实验研究虽然也具备干预措施和一定程度的条件控制，但是缺乏随机分配这一关键组成，这种情况下就难以保证分配过程中不存在偏差。

例如，某地区为了评估基于项目的教学方法（PBL）对学生数学成绩的影响，设计了一项准实验研究。研究者选择了两所在学生人口统计特征（如年龄、性别、社会经济背景）和数学成绩方面具有相似性的学校作为研究对象。其中一所学校实施新的 PBL 教学方法，另一所学校继续使用传统的教学方法。这样的设计旨在确保两所学校之间的可比性，以提高研究结果的可信度。

准实验研究的优势在于简化了实验研究的随机化分配，在现实世界中更具可行性，降低了操作成本。然而，由于缺乏完全的随机化分配，可能存在某些内在的偏差，需要谨慎解释结果并考虑进一步研究以验证这些发现。

（3）非实验定量研究

事实上，不是所有的量化研究都包括实施干预或进行分组。有些研究采用观察和描述性方法来提出结论，这种设计通常用于进行相关性分析和描述性的统计分析，以及理解复杂现象的背景。常见的有描述性设计和时间维度设计等。

a. 描述性设计

量化研究中的描述性设计是为了记录当前现象、事件和群体的特征，其关心的是研究对象的哪些特征可以被量化表示。因此描述性研究中的变量往往未经控制，也不会采取干预控制探究特定的影响。调查研究就是最常见的描述性设计。

比如，为了掌握学生基本情况，老师通过发放问卷来了解学生对于互动式白板教学方法的兴趣程度，以及对传统教学工具的学习体验。在授课过程中，老师使用录制设备观察学生的参与度、互动情况及教学流程。以上研究不含干预控制和分组，仅为描述现状特点。

b. 时间维度设计

时间维度设计关注变量随时间的动态变化，特别强调数据的时间序列，以揭示趋势、周期和变化。这种设计通过在多个时间点收集数据，从而能够追踪和比较不同时间点的情况。时间维度设计分为多种，如回顾性研究、前瞻性研究、纵向研究等。在回顾性研究中，研究人员主要分析已经发生的事件和其可能的原因。前瞻性研究从研究开始时向前看，跟踪参与者的未来结果。纵向研究在较长时间内跟踪同一样本群体，于多个时间点收集相同变量的数据，这种设计可以揭示变量随时间的变化和发展趋势，有助于理解因果关系或变化模式。

以纵向研究为例，为了了解教师使用互动式电子白板教学后在技能、态度、频率和教学策略方面的变化，选择实验组内的所有老师进行观察。在实验开始前，对老师进行一次基线测试，使用专门设计的标准化测验来评估他们对于新技术的使用技能、态度、使用频率及教学策略。在随后的第一个月、第二个月和第三个月分别重复进行相同的测试，使用 ANOVA 等统计方法比较不同时间点的测试结果，这样可以详细分析和评估使用电子白板教学的影响，从而揭示教师在接受新技术后的行为和态度的变化趋势。

（4）质性研究

质性研究是一种特殊的描述性研究，通常不依赖于量化数据，而是通过文本、视觉或口述材料来收集和分析数据。其关注的是研究对象的行为、体验和态度，以深入理解一些社会现象的性质和复杂性。一般来说，定量研究是基于数理统计实施的研究，追求研究结果的相对客观，注重外部效度，即结果可以推广。质性研究是经验性的，鼓励研究者介入研究对象所处的环境中，和研究对象产生互动，注重对小样本甚至个案的深描，但其结果一般较难推广。质性研究的数据收集方法一般为观察、访谈、问卷调查等。[1]

比如，研究者通过课堂观察和学生访谈，探讨协作学习对学生参与度和社交技能的影响。研究者记录了学生在小组活动中的互动方式和参与情况，并通过半结构化访谈了解学生对协作学习的看法。质性研究的结果能够提供对包括学生情感体验、内在动机、个人和群体间微妙的互动细节等深入的理解。因此，相对于量化研究，质性研究能够捕捉复杂的、主观的和情境化的现象。这是教育领域常用的研究方法，因为它能全面地反映教育实践中的个人和群体的行为和体验。

4.1.2　多项研究总结

多项研究总结，是对已有的理论、实验、结论等研究材料进行总结分析的研究

1　Lodico M G，Spaulding D T，Voegtle K H. Methods in Educational Research：From Theory to Practice［M］. San Fransisco：John Wiley & Sons，2010.

方法。常见的多项研究总结有叙述性研究综述、系统综述、元分析和元综合等。叙述性研究综述，也就是通常的文献综述，常作为论文或论文中某一章节存在。其特点是结合现有研究及作者观点展开论述，具有较强的主观性。而系统综述按照一定标准筛选研究，对纳入的文献进行严格的质量评估，并对研究结果展开定量或定性的评价，从而更加具备科学性和严谨性。

元分析旨在对多项原始研究的结果进行定量综合与分析，而表征各个研究综合后的结果通常采用效应量（effect size，ES）这一统计指标。效应量表示某种干预、处理或变量引起的差异大小，用于回答"差异有多大"或"效果有多显著"的问题，而不仅仅是"是否存在差异"。[1] 常见的效应量指标为 Cohen's d 值，一般而言效应量在 0—0.2 则是小效应，0.5 为中等效应，0.8 以上为大效应。[2] 元分析对各项研究的效应量进行汇总合并，得出总体效应量，有助于总结研究的一般性结论。

元综合被认为是质性研究的"元分析"，事实上两者在总结研究的方法上存在很大的差别。元综合常采用归纳和阐述，对多项定性研究的概念、主题进行提炼、转化，形成新的理解、理论或概念框架。下面的表格呈现了三种多项研究总结的特点（表 4 - 1）。

表 4 - 1　各类多项研究总结

多项研究总结	描　　述	特　　点
系统综述	综合和评价已有研究的证据，回答特定研究问题	● 遵循严格的研究方法，包括系统检索、筛选、评价 ● 可涵盖定量和质性研究
元分析	通过统计方法综合多个定量研究的结果，提供总体效应量	● 采用统计方法对研究结果进行汇总 ● 用于定量研究
元综合	综合多个质性研究的结果，生成新的理论或概念框架	● 识别关键概念和主题 ● 理解复杂现象，阐释结论 ● 用于质性研究

1　Cohen J. Statistical Power Analysis for the Behavioral Sciences ［M］. Cambrideg：Academic Press，2013.

2　Cohen J. Statistical Power Analysis for the Behavioral Sciences ［M］. 2nd ed. Hillsdale，NJ：Lawrence Erlbaum，1988.

实际上，系统综述、元分析和元综合三者在概念上有交叉的部分，但也存在着区别。当系统综述对研究结果进行定量分析时，会采用元分析的方法；当对研究结果进行定性分析时，又会采用元综合的方法，但系统综述也可能采用元分析或元综合之外的其他方法。[1]

4.1.3 非研究型证据

在教育领域，除了基于科学研究的证据，还有许多非研究型证据，比如大到教育政策法规、政府报告（许多政策法规、政府报告可能基于研究证据，但其材料本身无法归为研究证据），小到专家意见、教师经验反馈等。这些非研究型证据在实践中也具有重要的参考价值。

（1）专家意见

专家意见是基于专业知识和经验的观点和建议，尽管缺乏系统的科学验证，但在特定领域的实际应用中具有重要的意义。例如，教育专家在专题讲座中分享最新教育理论和实践方法，教研员提供教学设计和课堂管理方面的建议，以及经验丰富的教师根据长期教学实践提出的行之有效的策略和技巧。专家的经验和见解常常能为教育实践提供有益的指导，在教育领域扮演着不可或缺的角色。

（2）教育政策法规

教育政策法规是政府或教育机构制定的指导教育实践的规则和规范。这些政策法规虽然不是直接基于具体的科学研究，但通常综合了多方面的考虑和经验，例如，某地区参考学科教学专家的意见，并结合本地教育实际情况、社会文化背景等条件，实施的一些教育改革政策。教育政策法规具备较高的权威性和实践性，对教育教学具有重要的指导意义。

（3）教师经验反馈

教师在教学实践中的经验和反馈也属于非研究型证据。教师通过长期的教学实践，积累了丰富的教学经验，对教育方法和策略的效果有直观的感受和深刻见解。

比如，教师在日常教学实践中发现，在课堂中多进行鼓励和引导能显著提升学生的积极性，因此他把这个经验记录到备课笔记上，并分享给青年教师。更具体一点的例子，数学老师在自己的教学实践中发现使用某种数形结合的方法能加深学生

---

1 胡晓玲.循证教育学概论［M］.北京：中国社会科学出版社，2021.

对特定知识点的理解，并在某一次集体教研活动中分享了这个方法。这些经验来自教育实践者个体，具有较强的主观性和偶然性，但也有一定的参考价值。

4.2 确定检索需求

第 3 章提到了如何利用 PICO 框架来确定研究问题，以此为基础，教师需要检索相关证据为循证实践提供支撑。证据检索的第一步就是确定检索需求，即哪些证据是本次循证需要的，哪些证据和本次循证关系不大，教师应该列出证据的检索词和纳入标准。其中，检索词有助于快速、准确地从各类资源库搜寻需要的证据，而纳入标准可以辅助教师初步筛选证据。

4.2.1 制定检索词和证据纳入标准

在确定研究问题时，我们得出的 PICO 框架是概括性的，需要进一步细化来确定检索需求。例如，对于研究问题"游戏化学习是否能激发初中学生对英语的学习兴趣？"，PICO 格式可以帮助我们快速锁定关键信息（表 4-2）。

表 4-2　游戏化学习 PICO

P（人群、情境）	学习英语的初中生
I（干预）	是否开展游戏化教学
C（比较）	传统教学方法
O（结果）	激发学习兴趣

教师在设定检索需求时需要考虑清楚各个因素。比如，针对研究的人群/情境（P），表 4-3 的问题框架可以帮助教师拓展思路。

表 4-3　P 拓展框架

P（人群、情境）	参与者哪些特征需要考虑（年段、学科）？
	有哪些相关的因素（性别、年龄）？
	干预情境是什么（家庭/学校，线上/线下）？

P（人群、情境）	有哪些其他类型的参与者需要从系统综述中排除（基础教育、高等教育）？
	如何处理只涉及相关参与者子集的研究（纳入/排除）？

　　其中，P主要考虑研究对象的特征及所处的情境。我们关注初中生的英语学习，参与者应为初中生，涵盖初一到初三年级。另外，学生的性别和年龄等因素属于相关因素，不一定是检索初期关注的重点。但教师仍然需要意识到，性别可能会影响游戏化学习的效果，年龄和所在年级则关系到学生的认知和学习能力差异等。干预情境主要为学校进行游戏化学习的环境，至于线上或是线下，抑或是二者结合，要根据具体要求进行选择。考虑到研究问题关注的是基础教育的初中生，原则上关于其他年段学生的研究应该排除，特殊教育、职业教育同样不符合要求。但如果符合要求的证据数量不足以支持循证，需要教师灵活调整要求，如适当选取一些关于高中年段或小学高年级学生的研究型证据。对于只涉及相关参与者子集的研究，如在该情境中，一些研究的研究对象为女生，或者关注的是英语阅读学习，可以都先纳入进来再具体分析。

　　因此，根据对研究人群和情境的分析，教师可以得出检索词："初中生/中学生""课堂英语教学/学校英语学习"。注意，检索词可以使用同义词、上位词或下位词代替，以扩大或精确检索范围。

　　对于研究干预和对照，可以参考表4-4的拓展框架。

表4-4　I&C拓展框架

I&C（干预、对照）	干预措施是什么？
	干预有哪些构成要素（支架类型、干预频率）？
	对照措施是什么？
	包含部分要素的干预研究如何处理？

　　"I"和"C"关注研究实施的干预和对照方法。仍以游戏化学习PICO为例，干预方法指在实验中实际实施的游戏化学习策略和方法，如使用积分和奖励系统、挑战和竞赛、角色扮演等方法，也由此可以得出研究设计类型为准实验或实验研

究。干预构成要素要考虑的是游戏化学习类型、实施频率等：在游戏化学习中使用哪些具体工具和资源，如学习 APP、在线平台、课堂游戏活动；多久实施一次，如每周进行一次游戏化学习，持续一个学期。对照指的是对不实施干预措施的对象采取哪种方法，即本例中不使用游戏化学习策略的传统教学方法，如通过讲解、练习、测试等常规方法进行英语教学。有时候一些研究型证据只包含部分要素，如未设置对照、未随机分组、没有严格控制变量，这时候需要根据研究需要进行具体选取。

基于对干预、对照的分析，教师可以得出检索词："游戏化学习/趣味教学/积分系统/角色扮演""游戏软件/游戏平台"。

最后，对于结果指标（O），则需要思考表4-5中的几个维度。

表4-5 O拓展框架

O（结果）	结果的类型（主观/客观）与测量方式（量化/质性）
	结果的可靠性与有效性
	结果的时效性/潜在影响

在检索证据时，同样需要考虑到 PICO 问题中结果的类型、测量方式、可靠性、有效性、时效性及潜在影响。首先，结果的类型可以分为主观结果和客观结果。主观结果包括学生对英语学习兴趣的自我报告，这可以通过问卷调查或访谈来获取。客观结果则涉及学生的英语成绩、作业完成情况和课堂参与度等，可以通过考试分数、作业提交记录和课堂观察来测量。另外，有的研究不仅关注学生的学习兴趣，也可能关注学生的动机、学习成绩等，因此这些证据也应该纳入，检索时可以加入"学习效果"和"教学效果"。对于客观数据，教师需要关注统计量，如均值、标准差等。在测量方式上，主观和客观结果均可使用量化数据和质性数据。量化数据如问卷调查的评分和考试成绩，而质性数据如访谈记录和课堂观察笔记。需要注意的是，测量结果具有时效性，在实施游戏化学习后立即进行问卷调查和测试，可以评估学生兴趣和成绩的即时变化，而在一个学期或一个学年后再次进行评估，可以观察游戏化学习对学生长期兴趣和成绩的影响。结果包含积极影响和消极影响，教师在确定研究问题后，会对干预实施后的结果有一个

预期，比如，在这个情境中预设的是"学生兴趣提高"，因此需要重点关注呈现积极影响的研究。如果探究的是对学生兴趣的影响，则呈现积极影响和消极影响的研究都需要加以关注。

教师对结果指标进行详细分析后，可以得出检索词："学习兴趣/学习效果"。

经过对 PICO 的细化，教师不仅确定了证据检索词——"初中生/中学生""课堂英语教学/学校英语学习""游戏化学习/趣味教学/积分系统/角色扮演""游戏软件/游戏平台""学习兴趣/学习效果"，还初步制定了文献的选取规则。下面将证据的纳入标准做一个汇总（表4-6）。

表4-6　文献纳入标准

研究对象/情境	基础教育初中学生英语学习，不包括特殊教育、职业教育，高中和小学可以适当选择。
研究设计	实验设计或准实验设计，研究应报告均值、标准差等统计量。
研究干预/对照	游戏化教学和传统教学，为设置对照的适当选择。
研究结果	测量学习兴趣（主观或客观）。
日期	十年内发表的研究。
语言	英文和中文。
研究质量	具有良好研究设计和实施过程，使用可靠和有效的测量工具，结果数据清晰且具有统计意义。

4.2.2　大模型辅助确定检索需求

前文使用了 PICO 细化框架来帮助教师提炼检索词，制定证据纳入标准，教师在实践这一环节时，可以借助大模型工具。简单来说，实践过程中将 PICO 细化框架输入至大模型，让其辅助生成完整的框架，并以此为基础总结出检索词与纳入标准。这个过程中需要完成多件任务，因此在对大模型工具给出提示时，最好将任务分点说明。下面将介绍两个 ChatGPT 的实践示例。

（1）一次性提示

一次性提示是指将所有对 ChatGPT 回答的要求和相关的背景性材料整合在一个

提示中，其核心思路是利用 4.2.1 中相关的问题框架来辅助确定检索需求。例如，读者可以尝试给出下面的提示：

你是教育循证领域的专家，我是开展循证实践的教师，需要你在检索证据环节为我提供帮助。我的研究问题为"游戏化学习是否能激发初中学生对英语的学习兴趣？"以下是一个表格，表格从 PICO 框架出发对所需证据的要素做出了思考，请你：

1. 结合研究问题完善表格并输出。

2. 给出证据的检索词（中英文对照）。

3. 制定文献纳入标准并输出。

表格格式如下：

P（人群、情境）：

● 参与者哪些特征需要考虑（年段、学科）？

● 有哪些相关的因素（性别、年龄）？

● 干预情境是什么（家庭/学校，线上/线下）？

● 有哪些其他类型的参与者需要从系统综述中排除（基础教育、高等教育）？

● 如何处理只涉及相关参与者子集的研究（纳入/排除）？

I&C（干预、对照）：

● 干预措施是什么？

● 干预有哪些构成要素（支架类型、干预频率）？

● 对照措施是什么？

● 包含部分要素的干预研究如何处理？

O（结果）：

● 结果的类型（主观/客观）与测量方式（量化/质性）

● 结果的可靠性与有效性

● 结果的时效性/潜在影响

注意，在向 ChatGPT 输入表格时，可以用换行的操作（键盘上的"Alt＋Enter"组合键）来表示表格。因此，在本提示中，由于对前文的 PICO 细化框架做了说明，ChatGPT 首先会在回答时以表格形式输出，如图 4－2 所示。

其次，给出证据的检索词（中英文对照），如图 4－3 所示。

最后，在前两个回答的基础上，如图 4－4 所示，将给出文献纳入标准。

要素	内容
P（人群、情境）	
参与者特征	初中学生，主要研究年级段为7-9年级，研究学科为英语
相关因素	性别（男/女）、年龄（12-15岁）
干预情境	学校环境为主，包括线上和线下的英语课程
排除类型	排除高等教育和基础教育阶段的参与者，排除非英语学科的研究
参与者子集	处理只涉及相关参与者子集的研究时，需在结果分析时明确标注这些子集的特征，如年级、班级等
I&C（干预、对照）	
干预措施	游戏化学习，即通过游戏机制和元素（如积分、奖励、等级）激发学生学习英语的兴趣
构成要素	游戏化学习的构成要素包括游戏机制的设计、实施频率（如每周几次）、参与方式（个体或团队），以及与课程内容的结合度
对照措施	传统的英语教学方法，不包含游戏元素的常规教学
部分要素	包含部分游戏化学习要素的研究也可纳入，但需在结果分析中详细说明其具体要素和实施情况
O（结果）	
结果类型	学生学习兴趣的变化，既包括主观的(学生自我报告)也包括客观的(如课堂参与度、出勤率、成绩提升)
测量方式	量化（问卷调查、测试成绩）和质性（访谈、观察记录）相结合
结果可靠性	结果需经过可靠性和有效性验证，如通过多次测量或使用信度分析工具
结果时效性	需在干预实施后对结果进行短期（如学期末）和长期（如学年末）评估，考虑其潜在影响

图 4-2 完善相关的表格

英文检索词	中文检索词
Gamified learning	游戏化学习
Game-based learning	基于游戏的学习
Middle school students	初中学生
Junior high school students	初中生
English language learning	英语学习
Student motivation	学生动机
Learning interest	学习兴趣
Educational games	教育游戏
Motivation in education	教育动机
Digital games in education	数字游戏在教育中的应用

图 4-3 中英文对照的输出内容

纳入标准	排除标准
1. 研究对象为初中学生（7-9年级），主要研究英语学科。	1. 研究对象为基础教育（小学）或高等教育（大学）阶段的学生。
2. 干预措施为游戏化学习，包括游戏机制和元素的使用。	2. 干预措施不包含游戏元素或与其他教学法混合的研究。
3. 研究中包含对照组，使用传统的英语教学方法。	3. 研究结果没有明确的学习兴趣测量。
4. 结果测量包括主观和客观的学习兴趣变化。	4. 仅为描述性研究或缺乏对照组的研究。
5. 研究发表在同行评审的学术期刊或教育会议论文集。	5. 非同行评审的文献，如非正式报告、书籍章节等。
6. 研究语言为英文或中文。	6. 研究语言为非英文及非中文。

图 4-4　输出的文献纳入标准

（2）多次提示

当然，在使用过程中也可以进行多次提示，这样的好处在于可以及时调整修改大模型的回答，细化检索的流程，以获取更多的细节。例如，可以先考虑"P"的问题框架，形成如下提示：

你是教育循证领域的专家，我是开展循证实践的教师，需要你在检索证据环节为我提供帮助。我的研究问题为"游戏化学习是否能激发初中学生对英语的学习兴趣？"。我将会从几方面出发问你一系列问题，请你根据研究问题进行回答。

考虑 P（人群、情境）：

参与者哪些特征需要考虑（年段、学科）？有哪些相关的因素（性别、年龄）？干预情境是什么（家庭/学校，线上/线下）？有哪些其他类型的参与者需要从系统综述中排除（基础教育、高等教育）？如何处理只涉及相关参与者子集的研究（纳入/排除）？

如图 4-5 所示，ChatGPT 的回答将更为详细。

图 4-5 中，如果错误地排除了想要的信息，可以进一步追问以修正 ChatGPT 的回答。例如，读者可以追问：

你在回答中将小学阶段和大学阶段的学生直接排除了，这样做有些不妥，因为满足初中阶段的证据可能数量不足，这时候就要借助于其他学段的证据来进行辅助循证。而像特殊教育、成人教育就比较偏离我们的研究问题，可以直接排除。

1. 参与者哪些特征需要考虑（年段、学科）？

- **年段**：初中学生（通常为12-15岁）。

- **学科**：英语学科，专注于语言学习和语言应用技能。

2. 有哪些相关的因素（性别、年龄）？

- **性别**：需要考虑性别平衡，确保男生和女生的参与比例接近，以减少性别差异对研究结果的影响。

- **年龄**：集中在12-15岁之间的初中生，这个年龄段的学生处于青春期，学习兴趣和动机的变化较为显著。

3. 干预情境是什么（家庭/学校，线上/线下）？

- **学校环境**：主要在学校课堂内进行干预，因为这是大多数学生主要的学习场所。

- **线上和线下结合**：可以结合线上教育平台和线下课堂活动。例如，在线学习游戏和课堂上的游戏化任务相结合，提供多样化的学习体验。

4. 有哪些其他类型的参与者需要从系统综述中排除（基础教育、高等教育）？

- **基础教育阶段**：小学阶段的学生，因为他们的认知能力和学习动机与初中生有很大不同。

- **高等教育阶段**：大学及以上阶段的学生，因为他们的学习动机和方式与初中生也有很大不同。

5. 如何处理只涉及相关参与者子集的研究？

- **子集研究**：如果研究只涉及部分相关参与者（如仅针对一个年级或仅针对男生），需要在系统综述中明确说明这些研究的限制和特点。

- **综合分析**：尽可能结合其他包含不同子集的研究结果，以平衡和综合分析，确保研究结论的广泛适用性。

- **备注**：在综述中注明这些子集研究的具体情境和结果，探讨其对整体结论的影响，避免以偏概全。

↓

图 4 - 5　ChatGPT 回答示例

这一提示对 ChatGPT 的回答做了进一步限定，如图 4 - 6 所示。

4. 有哪些其他类型的参与者需要从系统综述中排除（基础教育、高等教育）？

- **排除**：

  - **特殊教育**：涉及特殊教育需求的学生，这些学生的学习动机和方法可能与普通学生不同。

  - **成人教育**：涉及成年人的教育，因为其学习动机和背景与初中生不同。

- **辅助证据**：

  - 可以参考小学阶段（6-12岁）和大学阶段（18岁以上）学生的研究结果，以辅助分析和循证，特别是在初中阶段研究证据不足的情况下。

图 4 - 6　对回答内容的调整

可以看出，经过我们的提醒，ChatGPT 完善了答案。多次提示和输出虽然没有一次性输出那样全面且直接，但我们可以随时纠正大模型工具的错误，得出更为严谨的输出结果。

4.3　选择合适资源

在设定好检索词后，要选择合适的资源来进行检索。证据库汇集了大量经过严格评审的研究成果、系统综述和实证研究，为我们提供了高质量、可信赖的证据，通常是寻找研究证据的首选来源。然而，当证据库中现有的证据不足以支持循证实践需求，或者没有合适的证据库可以利用时，需要转向其他资源，如包含图书、期刊的资源库等。同时，大模型可以在我们获取资源库时提供一些支持。本章将详细介绍几个教育领域的重要证据库、常用的图书期刊资源库，以及如何借助大模型技术获取和利用资源。

4.3.1　教育证据库

循证医学领域提供了集中的且系统化的证据库资源，旨在帮助医疗专业人员和研究人员获取最新的、最可靠的研究型证据，以支持临床决策和研究活动。同样，循证教育领域也有类似的证据库，这些库收录了教育领域的高质量证据，大大节省了教师检索和筛选的时间，通常是教师寻找证据的最佳选择。然而，由于教育学科的复杂性、研究方法的多样性及缺乏统一的标准，教育领域的高质量证据较为稀缺，相应的证据库也相对较少。接下来将介绍几个与教育领域相关的证据库。

（1）Campbell 图书馆

Campbell 图书馆（Campbell Collaboration Library）[1] 是一个重要的在线资源库，专门提供高质量的系统综述和研究型证据，旨在为政策制定者、实践者和研究人员提供可靠的依据，以改进社会和行为科学领域的实践和政策（图 4 - 7）。Campbell 图书馆的研究覆盖了教育、犯罪与司法、社会福利、国际发展等多个领域，证据库收录了计划书、系统综述、政策简报等各类证据。

---

[1]　Campbell 图书馆主页［EB/OL］.［2024 - 09 - 05］. https：//www. campbellcoll aboration. org/betterevidence. html.

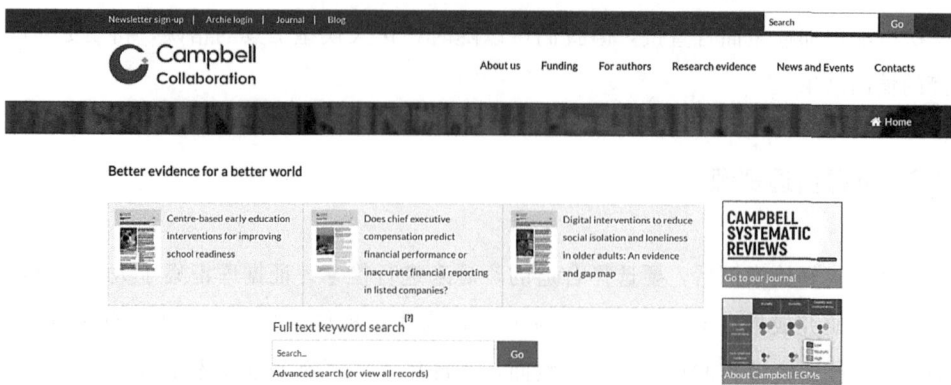

图 4-7 Campbell 图书馆页面

（2）社会系统证据库

社会系统证据库（Social Systems Evidence，SSE）[1] 是一个专门用于收集、存储和提供社会政策和公共卫生领域的高质量研究型证据和系统综述的在线资源库（图 4-8）。该平台旨在为政策制定者、实践者、研究人员和公众提供可靠的证据，以支持基于证据的决策和实践。该证据库涵盖的主题包括教育、社会福利、卫生保健、就业、环境等多个领域，包括系统综述、政策简报、研究报告、快速证据评估、指南和其他研究证据类型。

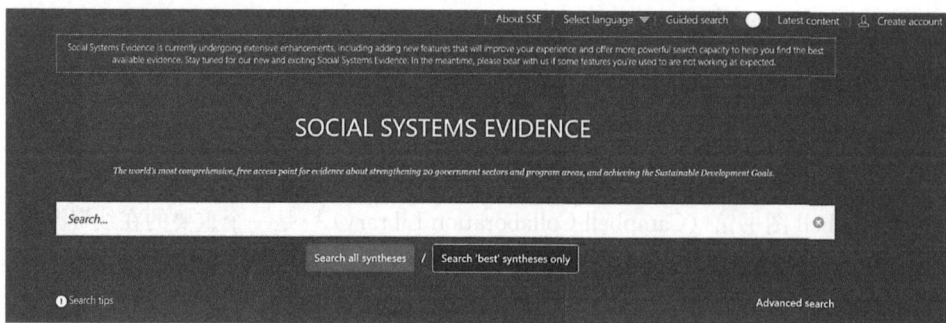

图 4-8 社会系统证据库页面

---

1 社会系统证据库主页 [EB/OL]．[2024-09-05]．https：//www. socialsyst emsevidence. org/

（3）有效教学策略网

有效教学策略网（What Works Clearinghouse，WWC）[1] 是美国教育部下属的教育科学研究所创建的一个项目，旨在为教育工者、政策制定者和研究人员提供关于教育项目、政策和实践的高质量证据。WWC 通过系统综述和评估现有的研究，以识别和推广那些被证实有效的教学策略和教育干预措施。

（4）AI-for-Education

Evidence Library – AI-for-Education [2] 是一个致力于汇集和共享生成式人工智能在教育领域应用研究的资源库。这个资源库涵盖了从 2020 年起至今的学术研究、书籍和报告，重点关注 AI 工具如何影响教育成果，包括学生学习、教师和学生行为及教育过程的改进，如反馈生成等（图 4-9）。

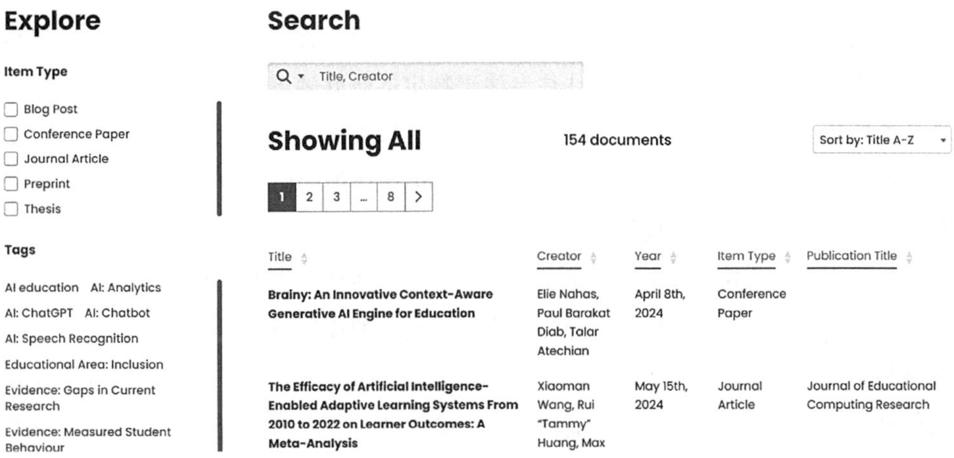

图 4-9　AI-for-Education 页面

该资源库特别关注在低收入和中等收入国家中或关于这些地区 AI 应用的研究。这些研究的设计多种多样，包括案例研究、访谈、焦点小组、元分析、系统评价和随机对照试验等。

1　有效教学策略网主页［EB/OL］.［2024 – 09 – 05］. https://ies. ed. gov/ncee/wwc/WhatWeDo

2　AI-for-Education 主页［EB/OL］.［2024 – 09 – 05］. https://ai-for-education. org/evidence-library/

4.3.2 其他资源

然而，如果没有研究问题相关的证据库，教师需要选择其他信息源。科研工作者常用的信息源有图书和期刊；另外，像学位论文、会议文献、标准文献、专利文献、科技报告、政府出版物、产品资料、科技档案等也可以作为参考。本小节主要介绍图书和期刊的常用资源库。

图书通常提供关于某个主题的全面和深入的讨论。它们适合于学习基础概念、历史背景、理论框架和详细方法。图书的出版周期较长，因此，它们可能不是获取最新研究成果的最佳来源，但对于了解历史背景和综合理论非常有用。图书往往反映了作者的综合观点或研究成果，提供了作者对某个领域的深入理解和解读。图书特别适合于初学者或希望深入理解某个主题的研究者。

期刊文章通常反映了最新的研究成果和学术发展。它们是获取最新科学发现和研究趋势的重要来源。期刊文章往往专注于特定的研究领域或子领域，内容更加专业和专题化。期刊文章通常经过同行评审，这意味着在发表之前，它们会被其他专家审阅，以确保质量和科学性。期刊文章通常包含详细的研究方法、数据和结果分析，是进行具体研究和数据解读的重要来源。

学位论文，尤其是博士和硕士学位论文，通常体现了作者在某个学术领域的深入研究。这些论文包含了作者在导师的指导下进行的原创研究，旨在对相关领域的发展做出贡献。学位论文通常也经过同行评审，按相应的流程进行答辩，以验证其科学性和独创性。论文的内容可能较新，涵盖了最新的研究动向，尤其是在快速发展的领域。由于其深度和专业性，学位论文也是理解特定研究主题和获取深入细节的重要资源。

以下是几个图书/期刊/学位论文的常用资源库：

- 中国知网 https://www.cnki.net/
- 万方数据库 https://www.wanfangdata.com.cn/
- 维普网 https://wwwv3.cqvip.com/
- 谷歌学术（Google Scholar）https://scholar.google.com/
- 百度学术 https://xueshu.baidu.com/

此外，政府出版物又称官方出版物，就是由各国政府部门及其下属机构出版的文献，可在政府官网等相关网站上，由公众免费下载。

4.3.3　ChatGPT 建议资源

对于一些特定证据，教师或许不知道有哪些合适的数据库，可以向 ChatGPT 寻求建议。例如，可以提问：

我想了解民国时期出版的报纸，请问可以从哪些数据库检索相关资料呢？请你为我提供一些资源库。

下面列出了 ChatGPT 回答的内容：

要检索民国时期出版的报纸，可以使用以下一些资源库和数据库，这些资源涵盖了大量的历史文献和报纸：

● 国家图书馆数字资源

http：//www. nlc. cn/dsb_zyyfw/wbdz/

中国国家图书馆提供了大量的数字化历史文献和报纸，涵盖民国时期的出版物。

● 北京大学图书馆

http：//www. lib. pku. edu. cn/portal/

北京大学图书馆拥有丰富的历史文献收藏，包括民国时期的报纸和期刊。

● 上海图书馆

https：//www. library. sh. cn/web/

上海图书馆的数字资源中包含大量的近现代报刊，是研究民国时期出版物的重要资源。

● 民国时期报刊全文数据库

http：//www. cnbksy. com/

这是一个专门收录民国时期报刊的数据库，包含大量的历史文献和报纸全文。

● 中国近现代报刊数据库

http：//www. cnbksy. com/

这个数据库收录了大量中国近现代时期的报刊，包括民国时期的重要报纸。

● 香港中文大学图书馆

https：//www. lib. cuhk. edu. hk/

由香港中文大学图书馆提供，涵盖大量中华民国时期的重要报纸。

注意，ChatGPT 提供的资源库并不完全可靠，一些链接可能是错误或者无效的，需要教师自行甄别。在本次回答中，民国时期报刊全文数据库和中国近现代报刊数据库的网址是一样的。

读者也可以尝试了解一些不太常见的资源获取渠道，例如，可以向 ChatGPT 提问：

我想了解有关伦敦基础教育改革的历史，请问去哪里可以检索相关资料呢？请你给我几个适合的网址或者参考书。

下面列出了 ChatGPT 回答的内容：

了解伦敦基础教育改革的历史，您可以参考以下资源：

网上资源：

1. The National Archives（UK）

网址：http://www.nationalarchives.gov.uk/

这里收藏了许多官方文件和历史记录，包括教育政策和改革的档案。

2. British History Online

网址：https://www.british-history.ac.uk/

这个网站提供了英国历史的数字资源，其中可能包含有关教育改革的信息。

3. Institute of Education – UCL

网址：https://www.ucl.ac.uk/ioe/

伦敦大学学院教育研究所的网站，提供有关当前和历史教育研究的信息。

4. JSTOR

网址：https://www.jstor.org/

一个提供学术论文的网站，需要订阅，但可以通过大学图书馆访问。

书籍推荐：

1. *Education in England: A History*，by Derek Gillard

这本书提供了英国教育历史的详细概述，其中包括有关伦敦教育改革的信息。

2. *London's Schools and the Education of the Poor*，*1870 – 1914*，by Susannah Wright

这本书专注于 19 世纪末到 20 世纪初伦敦对贫困学生教育的改革。

3. *The Education System in the UK: Case Study of London*

这是一本关于英国教育系统的案例研究书籍，可以提供有关伦敦教育系统的深入分析。

注意，与前面一个例子类似，要对 ChatGPT 提供的资源库进行验证。在本次回答中，一些网址是无效的，一些网址可能并不符合要求。

对于国内资料的查询可能国产大模型的回复更充分。这里举一个文心一言的例子，读者可以提问：

我想了解民国时期出版的报纸，请问可以从哪些数据库检索相关资料呢？请你为我提供一些资源库。

文心一言的回答如下。

为了了解民国时期出版的报纸，可以从多个数据库和资源库中进行检索。以下是一些主要的资源库及其特点：

1. 全国报刊索引

网址：http://www.cnbksy.cn/home

简介：由上海图书馆（上海科学技术情报研究所）主管主办，是国内最早出版发行的综合性中文报刊文献检索工具。现可提供 5 万余种报刊、5 000 余万篇文献的一站式服务，年更新数据量超过 500 万条。该数据库还包含晚清期刊全文数据库（1833—1911）和民国时期期刊全文数据库（1911—1949）等珍稀数字资源。

2. 国家图书馆·民国期刊数据库

网址：http://mylib.nlc.cn/web/guest/minguoqikan

简介：国家图书馆保存的民国时期文献之一，已完成馆藏民国期刊的缩微胶片制作，并开展数字扫描工作。现提供 4 351 种期刊电子影像的全文浏览，支持简单检索、高级检索等多种检索方式。

3. 瀚堂近代报刊数据库

网址：http://www.neohytung.com/Main.aspx

简介：包含《大公报》香港版、《益世报》、《遐迩贯珍》等 300 余种清末至民国的刊物。图文并茂，支持简繁体自动转换检索，包括绝对精确检索、精确检索和模糊检索。

4. 爱如生中国近代报刊库

网址：http://er07.com/home/pro_88.html

简介：由北京大学教授刘俊文总纂，北京爱如生数字化技术研究中心研制。收录自 1872 年至 1949 年间的大型报纸共计 20 种，总约 20 万个期号。全面反映 19 世纪后半叶、20 世纪前半叶的中国近代史。

5.《大公报：1902—1949》全文检索数据库

网址：http://tk.dhcdb.com.tw/tknewsc/tknewskm

简介：资源来自中国国家图书馆，提供独家高解析图像原件。收录民国时期《大公报》所出版的所有版面及文字，支持全文检索、布尔逻辑组合运算等功能。

6. 其他相关数据库

中国历史文献总库·近代报纸数据库：收录了大量民国时期的重要报纸，如《新华日报》《中央日报》等，全面反映了民国时期的社会万象。

《申报》全文检索数据库：完整收录《申报》从创刊至停刊的全部报载内容，支持文本和影像版面双重检索。

浙江民国报纸数据库：浙江省档案馆推出的数据库，收录了大量浙江地区出版的民国报纸，如《东南日报》等。

在实际操作过程中，会发现模型会输出过时的或者错误的信息。这是因为大模型的知识是基于其训练时的语料的。在训练完成后，模型的知识库是静态的，而无法及时更新。因此，尽管模型在训练时可能已经掌握了大量的信息，但在实际应用中，它可能无法反映最新的动态变化。另外，大模型是基于概率生成文本的，AI幻觉无法完全避免，所以有时会编造出不存在或不准确的信息。

4.4 执行检索

在选择好合适的数据库后，就到了检索证据的最后环节——执行检索。数据库的不同会导致检索流程存在差异，以检索教育类信息为例，本小节会介绍 Campbell 证据库、谷歌、知网等数据库的检索流程，以及一些高级检索策略，最后介绍近期嵌入大模型的数据库的应用。

4.4.1 Campbell 证据库检索

图 4 - 10 为 Campbell 图书馆的检索界面，对于其中的教育类数据可以点击检索框下方的 Advanced search（或 View all records）进入高级检索页面，然后在 Coordinating group（s）处勾选 Education 类别。

需要注意的是，在图 4 - 10 中，文件类型（Type of document）展示了三种证据类别，分别是系统综述（Review）、政策简报（Policy brief）和证据差距地图（Evidence and gap map）。其中，证据差距地图是一种可视化工具，用于展示特定领域中现有的研究证据和尚未被充分研究的领域。它将研究的主题或问题按照不同的

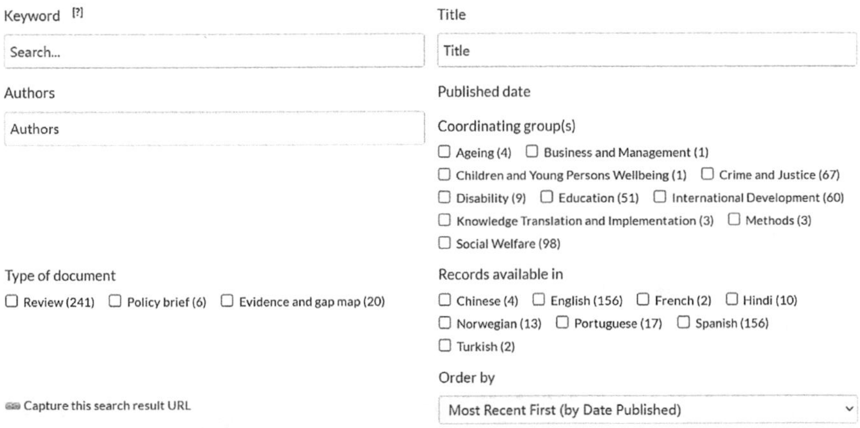

图 4-10　Campbell 图书馆检索栏

维度（如干预措施、目标人群、地理区域等）进行分类，并标示出每个维度下已有的证据数量和质量。检索栏还支持选择不同类型语言的证据筛选及排序方式。

比如，在该证据库就收录了一篇研究综述，探究开展入学前干预是否有利于儿童发展。这篇综述总结了 32 项研究的证据，涉及 16 899 名 7 岁的儿童，从认知发展、身心健康、社会能力等维度表征儿童发展情况，结果发现对儿童入学前的干预并未对儿童造成明显的影响。

4.4.2　知网学术检索

中国知网（CNKI）收录了大量中文期刊文献，是教师寻找研究型证据的重要信息源。中国知网内置的搜索引擎提供许多功能，方便教师进行文献检索（图 4-11）。

知网允许用户通过"主题""作者""刊名"和"关键词"等字段进行精确搜索，并支持布尔逻辑（AND、OR、NOT）的组合条件设定，从而提高检索的精准度。通过高级检索功能，用户可以设置多个条件，灵活组合，进行深度文献挖掘。

此外，用户可以选择不同类型的文献进行检索，如"期刊""硕士论文""博士论文""会议论文""报纸""图书"和"年鉴"等。系统还提供了时间段筛选选项，包括"全部时间""最近一年""最近三年"等，帮助用户快速找到最新的研究成果。同时，用户可以选择不同的出版物类型，如"学术期刊""核心期刊"和"优先出版"等，以获取高质量的文献。

CNKI 的文件检索引擎还支持按"相关度""被引频次""发表时间"等不同维

图 4-11 中国知网检索栏

度对检索结果进行排序，便于用户根据自己的需求快速找到最相关的文献。此外，系统提供了多种数据库，包括"中国学术期刊网络出版总库（CNKI）""中国优秀硕士论文全文数据库""中国博士学位论文全文数据库"和"中国重要会议论文全文数据库"等，用户可以根据研究需要选择合适的数据库进行检索。

还是以前文的"游戏化学习促进学生兴趣"为例，教师制定的检索词为：

初中生/中学生

课堂英语教学/学校英语学习

游戏化学习/趣味教学/积分系统/角色扮演

游戏软件/游戏平台，学习兴趣/学习效果

在选择检索词时，教师可以使用同义词替换不同的表达方式，如"初中生"或"中学生"，上文使用"/"将其隔开。此外，检索词还可以涵盖大概念和小概念的词汇。例如，"游戏化学习"是一个大概念，而"积分系统"或"角色扮演"则是其具体形式。通过这种方式，检索范围既可以覆盖更广泛的相关研究，也可以针对具体的教学策略进行深入探讨。如图 4-12 所示，首先在文献分类区域，可以将基础科学、工程科技等非教育领域的文献排除，然后在中间的搜索栏左侧选择篇关摘（指可以在文章的标题、关键词和摘要中进行检索），右侧选择模糊搜索，在搜索栏中键入：初中英语游戏化教学＋学习兴趣（可以将列出的检索词组合使用）。这里的"＋"符号表示将多个检索词组合在一起进行搜索，意味着搜索结果应包含所有列出的关键词。在本次检索中，系统将返回同时包含"初中英语游戏化教学"和"学习兴趣"相关内容的结果。

图 4 - 12　知网高级检索栏

通过这种检索方法，如图 4 - 13 所示，可以获得总共 16 篇关于初中英语游戏化教学的文献，这些文献都涉及学生的学习兴趣。教师随后可以重点阅读这些文献的摘要，来判断是否符合循证问题的需求。

	题名	作者	来源	发表时间	数据库	被引	下载	操作
□ 1	互动式教学模式在初中英语教学中的构建与应用研究	李淑丹	英语广场	2018-10-17 13:58	期刊	36	855	
□ 2	多媒体环境下初中英语游戏化教学案例设计	强彩霞	沈阳师范大学	2018-06-01	硕士	13	1281	
□ 3	关于游戏在初中英语词汇教学中的运用研究	朱永春	杭州师范大学	2011-09-01	硕士	7	936	
□ 4	基于Scratch的初中英语口语游戏化教学应用研究	曲慧	牡丹江师范学院	2019-06-14	硕士	6	848	
□ 5	"敏特英语"在初中英语词汇教学中的混合式应用研究	高海瑞	西北师范大学	2019-05-01	硕士	3	222	
□ 6	"教为不教"视域下游戏化教学设计的思考与实践	王钰	校园英语	2022-06-08	特色期刊	3	44	
□ 7	初中英语游戏化教学的理念与策略研究	富科技	中学课程辅导(教师通讯)	2019-10-16	特色期刊	2	86	
□ 8	游戏化教学对初中生英语学习动机和学习成绩的影响	武国瑞	西南大学	2023-09-30	硕士		416	
□ 9	游戏化教学在初中英语词汇教学中的应用研究	魏晴	吉林农业大学	2023-05-01	硕士		1204	
□ 10	基于游戏理念初中一年级英语听说信息化教学模式研究	汤慧敏	河北科技师范学院	2021-06-01	硕士		577	
□ 11	趣味教学法在初中英语阅读教学中的应用策略	王娟	广东省教师继续教育学会教师发展论坛学术研讨会论文集（十六）	2023-03-03	中国会议		47	
□ 12	特殊教育学校初中英语教学游戏化探究	李倩	科普童话	2020-01-05	特色期刊		49	
□ 13	游戏教学法在高中英语教学中的应用	冯敏	求知导刊	2021-03-05	特色期刊		151	
□ 14	游戏化教学：初中英语课堂中的趣味挑战	杨继英	第二课堂(D)	2024-02-28	特色期刊		86	
□ 15	互动教学在初中英语教学实践中的运用策略	张海英	天津教育	2024-01-11	特色期刊		25	
□ 16	互联网视域下初中英语高效课堂的构建	张红英	校园英语	2024-01-31	特色期刊		20	

图 4 - 13　知网检索结果

4.4.3 谷歌学术检索

对于外文文献，可以使用谷歌学术检索。谷歌学术是一个免费的学术搜索引擎，提供学术文章、论文、书籍、会议论文和专利等的搜索功能（图 4 - 14）。它收录了来自各种学术出版商、专业社团、大学和其他学术机构的文献，是研究人员获取学术资源的重要工具。

图 4 - 14　谷歌学术检索栏

谷歌学术检索相对于知网检索更加简洁（图 4 - 15）。在搜索框直接键入设置好

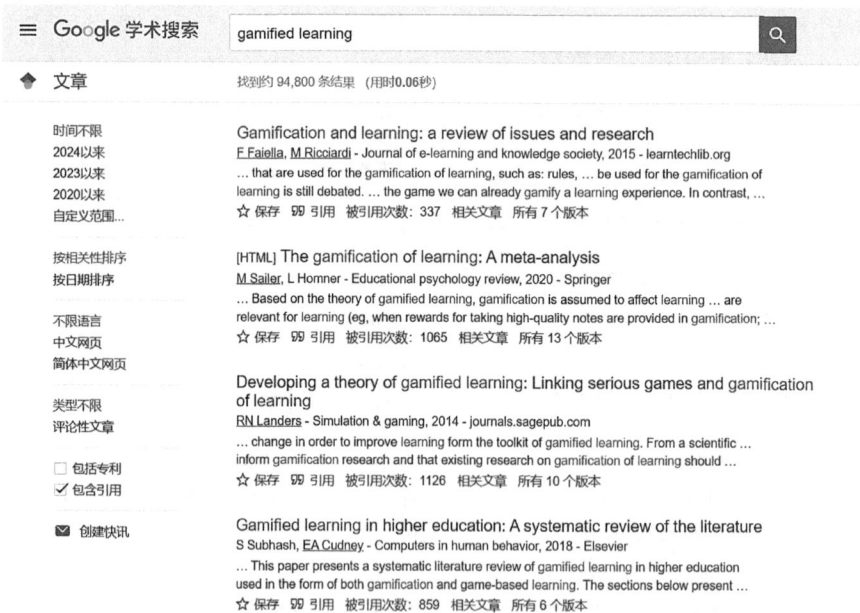

图 4 - 15　谷歌学术检索结果

的检索词，搜索引擎会根据时间、被引量等指标聚合符合条件的文献。通过左侧的按键，可以对搜索结果进行筛选，比如，设置想查看文献的时间范围、语言、类型等。

　　谷歌学术的高级检索功能提供了多种选项，使用户能够更精确地查找相关学术文献（图4-16）。在高级检索页面，用户可以在"包含全部字词"栏中输入所有希望包含的关键词，搜索结果将呈现包含所有这些词语的文章。如果用户需要查找包含完整短语的文章，可以在"包含完整字句"栏中输入该短语，搜索结果将呈现只包含该短语的文章。此外，用户可以在"包含至少一个字词"栏中输入多个关键词，搜索结果将呈现包含任意一个关键词的文章，例如，输入"education OR learning"将找到包含"education"或"learning"的文章。对于不希望包含的词语，可以在"不包含字词"栏中输入这些词，搜索结果将排除包含这些词语的文章。

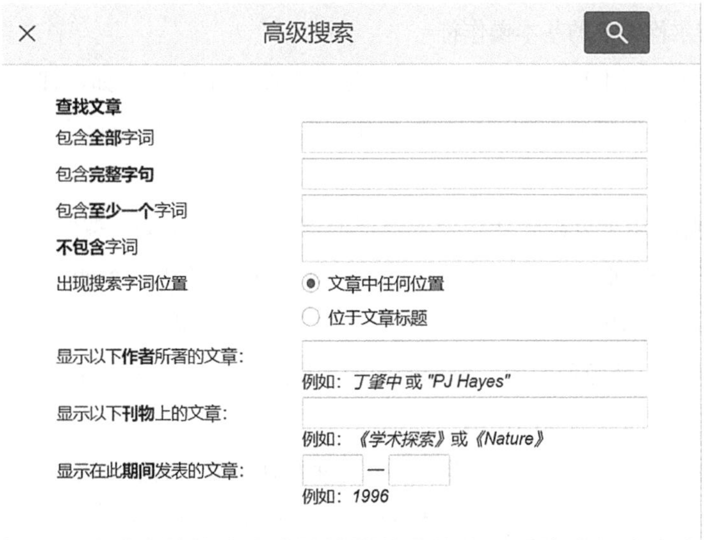

图4-16　谷歌学术高级检索

　　在设置搜索字词出现的位置时，用户可以选择默认选项"文章中任何位置"，搜索结果将包含在文章的任何位置出现所输入关键词的文章；或者选择"位于文章标题"，搜索结果将只包含在文章标题中出现关键词的文章。此外，用户还可以在"显示以下作者所著的文章"栏中输入特定作者的姓名，搜索结果将只包含该作者的文章。同样地，用户可以在"显示以下刊物上的文章"栏中输入期刊或会议名称，搜索结果将只包含在该刊物上发表的文章，例如，输入"学术探索"或"Nature"将找到这些刊物中的文章。

最后，用户可以通过在"显示在此期间发表的文章"栏中输入时间范围，限制搜索结果的发表时间。通过组合使用这些高级检索选项，用户可以显著提高检索效率，找到最相关的文献。

4.4.4 布尔检索

布尔检索式（Boolean Search）是一种使用布尔逻辑操作符（AND、OR、NOT）进行信息检索的方法，旨在提高搜索的精确性和相关性。这种方法可以帮助用户更有效地组合和过滤搜索关键词，从而更精确地找到所需信息。值得一提的是，大部分搜索引擎都支持布尔检索式，因此，教师可以利用同一个检索式，来获取不同数据库的研究型证据。

（1）布尔检索式的基本操作符

AND（与）：用于同时包含多个关键词的搜索结果。例如，搜索"education AND technology"将返回同时包含"education"和"technology"两个词的所有文献。

OR（或）：用于包含任意一个关键词的搜索结果。例如，搜索"education OR technology"将返回包含"education"或"technology"任意一个词的所有文献。

NOT（非）：用于排除包含某个关键词的搜索结果。例如，搜索"education NOT preschool"将返回包含"education"但不包含"preschool"的所有文献。

（2）复杂布尔检索式的使用

布尔检索式还可以结合使用括号和引号来构建更复杂的检索语句。

比如，使用括号组合多个操作符，"（school readiness OR preschool）AND（academic performance OR outcomes）"返回包含"school readiness"或"preschool"，并且包含"academic performance"或"outcomes"的所有文献。

（3）布尔检索式的示例

对于研究问题"与现有的教学方法（C）相比，引入基于游戏的学习方法（I）能多大程度提高中学生（P）的课堂参与度和学习动机（O）?"，我们可以创建这样的检索式：

（"game-based learning" OR "educational games" OR "learning games"）AND （"student engagement" OR "classroom participation" OR "learning motivation"）AND（"middle school" OR "secondary school"）

说明：

- 基于游戏的学习方法：用"game-based learning""educational games"或"learning games"作为关键词。
- 课堂参与度和学习动机：用"student engagement""classroom participation"及"learning motivation"作为关键词。
- 中学生：用"middle school"或"secondary school"。
- 也可以有其他的一些要求：年限、文章类型；语法取决于数据库的检索规则。

（4）大模型辅助生成检索式

布尔检索式的书写较为烦琐，因此这项工作可以交由 ChatGPT 辅助完成，下面是可能的示例：

你好 GPT-4，我正在进行教育循证实践的证据检索活动，目的是改进教学方法。我已经确定了我的教学改进问题的 PICO 框架，但需要你的帮助来设计一个针对谷歌学术数据库的布尔检索式。我希望这个检索式能够尽可能概括这一领域的研究。以下是我的 PICO 框架的详细信息：与现有的教学方法相比，引入基于游戏的学习方法能多大程度提高中学生的课堂参与度和学习动机？

对此，ChatGPT 生成的部分回答如下：

你好，根据你提供的 PICO 框架，我将帮助你制定一个布尔检索式。首先，让我们把 PICO 元素定义一下：

- Population（P）：中学生
- Intervention（I）：基于游戏的学习方法
- Comparison（C）：现有的教学方法
- Outcome（O）：课堂参与度和学习动机

在 Web of Science 数据库中，你可以使用以下布尔检索式：

（"middle school students" OR "secondary school students" OR "junior high school students"）AND（"game-based learning" OR "gamification" OR "educational games"）AND（"classroom engagement" OR "student engagement" OR "class participation" OR "learning motivation" OR "student motivation"）AND（"traditional teaching methods" OR "conventional teaching" OR "traditional instruction"）

这个检索式包含了你的所有 PICO 元素，并且使用了 OR 和 AND 操作符来对关键词进行组合。它将帮助你找到基于游戏的学习方法对中学生课堂参与度和学习动机影响的相关研究。

请注意，你可能需要根据数据库的响应调整这个布尔表达式，以获取最相关的研究结果。

将生成的检索式直接键入到谷歌学术的搜索栏，执行检索，得到以下结果（图 4-17）。

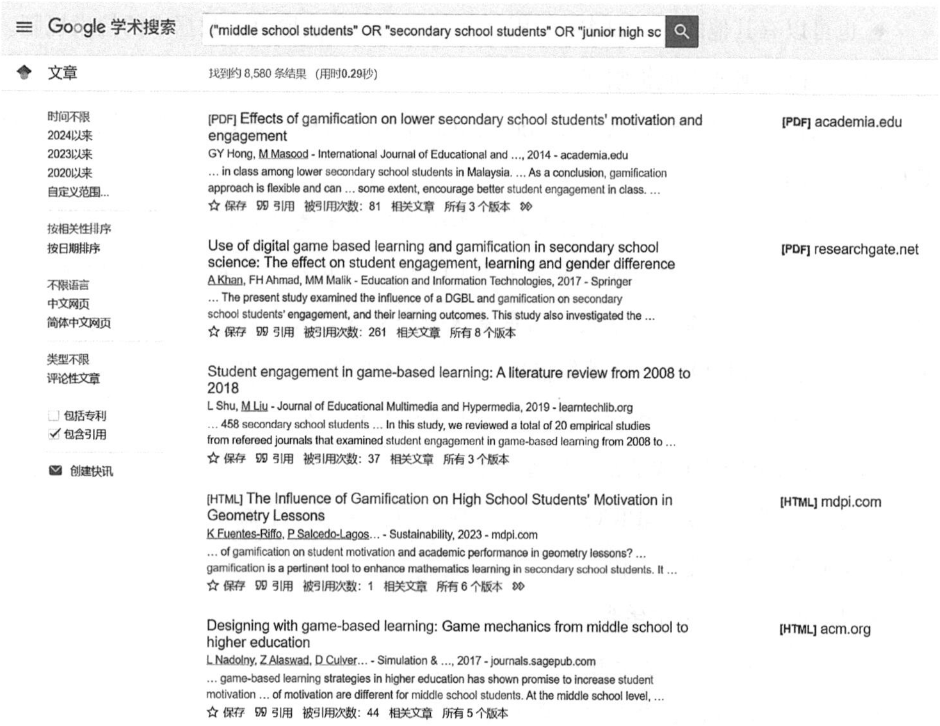

图 4-17　布尔检索结果

根据查找到的文献来看，相比于传统的查找方式，布尔检索得到的结果更加精确，更切合检索要求。

4.4.5　大模型数据库简介

近年来，许多数据库已将大模型嵌入其中，为资源检索带来了极大的便利。大模型的引入不仅提升了检索的精准度和效率，还使得用户能够更快速地找到相关文献和数据。这些智能数据库通过自然语言处理等技术，简化了复杂的检索过程，减少了人工筛选的时间。接下来将介绍几个重要的数据库，并详细说明如何利用这些平台进行高效的资源检索。

（1）Elicit.ai

Elicit.ai 是一个结合了大模型的资源库系统。[1] 正如第 2 章所介绍的，该系统整合了大模型和传统的文献数据库，可自动筛选和整理学术文献，帮助用户快速找到相关研究，生成文献综述、提取关键信息等。图 4－18 展示了系统的检索界面，Find papers（文献获取）能根据用户输入的研究问题，推荐相关的学术文献；Extract data from PDFs（信息提取）能从文献中提取关键信息，如研究方法、结论等；List of concepts（概念罗列）帮助细化研究问题、引导研究方向等。

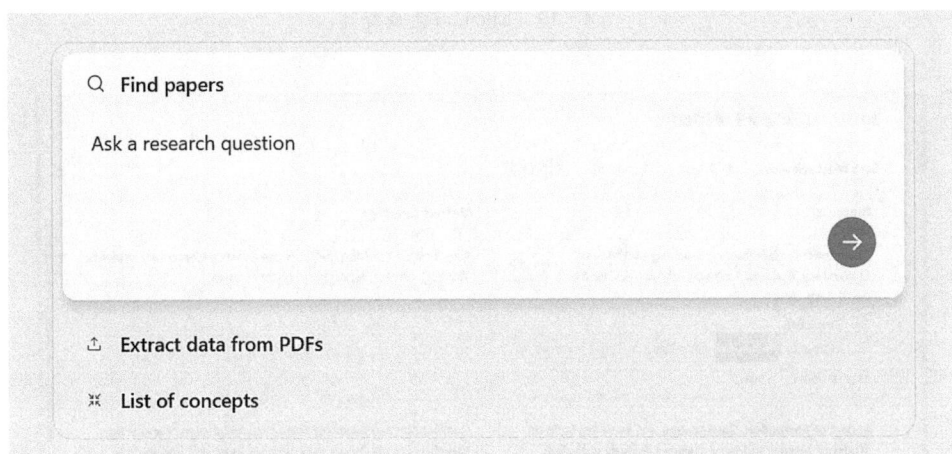

图 4－18　Elicit.ai 检索界面

下面重点介绍文献获取的功能。用户在 Find papers 搜索框输入研究问题，例如，"游戏化学习能促进学生学习兴趣吗"，检索结果如图 4－19 和图 4－20 所示。

系统首先根据研究问题生成了一段综述，综合了引用率最高的 4 篇文献的结论和数据，对该问题进行了详细回答。值得注意的是，系统在生成综述时对所引用的文献进行了标注，用户可以通过点击这些标注查看引用部分的具体内容。这提高了

1　Elicit.ai 主页［EB/OL］.［2024－09－05］. https://elicit.com/.

游戏化学习与学生兴趣关系

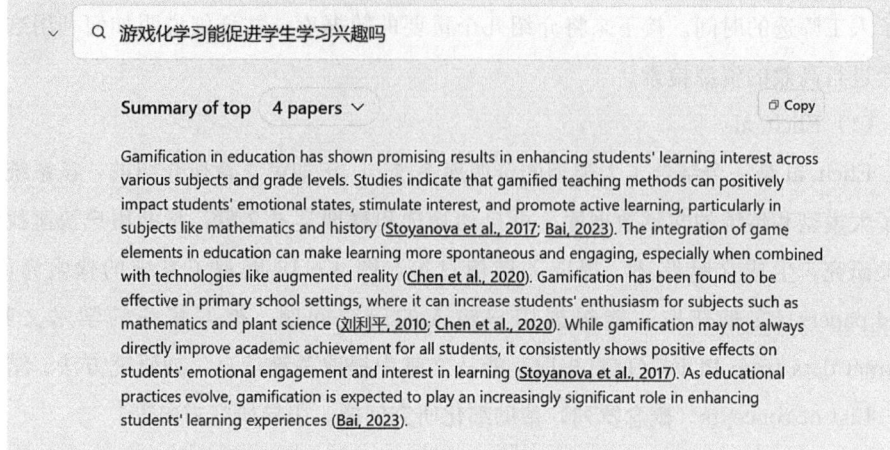

图 4-19　Elicit. ai 生成综述

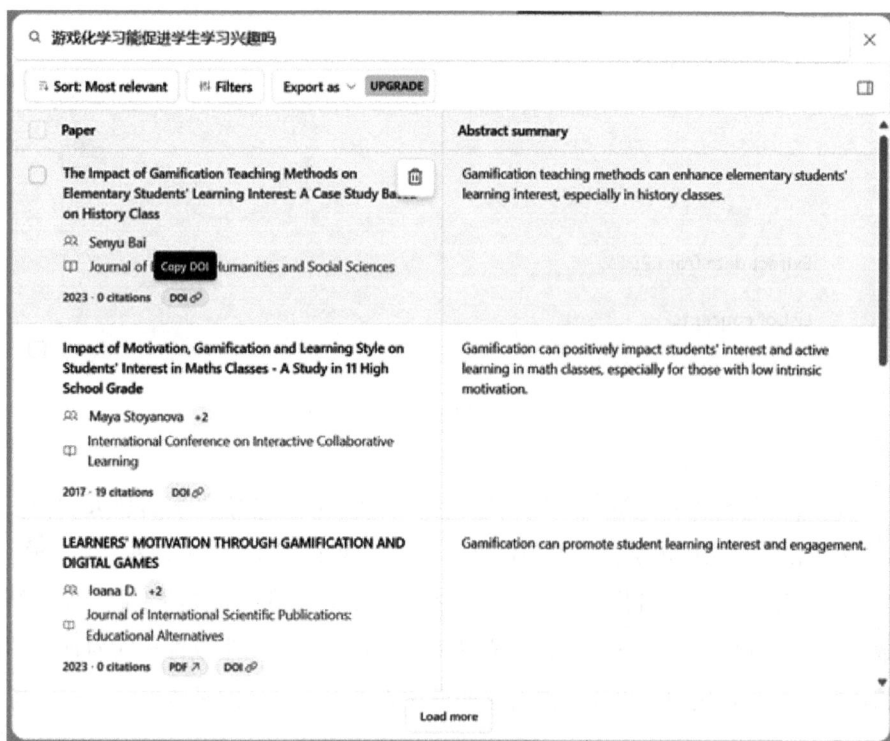

图 4-20　Elicit. ai 检索结果（节选）

综述的可信度，方便用户追溯信息来源。总体而言，这段综述语言简洁、逻辑清晰，能够为研究者提供有价值的参考。

系统罗列了符合要求的文献，左栏显示的是文献名、作者、来源等基本信息，右栏显示文献的摘要。我们可以对摘要进行简单浏览，不符合循证要求的文献可以从检索结果中删除。

值得注意的是，系统还会给出文献的来源链接，多为 DOI 格式，例如，点击图 4-20 第一篇文献的 DOI 链接，会自动复制"10.61414/jeti.v4i1.79"，这时我们可以在浏览器中输入"https：//doi.org/10.61414/jeti.v4i1.79"，就可以直接访问了。同时，如果希望生成更多的文献，可以点击最下方的 Load more。

（2）Perplexity.ai

Perplexity.ai 是一个基于 AI 的搜索引擎和聊天机器人平台，[1] 旨在提供更快速和直接的答案。它的功能包括从多个来源提取信息、生成精练的回答、提供参考资料链接等，帮助用户更高效地获取所需信息。图 4-21 展示了该平台的检索界面。

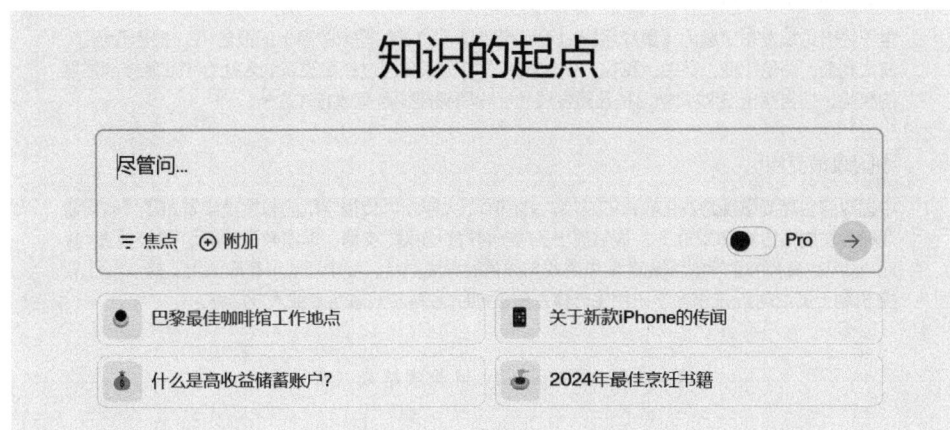

图 4-21　Perplexity.ai 检索界面

Perplexity.ai 的功能较为简单，它在提供期刊、论文等研究型证据方面较为薄弱，但对于检索非研究型证据有着强大的功能。例如，在搜索框输入"关于游戏化学习的政府报告和政策"，可以得出下面的结果（图 4-22）。答案中呈现了关于世界

1　Perplexity.ai 主页 ［EB/OL］.［2024-09-05］. https：//www.perplexity.ai/.

经济论坛报告、中国和英国大学报告等的内容，以及这些内容的来源链接。相比普通搜索引擎，Perplexity.ai 提供的结果相关性更高，能够更好地满足特定查询的需求。

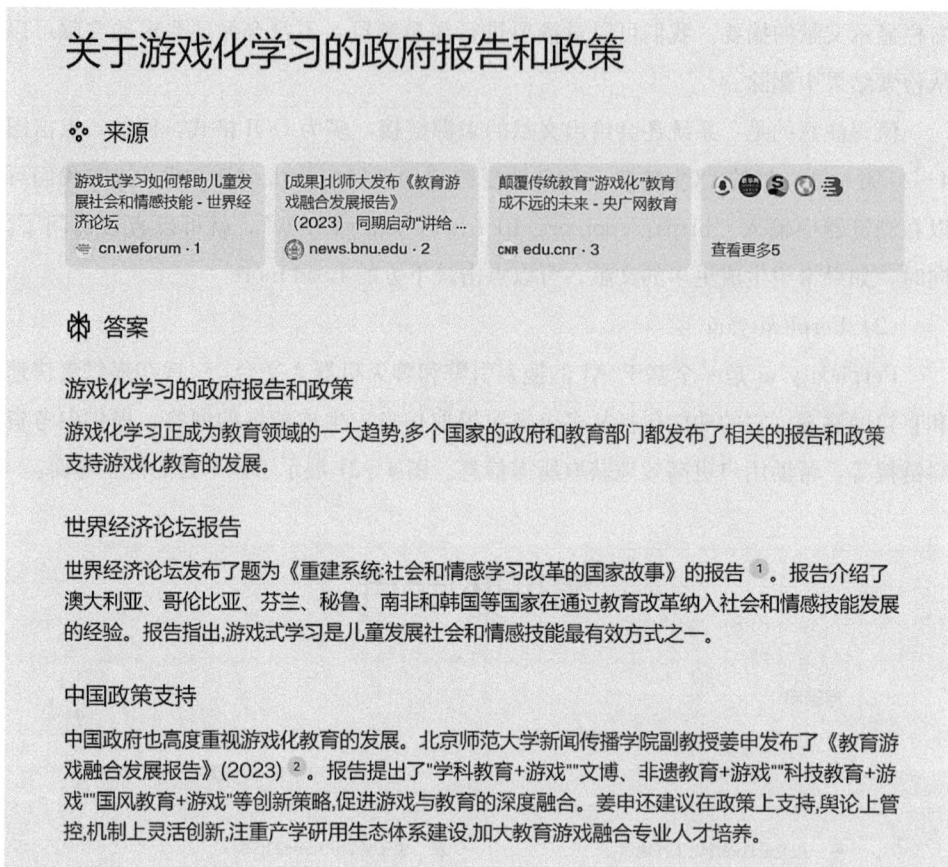

关于游戏化学习的政府报告和政策

❖ 来源

| 游戏式学习如何帮助儿童发展社会和情感技能 - 世界经济论坛
🌐 cn.weforum · 1 | [成果]北师大发布《教育游戏融合发展报告》(2023) 同期启动"讲给 …
🏛 news.bnu.edu · 2 | 颠覆传统教育"游戏化"教育成不远的未来 - 央广网教育
CNR edu.cnr · 3 | 🔔🌐⚙️🌀🎮

查看更多5 |

❋ 答案

游戏化学习的政府报告和政策

游戏化学习正成为教育领域的一大趋势,多个国家的政府和教育部门都发布了相关的报告和政策支持游戏化教育的发展。

世界经济论坛报告

世界经济论坛发布了题为《重建系统:社会和情感学习改革的国家故事》的报告 [1]。报告介绍了澳大利亚、哥伦比亚、芬兰、秘鲁、南非和韩国等国家在通过教育改革纳入社会和情感技能发展的经验。报告指出,游戏式学习是儿童发展社会和情感技能最有效方式之一。

中国政策支持

中国政府也高度重视游戏化教育的发展。北京师范大学新闻传播学院副教授姜申发布了《教育游戏融合发展报告》(2023) [2]。报告提出了"学科教育+游戏""文博、非遗教育+游戏""科技教育+游戏""国风教育+游戏"等创新策略,促进游戏与教育的深度融合。姜申还建议在政策上支持,舆论上管控,机制上灵活创新,注重产学研用生态体系建设,加大教育游戏融合专业人才培养。

图 4-22　Perplexity. ai 检索结果（节选）

　　更多关于大模型数据库的功能，读者可以自行去探索。总的来说，大模型的应用不仅提升了检索的精准度和效率，还简化了复杂的检索流程，使得用户能够更快速地获取所需信息。本章的内容涵盖了检索过程涉及的多个行动，读者也可以结合第 2 章提及的 PRISMA 框架尝试一步步实施。

第 5 章

证 据 的 评 估

证据评估是对检索后最终纳入的证据展开评价，目的是综合不同证据的结论，从而构建出一个全面、客观且具有说服力的整体结果。正如前文所述，常规的文献综述尽管能够呈现原始文献结论和作者个人见解，但往往具有较强的主观性，因此从严格意义上说较难做到科学地、系统地评估证据。本章旨在介绍科学的证据评估方法，这些方法能通过标准化、系统化的流程，减少评估过程中的主观偏见。

评估证据的方法众多，如针对单个证据的评价、对多个证据的系统评价（结合元分析或元综合）等。单个证据的评价不仅要理解特定证据的内容，还要判断证据对于循证实践问题的适用性。

元分析是对证据进行量化评估时经常采用的方法，相对于单个证据评估和传统的文献综述，能够更加有效、客观和规范地从既有的经验研究中梳理出一般性、规律性的结论。然而，元分析对证据的类型有较为严格的限定，符合要求的证据不易获取，同时也要求教师具备一定的统计知识和软件操作能力，这给教师的证据评估带来挑战。正如第 2 章所述，大模型的出现有望降低证据评估尤其是元分析的知识壁垒，大大提高实践的便利性。

本章首先介绍单个证据的评价流程及大模型的辅助应用，接着对元分析及大模型在其中的辅助作用进行说明，最后作为证据评估的拓展，对元综合进行简介。

5.1 单个证据的评价

单个证据的评价，也就是对一篇研究文献进行解读和评估。解读是为了掌握研究的基本信息，如实验对象、干预方式、实验结论等；评估是对研究的等级、质量和适用性进行测量，判断该证据对于循证实践是否有用。

单个证据评价是整体证据评估的基础，不论是传统的文献综述还是系统综述，都需要以阅读和分析单个证据为前提。对单个证据的解读涉及教师理解、评估科学研究的能力，是信息素养和研究能力的体现。有学者提出了教师的经验研究解读能力（competencies in consuming empirical research，CCER），认为教师进行证据评估需要具备研究概念和研究统计两个维度的能力。[1] 前者包括理解和区分基本研究概念、结构、模型，评估论文严谨性，批判分析论文结论等能力；后者则包括了解相关分析和回归分析等统计方法、识别因子分析结果、解读统计软件输出结果等能力。本小节将这一教师证据评估能力标准作为参考框架，重点介绍单个证据的评价流程及大模型如何被有效应用到流程中。

5.1.1　单个证据评价流程

常规的单个证据的解读需要记录文献的基本信息，提取关键信息并依据一定标准评估证据。在这两项工作中，教师可以借助一定的支架工具，如研究信息记录表、研究质量评估表等。针对不同的证据可以采用不同的评估表，以实验/准实验研究为例，教师可以借助表 5-1 对文献信息进行收集。

表 5-1　实验/准实验研究信息记录表

文献序号：
文献基本信息
作者： 标题： 来源：
关键信息的提取
A. 作者结论 B. PICO 框架 1）实验对象 2）干预方式 3）对照方式 4）结果测量

1　Wiethe-Körprich M，Bley S. Prospective Educators as Consumers of Empirical Research：an Authentic Assessment Approach to Make Their Competencies Visible [J]. Empirical Research in Vocational Education and Training，2017，9：1-26.

该表格不仅标注了一篇研究文献的基本信息，如标题、作者、来源等，还列出了最为关键的内容——结论和 PICO 框架。记录并阅读这些信息有助于教师快速了解一篇文献的核心要点：实验是给谁做的、实验是怎么做的、实验结果是什么。记录表除了便于教师理解文献，还可以作为一些复杂工作的基础，如文献综述、元分析、元综合等。总的来说，信息记录表的作用就是化繁为简，专注于研究的关键要素，便于教师理解，避免纠结在文献中的其他细节上。

在完成对单篇证据的解读后，就需要开展研究的质量评估工作了，这个环节要求留意研究文献中的一些细节。表 5-2 用于评估教育研究中的证据等级和研究质量，帮助教师在循证实践中更好地分析和利用文献。证据等级表通过三个关键问题（是否包含干预措施、是否有对照组、研究参与者是否随机分配）来确定研究的设计类型。根据回答的不同，可以将研究分为实验研究（第一级）、类实验研究（第二级）和非实验研究（第三级）。

表 5-2　证据等级和研究质量评估表

证据等级（研究设计）	
1. 研究是否包含干预措施？	是/否
2. 研究是否有对照组？	是/否
3. 研究参与者是否随机分配到实验组和对照组？	是/否
研究质量评估	
1	研究者是否清楚说明了已知的困难和未知的问题，并解释了这项研究如何弥补它们之间的差距？	是/否/不适用（下同）
2	是否清晰呈现了研究目的？	
3	文献综述是否具备时效性（大部分文献为近五年内发表的或该领域的经典文献）？	
4	研究设计与逻辑依据所需要的样本量是否足够？	
5	若有对照组：干预组与对照组的规格参数和/或人口统计特征是否类似？	
6	数据收集方式是否表述清晰？	
7	所使用工具是否可靠（Cronbach's alpha ≥ 0.70）？	

研究质量评估		
8	工具有效性是否经过讨论？	
9	若采用了调查/问卷形式，反馈率是否＞25％？	
10	结果陈述是否清晰？	
11	若陈述采用了图表，其描述是否与图表内容一致？	
12	是否陈述了研究的局限性并予以解决？	
13	结论是否基于研究结果得出？	

　　研究质量评估则通过一系列细化的问题，从研究的明确性、文献综述的时效性、研究设计的合理性、数据收集和分析的可靠性与有效性等方面，对研究进行全面的质量评估。

　　表5-2的填写需要教师具备较高的科研素养。例如，"研究者是否清楚说明了已知的困难和未知的问题，并解释了这项研究如何弥补它们之间的差距"这个问题的意思是，一篇研究必须清晰指出聚焦的学术问题，该怎么解决这些问题。

　　再如，问题"研究设计与逻辑依据所需要的样本量是否足够"和"所使用工具是否可靠（Cronbach's alpha≥0.70）"等，教师不仅需要理解研究设计的合理性，还需要具备统计分析的基础知识，能够判断样本量是否足够及工具的信度和效度。在填写这些表格的过程中，还需要注意保持信息的准确性和一致性。填写这些表格的目的在于，评估涉及了多个证据，需要保证每个证据的评估标准一致，以便进行后续的比较和综合分析。

　　可以看出，虽然使用支架工具能简化证据评价的一些工作，但在实践中教师在完成这样的表格时会面临一些困难。

　　首先，时间消耗大。需要人工逐篇文献进行仔细阅读和分析，还需要充分理解文献内容并提取关键信息，花费时间较多。其次，信息准确性问题。在提取和整理信息的过程中，教师可能会因为认知偏差而导致信息提取得不准确或不完整，这会直接影响后续证据评估的质量。此外，准确理解和提取文献中的信息需要教师具备较高的专业知识水平。这对于不同学科背景的教师或者在某些特定领域经验不足的教师来说，是一个较大的挑战。最后，面对不同结构和表达方式的文献，教师在系统化地提取和整理信息时可能会遇到困难，难以保证信息的一致性和全面性。

5.1.2 大模型支持的单个证据评估

大模型工具的出现可以为教师承担部分工作，下面将以英文文献《STEM 培训对四年级学生科学和数学学术成就的影响及其对 STEM 培训的看法》[1] （"The Effects of STEM Training on the Academic Achievement of 4th Graders in Science and Mathematics and Their Views on STEM Training"）为例，介绍如何使用 ChatGPT 支持单个证据评估。

（1）信息提取

ChatGPT 除了支持输入文本数据外，还能够接受用户上传 word 或 pdf 文件，点击文本输入框左侧的"回形针"图标，即可选择文件上传。

上传文件后，教师可以询问任何有关文章的信息。通过提供表格框架，让 ChatGPT 提取出文章重要信息，并以表格的形式输出，可以参考下面的提问：

请你根据这篇文章，填好表格，表格的每项如下。

作者

标题

出版年份

作者结论

PICO 框架

表 5－3 展示了 ChatGPT 的回答。

表 5－3　ChatGPT 生成 PICO 框架

项	内　　容
作者	Dilber Açar，Nese Tertemiz，Adem Taşdemir
标题	The Effects of STEM Training on the Academic Achievement of 4th Graders in Science and Mathematics and Their Views on STEM Training
出版年份	2018
作者结论	STEM 培训提高了四年级学生在科学和数学方面的学术成就，并且学生对 STEM 培训持积极看法，希望在未来的课程中看到更多此类培训。

1　Açar D，Tertemiz N，Taşdemir A. The Effects of STEM Training on the Academic Achievement of 4th Graders in Science and Mathematics and Their Views on STEM Training [J]. International Electronic Journal of Elementary Education，2018，10（4）：505－513.

项	内 容
PICO 框架	P — 四年级学生，具有相似的科学和数学成就水平的学生
	I — 在科学和数学教学中整合的 STEM 培训活动
	C — 遵循标准教育课程的学生群体（控制组）
	O — 学业成就（通过科学和数学成绩的预测试和后测试来评估）和学生对 STEM 培训的看法（通过焦点小组访谈收集的定性数据）

ChatGPT 会生成如上的表格，左侧为我们提供的项，右侧为 ChatGPT 检索文章后填写的内容。如果觉得生成的 PICO 框架不够细致，可以让 ChatGPT 进行修改，比如，可以这样提问：

请你以表格的形式输出文章的 PICO 框架，详细一点。

ChatGPT 会按照要求修改并回答（表 5 - 4）。

表 5 - 4　ChatGPT 修改 PICO 框架

PICO 元素	详 细 描 述
P（Population）	目标人群为土耳其尼代地区两所具有相似社会经济背景的小学的四年级学生。这些学生在实验开始之前在科学和数学成就上具有相似的水平。
I（Intervention）	干预措施为 STEM 教育培训，此培训通过将科学、技术、工程和数学（STEM）活动整合到科学和数学课程中，来提高学生的学习动机和成就。实验组学生参与了设计的 STEM 活动。
C（Comparison）	对照组学生继续遵循常规的教育课程和标准的教学方法，没有接受特定的 STEM 教育活动。这样的设置旨在比较 STEM 教育与传统教学方法在提升学生学业成绩方面的效果差异。
O（Outcome）	主要的结果变量包括学生在科学和数学科目上的学术成就，这通过实施预测试和后测试的方式来衡量。此外，还通过焦点小组访谈来收集学生对 STEM 教育的看法，以评估其对 STEM 培训的态度及其可能的职业兴趣变化。

可以看出，修改后的 PICO 框架更加详细了。读者需要注意，一般来说，很难在初次提示后就能获得比较满意的答案。即便 ChatGPT 的首次回答就可以达到自己的心理预期，也可以跟进提示来验证 ChatGPT 的回答是否准确。这时可以参考第 3

章 3.2.1部分的提示策略不断调整对话的方向，直至满足自己的需求。

（2）基于文献的讨论学习

教师可以与 ChatGPT 展开交流互动，以对文献有进一步的了解。在提问前可以创设如下的对话情境进行提问：

请你扮演教师的角色，我作为一名学生会向你提问这篇文章的一些问题。这篇文章大致讲了什么？

ChatGPT 会以教师的身份回答：

当然可以，这篇文章主要研究了 STEM（科学、技术、工程和数学）教育对土耳其四年级学生在科学和数学学业成绩上的影响，以及学生对 STEM 培训的看法。研究通过一个准实验设计，比较了接受 STEM 培训的实验组学生和继续接受常规教育课程的对照组学生在这些方面的表现差异。

研究发现，接受 STEM 教育的学生在科学和数学成绩上表现更好，同时，学生们对参与 STEM 活动表达了积极的看法，并表示希望未来的课程中能看到更多此类教学活动。此外，研究还探讨了学生可能因 STEM 培训而产生的对未来职业方向的兴趣转变，特别是倾向于选择科学和技术相关的领域。

教师可以继续提问：

研究使用了什么方法来评估学生的表现呢？

ChatGPT 进行回答：

成就测试。研究中使用了科学成就测试（Science Achievement Test）和数学成就测试（Mathematics Achievement Test）。这些测试分别在实验开始前（预测试）和结束时（后测试）进行，用来量化学生在科学和数学科目上的学术表现。

焦点小组访谈。除了定量的成就测试，研究还通过焦点小组访谈的形式收集定性数据。这种访谈技术使研究者能够深入了解学生对 STEM 教育的看法，包括他们对于参与 STEM 活动的感受和未来是否愿意从事相关领域的职业。

如果对研究的设计感兴趣，可以提问：

这篇文章使用了准实验设计，研究人员是如何对被试进行分组的？

ChatGPT 会根据文献回答：

在这篇文章中，研究人员使用了分组匹配方法来进行准实验设计的分组。初步筛选：选择了两所社会经济背景相似的小学的四年级学生。基线测试：对这些学生进行科学和数学成就的预测试。分组匹配：根据预测试的成绩，选择成绩相近的学生分成三组，以确保各组在实验开始时在学业成就上大致相等。

教师可以与 ChatGPT 展开如上讨论，对于其回答的问题，也可以进行追问，以获取自己想要的信息。

(3) 辅助填写证据评价工具表

考虑到一些支架工具的填写难度，教师也可以寻求大模型工具的帮助。以5.1.1中的证据等级和研究质量评估表为例，这一表格需要经过一定处理再输入至ChatGPT。为了提高大模型的准确率并让我们知道其思考过程，可以增加验证、评估的环节，要求它在填完每一项后增加一段理由，以说明为何这样填写，例如，可以这样提问：

我需要你帮助判断这篇文章的证据等级。参考这三个问题。

1. 研究是否包含干预措施？

2. 研究是否有对照组？

3. 研究参与者是否随机分配到实验组和对照组？

如果全为"是"，则是实验性研究，为第一级；3不是，1是，2是或否，则是准实验研究，为第二级；否则，为第三级。请你以表格输出结果，并说明这样填写的理由。

下面列出了 ChatGPT 的回答（表 5-5）。

根据这些回答，我们可以确定这篇文章的证据等级。以下是评估结果的表格。

表 5-5　文章的证据等级

问　题	回答	理　由
研究是否包含干预措施？	是	研究包含 STEM 训练作为干预措施，评估其对学生学业成绩的影响。
研究是否有对照组？	是	研究设计包括一个控制组，该组遵循常规课程，而实验组接受 STEM 训练。
研究参与者是否随机分配到实验组和对照组？	否	参与者未随机分配到实验组和对照组，而是通过分组匹配方法选择相等或相近分数的成为一组。

证据等级为第二级（准实验研究）

这表明这项研究提供的证据质量较高，但由于没有使用随机分配，其结果的因果推断能力略低于完全随机化的实验性研究。

教师还可以进一步询问这篇文章的研究质量：

请你再判断一下这篇文章的研究质量，参考以下标准。

- 研究者是否明确指出了有关困难的已知与未知因素并阐明了该研究如何填补二者间的空缺？
- 是否清晰呈现了研究目的？
- 文献综述是否具备时效性（大部分文献为近五年内发表的或该领域的经典文献）？
- 研究设计与逻辑依据所需要的样本量是否足够？
- 若有对照组：干预组与对照组的规格参数和/或人口统计特征是否类似？
- 数据收集方式是否表述清晰？
- 所使用工具是否可靠（Cronbach's alpha≥0.70）？
- 工具有效性是否经过讨论？
- 若采用了调查/问卷形式，反馈率是否＞25%？
- 结果陈述是否清晰？
- 若陈述采用了图表，其描述是否与图表内容一致？
- 是否陈述了研究的局限性并予以解决？
- 结论是否基于研究结果得出？

回答是/否/不适用，并使用原文引用或逻辑推理说明每项这样填写的理由，请你以表格形式输出结果。

基于给出的标准，ChatGPT 生成了如图 5-1 所示的详细回答。值得注意的是，在 ChatGPT 的输出表格中"说明"列存在［"］图标，这意味着证据评估的解释来于原文的引用。经过人工验证比对，ChatGPT 的准确率达到了 95%。不过结果也证明，大模型的输出结果并非完全正确，直接让其填写支架存在一些风险性。这主要是因为：大模型的知识更新滞后；同时，也可能其无法完全理解复杂的教育情境或具体的研究背景；除此之外，评估教育证据通常涉及复杂的分析和多方面的考虑，超出模型的基本推理能力，造成模型幻觉的出现。[1]

因此，可以采取一些提示技巧提高模型输出的正确率（参考3.2.1节的提示策

---

1 褚乐阳，潘香霖，陈向东. AI大模型在教育应用中的伦理风险与应对［J］.苏州大学学报（教育科学版），2024，12（01）：87-96.

研究质量评估表

标准	回答	说明
研究者是否明确指出了有关困难的已知与未知因素并阐明了该研究如何填补二者间的空缺?	是	研究介绍了STEM培训的重要性,并指出了土耳其小学层面的研究空缺,研究旨在填补这一空缺[11]。
是否清晰呈现了研究目的?	是	研究目的明确,旨在评估STEM培训对四年级学生科学和数学成绩的影响,以及学生对STEM培训的看法[11]。
文献综述是否具备实效性(大部分文献为近五年内发表的或该领域的经典文献)?	是	文献综述引用了大量近五年的文献以及领域内的经典文献,例如2014年到2017年的研究[11]。
研究设计与逻辑依据所需要的样本量是否满足?	是	研究采用准实验设计,包含了足够的样本量,并使用了适当的统计方法(如Two Factor ANOVA)进行分析[11]。
若有对照组: 干预组与对照组的规格参数和/或人口统计特征是否类似?	是	研究采用了组匹配方法,确保干预组和对照组在科学和数学成绩上的平均分数相近[11]。
数据收集方式是否表述清晰?	是	数据收集方式详细描述了使用的成就测试和访谈形式,并解释了测试的开发和实施过程[11]。
使用工具是否可靠(Cronbach's alpha ≥ 0.70)?	是	科学成就测试和数学成就测试的KR-20信度系数均为0.80,表明工具具有良好的可靠性[11]。
工具有效性是否经过讨论?	是	有效性通过专家意见和试点测试进行了验证,确保测试项目的适用性和质量[11]。

图 5-1 ChatGPT 生成的质量评估表(节选)

略)。比如,将复杂任务进行分解,在上面的示例中,证据等级和证据质量评价分成两次提问执行。同时,也可以要求 ChatGPT 输出填写的理由(出自哪段原文、逻辑是什么等),一方面能提高机器输出的正确率,另一方面能为教师提供更好的参照。此外,教师可以在自己填写完支架后,和 ChatGPT 生成的答案进行比对,通过双重验证的方法使评估结果更加可靠,也可以把生成的答案让 ChatGPT 根据论文再对照检验一下。下面的提问(图 5-2)提供了一种具体的操作方法,可以发送提示:

请你仔细阅读这一论文,并对照我稍后发送的一个图表,这个图表整合了关于论文的信息,请你判断图表的正误。

ChatGPT 的回答如图 5-3 所示。

> The_Effects_of_STEM_Training_on_...
> PDF

> 请你仔细阅读这一篇论文，我之后会给你发一个图表，这个图表整合了关于论文的信息，请你判断

图 5 - 2　ChatGPT 判断图表正误的提示（节选）

研究质量评估表

问题逐项分析

1. 研究是否明确指出了有关因果的已知与未知因素并阐明了该研究如何填补这一空缺?
   - **回答:** 是
   - **说明:** 研究介绍了 STEM 培训的重要性，并指出了土耳其小学层面的研究空缺。研究试图通过本研究来填补这一空缺。
   - **判断:** 正确。论文明确指出了 STEM 培训在土耳其小学阶段的研究空白，并试图通过本研究填补这一空缺。

2. 是否清楚地界定了研究目的?
   - **回答:** 是
   - **说明:** 研究目的明确，集中于评估 STEM 培训对四年级学生科学和数学成绩的影响，以及学生对 STEM 培训的看法。
   - **判断:** 正确。论文明确说明了研究目的，聚焦于评估 STEM 培训对学生学术成绩和态度的影响。

3. 文献综述是否包含了经典文献以及近五年的研究以提供研究的充分背景?
   - **回答:** 是
   - **说明:** 文献综述引用了部分近五年的文献，但也包含时间跨度更大的经典研究文献，部分文献时间早于 2014 年。
   - **判断:** 部分正确。虽然文献综述提供了丰富的背景，但在引用较为近五年的文献比例上稍显不足。

图 5 - 3　ChatGPT 判断图表正误的输出（节选）

将 ChatGPT 生成的答案返还给它，进行二次验证，能大大降低模型的错误率。

5.2　元分析

和单个证据评估不同，元分析（meta-analysis）用于综合多个独立研究的结果，以形成对某一问题更为全面和系统的认识和结论。其基本思路是利用统计指标（如效应量和置信区间）表征不同研究的结论强度，通过加权平均这一指标，得出综合性的结论。这种方法在心理学、医学、教育、环境科学及社会科学等众多领域中非常流行，特别是在试图解决存在争议的研究问题时。

这里举一个简单的元分析例子。如果教师想在实际教学中引入小组协作学习来提高学生成绩和交互技能，就有必要寻求相关证据的支持。尽管这方面的研究证据广泛，但研究的结果却显示出很大的不一致性：有的研究认为小组协作学习能有效提高学生成绩和交互技能，而有的研究显示小组协作学习的作用有限，甚至起到负面效果。这种情况下，教师该如何从这些有争议的证据中进行选择呢？

元分析方法提供了一个综合、系统、全面的证据评估视角，借助一定的统计方法，整合数十甚至数百个研究的结果，综合出多项研究中小组协作学习的平均效果大小，能在更大范围分析合作学习这项干预的有效性，并有助于探索影响干预效果的因素。

总的来说，元分析相较于传统的文献综述，可以利用现有研究的数据进行分析，通过统计方法科学地解答存在争议的研究问题。[1] 下面将介绍元分析的主要步骤，以及如何借助 ChatGPT 进行元分析。

5.2.1 元分析步骤和解释案例

元分析的基本步骤为：研究问题确定与文献检索、文献筛选、文献编码和数据提取、计算合并效应量、异质性检验、结果解释和报告（图 5-4）。定义问题和文献

图 5-4 元分析基本步骤

---

1 Borenstein M, Hedges L V, Higgins J P T, et al. Introduction to Meta-analysis [M]. London: John Wiley & Sons, 2009.

检索在前面的章节介绍过，因此略去。下面将介绍文献编码、计算合并效应量、异质性检验几个环节。

（1）文献编码

在检索并筛选所需文献后，为了系统管理文献和后续分析，需要对文献进行编码，即对所纳入的文献进行系统分类。编码首先要做的是为每个研究分配一个唯一的标识符。这些标识符可以是数字、字母或两者组合，用于在后续分析中识别和区分不同的研究。例如，表5-6展示的是关于翻转课堂研究的编码方案，设置了文献来源、学段、干预方式、对照方式、学科、测量方法等维度，并给出了各维度的类别和对应的字符。

表5-6　关于翻转课堂研究的编码结果示例

文　献	人　群	干预方式	对照方式	测量结果	学　科	……	备注
文献来源地： C-国内C刊 S-SSCI期刊 P-普通期刊 D-硕博论文	学段： K-K12阶段 U-大学生 Y-研究生	I-个人自评 G-同伴互评 T-教师评价	教学方式： TP-传统评价 CP-同伴互评	测量方法： MS-量表 MQ-测试 MJ-问卷 ……	L-语言 H-实践 J-信息技术 ……		

文献 标识码	文献 来源	学　段	干预 方式	教学 方式	测量方法	实验组 样本量	学科
01	C	U	GT	CP	MJ MQ	43	L
02	D	K	G	CP	MS MQ MJ	88	L
04	C	U	G	CP	MS	52	J
05	C	K1—K12	G	CP	MS MJ MQ	50	J
08	C	U	GT	CP	MS MQ	89	L
09	D	K	GT	CP	MQ MJ	59	L
10	C	U	G	CP	MQ	59	L
11	C	Y	I G T	CP	MS MQ	46	L
12	P	U	G	CP	MQ MJ	57	L

文献标识码	文献来源	学　段	干预方式	教学方式	测量方法	实验组样本量	学科
13	P	U	G T	CP	MJ	50	H
14	S	U	G	CP	MQ	24	J
15	P	U	G T	CP	MQ	27	L
17	P	U	GT	CP	MQ MJ	35	L
18	P	U	G	CP	MQ	60	L
20	P	U	G	CP	MS MJ	49	L
21	D	K	G T	CP	MS MJ	27	L
23	P	U	IG	CP	MQ	60	J
24	D	U	IG	CP	MQ	3	J

可以看出，文献编码就是制定出一套分类标准。教育领域元分析的编码可以考虑这些因素：第一，研究的基本信息，如作者姓名、年份、期刊名称、影响因子等；第二，研究基本数据，如样本量、平均数、标准差等；第三，实验类型、样本类型、地区等。

（2）计算合并效应量

元分析最重要的是分析效应量的大小，这对证据本身有一定的要求，如实验研究、准实验研究可以作为元分析的样本。这些研究要体现出干预前后的变化，或者组间的差异。例如，研究翻转课堂对学生数学成绩的影响时，常会采用准实验研究的设计，通过前测和后测来观察实验组和对照组之间的差异。一般情况下，研究者会通过统计分析得出 p 值，以判断这种差异是否具有显著性。p 值可以说明在假设检验中，观察到的结果由偶然因素造成的概率，通常 p 值小于 0.05 被认为结果具有统计显著性，这意味着组间差异可能是真实存在的，而非随机误差。然而，p 值也有其局限性。首先，p 值仅能反映差异的显著性，不能直接说明差异的实际大小。此外，p 值受样本量影响较大，在大样本情况下，即使差异很小，p 值也可能显示显著性，而在小样本情况下，即使差异较大，p

值也可能不显著。

"effect size"在中文中被称为"效应值"或"效果量"，是元分析的主要观测的统计指标，其基本含义是用一个数据统计量来表示某一种现象的强度。总的来说，计算合并效应量就是将纳入元分析的几篇实验研究的效应量按特定的计算公式进行合并，得出总体效应量。

计算合并效应量是元分析的核心工作。对于每一篇量化研究，我们通常关心的是两组之间的差异或者一个干预措施的效果。传统的虚无假设显著性检验只能得出结果是否显著的结论，却无法说明结果的有效性。元分析发起者统计学家格拉斯（Glass）认为："统计显著性（statistical significance）是有关于结果最无聊的事情，你应该根据量化来描述结果——不光只是指出某种干预对人会有影响，还应当告诉人们这种影响究竟有多大。"比如对于实施 STEAM 教学方式，得出的结论为该方式对于提升教学效果具有显著性，但无法得知教学效果提升了多少，那么也无法准确进行实践应用。效应量不仅能表示出干预效果的大小，还可以作为研究之间的比较标准。我们不但可以衡量不同研究之间结论的有力程度，还可以对效应量进行综合以得出某一问题一般性、广泛性的结论。

一般而言，在元分析中，我们通常使用 Cohen's d 这个效应量指标。

$$d_i = (m_{1i} - m_{2i})/S_i。$$

其中，S_i 为合并标准差，m_{1i} 为实验组均值，m_{2i} 为对照组均值。

和效应量一同出现的统计值还包括置信区间和置信水平。置信区间显示了效应量估计的不确定性范围，较窄的置信区间表示效应量的估计更精确，较宽的置信区间表示估计值的变异性较大。常见的置信水平有 95％、99％等，表示在这个置信水平下，我们有 95％或 99％的信心使得效应量落在这个置信区间内。例如，95％的置信区间意味着有 95％的概率效应量会落在这个区间内。

假设我们有一个效应量的估计值，例如，某教育干预对学生成绩的效应量为 0.5，且 95％的置信区间为 [0.3, 0.7]。我们可以这样解释：效应量估计为 0.5，表示干预组学生成绩平均比对照组高 0.5 个标准差。95％的置信区间为 [0.3, 0.7]，表示我们有 95％的信心效应量落在 0.3 到 0.7 之间。因为置信区间不包含零，我们可以认为干预对学生成绩的影响是显著的。

计算效应量通常需要实验组和对照组的样本数、均值和标准差，下面举一个简单的示例。

假设我们关注的研究领域是基于游戏的学习对学生数学成绩的影响。我们找到了一篇实验研究，研究将学生分为实验组和对照组，实验组、对照组人数相等，均为 50 人。实验组学生采用基于游戏的学习方法，而对照组学生则使用传统教学方法。研究结果显示，实验组学生的数学成绩平均分为 75 分，标准差为 10 分；对照组学生的数学成绩平均分为 70 分，标准差为 12 分。

1. 我们需要找到实验组和对照组之间的成绩差异（75 － 70 ＝ 5 分）。

2. 我们需要计算两组的合并标准差。因为两组的样本大小相同，我们可以使用简化公式：合并标准差 ＝ （10 ＋ 12）/ 2 ＝ 11。

3. 我们将成绩差异除以合并标准差，得到 Cohen's d ＝ 5 / 11 ≈ 0.45。

4. 置信区间有专门的计算公式：

$$\left[d - Z_{\frac{\alpha}{2}} SE_d, \quad d + Z_{\frac{\alpha}{2}} SE_d \right]$$

其中 d 为效应量，α 表示置信度，α ＝ 1 － 置信区间 ＝ 0.05（假如取 95％ 的置信区间），Z 表示 Z 分数，其值可以通过查阅正态分布表得出，$Z_{\alpha/2} = Z_{0.025} = 1.96$，$SE_d$ 表示标准误，其计算公式较为复杂，感兴趣的读者可以自行探讨。计算得出置信区间约为 $[0.2, 0.7]$。

这是一个中等的效应值，说明干预效果在实际应用中具有一定的影响，但效果并不是特别强。然而，考虑到统计误差的影响，我们通常会进一步查看置信区间。置信区间能够提供效应值的估计范围，帮助我们判断结果的稳定性和可靠性。如果置信区间较窄，且不包含零，说明效应值较为稳定；相反，如果置信区间较宽，可能表明估计结果的不确定性较高，效果的实际范围可能存在较大的波动。通过结合效应值和置信区间，可以更全面地评估干预措施的实际效果。

以上展示的是单篇文献的效应量和置信区间的计算，当然，对于如何计算得出这些数值，目前的一些统计软件或在线工具可以轻松辅助完成，这部分将在后面的章节介绍。

在得到单篇研究的效应量和置信区间后，为了实现证据的综合，我们需要将这些效应量进行合并。一种简化的理解思路为，将各实验组人数和对照组人数分别相加，得到总实验组人数和总对照组人数，总的效应量则是由各组效应量依据一定的权重相加得来的。权重通常基于每个研究的样本量和效应量的精确性，较大的样本量和较小的方差会赋予研究较大的权重。图5-5的例子展示的是某个元分析研究效应量合并的结果。

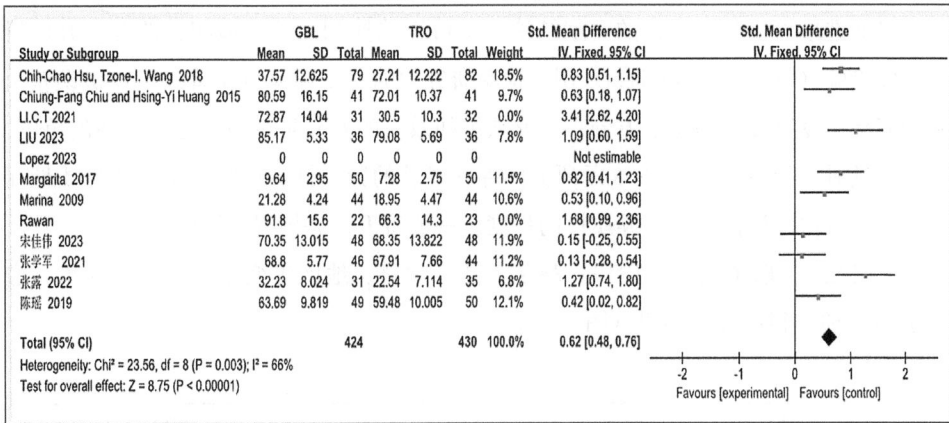

Study or Subgroup	GBL Mean	SD	Total	TRO Mean	SD	Total	Weight	Std. Mean Difference IV. Fixed, 95% CI
Chih-Chao Hsu, Tzone-I. Wang 2018	37.57	12.625	79	27.21	12.222	82	18.5%	0.83 [0.51, 1.15]
Chiung-Fang Chiu and Hsing-Yi Huang 2015	80.59	16.15	41	72.01	10.37	41	9.7%	0.63 [0.18, 1.07]
LI.C.T 2021	72.87	14.04	31	30.5	10.3	32	0.0%	3.41 [2.62, 4.20]
LIU 2023	85.17	5.33	36	79.08	5.69	36	7.8%	1.09 [0.60, 1.59]
Lopez 2023	0	0	0	0	0	0		Not estimable
Margarita 2017	9.64	2.95	50	7.28	2.75	50	11.5%	0.82 [0.41, 1.23]
Marina 2009	21.28	4.24	44	18.95	4.47	44	10.6%	0.53 [0.10, 0.96]
Rawan	91.8	15.6	22	66.3	14.3	23	0.0%	1.68 [0.99, 2.36]
宋佳伟 2023	70.35	13.015	48	68.35	13.822	48	11.9%	0.15 [-0.25, 0.55]
张学军 2021	68.8	5.77	46	67.91	7.66	44	11.2%	0.13 [-0.28, 0.54]
张露 2022	32.23	8.024	31	22.54	7.114	35	6.8%	1.27 [0.74, 1.80]
陈瑶 2019	63.69	9.819	49	59.48	10.005	50	12.1%	0.42 [0.02, 0.82]
Total (95% CI)			424			430	100.0%	0.62 [0.48, 0.76]

Heterogeneity: Chi² = 23.56, df = 8 (P = 0.003); I² = 66%
Test for overall effect: Z = 8.75 (P < 0.00001)

图 5-5　多篇研究汇总结果

图5-5展示了十多篇文献各自的样本数、均值、标准差，以及效应量和置信区间。其中，左侧的表格记录了文献标识、实验组的均值和标准差、对照组的均值和标准差，以及软件自动计算出的效应量和置信区间。表格的最后一行表示的是汇总的样本数及合并的效应量、置信区间。右侧的森林图（forest plot）展示了各研究的效应量及其置信区间的可视化结果。

图表中，整体效应量为0.62 [0.48，0.76]。每个研究的效应量以方块■表示，其两端的横线表示置信区间，线越长表明置信区间越大。图底部的菱形◆表示全部研究的合并效应量及其置信区间。合并效应量（菱形◆）位于垂直零线右侧，这表明干预组优于对照组，说明干预因素是有效的。

（3）异质性分析

元分析的另一项核心工作是异质性分析。异质性是指研究之间的差异。在元分析中，我们希望研究之间的异质性较低，因为这意味着研究相对一致。然而研究之间的差异是不可避免的，因此我们不仅需要了解干预措施的效果，还需要知道有哪些干扰因素。比如，在问题"游戏化学习对学生学习效果的影响"中，我们主要关注的是游戏化学习这项教学方法对学习效果的影响，但往往也存在其他因素影响着学习效果，如不同学段的学生、学科、地区等。因此我们希望找出导致研究结果差异的因素。

调节变量分析是异质性分析的常用方法之一，根据一定的特征将现有纳入的文献继续划分成不同的组（也被称为"亚组"，subgroup），通过 Q 检验或 I^2 统计量等方法判断各组之间是否存在差异，检验各研究的特征项与异质性之间的关联。[1] 调节变量的选取可以参照以往的文献结论，也可以选择和实践情境相关的变量开展研究。Q 检验（Cochran's Q Test）用于检验研究间的总变异是否显著大于随机误差引起的变异。Q 统计量基于卡方分布，反映组间效应的差异是否超出随机误差的范围。Q 统计量对应的 p 值<0.05 表示研究间存在显著的异质性。I^2 统计量描述异质性在总变异中所占的比例，表示异质性的程度。一般将 $I^2>50\%$ 视为异质性较大。

有研究[2]选取了受教育阶段、教学方法、学科、地区等变量作为分析对象，进行了 Q 检验，得出以下结果（图 5-6）。

调节变量		K	QB	ES	95% CI		p-value
STEM教育方法	PBL	3		0.228	0.121	0.335	<0.0001
	pbl	5		0.888	0.726	1.050	<0.0001
	IBL	7	47.760（p<0.0001）	0.907	0.362	1.453	0.001
	STEM integration	5		0.614	0.094	1.134	<0.0001
受教育阶段	小学	10		1.021	0.659	1.384	<0.0001
	初中	3	8.287（p=0.016）	0.237	−0.225	0.699	0.315
	高中	7		0.487	0.229	0.745	<0.0001
学科	科学	16		0.638	0.391	0.885	<0.0001
	数学	3	2.975（p=0.226）	0.917	0.697	1.137	<0.0001
	工程	1		0.862	0.637	1.087	<0.0001
地区	美国	11		0.515	0.248	0.781	<0.0001
	中国台湾	1		0.862	0.637	1.087	<0.0001
	土耳其	5	14.022（p=0.007）	0.834	0.468	1.119	<0.0001
	尼日利亚	2		0.880	0.645	1.115	<0.0001
	阿联酋	1		1.781	1.138	2.423	<0.0001

图 5-6　Q 检验结果

在这个例子中，研究人员以 STEM 教育方法为研究对象，探索 PBL（项目化学习）、pbl（基于问题解决的学习）、IBL（探究式学习）和 STEM 整合这四种教育方

1　Borenstein M，Hedges L V，Higgins J P T，et al. Introduction to Meta-analysis［M］. London：John Wiley & Sons，2009.

2　曾昭炳，姚继军. 寻找"最佳证据"：如何运用元分析进行文献综述——以 STEM 教育对学生成绩的影响研究为例［J］. 华东师范大学学报（教育科学版），2020，38（06）：70-85.

法之间是否存在显著差异。为此，他们汇总了使用这些方法的文献效应量。在计算出各类方法的效应量后，研究人员希望判断这些效应量之间是否存在差异。具体来说，研究涉及的四个效应量分别为 0.228、0.888、0.907 和 0.614。为了确定这些效应量是否存在差异，研究人员使用了 Q 检验方法。计算得出的 QBC 亚组间效应量差异为 47.760，通过查阅相应表格发现其对应的 p 值小于 0.000 1。因此，可以认为这些效应量之间存在显著差异，从而得出这四种方法效果不同的结论。特别是 pbl 和 IBL 方法的效应量较高（分别为 0.888 和 0.907），这表明使用这两种方法可能带来更好的效果。

（4）结果解释和报告

经过上述统计分析，我们可以综合效应量的结果及异质性分析，得出最后的结论，并根据得出的结论，对循证问题进行回答。比如，在对翻转课堂的元分析案例中，教师根据证据综合的启示和实际学情，改进教学方案和评价方法等。

（5）元分析软件与操作指南

事实上，计算效应量、异质性分析等环节可以借助软件进行。以下操作的演示基于 ReviewManager 5.4 版本（简称 RevMan），是国际 Cochrane 协作网制作和保存 Cochrane 系统评价的一个程序，是最常用的循证医学中做系统评价和分析的软件。该软件可以从官网自行下载与安装。[1]

考虑到元分析的主要工作是计算合并效应量，因此在使用软件之前，需要从编码表中提取必要的计算效应量的指标，最常见的为分别提取实验组、对照组的样本数量、均值与标准差，样例如表 5-7 所示，样例的解读如图 5-7。

表 5-7　编码表中提取的元分析必要信息

author	year	实验组			对照组		
		mean	std	total	mean	std	total
Aim	2008	15.6	1.3875	125	12.2	1.7851	120
Bob	2013	13.5	2.4895	222	12.8	1.895	282

1　Cochrane Review Manager Homepage．［EB/OL］．［2024-09-06］．https://training. cochrane.org/online-learning/core-software-cochrane-reviews/revman.

author	year	实验组			对照组		
		mean	std	total	mean	std	total
Fisher	2010	15.4	1.9985	277	13.4	2.3564	280
Jack	2007	16.2	2.4152	354	14.6	2.5354	350
Jane	2008	16.5	2.5842	189	15.8	2.6645	185
小李	2009	15.8	1.4568	245	11.7	1.7644	254

author	year	实验组			对照组		
		mean	std	total	mean	std	total
Aim	2008	15.6	1.3875	125	12.2	1.7851	120
Bob	2013	13.5	2.4895	222	12.8	1.895	282
Fisher	2010	15.4	1.9985	277	13.4	2.3564	280
Jack	2007	16.2	2.4152	354	14.6	2.5354	350
Jane	2008	16.5	2.5842	189	15.8	2.6645	185
小李	2009	15.8	1.4568	245	11.7	1.7644	254

作者姓名　出版年份　　　均值(mean)、标准差(std)和样本量(total)

图 5-7　纳入元分析必要信息的表格分区

森林图是一种能很好地反映证据综合结果的图例，使用 RevMan 也可以快速创建森林图。假设需要创建一个"虚拟现实教学策略促进中学生学业成绩的元分析"的森林图。实践问题通过 PICO 问题分解环节解构为"P（人群、情境）：初中/高中生；I（干预方式）：虚拟现实教学；C（比较）：传统讲授式教学；O（结果）：学习成绩"。

按照操作流程，可以创建一个名为"虚拟现实教学 vs 传统讲授式教学"的比较组，这个组在上传文献之前是空的，后续需要将纳入分析的文献数据逐个添加到组中。组图 5-8 展示的是森林图创建流程，可以点击"Data and analyses"中的"Add Comparison"进行创建（图 5-8a）。

由于 PICO 问题关注研究证据中虚拟现实教学干预对学习成绩的影响，那么纳入的文献应该都是将学生学习成绩的变化作为测量指标。这里的学习成绩变化（如分数）是连续的，如组图 5 - 8 所示，由于所选结果指标（O）为连续型变量，我们在创建导览中选择"Continuous"类型变量（图 5 - 8b）；将结果指标命名为"学生学业成绩"（图 5 - 8c）。

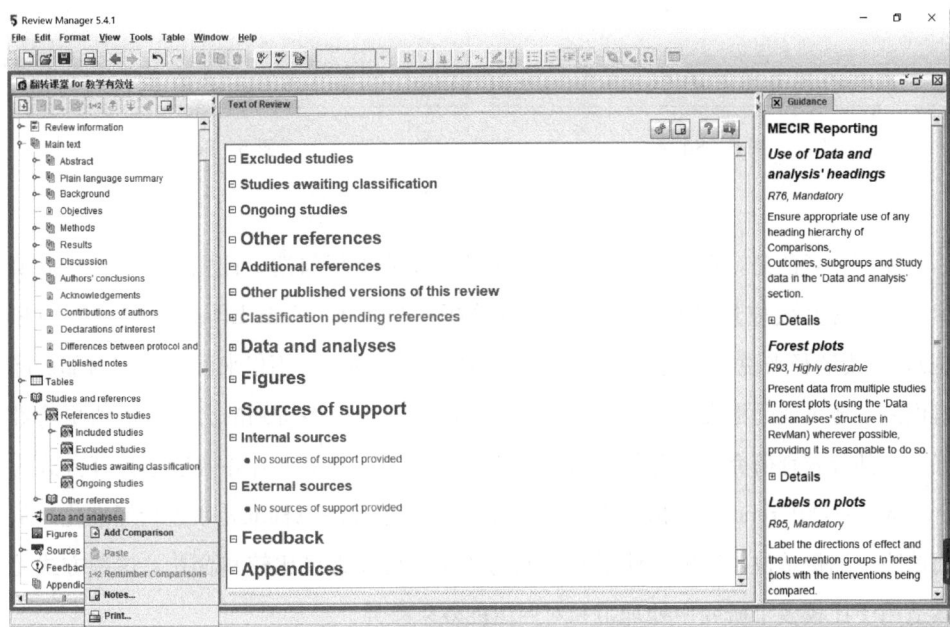

图 5 - 8a

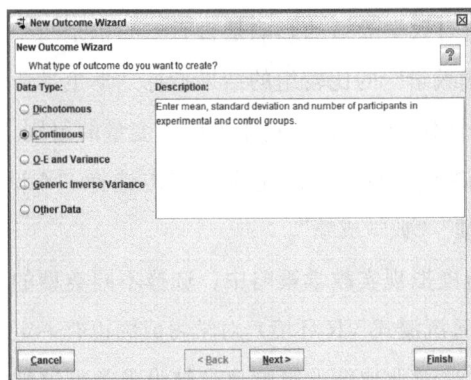

图 5 - 8b

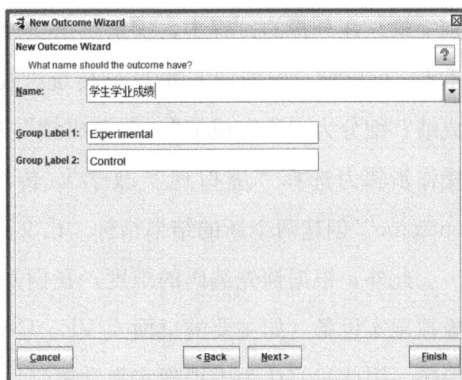

图 5 - 8c

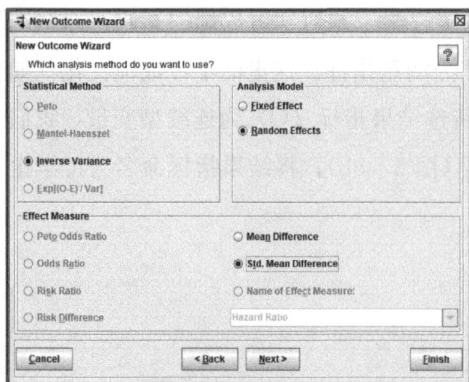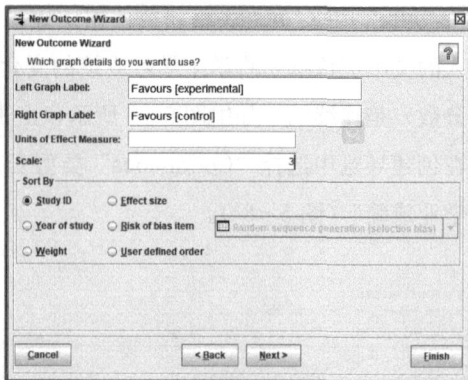

图 5 - 8d   图 5 - 8e

图 5 - 8　增加比较的组别

需要注意的是，在操作面板中有几个选项需要重新勾选。首先，如图 5 - 8d 所示，对于合并效应量的计算方法选择的分析模型为 Random Effects（随机效应模型），简要解释来说，随机效应模型假设各研究之间的差异不仅来源于研究内部的随机误差，还可能受潜在的异质性影响，使用随机效应模型得到的合并效应值更为准确，大部分教育研究者推荐使用随机效应模型开展元分析；合并效应量计算方式为 Std. Mean Difference（均值标准差），它通过将均值差除以标准差来进行标准化，从而消除了测量单位的影响，使不同研究的效应量可以直接比较和合并。这种方式尤其适用于比较多个研究中处理组和对照组的效果差异。

倘若循证团队中包括了数学、语文学科的教师，他们也很关心虚拟现实教学分别对语文和数学学科学生成绩的影响，那么预先编码的时候就要考虑"学科"的类别变量。在分析的过程中，探索对语文成绩与数学成绩的影响是否有差异也是一个重点：可以把"虚拟现实教学 vs 传统讲授式教学"的比较组的结果指标"学生学业成绩"细分为"语文成绩""数学成绩"两个不同的学科类别作为调节变量的组别。操作步骤为选择"虚拟现实教学 vs 传统讲授式教学"的组别，右击选择"Add outcome"创建两个新的结果指标"语文成绩""数学成绩"。

此外，根据预先编码的维度，我们知道虚拟现实教学策略中，选择不同类型的虚拟现实设备（如主要的桌面式 VR、CAVE沉浸式 VR 环境）对学习成绩也有一定影响，因此我们认为虚拟现实教学策略对学生学业成绩的影响也会被设备类型这样的类别变量所调节，在分类时又多了一个分析维度。操作步骤与上述增加新的结果指标有所差异：分别选择"学生学业成绩""语文成绩""数学成绩"栏目，右击该栏目选择"Add subgroup"，如图 5-9 所示。

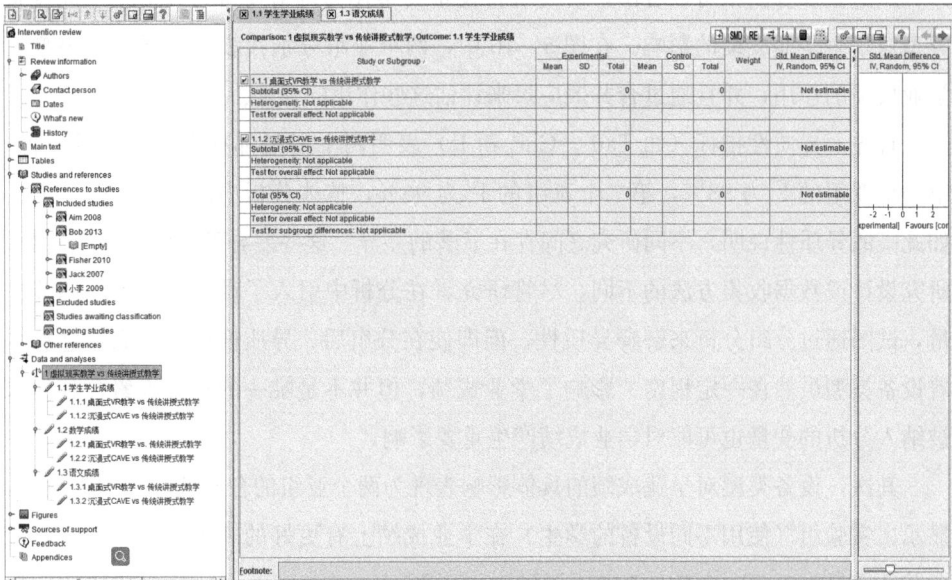

图 5-9 案例所设计的亚组

将数据复制到各组中（样例为随机生成的数值，仅供演示），如图 5-10 所示，可以看到包含桌面式 VR 教学、沉浸式 CAVE 对学生学业成绩的影响，界面右侧为

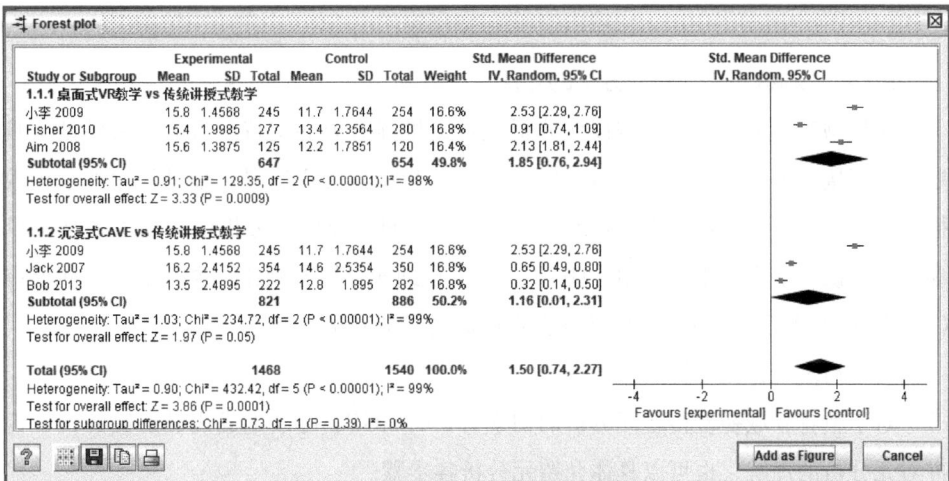

图 5-10 森林图图例

森林图的预览图，可以通过点击界面右上角的森林图简化图标，预览并下载生成的森林图。

从这张森林图中可以看出，研究者将设备类型作为调节变量，分析了不同设备类型对学生学业成绩的影响。在图 5-10 中，两个亚组分别代表了不同设备类型对学业成绩的作用，并且通过合并效应量来评估这些作用的强弱。

首先，异质性指标（如 Tau^2、Chi^2 和 I^2）表明两个亚组都存在极高的异质性。第一个亚组的 I^2 为 98%，第二个亚组的 I^2 为 96%，整体分析中的 I^2 达到了 99%。如此高的异质性说明，不同研究之间存在显著的差异，这些差异可能源于研究对象、研究设计或数据收集方法的不同。尽管研究者在分析中引入了设备类型这一调节变量，试图通过分组分析来解释异质性，但即使在分组后，异质性依然很高。这意味着设备类型虽然在一定程度上影响了学业成绩，但并不是唯一的重要因素，其他未被纳入分析的变量也可能对学业成绩产生重要影响。

其次，设备类型对学业成绩的具体影响表现为两个亚组的合并效应量均为正值，显示出实验组（使用不同设备的学生）在学业成绩上有更好的表现。第一个亚组的合并效应量为 1.85 [0.76，2.94]，第二个亚组为 1.16 [0.01，2.31]，整体效应量为 1.50 [0.74，2.27]。这些结果表明，无论是哪种设备类型，使用设备的干预组学生相比于对照组学生都有着更好的学业成绩。然而，由于置信区间较宽且异质性较高，我们需要谨慎解读这些结果。高异质性可能意味着研究条件不完全一致，各研究之间存在较大变异，从而影响了效应量的稳定性。

5.2.2 ChatGPT 辅助元分析的方法

大模型工具可以为教师解读元分析报告提供强有力的支持。目前的大模型工具还不能直接帮助我们完成元分析，但可以在某些步骤为我们提供辅助，比如承担数据提取、效应量计算这些工作，或是针对文献编码、异质性分析中的变量挑选提供参考性建议。本小节主要介绍一些 ChatGPT 辅助元分析的操作。事实上，目前已有 GPT 辅助元分析的插件，这些插件会在后面的章节介绍。

（1）初步了解元分析

对于教育领域初次接触元分析的初学者，ChatGPT 可以生成浅显易懂的例子促进对元分析的理解，也可以具体介绍元分析各步骤。

为了了解元分析的作用，可以提问：

你是一位元分析的专家，而我是一名刚接触元分析的教师，请你简略说明为什么要做教育元分析，最好能举个简单的例子。

或者是：

请你尽可能简短地向我介绍元分析，内容要有趣。

ChatGPT 会给出简要的回答：

教育元分析是对教育领域研究进行综合、系统性的分析和综合，旨在解决教育实践和政策制定中的问题，并为教育决策提供可靠的证据支持。假设一位教育政策制定者希望了解学校实施智力开发课程对学生学业成绩的影响。他可能会进行一系列的研究，并收集了多篇关于智力开发课程的效果研究。然后，通过进行教育元分析，他可以综合这些研究的结果，得出一个更全面、更准确的结论，例如智力开发课程对学业成绩有显著的正向影响。基于这一证据，教育政策制定者可以考虑在更多学校推广智力开发课程，以提高学生的学业成绩。

如果想要了解效应量，可以提问：

在元分析中，单个证据的效应量合并成一整个效应量，这是什么意思？请你举例解释。

下面是 ChatGPT 的回答（详细内容见图 5 - 11）：

如何合并效应量

合并效应量的过程通常包括以下步骤：

1. **计算每个研究的效应量**：效应量可以是标准化均数差、相对风险、比值比等。每个研究的效应量都是一个度量干预效果的标准化值。

2. **计算每个效应量的权重**：权重通常基于每个研究的样本量和效应量的精确性（通常是方差的倒数）。较大的样本量和较小的方差会赋予研究较大的权重。

3. **合并效应量**：使用加权平均的方法，将所有研究的效应量合并成一个总体效应量。具体公式为：

$$总体效应量 = \frac{\sum(w_i \cdot E_i)}{\sum w_i}$$

其中 w_i 是第 i 个研究的权重，E_i 是第 i 个研究的效应量。

4. **计算置信区间**：合并效应量的置信区间提供了效应量估计的不确定性范围。通常使用95%的置信区间，表示我们有95%的信心实际效应量落在这个范围内。

示例

假设我们有三个独立研究，分别报告了某种教育干预对学生成绩的效应量：

研究	效应量 (E)	方差 (V)	权重 (W) = 1/V
1	0.3	0.04	25
2	0.5	0.05	20
3	0.4	0.06	16.67

使用加权平均的方法，合并效应量的计算过程如下：

1. **计算加权效应量：**

$$加权效应量 = \frac{(25 \cdot 0.3) + (20 \cdot 0.5) + (16.67 \cdot 0.4)}{25 + 20 + 16.67}$$

$$加权效应量 = \frac{7.5 + 10 + 6.668}{61.67} = \frac{24.168}{61.67} \approx 0.392$$

2. **计算合并效应量的标准误差 (SE)：**

$$SE = \sqrt{\frac{1}{\sum W}} = \sqrt{\frac{1}{61.67}} \approx 0.127$$

3. **计算95%置信区间：**

$$95\%CI = 0.392 \pm 1.96 \times 0.127$$

图 5 - 11　ChatGPT 对效应量的解释（节选）

在元分析中，将多个独立研究的效应量合并成一个整体效应量，是为了提供一个综合的、总体的效应估计。这一过程有助于总结和量化某一特定干预措施或变量的总体影响。

需要注意的是，目前 ChatGPT 不擅长计算，不要把 ChatGPT 直接作为计算工具！

（2）元分析结果的解读

如果说检索过程中找到了和自身需求匹配的元分析，可以对已有的元分析进行解读，也可以让其比较元分析中的数据和原始文献数据是否匹配。下面以《翻转课堂教学对学生学习效果的影响研究——基于 37 个实验和准实验的元分析》[1] 这篇元

1　李彤彤，庞丽，王志军.翻转课堂教学对学生学习效果的影响研究——基于 37 个实验和准实验的元分析 [J].电化教育研究，2018，39（05）：99 - 107.

分析文章为例，让 ChatGPT 对其进行解读。

假如关心这篇文献的基本信息，可以提问：

这篇元分析的研究问题是什么？

下面是 ChatGPT 的回答：

这篇元分析研究的主要问题是探讨翻转课堂教学对学生学习效果的影响。研究旨在通过系统定量分析已有的翻转课堂实验和准实验研究，了解翻转课堂教学是否因其关注知识内化等先进教学理念而更有助于提高学生的学习效果。此外，研究还旨在探讨翻转课堂的效果是否在不同学段、不同学科以及不同知识类型下具有同样的适用性。

也可以对元分析的文献检索进行提问：

这篇元分析是如何检索文献的？它的文献纳入标准是什么？

下面是 ChatGPT 的回答：

这篇文章对于中文文献，使用了 CNKI 全文数据库进行精确检索，关键词设置为"翻转课堂"或"反转课堂"或"颠倒课堂"并含"实证研究"或"实验研究"；对于英文文献，使用了 Web of Science、Elsevier Science Direct、ERIC、JSTOR 等主要数据库，关键词包括"flipped classroom""flipped learning""inverted classroom""flipped instruction"并含"learning outcomes""learning achievement""academic performance"。

文献的纳入标准为类型、研究内容、对比要求、数据要求和重复性。

也可以对文献中的图表进行提问（图 5 - 12）：

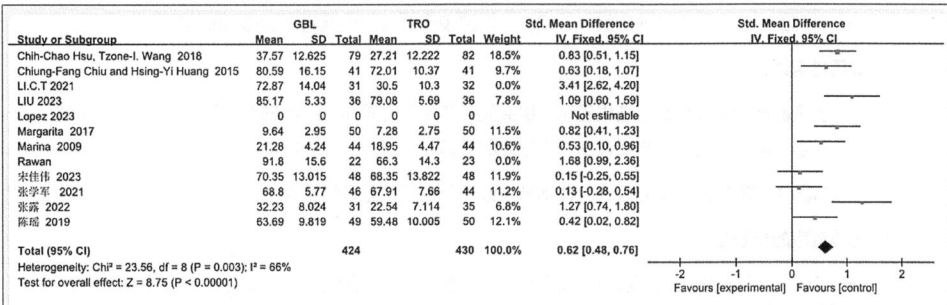

图 5 - 12　游戏化学习对学习效果的影响的森林图

请你对"游戏化学习对学习效果的影响"元分析中的森林图进行解释分析。

ChatGPT 会基于图表回答（图 5 - 13）：

这个森林图展示了多项关于"游戏化学习对学习效果影响"的研究合并结果。以下是对该图表的详细解释分析：

总体概述

1. **研究概述：**

   - 每一行表示一项单独的研究，列出了研究的作者和年份、实验组和对照组的均值（Mean）和标准差（SD）、总人数（Total）以及权重（Weight）。
   - "Std. Mean Difference"表示标准化均值差异及其95%置信区间。

2. **总体效应量：**

   - 底部的总和行展示了所有研究的合并结果，总体样本量（424个实验组和430个对照组）、加权平均效应量（0.62）及其95%置信区间（0.48到0.76）。

解释森林图

1. **个别研究的效应量：**

   - 每个绿色方块表示一项研究的效应量（Std. Mean Difference），方块大小反映了该研究的权重。
   - 水平线表示该效应量的95%置信区间。
   - 置信区间越短，表明效应量估计的精确度越高。

2. **合并效应量：**

   - 图表底部的菱形表示所有研究合并后的总体效应量及其95%置信区间。
   - 菱形的中心代表合并效应量（0.62），两端表示95%置信区间（0.48到0.76）。

3. **异质性测试：**

   - 图表底部的异质性测试结果显示，研究间存在中等异质性（I^2 = 66%，P = 0.003）。这意味着不同研究之间的结果存在一定程度的差异。
   - 异质性可能是由于研究设计、样本特征或干预方式的差异引起的。

4. **总体效应的显著性：**

   - 合并效应量的置信区间没有跨过零线，表明总体效应量在统计上显著（Z = 8.75，P < 0.00001）。
   - 这意味着游戏化学习对学习效果有显著的正面影响。

- 森林图表明，整体而言，游戏化学习对学习效果有显著的正面影响。
- 尽管各项研究的效应量存在一定差异（中等异质性），但总的来说，实验组的学生表现优于对照组。
- 研究的合并效应量及其置信区间均显著，支持了游戏化学习对学生学习效果的积极影响。

建议

- 由于存在一定程度的异质性，建议对不同研究的具体方法和背景进行进一步分析，以理解差异的来源。
- 未来研究可以通过更一致的设计和方法来减少异质性，提高结论的稳健性。

图 5 - 13　ChatGPT 对森林图的解答

（3）文献编码辅助

在确定了研究问题并检索了对应文献后，如何对这些文献进行编码是一个重要的问题，除了一些常见的编码元素，还可以这样询问 ChatGPT 的建议：

作为一名高中生物教师，李老师通常使用传统的教学工具如黑板和课件来呈现课程内容。最近，李老师了解到互动式电子白板的多种功能，并相信这种富有交互性的工具能够有效促进学生对生物知识的理解。因此，李老师计划展开元分析研究。李老师在搜寻了相关文献后，需要对文献进行编码，在这个实验背景下，有哪些可能的编码方法？

下面是 ChatGPT 的回答：

在这个实验背景下，对文献进行编码时，可以考虑以下可能的编码方法。

教学工具类型：将文献按照所使用的教学工具类型进行编码，例如传统工具（如黑板、课件）和互动式电子白板。

实验设计特征：编码文献中的实验设计特征，如研究的实验组和对照组设置、研究的随机化设计、研究的实验时长等。

样本特征：编码文献中的样本特征，如研究的样本大小、学生年龄段、学生学习水平等。

教学效果指标：编码文献中的教学效果指标，如学生的学习成绩、学习动机、学习兴趣、参与度等。

研究质量评估：对文献中的研究质量进行评估，并编码研究的质量特征，如研究的随机化程度、盲法使用情况、样本代表性等。

研究主题和目的：根据文献的研究主题和目的进行编码，以便后续分析时可以针对不同的研究目标进行比较和综合。

研究结果描述：编码文献中描述的研究结果，如使用互动式电子白板是否对学生的学习效果产生了积极影响、学生对教学工具的态度和反应等。

在确定了编码规则后，将所需提取数据的文献和编码表输入至 ChatGPT，让其完成文献信息的提取，比如这样提问：

请你按照以下规则对该文献进行编码数据提取。

1. 性别（Ge）：女编码为 F，男编码为 M，男女都有编码为 B，未报告样本性别信息的编码为 U。

2. 家庭社会经济地位（SES）：低 SES 编码为 L，中 SES 编码为 M，高 SES 编码为 H，样本低、中、高 SES 都有编码为 V，未报告 SES 编码为 U。

3. 种族（E）：白人编码为 W，非裔编码为 B，亚裔编码为 A，西班牙裔编码为 H，其他编码为 O，样本中包含多个种族编码为 V，未报告种族信息编码为 U。

4. 受教育阶段（Gr）：K—5 年级编码为 P，6—8 年级编码为 M，9—12 年级编码为 H。由于各地区学制不同，具体编码以作者报告为准。

5. 学科（D）：科学编码为 science，数学编码为 mathematics，工程编码为 engineering。

6. 地区（L）：以作者报告的地区名称作为编码。

7. STEM 教育方法（I）：项目式学习（project-based learning）编码为 PBL，问题式学习（problem-based learning）编码为 pbl，探究式学习（inquiry-based learning）编码为 IBL，其他以作者所报告 STEM 教育措施为编码。

8. 研究设计（Rd）：准实验设计编码为 QE，随机实验设计编码为 RE。

9. 样本量（Ss）：大样本编码为 L，小样本编码为 S。样本量大于 250 的为大样本，小于等于 250 的为小样本。

10. 测试工具类型（Ti）：标准化测试工具编码为 1，非标准化测试工具编码为 0（研究中将大型测试或依据学科标准制定的测试题视为标准化测试，其余视为非标准化测试）。

11. 文献发表年份（Py）：分阶段编码为 1996—2007 或 2007—现在。

以表格输出结果。

表 5-8 展示了 ChatGPT 的回答。

表 5-8　ChatGPT 输出编码结果

项　　目	编　　码
性别（Ge）	U
家庭社会经济地位（SES）	M
种族（E）	U
受教育阶段（Gr）	P
学科（D）	科学，数学
地区（L）	土耳其尼代
STEM 教育方法（I）	项目式学习（PBL）
研究设计（Rd）	准实验设计（QE）
样本量（Ss）	S
测试工具类型（Ti）	0
发表年份（Py）	2007—现在

注意，要警惕 ChatGPT 的输出结果，以上编码结果可能存在错误，因此建议教师先自己编码一遍，然后可以与输出结果进行比对，以提高准确率。

（4）效应量计算

效应量计算是元分析过程中较为烦琐的环节，需要在若干篇文献中找出关键统计量并进行计算，我们可以让 ChatGPT 对单篇文献中重要的统计数据进行提取。

比如，让 ChatGPT 扮演元分析专家提取统计量：

你是元分析领域的专家。你需要按照我的要求对这篇研究进行评价，下面是第二步，即提取这篇研究的实证研究过程中的关键统计指标，并展示这些统计指标：你需要先判断这篇研究的实验设计方式、样本的选择和数量、干预方式的设计及因变量的操作，然后呈现出这篇研究的关键统计指标。你需要一步步思考，说明如何利用统计指标来计算效应量。

基于这个身份，ChatGPT 的回答如下：

要计算这篇文章中描述的实验的效应量，通常可以使用 Cohen's d。这个指标衡量了实验组与对照组平均分之间的差异，考虑到了它们的标准差。以下是提取到的需要用的统计量。

实验 1 后测：

- 平均值（M）：15.38
- 标准差（SD）：2.51
- 样本量（n）：21

实验 2 后测：

- 平均值（M）：15.92
- 标准差（SD）：2.85
- 样本量（n）：25

对照组后测：

- 平均值（M）：10.31
- 标准差（SD）：4.14
- 样本量（n）：22

可以看出，ChatGPT 能迅速定位文献中重要统计量并列出，节省了我们查阅文献的时间。

5.3 元综合

元综合（Meta-Synthesis）是一种质性研究方法，通过系统地收集、评估和综合多项质性研究的结果，生成新的理解、理论或概念框架。本小节作为前面部分的延伸，旨在说明传统元综合大致的实施步骤，至于如何利用大模型工具辅助元综合，则由读者自己探索。

元综合的目的在于整合现有的质性研究，提供更深层次的见解和更广泛的理论阐释。它不同于元分析，侧重于对质性数据和文本的分析与综合。比如，教育领域某一概念经过多次分散与合并，难以阐明具体的概念界定，就可以借助元综合，综合已有的相关概念，运用"扎根""比较"的方法得出一般化概念。

元综合的基本步骤和元分析类似，需要经过研究问题确定、证据检索、证据质量评估等步骤。不同的是，量化研究可以使用效应量作为不同研究之间比较、合并的标准，质性研究主要通过主题、概念和理论的归纳与整合来实现综合。

元综合方法基于归纳的逻辑，对各类质性的材料进行分类、比较、综合，虽然这种方法贯穿于许多质性材料（非研究性证据）的分析过程，但并没有严格固定的步骤，许多操作依赖于研究者的个人经验，所以在传统的医学循证实践过程中并不常见。为此，本节以《协作学习中的群体感知：概念的发展与融合》这篇文章为例，介绍一种元综合的操作流程，该文采用了元综合的方法来整合"群体感知"的概念。[1]

（1）确定研究主题

作者首先明确了研究主题，即对群体感知的概念进行系统梳理，形成统一的概念框架。研究目标是通过梳理已有的群体感知相关概念，实现概念的综合，并为未来的群体感知应用和工具开发提供理论基础。

（2）定位相关研究

通过数据库进行文献检索，选择了与研究主题相关的文献，关键词包括"群体感知""协作学习""指标评价"等。经过初步筛选和质量评估，最终确定了 135 篇符合研究主题的文献。

（3）阅读文献与研究质量评估

对文献进行初步筛选和质量评估，重点评估文献中定义的转化质量、准确性和界定范围。筛选后确定了几种关于"群体感知"的定义，作为元综合分析的原始定义清单。

（4）确定研究间的关联性

对原始定义清单进行结构化处理，提取相关解释性主题词，并将其按照"被定义体、外延界定和内涵描述"三个维度进行分类。进一步通过使用特定软件，对定义中的主题词进行系统归纳，确保主题词清单的清晰、有条理。

（5）将各项研究相互转化

通过比较和转化，将定义中的主题词进行合并，形成更具概括性的概念。转化过程包括核对相似主题词的意涵、作用和解释，确保主题词合并的适配性和兼容性。

（6）相互转化与语义网综合

在软件中对定义合并清单中的主题词节点进行编码，提取定义间的关系节点，

1　仇星月，陈向东，褚乐阳，等. 协作学习中的群体感知：概念的发展与融合［J］. 远程教育杂志，2022，40（03）：85－96.

形成语义网络。经过驳斥性转化，确保语义网络中的路径结构合理，并剔除冗余路径，最终形成综合清单。

（7）综合表达

将元综合的结果进行可视化展现，通过语义网络图展示群体感知的整体概念框架。这个框架系统地解释了群体感知的具体形式和内容范围，为未来的群体感知测量和评价提供了理论依据。

总的来说，元综合在研究逻辑上和元分析并不一致，对于如何使用大模型进行元综合也处于探索阶段，后面第 6 章的证据转化，在实际操作过程中其实也在一定程度上反映了元综合的思路。

第 6 章

证 据 的 转 化

通过元分析、元综合等方法获得的证据评估结果为教学实践的改进提供了启示和方向。然而，在许多情况下理论上的证据很难在实际工作中直接应用。例如，元分析的结果以数值为主，难以直接指导实践，需要对这些结果进行"转译"。元综合的结果涉及了概念间的关系，同样需要付出精力结合具体的情境细化对这些概念的解释。此外，这些研究证据都需要与具体的教学情境进行匹配，经过相应的调整和改造，从而形成基于证据的面向真实教育场景的各类干预方案。

从证据到实践则需要经过证据转化的过程，这个过程是指将研究证据转化为针对具体场景和对象的可操作、可应用的干预策略和方法乃至具体的行动方案。循证实践源于医学，但在医学相关领域的循证实践模式中，却没有一个固定的"证据转化"的环节。这是由于医学的实践环境及干预方案（如是否进行某种手术）相对清晰和标准，研究与临床实践的结合也相对紧密，且研究和实践的对象（如人体和疾病）较为稳定和可控，因此医学上的研究证据相对容易直接应用。而教育的循证实践由于实践环境、干预策略，以及实践对象的复杂性和不确定性，外加理论与实践更为脱节，强化证据转化是非常必要的。

教育领域的证据转化是一个多维度、多层次的过程，涵盖了从理论到实践、从研究到应用的方方面面。它包括将前沿的教育理论应用于教学设计，将科学的研究结果提炼为行之有效的教学方法，将最新的教育政策落实为切实可行的实践路径，以及将优秀的教学成果推广至不同的场景和机构。这一过程不仅仅是研究结果的简单搬运，更是一种深度整合、精细调校、灵活适配的过程。它涉及理论到实践的转化，知识到行动的跨越，隐性知识到显性行为的外化，以及证据在不同情境下的迁移与应用。因此，教师要深入理解不同证据的内涵，结合自身丰富的教学经验和具体的教学情境，对证据进行深入阐释、巧妙组合和灵活转换，让证据在真实教育场景中真正发挥功效。

然而，在实践中证据转化常常会面临困难。比如，理论知识过于抽象，难以直接应用于教学实践；研究结果学术性较强，难以被一线教师消化和吸收，或是与具体教学情境不完全匹配，需要进行调整和改造；个人经验和见解难以系统化和规范化，影响推广应用；研究情境与现实情境差异较大，研究对象和干预措施的复杂性导致研究结果缺乏普适性；教师在应用研究结果时缺乏必要的专业指导和支持，难以有效进行证据转化和本土化应用等。

　　这些困难导致证据转化的效率和效果不够理想。例如，教师通过元分析得到这样一个初步的结果："一项关于协作学习效果的元分析显示，相比于个人学习，小组协作学习在提高学生学习成绩方面具有中等程度的积极效应（Cohen's d = 0.42, 95% CI [0.28, 0.56]）。"对于一线教师而言，这个结论无法直接指导教学实践。因为该结论没有明确协作学习的具体形式、应该在什么条件下实施，以及实施的关键环节等问题，教师无法直接根据这个统计结果来设计和组织教学活动。基于此，我们尝试探讨证据转化一些可以操作的原则，以辅助教师在实践中更有效地应用证据。

6.1　证据转化的原则

　　证据的转化需要遵循的原则包括对前一阶段获得的评估结果的可读性转化、适用性转化和可操作性转化。证据的可读性转化强调将专业性较强的研究结果转化为更容易被理解和接受的表达形式；适用性转化强调证据结果与实践情境、问题、环境的契合；可操作性转化则强调将证据转化为可以在实践中操作和使用的样态。例如，针对上述协作学习的元分析结果，教师可以按以下步骤进行转化：首先是可读性转化，将统计结果解释为一线教师更理解的表达"针对这些研究案例的元分析表明，小组协作学习比个人学习更有效，能显著提高学生成绩"；其次是适用性转化，考虑学科特点和学生情况，确定适合进行小组协作学习的内容和对象；最后是可操作性转化，设计具体的小组协作学习方案，包括分组方式、任务设计、时间安排等。

6.1.1　证据格式的可读性转化

　　在进行证据转化时，研究证据的可读性不仅关乎研究证据能否被教育实践者理解和接受，更影响到证据能否在教学实践中发挥应有的效果。所谓证据格式的可读性转化，就是将专业性较强的研究证据转化为简明易懂的表达形式，让循证实践的参与者能够迅速领会证据传递的核心信息，方便在教学实践中灵活运用。我们可以基于三个原则对证据的表达进行加工。

（1）突出关键信息

可读性转化的第一原则是突出关键信息。冗长和复杂的句子结构及晦涩难懂的学术语言是影响证据可读性的主要障碍。在进行转化时，需要提炼出研究证据所传递的核心观点和关键数据，用简明扼要的语言予以表述。

例如，一项元分析结果探究了"翻转课堂教学对学生学习效果的影响"。研究结论如下。

通过以上研究发现，总体上，翻转课堂对提高学生学习效果具有中等程度的积极影响。翻转课堂对不同学段学习效果的影响不存在显著差异，对小学生学习效果的提升稍弱，其可能的解释为小学生年龄小、自制力弱，因此，翻转课堂在小学阶段的设计与实施需要采取更加合理的模式。翻转课堂对不同学科学习效果的影响不存在显著差异，目前，翻转课堂在理科教学上的实践较多，而文科课程较少，这是由于文科课程需要师生之间、生生之间、学生与作者之间发生情感的交流，因此，文科课程实施翻转课堂需要教师进行更加完善的设计，才有助于学生学习效果的提升，这对于文科课程的教师而言也是一个挑战。从知识类型上看，翻转课堂对实践类课程学习效果的提升更大，对理论类课程作用较小，因此，实践操作性较强的课程更加适合采用翻转课堂教学模式……1

当遇到这类冗长、复杂的学术语言表述的证据结果时，首先需要仔细阅读和分析结论文本，获得"翻转课堂对提高学生学习效果具有积极影响"的总体结论；接下来需要理解这一结论的具体论证观点，比如，材料中提及学段、学科、知识类型等不同因素影响下翻转课堂的效果不同；此外，还需要把握造成这些不同结果的原因，并与后续教学建议建立关联，比如，翻转课堂对小学学段的提升较弱，这是受小学学段学生的特征的影响，所以需要优化模式等。最后需要将这些结果用简洁明了的语言重新表述。对于日常的循证实践项目，一些一线教师可能需要在专家的帮助下理解学术化的表达方式。

1　李彤彤，庞丽，王志军.翻转课堂教学对学生学习效果的影响研究——基于 37 个实验和准实验的元分析 [J].电化教育研究，2018，39（05）：99-107.

（2）以结构化呈现

在突出证据的关键信息之后，我们常会发现不同来源的研究证据可能比较零散。因此，需要对这些证据进行系统梳理和整合，以展现它们之间的逻辑关系。具体来说，教师需要仔细阅读和分析每条研究证据，找出它们之间的联系和区别，然后根据内在逻辑将它们组织起来，形成一个结构清晰的证据链或理论框架。例如，可以采用"总—分—总"的结构来组织信息：首先阐明总体结论，然后根据不同影响因素（如学段差异、学科差异、知识类型的差异等）分点阐述具体信息，最后总结这些结果对教学实践的启示。这种结构化的呈现方式有助于教师更好地理解和应用研究证据。

（3）进行视觉化设计

此外，我们还可以运用图表、列表等可视化工具来辅助表达，使证据更加直观易懂。例如，一项研究探讨了协作学习在数学教学中的有效性。在转化这一研究证据时，可以将其简化为一个易于理解的表格或图表，展示协作学习在不同年级和教学内容中的应用效果。这样，教师在浏览时能够快速把握协作学习在不同情境下的适用性，从而在自己的课堂上加以应用。

以STEM教学对学生学习效果的影响研究[1]的结果为例，研究结论如下：

本研究将学习效果划分为认知、能力和情感3个维度，具体结果如表3所示。（1）认知维度方面，STEM教学对提升学生的学习成绩有正向中等偏大影响，达到显著水平。（2）能力维度方面，组间效应量 $Chi^2 = 18.31$，$p = 0.61 > 0.05$，说明STEM教学对学生学习的效果在能力维度方面的影响较为稳健，没有显著差异；……（3）情感维度方面，组间效应量 $Chi^2 = 10.15$，$p = 0.91 > 0.05$，说明STEM教学对学生的学习效果在情感维度方面的影响较为稳健，没有显著差异……值得注意的是，在STEM教学中，更加强调跨学科整合、创造性解决问题、情境创设和协作学习，这同时也增加了学生的认知负荷……

教师在对上述研究结果进行可视化表达时，首先要仔细分析研究结果中的关键数据和结论，然后根据数据类型和呈现目的选择合适的图表类型（如表格柱状图、折线图、饼图等），再使用相应的软件或工具（如 Excel、Visio 等）来绘制图表。如图6-1分组柱状图所示。

---

1 张妮，熊若欣，夏海燕，等.STEM教学对学生学习效果的影响研究——基于62项实验与准实验研究的元分析 [J].数字教育，2023，9（06）：30-37.

STEM教学对学习效果维度的影响

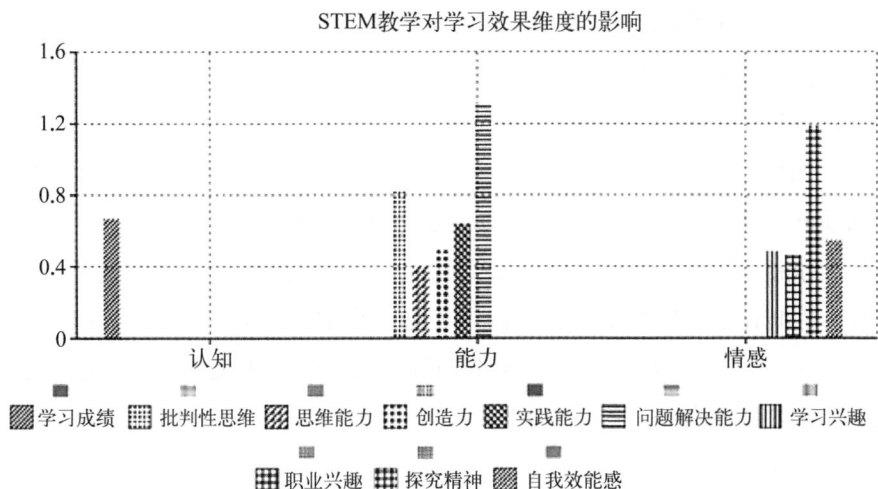

图6-1　根据研究结果数据制作的分组柱状图

证据的可读性转化是为了帮助实践者将复杂的研究结果以更易于理解和应用的方式呈现出来。通过将研究成果精练化、结构化、视觉化，帮助实践者更快地把握核心信息，从而做出更明智的决策。同时，这也为研究者提供了一个有效的沟通工具，使他们的研究成果能够更广泛地传播和应用。

6.1.2　证据内容的适用性转化

研究证据产生于特定条件，在不同教育背景下的适用性存在差异。因此，将证据从研究迁移到教学实践中，需要进行证据内容的适用性转化，即针对教师所面临的具体情境、实践问题，以及适应环境进行充分对照和分析。其中，对照情境通常要考虑原有的研究场景与循证实践的具体教学情境的相似性，如教学对象、学科领域等；匹配问题则要聚焦研究结果对于解决实践问题的匹配性；适应环境则强调学校资源条件、政策支持等外部环境因素对实践的影响。

（1）对照情境

对照情境首先需要分析证据所依托的研究情境，如研究对象、学科领域、学段等，判断其与实际教学情境的相似性。在转化证据时，则要根据实际教学情境，对证据的内涵、外延做出恰当阐释，甚至进行差异化的证据应用。例如，协作学习的实施策略在大学和中小学情境下的应用有所区别；不同学科领域在小组协作的内容设置、活动方式等方面也不尽相同。因此需要根据不同教学情境，对证据予以差异化分析和转化。在进行情境对照时，教师需要仔细阅读研究结果报告，了解研究的背景、对象、方法等，然后将这些情境特征与自己的教学实践进行逐一比对，分析两者之间的异同。

（2）匹配问题

证据转化是有目的性的转化，应以问题为导向，并围绕问题优先选择与最急迫的实践需求相关的证据展开证据转化。例如，在明确问题阶段已经形成了PICO问题框架。在转化证据时则需要据此明确自己迫切要解决的核心问题，然后对照证据评估的结果，分析评估结果是否能够回应起初开展循证时明确的问题，并判断证据的适用性和参考价值。

（3）适应环境

即使是相对成熟、稳定的研究证据（如元分析），在具体学校情境中的应用也需要因地制宜地调整。这一原则要求实践者充分考虑本校文化、教学传统、资源条件，将证据转化为契合校本实际、易于教师接受的形式。教师在根据环境对证据进行适应性调整时，需要把握本校的师生特点、教学传统、资源条件等因素，然后判断证据结果如何更好地应用于该环境，形成具体的教学策略。此外，可能还需要根据外部环境的特殊性对研究证据的内容、形式、实施方式等进行适当调整和改造，以提高证据的适用性和可接受度，这对于一线教师而言是个不小的挑战。

6.1.3　证据应用的可操作性转化

可操作性转化是将证据启示转化为具体可操作的教学策略、教学活动设计、教学资源等。例如，要对"项目式学习提升学生创新能力"的研究结果进行转化，除了抽象的项目式学习的理念和原则，教师最终需要的是一个详细的项目化学习活动设计指南，包括项目目标、实施步骤、资源推荐和评价标准等内容。这一转化过程需要遵循可操作性原则，具体包括以下几个操作策略：其一，理念具体化，即强调将理念用具体的方法或策略体现出来；其二，策略情境化，即建议的策略需要结合实践情境来呈现；其三，活动脚本化，即在形成教学安排时要尽量给出细节；其四，成果工具化则是需要最终形成可以在一定程度上重复利用的教学工具。

（1）理念具体化

理念具体化指的是将研究证据中蕴含的教学理念、原则转化为切实可行的教学策略和方法。例如，将"学生中心"的教学理念可操作化为具体的教学实践，在备课时应充分预设学生可能的知识基础和学习反应，教学时给予学生更多表达、交流的机会，布置学生作业时要体现个性化选择等具体策略。

（2）策略情境化

证据的应用要考虑具体教学情境。策略情境化就是把研究证据变成适合教师课堂教学的具体做法。这时，教师需要考虑这些证据在备课、授课、作业、评价等不同教学环节的应用方式，以提高证据指导教学的针对性和可行性。例如，协作学习的相关研究证据可以整合至小组讨论、头脑风暴等现有的教学活动中，也可以通过小组项目、协作探究等方式布置课后作业。

（3）活动脚本化

活动脚本化是指将研究证据转化为一系列具体、可操作的教学活动。这些活动脚本就像教学活动的"剧本"，为教师提供了可以直接参考、易于实施的教学资源。脚本化的教学活动设计可操作性强，教师可以根据自己的教学需求，选择合适的活动脚本，经过简单调整后应用到课堂实践中。例如，针对提高学生阅读兴趣的证据，可以开发一系列基于证据的阅读教学活动脚本，如主题阅读、图书俱乐部、我是小书虫等活动。

（4）成果工具化

成果工具化是指将研究证据转化为方便教师直接使用的教学工具和资源，如教学支架、教学课件、学习单、评估量表等。这些工具化的成果能帮助教师节省教学准备时间，降低证据应用的实践难度。例如，将阅读策略相关证据开发为阅读思维导图模板、阅读札记手册、阅读过程自评量表等教学工具，让证据转化的成果能直接用于教学实践。

需要说明的是，并非所有的研究证据都适合转化应用，因此在转化前需要对证据进行严格评估和筛选，只有高质量、与 PICO 问题匹配、与教学实践相关的研究证据才值得转化。因此前一章节所提及的循证步骤——证据的评估，是证据转化的基础。

6.2 ChatGPT 辅助证据转化

为了将研究证据更适切地应用于教育实践，可以借助 ChatGPT 对证据进行适当的加工和处理。根据图6-2，这一过程主要包括将证据转化为决策建议、将证据转化为实施方案两个关键环节。证据转化为决策建议主要依循可读性原则，包括阐明核心结论、重组形成推论、优化决策表达三个步骤；将证据转化为实施方案需要依循适用性原则和可操作性原则，主要涉及对实践对象和环境的考虑及方案调整等步骤。此外，大模型还可以支持对转化过程的评估，通过构建评估标准、生成评估建议、提供反思支持来保证转化的有效性。

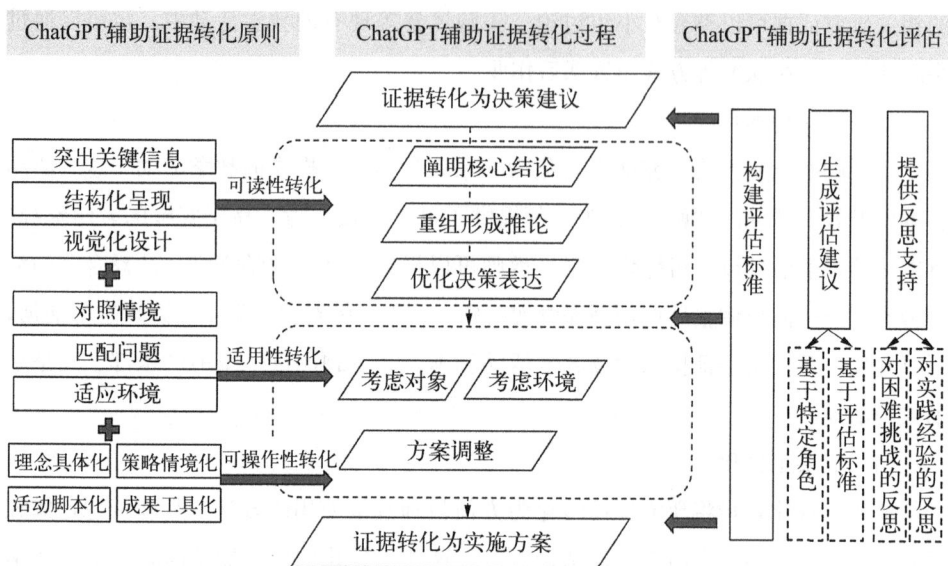

图6-2　ChatGPT辅助证据转化

接下来将围绕图6-2介绍大模型辅助证据转化的要点与操作办法。

6.2.1　将研究证据转化为决策建议

将研究证据转化为可用的决策建议是进一步转化为实施方案的基础。利用ChatGPT进行证据转化，可以通过阐明核心结论、重组形成推论、优化决策表达三个步骤生成用于实践的决策建议。阐明核心结论主要是要把证据中的核心表述梳理出来，接着通过进一步的判断对各条核心结论进行重组进而形成推论，最后再基于推论形成指导实践的干预策略建议。这一过程可以通过表格支架进行转化辅助，见表6-1。

表6-1　决策建议转化表

序　号	结　　论	推　论	干预策略建议
结论 1			
结论 2			
……			
结论 N			

（1）阐明核心结论

阐明核心结论是将证据评估后获得的结果转化为决策建议的第一步。这一步应遵循前述原则中证据的可读性转化原则。简单而言，就是将研究证据的主要结论用简明扼要的语言和形式表达出来，让实践者更便于理解和解读，以供进一步分析和应用。当我们要阐明结论时，需要以实践问题为起点，将证据评估后的结果作为转化的前提，突出研究的核心发现，并以命题的形式进行表达。

例如，对于"使用提问策略提高学生课堂参与度"这一循证实践问题，假设教师在文献回顾过程中发现了一些普遍的研究结果："当教师采用开放式问题、延长学生思考时间和积极的反馈机制策略时，学生更倾向于参与课堂讨论，从而提高了他们的学习动机和成效。"以命题的形式则可以表述为：采用提问策略 A（开放式问题）能有效提高学生课堂参与度；提问策略 B（延长思考时间）对提高学生学习成绩有积极作用……这种命题式表达的特点在于定义清晰、突出因果关系、易于比较和验证。

在提炼结论时，要平衡表述的简明性与准确性，既要突出研究的关键启示，又要避免因过度简化而歪曲原意。ChatGPT 等大模型在文本信息提取和归纳方面的出色表现可以快速抓取研究证据的核心要点。参考提示如下：

请将以下研究发现提炼为简明的研究结论，用一条一条的命题形式或短句来表达：［研究发现/带入上述研究结果］。

输出内容如图6-3所示。

ChatGPT 能够快速、准确地将冗长、复杂的研究发现提炼为简明扼要的命题，突出研究的关键启示。这种提炼有助于教师快速把握研究精髓，为后续的教学决策提供清晰的依据。

1. 采用开放式问题能提高学生课堂参与度。
2. 延长学生思考时间有助于提高课堂参与度。
3. 对学生回答给予积极反馈，能提高学生参与课堂讨论的积极性。
4. 使用提问策略能提高学生的学习动机。
5. 恰当的提问策略能提高学生的学习成效。

图 6-3　阐明证据核心结论生成内容示例

（2）重组形成推论

在上一步阐明核心结论基础上，我们获得了关于证据的最重要的观点，但是这些观点往往不是单独在实践中发挥作用的，这就需要对其进行进一步加工重组，并形成可以指导教学决策的推论。这一步骤同样遵循可读性原则，特别是其中结构化呈现的策略，以便理清核心结论之间的联系。

实际操作中，则要根据教学实践的需求，对研究证据的结论进行选择、组合和梳理，形成符合实际需要的教学策略或建议。在形成推论时，需要以前述生成的命题作为前提，运用一些推理规则形成推论。例如，为了选择适合的提问策略以提高学生的课堂参与度，教师要先根据实践问题（即利用提问策略提高学生课堂参与度），筛选出与问题高度相关的研究结论。然后分析不同研究结论之间的关联，判断结论的一致性和互补性，探索不同结论的最优组合路径。再结合自身教学实践经验，权衡不同结论组合的可行性和有效性，选择最契合问题情境的推论逻辑。

这种推论的表述，一般是在综合考虑多个研究结论的基础上形成的，融合了互补的教学策略或行动要点；同时，常常包含一些条件性的表述，如"在……情况下，采取……措施，可以达到……效果"，或带有明确的目的性，即采取某种教学策略或行动是为了达成某种预期的教学效果。要兼顾这么多要点确实不易，ChatGPT 则可以根据上述要求和步骤辅助教师进行结论的重组并形成推论。基于前面步骤获得的5 个研究结论，我们可以向 ChatGPT 输入以下提示：

请梳理核心研究结论的逻辑关系，对于［循证实践问题］，分析可以形成哪些决策推论，核心研究结论如下：［带入上一步生成的结果］。

输出内容如图 6-4 所示。

ChatGPT 所提供的推论方案往往具有一定逻辑性和条理性，能够为教师提供启发和参考，在此基础上还可以利用 ChatGPT 对推理内容进行精简并对逻辑推理过程加以解释。当然，最终仍然需要结合人工的审慎判断，得出用于指导实践的推论建议。

对于"使用提问策略提高学生课堂参与度"这一循证实践问题，基于以下研究结论：

1. 采用开放式问题能提高学生课堂参与度。
2. 延长学生思考时间有助于提高课堂参与度。
3. 对学生回答给予积极反馈，能提高学生参与课堂讨论的积极性。
4. 使用提问策略能提高学生的学习动机。
5. 恰当的提问策略能提高学生的学习成效。

我们可以梳理出以下结论之间的逻辑关系，并形成相应的决策推论：

逻辑关系1：结论1和结论2都指向提高课堂参与度，二者可以组合使用。
决策推论1：为了最大限度地提高学生课堂参与度，教师应同时采用开放式问题和延长学生思考时间的策略。

逻辑关系2：结论3指出积极反馈可以提高学生参与讨论的积极性，这有助于进一步提高课堂参与度（结论1）。
决策推论2：在使用开放式问题提高课堂参与度的同时，教师应对学生的回答给予积极反馈，以进一步鼓励学生参与。

逻辑关系3：结论1和结论4表明，使用提问策略不仅能直接提高课堂参与度，还能通过提高学习动机间接促进参与。
决策推论3：教师应意识到提问策略的双重作用，并在设计问题时兼顾提高参与度和学习动机两个目标。

逻辑关系4：结论5指出恰当的提问策略能提高学习成效，而提高课堂参与度（结论1）和学习动机（结论4）都有助于提高学习成效。
决策推论4：为了最终提高学生的学习成效，教师应采用恰当的提问策略，并通过提问提高学生的课堂参与度和学习动机。

逻辑关系5：结合结论1、2、3可以推断，恰当的提问策略应包括开放式问题、延长思考时间和积极反馈三个要素。
决策推论5：在设计提问策略时，教师应综合考虑使用开放式问题、给予学生充足的思考时间以及对回答给予积极反馈，以充分发挥提问的作用。

通过梳理这些逻辑关系和决策推论，教师可以更清晰地理解不同研究结论之间的联系，并据此制定出行之有效的提问策略，以提高学生的课堂参与度，进而提升学习动机和学习成效。

图6-4　重组结论形成推论生成内容示例（节选）

（3）优化决策表达

在获得推论之后，还应进一步将基于研究证据推导出来的教学策略或建议，转化成简单易懂、方便执行的教学决策。教师要考虑实际教学情况，调整建议的表述，让它更具体、可行，方便自己在课堂上应用。因此，决策建议表达的核心特征在于较强的操作性和情境适切性。这一过程要明确决策建议的目标受众和应用情境，选择恰当的表达方式以确保建议便于理解和接受。在形成建议时还要适度考虑教学实践的复杂性和不确定性，提出针对性、可操作性强的策略，并为实践者预留一定的调整空间。使用ChatGPT优化决策建议时，教师可以输入前一步骤形成的推论，并说明决策建议的具体要求，让ChatGPT生成结构清晰、表述专业的建议文本。例如：

请基于以下研究推论，提出关于在［实践情境］下解决［循证实践问题］的教学干预策略，并以一段结构清晰的话进行表述。研究推论如下：［带入上一步生成的研究推论结果］。

输出内容如图6-5所示。

> 为有效提高高中英语课堂学生参与度,教师应采取综合性的提问策略:在设计问题时,以开放式问题为主,启发学生多角度思考;提问后给予充足思考时间,鼓励学生积极思考、讨论与表达;对学生的回答给予积极、具体的反馈,营造支持性的课堂氛围。同时,教师要认识到提问不仅能直接提高参与度,还能通过增强学习动机间接促进参与,因此要在备课时兼顾两个目标。最后,教师还应通过持续观察、收集反馈等方式评估提问策略的实际效果,并据此进行优化调整,以充分发挥提问策略在提升学生参与度、学习动机和学习成效等方面的积极作用。

图6-5　优化决策建议生成内容示例

ChatGPT 所生成的建议往往简洁明了、重点突出，但是教师同样要对建议内容进行认真的审核和修改，确保建议切合教学实际、符合伦理道德，以保证其科学性和适切性。由此，通过上面的三个步骤，我们可以生成循证实践问题的决策建议，如表6-2所示。

表6-2　决策建议转化表示例

序号	结　　论	推　　论	干预策略建议
结论 1	采用开放式问题能提高学生课堂参与度。	推论1:同时采用开放式提问和延长思考时间两种提问策略,将提高学生课堂参与度和学习成绩。	为提高高中英语课堂学生参与度,教师应采取以下提问策略:提出开放式问题,给予学生充足的思考时间,并对学生回答给予积极反馈。教师要认识到,提问不仅能直接提高参与度,还能通过提高学习动机间接促进参与,因此在设计问题时要兼顾两个目标。此外,教师还应持续评估提问策略的效果,不断优化以充分发挥提问的积极作用。
结论 2	延长学生思考时间有助于提高课堂参与度。	推论2:在使用开放式问题提高课堂参与度的同时,教师对学生的回答给予积极反馈,会进一步鼓励学生参与。	
结论 3	对学生回答给予积极反馈,能提高学生参与课堂讨论的积极性。	推论3:提高课堂参与度将有利于知识内化,进而提高学习成绩。 推论4:采用恰当的提问策略,可以提高学生的课堂参与度和学习动机。	
结论 4	使用提问策略能提高学生的学习动机。	推论5:在设计提问策略时,教师应综合考虑使用开放式问题、给予学生充足的思考时间以及对回答给予积极反馈,以充分发挥提问的作用。	
结论 5	恰当的提问策略能提高学生的学习成效。		

教师利用 ChatGPT 这类工具将研究证据转化为教学决策时，可以采取一些特定的交互策略，以增强生成内容的针对性和实效性。其中两个重要的策略就是提供少样本学习案例和针对具体场景生成建议。这个过程需要与工具不断对话来实现。例如，关于"利用提问策略提高学生课堂参与度"这一证据的应用，我们可以向 ChatGPT 提供一些有效的教学实践案例，让 ChatGPT 学习其特征，然后生成相关参考案例。提示如下：

我想利用提问策略来提高学生的课堂参与度，但不确定具体怎么提问比较有效。一位历史教师的做法具有借鉴性。他在讲述"文艺复兴"这一主题时，先抛出一个开放性问题：'你认为文艺复兴最重要的历史贡献是什么？'让学生自由讨论 3 分钟，然后邀请几位学生分享观点，并就学生观点提出延伸问题，引导学生进一步思考。整个过程中，学生的参与度和思考深度都明显提升。请你分析这一案例中教师提问策略的特点。

这时，ChatGPT 会总结提炼出案例中提问策略的特点，如设置开放性问题、给予学生充分的思考时间并及时反馈等，接下来可以进一步让 ChatGPT 为该主题教学提供实践案例的参考。提示如下：

请你根据这一案例的特点，为我提供一些相似的课堂提问案例。

ChatGPT 会基于前面的案例特点分析，根据开放性问题、讨论互动、观点分享、反馈与问题延伸几个维度为教师生成参考案例。教师还可以进一步根据教学实践的场景或面临的具体问题要求 ChatGPT 提供更具针对性的建议。提示如下：

你提供的案例一和案例三很有参考价值。结合我的教学情况来看，我的学生普遍比较被动，而且思维发散能力不强。你认为我应该怎样提问，才能更好地激发学生兴趣、引导其深入思考呢？

ChatGPT 则会结合相关案例提供针对性的提问策略建议及激发学生兴趣的方法。通过几轮对话，层层深入地对该教学策略进行探讨，将证据转化为具有实践价值的教学决策。

6.2.2 将证据转化为实施方案

将研究证据转化为可用的决策建议之后，还需要设计形成可操作的"成品"，这将是教师将证据应用于实践的行动依据，通常以教学设计的形式呈现，具体涉及教学问题链、教学活动、评价指标及相应工具等内容。为了确保方案的实用性和有效性，我们需要遵循前述小节提及的证据内容适用性，以及证据应用的可操作性原则，从对象、环境以及方案本身三个角度展开相应的设计。

（1）考虑对象的适用性

根据适用性转化原则，将证据转化为实施方案时，最先应该对照考虑实践对象的适用性，就是要根据实际的教学对象特点，如学生的认知水平、学科能力、学习风格等，设计适合他们的教学方案。通过全面分析目标对象的特点，设计出适合目标对象且任课教师能够把握的教学方案。我们可以通过表6-3来辅助这一过程。

表6-3 实践对象适用性分析表

研究/授课对象	
学情特征分析	
证据结论适用的理由	

首先，教师要明确即将面对的授课群体，如年级、班级等；其次，要深入了解目标学生群体的认知发展水平、已有知识基础、学科能力水平等基本特征，以及学生在学习风格、兴趣爱好、问题诉求等方面的个体差异。同时，教师也要分析研究证据所针对的对象特征，判断证据所适应的对象与目标学生群体的契合程度，预估证据应用的有效性。

ChatGPT可以帮助教师从多个维度判断研究证据的适用性。教师可以输入预先确定的循证实践问题，提供目标学生群体的关键特征，并输入拟应用的研究证据，让其分析二者的匹配程度，并提供调整优化的建议。需要注意的是，学情信息越具体，模型提供的建议越具针对性。可以参考如下示例。

针对［循证实践问题（例如，如何在高中英语课堂中通过优化提问策略提高学生课堂参与度）］，基于高二学生的学情特征，再根据［研究结果（带入前一步生成的研究结论）］，分析该策略应用于所在班级英语课堂教学的适用性。需要注意的是，［补充本班级高二学生的特殊情况（如授课班级学生为市重点高中的理科班学生，学习能力强，思维活跃，擅长理科；其中有2/3学生英语相对理科薄弱，1/3学生严重偏科，英语学习参与度不高等）］，请结合班级学生的特殊情况具体分析。

输出内容如图6-6所示。

根据你提供的信息,我对你的高二学生学情特征和该提问策略在本班级的适用性分析如下:

学生学情特征:

1. 学习能力: 作为市重点高中的理科班学生,他们总体学习能力较强,有较好的学习基础和习惯。
2. 思维特点: 学生思维活跃,善于探索和质疑,有利于开展课堂讨论和互动。
3. 学科偏好: 多数学生偏好理科,英语相对薄弱。约2/3学生英语基础一般,1/3学生严重偏科,导致英语学习参与度不高。

提问策略适用性分析:

1. 开放式提问+延长思考时间

- 优点:开放式问题有助于激发学生思考,延长思考时间给予学生组织语言的机会,使更多学生能参与。由于学生总体学习能力较强,有一定的英语基础,采用该策略能在一定程度上提高课堂参与度。
- 局限:部分英语基础薄弱的学生面对开放式问题可能有畏难情绪,影响参与积极性。教师需根据学生实际语言水平,控制问题难度,必要时给予一定语言支持和鼓励。

2. 教师积极反馈

- 优点:教师的积极反馈有助于增强学生自信,调动参与积极性。尤其对于英语基础较弱的学生,教师要给予更多鼓励,肯定学生的一点点进步,让他们感受到参与的意义。
- 实施建议:教师应根据学生的回答质量和语言水平给予不同层次的反馈。总体而言,应多给予正面评价,但也要指出关键问题,引导学生更深入思考。可在反馈中引导学生用英语表述自己的独特见解,发挥理科生逻辑思维的特长。

3. 有助于知识内化,提高学习成绩

- 分析:学生通过表达观点、倾听他人看法来加深对知识的理解,这对英语学习大有裨益。但是,学习成绩的提高还取决于课后巩固和语言实践的机会。教师应关注学生课堂参与和课后复习的结合,提供必要的指导和资源。

4. 提高学习动机

- 分析:部分学生可能因英语基础薄弱而在学习动机上存在问题。在实施新的提问策略后,教师要特别关注这部分学生参与度和学习动机的变化,必要时与学生沟通,了解思想状态,帮助其端正学习态度。

总体而言,在考虑学生学情特征的基础上灵活采取开放式提问、延长等待时间、积极反馈等策略,能够在一定程度上提高学生英语课堂参与度,促进学习效果。但教师需根据学生的实际英语水平和接受程度对策略进行微调,同时加强课后指导,以取得更佳效果。策略的实施成效还需在教学实践中不断反思和优化。

图6-6 对象适用性分析生成内容示例（节选）

在本案例中，由于对研究结果的引用进行了简化，因此未能展开具体研究结果的分析，在实际应用中可以向 ChatGPT 提供更多信息。需要强调的是，实践方案要聚焦实际教学对象的特殊性，在使用 ChatGPT 辅助分析时，可以根据需要向 ChatGPT 输入需要强调的背景信息的内容，从而让 ChatGPT 提供更合理的适用性分析。

（2）考虑环境

实践方案还要充分考虑教学环境的限制和相应的资源条件。任何转化的"成品"都必须在特定的环境中实施，空间、时间、人员、设施等因素都会影响实施效果。参照适用性转化原则中的适应环境相关策略，教师需要根据环境因素，合理安排教学活动，灵活调整教学形式，并充分利用现有资源，让转化后的教学策略或建议能够在实际课堂中顺利实施。以课堂教学活动为例，教师需要在有限的课时内合理安排，根据班级人数灵活采取个人或小组等不同形式，并利用各种教学资源为学生提供学习支持。我们可以通过表 6-4 分析环境因素对转化的影响。

表 6-4　实践环境分析表

实践环境（根据实际情况选填）	支持性条件	限制条件	可行的应对思路
个体			
班级			
学校			
社会			
……			

根据表 6-4 中的引导，教师先要根据证据的实际情况分析所涉及的各层级的环境因素，包括个体学生的学习条件、班级的整体特征、学校的管理制度和资源配置，以及社会环境的宏观影响等。接着，要判断不同层级环境因素对证据应用的支持作用和制约作用，筛选出关键的环境影响变量。教师还要根据判断结果，预设多样化的应对措施，增强方案的环境适应性和抗干扰能力。ChatGPT 所具备的"世界知识"可以帮助教师从多个维度解构转化，并从案例中捕捉与环境相关的关键因素和应对策略。

教师需要输入实践问题、拟应用的证据及环境等基本信息，借助 ChatGPT 梳理出关键的支持条件和限制条件，并给出环境适配的建议。具体示例如下。

为了使教学策略能够适应具体的环境，针对［循证实践问题］'如何在高中英语课堂中通过优化提问策略提高学生课堂参与度'，需要充分考虑实施环境的限制和资源（包括但不限于时间、空间、人员、设施等因素）。请从个体、班级、学校、社会等不同层面，分析这些环境带来的支持条件、限制条件以及面对这些环境可行的应对策略。［补充实施环境的背景信息］

输出内容如图 6-7 所示。

在将"优化提问策略"应用到高中英语课堂教学实践中时，我们需要从个体、班级、学校和社会等不同层面考虑环境因素，既要看到环境提供的支持条件，也要分析可能存在的限制条件，并据此制定可行的应对策略。

1. 个体层面
   支持条件:教师具有良好的专业素养和教学经验,能够根据学生特点灵活调整提问策略。
   限制条件:教师的时间和精力有限,难以兼顾每一个学生的个体需求。
   应对策略:教师可以通过课前学情分析,了解学生的个体差异,在课堂上有针对性地提问。同时,鼓励学生在课后主动向教师寻求帮助和反馈。

2. 班级层面
   支持条件:班级氛围积极向上,学生之间关系融洽,有利于开展课堂互动。
   限制条件:班级人数较多,教师难以照顾到每一个学生,提问时间和频率受到限制。
   应对策略:教师可以灵活采用个人回答、小组讨论、随机抽问等方式,增加每个学生参与的机会。同时,设置一些规则,如"思考时间"、"轮流发言"等,以确保提问的有序进行。

3. 学校层面
   支持条件:学校重视英语教学,为教师提供培训、交流和教学资源支持。
   限制条件:学校的教学进度要求和考评标准可能对教师的教学方式产生制约。
   应对策略:教师可以与学校领导沟通,争取在落实学校要求的同时,为优化提问策略留出一定的自主空间。同时,教师还可以通过教研组等平台,与同事交流提问策略的实施心得,共同探讨应对学校层面限制的良方。

4. 社会层面
   支持条件:社会对英语能力的要求为学生学习英语提供了现实动机,有利于调动学生课堂参与的积极性。
   限制条件:应试教育环境下,部分学生和家长可能更关注考试成绩,对课堂参与的重视程度不够。
   应对策略:教师可以引导学生认识到良好的课堂参与对于提高英语综合运用能力的重要性,帮助学生树立长远的学习目标。同时,教师还可以与家长沟通,争取其对优化课堂教学和学生参与的理解与支持。

总之,在将"优化提问策略"应用到教学实践中时,教师需要综合考虑个体、班级、学校、社会等不同层面的环境因素,审慎分析支持条件和限制条件,并据此制定切实可行的应对策略。唯有如此,才能让研究证据在复杂的教学环境中真正落地,发挥其应有的效用。教师还应在实践中持续反思,根据环境变化动态调整策略,以求最大限度地优化教学效果。

图 6-7 环境适用性分析生成内容示例（节选）

同样，利用ChatGPT生成的环境分析仅是作为参考，个体、班级、学校、社会层面的支持与限制不一定全部同时存在，因此，ChatGPT的输出仅仅提供了一个思路。教师可以根据ChatGPT的启发，补充完善环境信息，通过多轮对话互动，形成更贴切的环境分析。此外，教师还可以利用ChatGPT进行方案的环境压力测试，设置多种环境参数组合，让ChatGPT评估转化方案在不同环境下的适用性和风险点，进而进行方案的动态修正和优化。

（3）方案调整

在充分考虑教学对象和教学环境后，通常还将对前期制定的教学策略或教学方案进行必要的修改和优化。这一步骤将统筹考虑适用性转化及可操作性转化原则中的相关策略。一方面，需要综合判断不同结论的可采纳性，权衡每项结论与教学对象和实际问题的契合度，评估环境资源对结论应用的支持程度，并考虑可能的应对策略，进而确定各结论的采纳取舍。另一方面，对于被采纳的研究结论，要进一步探索其在实践成果设计中的具体应用路径。以教案设计为例，我们要思考如何将这些结论合理嵌入教学目标、教学过程、教学评价等各个环节，并针对不同维度进行动态调整。我们可以借助表6-5完成决策方案的调整。

表6-5　决策调整分析表（以教案设计为例）

采纳证据综合评估结果	采纳结果及原因	未采纳的结果及原因
证据评估结论纳入实践决策	用于教案设计中的哪些方面	相应的教案设计具体内容
	教学方法	
	教学活动	
	……	
根据实际学情进行调整具体内容	考虑的学情	相应的教案调整具体内容

根据实际的资源、环境调整具体内容	考虑的资源、环境、条件	相应的教案调整具体内容

借助 ChatGPT 等大模型，可以基于前期的评估结果快速锁定关键调整点，并提供多种策略组合建议。使用 ChatGPT 优化调整方案时，可以将前面步骤获得的决策建议输入至模型，让其辅助生成相关的证据采纳结果及建议，也可以要求模型细化教学设计的具体内容。此外，还可以让 ChatGPT 分析教学设计需要调整的重点，如教学目标、教学活动等，并且让其分析论证每一调整项的必要性和可行性，并给出调整建议。需要注意的是，利用 ChatGPT 对方案进行调整需要基于前面两个步骤（对对象和环境的考虑）的分析结果，交互过程可以参考如下示例。

为了将提问策略应用于教学实践，基于上述关于授课对象的适用性以及环境资源的情况分析，你认为哪些研究结果可以被用于实践，采纳这些结果的原因是什么？哪些结果不建议采纳，为什么？提问策略包括：［带入表6-2中的干预策略建议］。

输出内容如图6-8所示。

基于前面对高二学生学情特征的分析以及个体、班级、学校、社会等不同层面环境因素的考量，我认为以下三条研究结论可以被优先采纳应用于教学实践：

1. 采用开放式问题能提高学生课堂参与度。
   采纳原因：开放式问题能够激发高二学生较强的抽象思维能力，提供表达和交流的机会，有利于营造积极的课堂互动氛围。教师可以根据学生的语言水平和班级人数，控制问题的难度和开放程度，确保问题具有适度的挑战性和可回答性。
2. 延长学生思考时间有助于提高课堂参与度。
   采纳原因：充足的思考时间能够尊重高二学生正在逐步成熟的思维能力。教师可以灵活把握思考时间，既防止冷场，也给予学生深入思考的空间。在班级人数较多时，教师还可以采用小组讨论等形式，让学生在互动中获得更多思考时间。
3. 对学生回答给予积极反馈，能提高学生参与课堂讨论的积极性。
   采纳原因：积极反馈满足高二学生得到关注和肯定的需求，是提高其参与动机的有效方式。即使在班级人数较多、时间有限的情况下，教师也可以用简洁的言语表扬、肢体语言等方式给予积极反馈，并引导学生之间相互评价，营造支持性的班级氛围。

以上三条结论充分考虑了高二学生的认知能力、语言水平、学习动机等特点，切合他们的学习需求；同时，这些策略在教师专业支持下，能够较好地适应班级人数、课时安排等客观限制，具有可操作性，故可优先采纳。

图6-8　决策调整原因分析生成内容（节选）

进一步生成对教学设计具体内容的调整建议,如:

基于证据采纳结果,这些建议可以用于教案设计的哪些方面?请从教学目标、教学方法、教学活动等环节分别说明相应教案设计的具体内容。证据采纳结果如下[带入证据采纳结果]。

输出内容如图6-9所示。

根据前述证据采纳结果,在教案设计的不同环节中,我们可以从以下几个方面来体现相关建议:

一、教学目标

  1. 认知目标:培养学生运用英语分析问题、表达观点的能力。
  2. 情感目标:提高学生参与课堂互动的积极性,增强学习自信心。
  3. 语言技能目标:强化学生的英语口语表达和听力理解能力。

以上目标充分体现了开放式问题对学生思维能力的促进作用,同时兼顾了学生的情感体验和语言能力发展。

二、教学方法

  1. 启发式教学:通过设置开放式问题,引导学生主动思考,激发学习兴趣。
  2. 互动式教学:鼓励学生通过小组讨论、师生对话等形式,积极参与课堂互动。
  3. 反馈性教学:及时对学生的表现给予积极反馈,营造支持性的课堂氛围。

以上方法贯彻了延长思考时间、给予积极反馈等策略,有助于调动学生的参与积极性。

三、教学活动

  1. 导入环节:
    • 设置与主题相关的开放式问题,引发学生兴趣,激活背景知识。
    • 提供适当的思考时间,鼓励学生畅所欲言,积极表达自己的观点。

图6-9 调整建议生成内容(节选)

此外,还可借助ChatGPT对方案做进一步的分析,以明确具体实践方案的可行性,如:

教案中有哪些具体内容体现了前面对具体学情的考虑?

输出内容如图6-10所示。

教案中有哪些具体内容体现了前面对具体环境的考虑?

输出内容如图6-11所示。

在教案设计中,我们可以从以下几个方面来体现对学情的考虑:

一、教学内容的选择和呈现

1. 认知水平:根据高二学生的认知发展水平,选择难度适中、富有挑战性的教学内容,激发学生的思维能力。同时,在内容呈现上力求条理清晰、重点突出,便于学生理解和掌握。
2. 语言水平:考虑到学生的英语语言水平,在课文选择上把握难度梯度,并提供必要的语言支架,如生词注释、句型分析等,帮助学生理解和表达。
3. 学习兴趣:选取贴近学生生活实际、富有时代特征的素材,激发学生的学习兴趣。同时,适当融入多媒体元素,创设生动直观的学习情境,提高学生的参与度。

二、教学活动的设计和组织

1. 互动方式:根据学生的个性特点和班级人数,灵活设计师生互动、生生互动的方式和频率。对于活跃的学生,给予适度的展示机会;对于内向的学生,通过小组合作等方式鼓励其参与。
2. 问题设置:基于学生的认知水平和语言能力,设计不同层次、不同类型的问题,如事实类问题、理解类问题、拓展类问题等,引导学生进行全面思考。问题设置上把握开放性和挑战性,同时给予学生充足的思考时间。
3. 反馈方式:考虑到学生的自尊心和表现欲,对学生的表现给予及时、积极的反馈。根据学生的个性差异,采取公开表扬、个别鼓励等不同方式,增强学生的自信心和参与动机。

图 6-10　考虑学情的调整建议(节选)

在教案设计中,我们可以从以下几个方面来体现对教学环境的考虑:

一、教学资源的利用

1. 多媒体设备:合理利用学校的多媒体教学设备,如电脑、投影仪等,创设生动形象的教学情境,提高教学内容的呈现质量,增强学生的学习兴趣。
2. 网络资源:充分利用学校的网络资源,拓展教学内容,为学生提供更多学习素材和学习机会。例如,引导学生通过网络平台进行课前预习、课后延伸等,促进学生的自主学习。
3. 图书资料:有效利用学校图书馆的英语原版书刊、报纸杂志等资源,为学生提供更多接触英语的机会,开阔学生的视野,提高学生的语言应用能力。

二、教学组织形式的灵活性

1. 班级授课:根据班级人数和教室大小,合理安排座位,便于师生互动和小组合作。同时,根据教学内容和学生特点,灵活调整教学方法,如采用分组讨论、角色扮演等形式,激发学生的参与热情。
2. 小组合作:充分利用班级的异质性,合理分组,促进学生之间的合作与交流。小组合作可以突破课时限制,利用课余时间开展,培养学生的团队意识和自主学习能力。
3. 个别辅导:关注学生的个体差异,利用课余时间对学习困难的学生进行个别辅导,因材施教,帮助学生克服学习障碍,实现个性化发展。

三、课外活动的延伸

1. 英语角:利用学校的场地资源,定期开展英语角活动,为学生提供更多运用英语的机会。活动形式可以多样化,如英语演讲、英语辩论、英语歌曲欣赏,丰富学生的语言实践经验。
2. 英语竞赛:鼓励学生参加校内外的英语竞赛,如英语演讲比赛、写作比赛等,激发学生的学习动机,提高学生的综合语言运用能力。
3. 国际交流:利用学校的国际交流资源,为学生创造与外国学生交流的机会,开拓学生的国际视野,提高学生的跨文化交际能力。

图 6-11　考虑环境的调整建议(节选)

案例利用 ChatGPT 对基于证据的干预方案的适用性和可行性进行了系统评估，以便有针对性地应用转化策略，为实践方案设计提供了具体的优化建议。

方案的调整并非一蹴而就，而是一个动态反复、持续对话的过程。教师要在此过程中不断分析学情，收集反馈，评估环境变化，据此对决策方案进行调整，力求使研究证据与教学实践达成最佳匹配，同时也为课堂循证实践的不断完善提供契机。

6.3　转化方案的评估与反思

本节将探讨如何运用 ChatGPT 对转化方案进行多维度的评估，挖掘 ChatGPT 在构建评估标准、生成评估建议和支持转化反思等方面的应用潜力。

6.3.1　构建评估标准

评估证据转化的方案需要有一个评估标准，如是否真正落实了研究证据的应用，是否有助于实现预设的教学目标，是否与课标、教材、学情契合等。这类传统评估标准的构建耗时耗力，很难全面兼顾各个要素，而且缺乏灵活性和适应性。ChatGPT 等 AI 工具，可以根据不同教学场景和需求，生成有针对性的评估标准。通过转化方案的关键信息，如教学对象、目标、内容、方法等，ChatGPT 可以迅速提炼出一系列关键评估点，并对各指标的内涵、评估等级等进行解释，形成初步的评估框架。我们可在此基础上进行适当的修改和补充，确保评估标准能够与转化方案相匹配。例如，可以依照"〔设定角色〕＋〔循证实践背景说明（问题＋证据启示）〕＋〔转化方案的主要内容〕＋〔构建评估标准的具体要求〕"这一格式进行提示。具体可以参考以下内容。

一名新入职的教师在开展高中信息技术教学时遇到学生参与项目化学习兴趣不高的问题，基于循证实践的方法，教师经过文献搜集与评估后决定运用在活动中为学生提供学习支架的策略，并将其渗透到教案设计过程中，主要包括项目开始前提供情境支架、目标确定支架、角色分配支架；项目进行中提供任务分解和项目任务单支架、针对可能的错误的反例支架、理解复杂概念的图表支架；在项目实施结束后提供反思支架和评价支架。请你针对这一转化方案，提供一套转化评估标准。

输出内容如图 6-12 所示。

针对这一教学转化方案,我为您提供了一套评估标准,从支架设计、学生表现、教学效果等维度,对转化过程进行全面评估。以下是具体的评估指标和等级描述:

一、支架设计合理性

1. 支架类型全面性

- **优秀**:提供了情境、目标、角色、任务、反例、图表、反思、评价等全方位支架。
- **良好**:提供了大部分类型支架,但尚有缺失。
- **一般**:支架类型单一,覆盖不全面。
- **有待改进**:支架设计缺乏系统性,类型严重缺失。

2. 支架呈现方式恰当性

3. 支架内容针对性

- **优秀**:支架内容紧密结合项目学习内容,针对学生可能面临的问题提供精准支持。
- **良好**:支架内容与项目学习大致相关,对学生学习有一定支持作用。
- **一般**:支架内容与项目学习联系不紧密,针对性不强。
- **有待改进**:支架内容脱离项目学习重点,无法为学生提供有效支持。

二、学生学习表现

1. 学习兴趣提升度

- **优秀**:学生学习兴趣明显提升,能主动参与项目学习各环节。
- **良好**:学生学习兴趣有所增强,参与项目学习较为积极。
- **一般**:学生学习兴趣提升不明显,参与项目学习动力不足。
- **有待改进**:学生学习兴趣没有提升,不愿参与项目学习。

三、教学效果提升度

1. 学生学业成绩提升度

- **优秀**:实施支架教学后,学生学业成绩明显进步。

图 6-12 评估标准生成内容示例(节选)

通过提供的信息,ChatGPT 能够自动生成多维度评估指标。教师可以基于 ChatGPT 提供的评估标准初稿,根据实际需求进行灵活调整和优化,从而不断提升方案设计的科学性和专业性。同时,生成的评估标准也为教师提供了新的思路,引导教师从多元视角审视转化方案。

6.3.2 生成评估建议

ChatGPT 可以对转化方案提供全面、专业的优化建议。评估通常可以采用两种形式，既可以赋予 ChatGPT 专家角色，要求其从不同角度对转化方案进行全方位的点评并提供改进思路，也可以基于上一节构建的评估标准，对存在的问题进行诊断分析，当然也可以两者相结合。

（1）基于特定角色的评估建议

对证据转化形成的实践方案进行评估，需要具备相应的理论知识和实践经验。利用 ChatGPT 辅助实现这一任务时，可以令其模拟专家、一线任课教师等角色，深入分析方案设计的各个环节，并提供优化建议。示例如下：

你是一名 XX 学科教学专家，请你从这份教案的各个环节综合评价这位教师的方案设计，包括但不限于从教师教学策略、课程进度安排、学生学习活动等角度进行评价。需要说明的是，撰写教案的是一名新手教师，需要你为他提供具体可操作的改进建议。教案内容如下：［插入教案具体内容］。

输出内容如图 6-13 所示。

你好,作为一名学科教学专家,我仔细审阅了这位新手教师提供的教学设计方案。总体而言,该方案在为学生提供学习支架方面有许多亮点,但仍有一些需要完善和改进的地方。以下是我从教学策略、课程进度安排、学生学习活动等角度提供的具体评价和改进建议:

一、教学策略方面

　　1.情境创设有待优化

- 评价:方案中提到要使用情境案例或实际问题来引起学生兴趣,这一想法很好,有助于激发学生的学习动机。
- 建议:在设计情境时,要更加贴近学生的生活实际,选择他们感兴趣的热点话题或与其专业发展密切相关的实际问题。此外,情境呈现的方式也要多样化,可以利用视频、动画、案例等生动形式,而不局限于文字描述。

　　2.学习资源的设计与提供有待加强

- 评价:方案中提到要提供学习材料,并利用数字化教学平台提供个性化资源,这有助于支持学生的自主学习。
- 建议:教师要进一步加强学习资源的设计,资源内容要与项目任务紧密关联,并体现梯度难度,满足不同层次学生的需求。数字化平台的资源要进行精细化设计,建议嵌入微课视频、示范案例、练习题等多样化资源形式。

3. 支架策略的应用有待系统化

- 评价:方案中提出了任务分解、反例支架、图表支架等多种支架策略,能较好地引导和帮助学生开展项目学习。

  形成一套支架策略的典型应用范式,包括前期准备、过程指导、后期评价等环节的支架类型、呈现方式、内容要点等,方便在教学中灵活选用。

二、课程进度安排方面

1. 项目整体进度规划不够明晰

- 评价:方案对项目的三个阶段提出了支架措施,但是对项目整体进度的时间安排、阶段目标等缺乏清晰规划。
- 建议:教师要对项目学习的整体进度做出明确规划,列出项目实施的各个阶段,每个阶段的时间分配、主要任务、阶段性成果等,以便学生形成清晰的路线图。阶段安排要预留一定的缓冲时间,以应对可能的进度延误。

图 6-13 基于设定角色生成评估建议内容（节选）

利用 ChatGPT 辅助该评估过程，能够针对新手教师的特点，给出切合实际、简明易懂的改进意见。例如，ChatGPT 会指出"在教学策略方面，建议增强情境创设，以激发学生学习兴趣；在课程进度安排上，指出要设置更详细的课程任务时间分配"等，这些建议具有一定的针对性和可操作性，能够为新手教师的教学设计改进提供有益的参考。

（2）基于评估标准的评估建议

在评估方案时，通常还会根据预先设计好的评估标准进行评估。通常要对照前期构建的评估标准，逐条审视转化方案，客观评判方案的优势和不足，同时针对发现的突出问题分析原因，参考相关理论知识和实践经验提出改进措施。ChatGPT 等大模型可以基于预先设定好的评估标准，完成转化方案的诊断分析，并提出应对策略。使用 ChatGPT 进行评估，可以采取分步骤对话的策略，即可以先将评估标准和教师设计的方案输入 ChatGPT，请其诊断方案存在的问题，然后再将 ChatGPT 诊断出的问题再次输入，请求其提供改进建议。具体示例如下：

根据前面构建的评估标准［插入评估标准］，请对教师设计的方案进行评估，简要指明存在哪几条问题。方案如下［插入方案］。

输出内容如图 6-14 所示。

根据评估,该项目学习支架方案存在以下几个主要问题:

1. 支架类型不够全面,缺少角色支架的设计。
2. 支架呈现方式单一,以文字为主,缺少多样化的呈现形式。
3. 支架内容的针对性有待加强,对学生可能面临的问题缺乏精准支持。
4. 对学生实际学习表现的影响评价不足,如学习兴趣提升、任务完成质量等。
5. 对教学效果提升的预期表述不清晰,难以评估支架教学的整体效果。
6. 缺少支架教学实施后对学业成绩、核心素养发展、教学创新等方面的预期效果说明。

图 6-14 基于设定的标准分析方案问题

ChatGPT 可以快速对比标准和方案,找出方案在关键指标上的不足之处,并用简洁、清晰的语言指明问题所在。

"根据前面构建的评估标准对方案进行了实际的评估,发现存在如下问题:[插入存在的问题]。请针对这些问题提出相应的改进建议。"

输出内容如图 6-15 所示。

根据评估结果,提出以下改进建议:

1. 增加角色支架的设计,明确学生在项目学习各环节的角色定位和职责。
2. 丰富支架呈现方式,在文字的基础上增加图像、音频、视频等多样化呈现形式。
3. 针对学生可能面临的典型问题,设计更具针对性的支架内容,如提供常见错误的反例、关键技能的操作步骤指南等。
4. 补充支架教学实施后对学生学习兴趣提升、任务完成质量、学习反思能力等方面的预期影响,并设定可观察、可测量的指标。
5. 进一步说明采用支架教学后,对学生学业成绩、核心素养发展、教学模式创新等方面的预期提升效果,并以数据或案例支撑。
6. 在方案中说明支架教学实施后的效果评估机制,包括评估指标、评估方法、评估周期等。

此外,还建议教师在实践中持续优化支架教学方案:

7. 在项目学习过程中,根据学生的实际反应和学习效果,灵活调整支架内容和呈现方式。
8. 重视学生对支架教学的反馈意见,以学生视角审视和优化支架教学方案。
9. 开展支架教学的行动研究,总结实施经验,探索有效的支架设计和应用策略。

图 6-15 基于设定的标准生成评估建议

由此可见,ChatGPT 可以结合评估标准,对每个问题进行剖析,并提出一系列的优化策略。

无论采用哪种评估方式，ChatGPT 提供的建议都可能存在内容空洞、方案理想化或脱离实际之处。针对这些情况，一方面可以进一步改进提示策略，提高评估的成效；另一方面，教师在采纳建议时，还需根据自身的教学实践经验，对建议进行必要的筛选和调整。

6.3.3　提供反思支持

对实践方案的评估不仅关注项目实施的结果，更重视教师在证据转化过程中的成长。通过对话和交流，ChatGPT 可以引导教师对方案转化的全过程进行系统回顾和深入反思。教师可以与 ChatGPT 探讨自己在转化过程中的困惑、体悟和经验。ChatGPT 则可以从不同视角对教师的转化过程进行解读，帮助教师厘清设计思路，分析操作难点，拓展转化思路，提炼实践经验，不断提高教师的证据转化能力。

（1）对困难挑战的反思

转化的过程中教师经常会遇到一些困难，例如，不清楚如何确定证据对于实践对象的适用性。面对困难，一方面要回顾整个转化过程，尤其关注问题频发的关键节点，另一方面要从认知、技能、态度、资源、环境等多维度剖析问题根源。通过反思厘清问题的来龙去脉，合理确定问题的优先级和解决途径。通过与 ChatGPT 讨论，教师可就转化过程中的困惑与其沟通，让 ChatGPT 从不同视角进行解读，帮助厘清转化思路，分析难点。示例如下：

将翻转课堂的策略用于教案设计时，我遇到了一些难题。比如，我不太确定翻转课堂是否适用于班级的所有学生，因为学生的自主学习能力参差不齐。此外，我还担心学生的家庭条件能否提供良好的课外学习支持，家里是否有必要的设备，家长是否理解等。面对这些不确定因素，我感到有些困惑和担忧。请帮我分析一下这些情况可能带来的问题及影响，并提供一些应对建议。

输出内容如图 6-16 所示。

这一结果表明，ChatGPT 可以评估这些麻烦可能产生的后果，如"学生任务完成度不高，参与度低"等，并提供针对性的优化措施，如"根据学生能力差异，设计不同程度的课前自主学习任务，并为学习能力较弱的同学提供更多的学习支持，如学习指南、方法指导等"，并且考虑到课前课后、校内校外等多方面的支持，使实践方案更加全面、具体。

针对你提出的学生自主学习能力参差不齐和家庭环境支持不足可能带来的问题,我进一步分析如下:

学生自主学习能力参差不齐可能带来的问题:

1. 学习任务完成度低:自主学习能力较弱的学生可能难以按时完成课前学习任务,影响课堂教学活动的开展。
2. 课堂参与度不高:自主学习能力欠缺的学生,课前知识准备不足,可能在课堂讨论、协作、展示等环节参与度较低,影响学习效果。
3. 学习效果差异大:不同自主学习能力的学生,学习掌握程度可能差异较大,给课堂教学组织和个性化指导带来挑战。

家庭环境支持不足可能带来的问题:

1. 学习资源获取受限:家中缺乏必要的学习设备,如电脑、平板等,学生可能无法及时获取课前学习资源,影响自主学习进度。
2. 自主学习时间不足:家长不理解或不支持翻转课堂的学习方式,可能占用学生课外自主学习时间,影响学习任务完成。
3. 学习氛围缺乏:部分学生家庭学习氛围不足,缺乏良好的自主学习环境,不利于培养自主学习习惯。

针对以上问题,我提供以下应对建议:

1. 实施分层教学:

- 根据学生自主学习能力差异,设置不同层次的课前自主学习任务,如基础、拓展、挑战等不

图 6-16 深化对问题的反思生成内容（节选）

（2）对实践经验的反思

教师的经验和智慧在证据转化中非常重要。在证据转化过程中,教师一方面要从多维视角反思自身实践,另一方面在必要时应积极寻求外部视角,主动与同行、专家交流自己的想法,获取更加客观、专业的反馈意见。在此过程中,ChatGPT 可以担任反思助手,作为一位经验丰富的同伴或专家辅助教师更好地反思。教师可以输入自己的想法和思路,请 GPT 从不同视角进行分析论证,具体示例如下:

［方案背景］我在设计一个翻转课堂的教学方案时,有以下想法:'针对学生自主学习能力差异,提供分层的课前学习任务,设置基础、提高、拓展三个难度梯度,让学生根据自己的能力选择合适的任务。为缺乏必要学习设备的学生提供纸质学习资料,保证学习资源的可获取性。课堂上采用小组协作学习,鼓励学生相互帮助,

共同完成学习任务。课后为学生提供个性化的学习方法指导，帮助学生提高自主学习能力。'请你从专业角度分析这些思路是否合理可行，还有哪些需要改进和完善的地方？

输出内容如图6-17所示。

你的教学设计思路体现了因材施教、关注公平、合作学习、个性化指导等翻转课堂的理念,具有以下优势:

1. 分层课前学习任务有助于照顾学生的学习能力差异,让每个学生都有适合自己的学习目标和挑战,有利于保持学习动力。
2. 为特殊学生提供纸质学习资料,体现了对学习资源获取的公平关注,保障每个学生都能参与课前学习。
3. 小组合作学习有助于发挥学生的互助性,促进学习能力不同的学生之间的交流与协作,实现优势互补。
4. 课后个性化的学习方法指导有助于学生掌握自主学习策略,逐步提高自主学习能力。

同时,我也注意到了一些可能需要完善的地方:

1. 分层学习任务的设置需要更加科学合理,难度梯度要把握恰当,避免过于简单或过于困难,可以先对学生进行学情调研,了解学生的实际能力水平。
2. 纸质学习资料的设计要突出重点,内容要与在线学习资源相互补充,避免信息冗余或遗漏,可以适当添加一些学习提示和思考题,引导学生自主学习。
3. 小组合作学习需要教师的有效引导和监控,可以提供一些合作学习的模板和要求,如小组任务单、分工表等,规范学生的合作学习行为,提高学习效率。
4. 个性化学习方法指导不仅要关注学习策略,还要关注学生的学习动机、学习习惯等因素,可以引导学生制定适合自己的学习计划,定期进行学习反思。

此外,我还有以下一些建议:

1. 在课前学习环节,可以设置学习任务完成的检查机制,如在线学习单元测试、学习笔记提交

图6-17　深化对实践经验的反思生成内容（节选）

在该案例中，ChatGPT首先指出了思路的优势所在，如"分层课前任务能够照顾学生的能力差异，纸质学习资料能够保障学习的公平性"等，帮助教师厘清思路的合理性和可行性。同时，还分析了其中的不足之处，并提供了改进建议，如"分层任务的设置需要基于学情调研和诊断性评估，恰当把握难度梯度""小组协作学习需要教师的有效引导和监控，提供科学的协作学习模板和要求"等。这些反馈能够帮助教师发现原先想法中的盲点和短板，为方案的迭代完善提供优化方向。

6.4　小结

　　证据转化是一个充满挑战的过程，对实践者的专业素养、批判性思维及创新能力都提出了较高要求。传统的转化模式往往依赖个人的经验和智慧，面临诸多困难和障碍，如资源限制、环境制约、思维定式等，导致转化的效率和效果不尽如人意。ChatGPT 等智能工具的出现，使得证据转化的人机协同成为可能。ChatGPT 凭借其海量知识储备、强大的语义理解和生成能力，可以大大降低证据转换的壁垒。人机协同的证据转化并非简单的机器替代，转化过程仍然需要教师对教学实践的深刻洞察、对学生的敏锐把握、对转化方案的统筹规划。ChatGPT 则可以提供知识支持、策略建议、反思辅助等，与教师形成优势互补、密切配合的人机协同。

　　同时，人机协同的证据转化是一个持续互动、不断优化的动态过程。实践者根据证据结果和教学需求提出转化设想，利用 ChatGPT 生成初步的转化策略，再针对实践情境对策略进行评估筛选，形成可执行的转化方案。在实施过程中，根据获得的多方反馈，与 ChatGPT 交流分析，获得优化建议，动态调整转化策略。如此循环往复、螺旋上升，才能真正实现转化方案的持续迭代和创新发展。这种人机协同的证据转化，也为推动教育科学的研究成果更好地指导教学实践、促进教育创新发展提供了新的路径和动力。

第 7 章

循证项目的实践与评估

在上一章中，我们了解了如何借助大模型来支持教育循证实践中的证据转化，通过 ChatGPT 的辅助形成教学实践方案。下一步的工作是将方案付诸教学行动，跟踪和诊断实践的全过程，在真实情境中去验证证据的可行性和有效性，并且不断地优化和改进实践方案。

7.1 ChatGPT 在项目实施与评估中的应用

证据转化形成实践方案后，往往需要由一线教师在教学实践中实施干预，实施过程需要及时进行过程追踪。过程追踪主要关注过程信息的收集、开展阶段性的过程评估，以及根据评估结果进行方案的动态调整。

首先，需要持续收集与项目相关的各种过程信息，如教学设计文本、师生表现的数据、教师的反馈等，为项目实施提供过程评估和动态调整的数据支持。其次，对项目实施的整个过程进行评估，了解项目的进展，以便及时发现问题，确保实施不偏离证据所支持的行动方向。最后，基于前面两个环节，根据获得的信息与反馈对实施方案进行动态调整，根据实际情况优化和迭代，以提高项目实施的效果。需要说明的是，在项目实施的过程中除了围绕项目目标（如干预是否有助于增加学习的参与度、提升学生学习成绩等）的跟踪和评估之外，还有必要对循证实践的实施情况（如循证过程是否考虑了教师和学生的意见、学校对循证团队是否提供了足够的支持、团队成员能否进行有效合作等）进行监测和诊断，这部分内容将在下一章节中具体展开。

在循证项目实施后，不仅需要关注项目的实施过程和最终成效，还需要对支撑项目实施的证据本身进行重新评估，即证据重估。证据重估的目的是根据证据在实践中的实际应用效果，反思证据自身的有效性、适用性和局限性。重估结果可能会印证证据的有效性，从而扩展了这些证据的实践应用场景；也可能发现证据的局限性，如证据转化后的实践效果达不到预期，这将为新一轮循证实践提供方向。在这些环节，ChatGPT 等大模型可以发挥重要辅助作用，促进循证实践循环迭代发展。

为更好地了解循证实践项目课堂实践实施环节的基本流程及 ChatGPT 等大模型的应用方式，可以参考图 7-1 的循证实践项目的实施框架图。

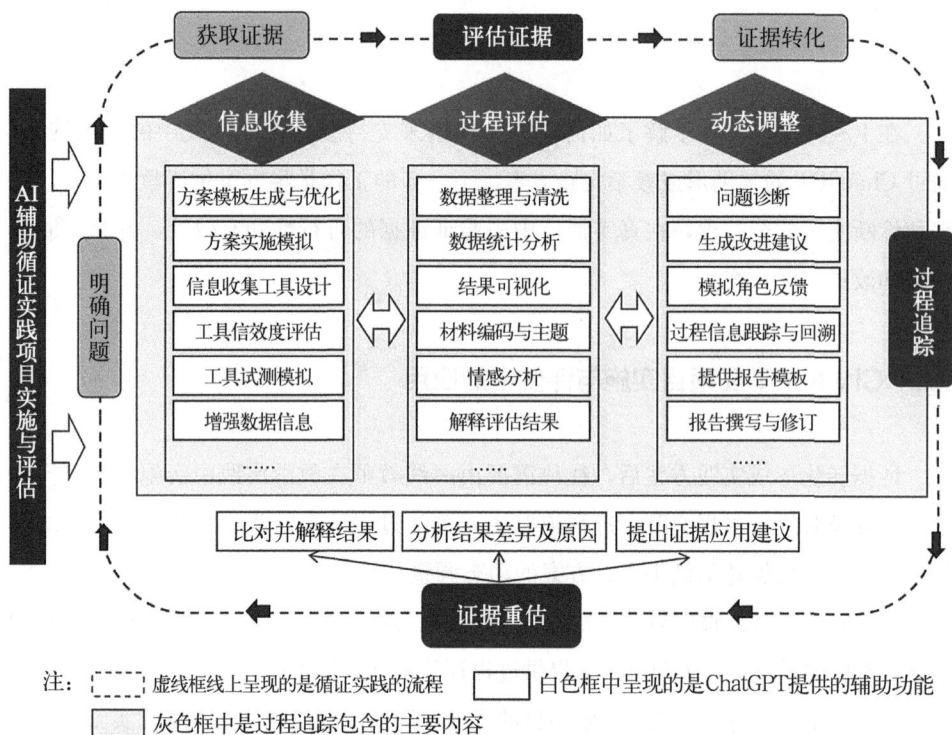

图 7-1 ChatGPT 支持的循证实践项目实施框架

该框架图展示了一个迭代优化的循证项目实践环节的实施闭环，包括信息收集、过程评估、动态调整三个主要环节，最后通过证据重估，完善循证实践的整个流程。其中，信息收集为项目实施提供基础信息，过程评估对项目运行进行全面诊断，动态调整则根据评估结果不断优化实践，最后通过证据重估验证证据的有效性。实践者需要在每个关键节点审视已有证据及获得的过程数据，并结合 ChatGPT 的建议优化项目实施与评估。

在信息收集环节，ChatGPT 可以辅助实践者进行过程数据收集及评估方案设计，它能够通过海量文献比对，为研究方案的构建提供理论支持和经验依据，并通过情境模拟预判方案的可行性。此外，还能辅助进行工具的设计与评估，基于专业的背景知识，为信息收集工具的编制提供参考，并可以进一步评估工具的信效度，甚至通过模拟测试为工具改进提供建议。在过程评估阶段，ChatGPT 可以作为数据统计与材料分析的得力助手。它能够协助研究者进行数据清洗与统计分析，高效生成分析报表。对于定性数据则可运用自然语言处理技术，辅助编码和主题提取，进行深度的情感分析等，辅助研究者形成更加全面、深入的评估见解。在动态调整阶段，ChatGPT 可凭借其知识库以及强大的学习能力，为实践者诊断项目实施中的问题，提供多元化、有针对性的改进路径。ChatGPT 还可以为研究者提供项目报告模板，协助撰写分析报告，提升成果的科学性和规范性。

经过项目的实施，实践者对最后的实践结果进行评估，从而实现循证实践流程中的最后一环——证据重估。通过综合不同来源的证据及实践过程中的评估信息，ChatGPT 可以辅助评判实践结果与证据的一致性，指出实践与理论（证据）的差异及证据本身可能存在的局限，并对造成差异的背后原因进行探析，为证据的下一步应用提供参考建议。接下来将围绕基于循证实践的课堂教学场景，说明 ChatGPT 等大模型如何辅助教师推进循证实践项目的实施并展开评估。

7.2 项目实施与评估

循证实践项目需要对实践过程和结果进行评估，以检验方案的可行性和有效性，并持续优化和完善方案。这一过程涉及评估方案设计、制定评估工具、收集和分析数据、解读评估材料、进行诊断分析、最终生成评估报告等内容。ChatGPT 等大模型可以在项目实施与评价的各个环节提供智能辅助：方案和工具设计环节为信息收集提供指导和工具支持；数据统计和材料解读环节是过程评估的重要组成部分；辅助诊断和报告生成环节则为动态调整提供依据和参考。这些环节相互关联，共同构成了项目实施与评估的完整过程。

7.2.1 方案设计

在方案设计环节，ChatGPT 可以辅助教师制定项目过程追踪与评估的详细方案，包括确定追踪和评估的目的、内容、方法和标准，设计评估工具等。同时，模型还可以对实施与评价方案进行可行性分析，并提出过程管理建议，确保方案的科学性和可操作性。通过与 ChatGPT 的交互与协作，可以从以下几个方面形成一份高质量的方案。

（1）获取方案模板

首先，在对过程追踪与评估方案不太熟悉的情况下，可以借助 ChatGPT 提供的一个通用的方案模板来形成设计思路。如可以向 ChatGPT 输入：

［实践方案介绍］，我需要设计一个循证实践项目的过程追踪和评估方案，请提供一个方案模板。

大模型会根据该提示，生成一个基础的参考方案，如图 7-2 所示。

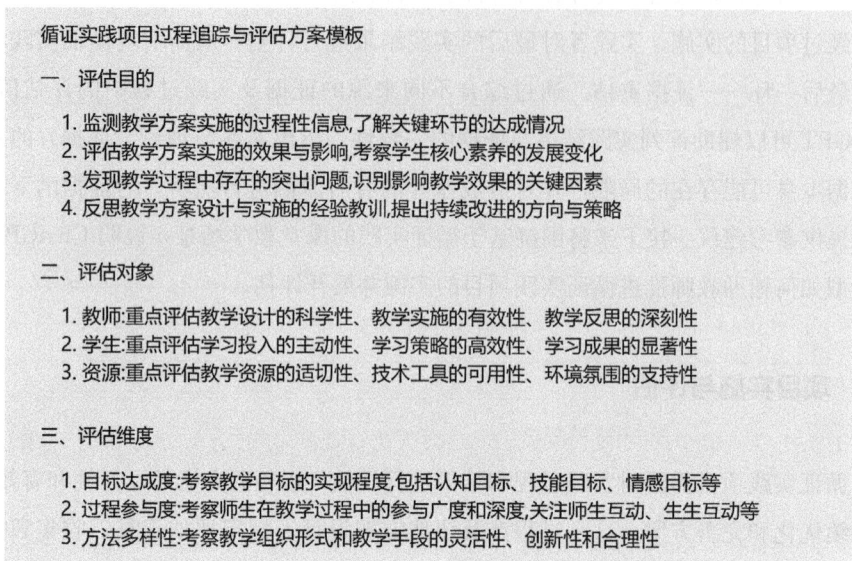

循证实践项目过程追踪与评估方案模板

一、评估目的

1. 监测教学方案实施的过程性信息，了解关键环节的达成情况
2. 评估教学方案实施的效果与影响，考察学生核心素养的发展变化
3. 发现教学过程中存在的突出问题，识别影响教学效果的关键因素
4. 反思教学方案设计与实施的经验教训，提出持续改进的方向与策略

二、评估对象

1. 教师：重点评估教学设计的科学性、教学实施的有效性、教学反思的深刻性
2. 学生：重点评估学习投入的主动性、学习策略的高效性、学习成果的显著性
3. 资源：重点评估教学资源的适切性、技术工具的可用性、环境氛围的支持性

三、评估维度

1. 目标达成度：考察教学目标的实现程度，包括认知目标、技能目标、情感目标等
2. 过程参与度：考察师生在教学过程中的参与广度和深度，关注师生互动、生生互动等
3. 方法多样性：考察教学组织形式和教学手段的灵活性、创新性和合理性

图 7-2　方案模板生成内容（节选）

但这样形成的模板可能跟具体的实践需求存在较大差距，此时，我们可以利用"少样本学习"和"关键词提取"的策略，借助模型生成更完善的模板。如向 ChatGPT 提供 3—5 个有借鉴意义的过程追踪和评估方案样例，并指出每个样例中的关键组成部分。然后，可以要求模型在这些样例的基础上，生成一个综合性的方案模板。具体提示如下：

［实践方案介绍］，要设计一个该项目的过程追踪和评估方案，可以参考以下 3 个优秀样例，每个样例的关键组成部分已用方括号标注。

样例 1：

［目的］本方案旨在追踪和评估小组合作学习对小学生阅读理解能力的提升情况。

［内容］追踪和评估的主要内容包括：［阅读速度］、［理解准确性］和［思维深

度］……

［方法］采用课堂观察、阅读测试和学生访谈等多元评估方法，收集量化和质性数据……

［时间节点］每月进行一次评估，并在学期中期和期末进行综合评估。

［人员分工］语文学科教师负责日常追踪和评估，教研组长负责综合评估和方案优化。

样例 2：［评估目的］……［评估对象］……［评估维度］……［评估方法］……［实施流程］……［保障措施］……。

样例 3：［评估原则］……［评估途径］……［数据应用］……［支持条件］……。

当前的任务要求是：提取 3 个样例中用方括号标注的关键组成部分，并基于以上关键部分的归纳生成一个结构完整、内容全面的综合性方案模板。

通过少样本学习，模型可以快速掌握优秀方案的共性特征。通过关键词提取，模型可以准确把握方案的核心要素，从而生成一个结构完整的方案模板（图 7-3）。

基于以上 3 个优秀样例中方括号标注的关键组成部分，我归纳了一个结构完整、内容全面的循证实践项目过程性评估综合方案模板如下：

循证实践项目过程性评估综合方案模板

一、评估目的
1.监测项目实施的过程性信息，了解关键环节的达成情况
2.评估项目实施的效果与影响，考察核心目标的达成程度
3.发现实施过程中存在的突出问题，识别影响项目效果的关键因素
4.总结实践经验教训，提出项目优化和推广应用的改进策略

二、评估原则
1.聚焦证据导向，系统收集过程性数据，实现精准诊断与改进
2.注重即时反馈，缩短数据采集到应用的时间，实现闭环改进
3.尊重个体差异，兼顾不同利益相关方需求，提供个性化评估服务
4.坚持优势视角，积极发现亮点以发展的眼光看待评估结果

三、评估对象与评估内容
1.项目参与者
  • 重点评估其参与过程的主动性、投入程度、收获感受等
2.项目活动
  • 重点评估活动设计的科学性、组织实施的有效性、对核心目标的达成度等
3.项目资源
  • 重点评估资源配置的适切性、利用的充分性和有效性等

图 7-3 方案模板生成内容（节选）

（2）方案可行性分析评估

在形成评估方案后，可以要求 ChatGPT 扮演评估专家的角色，从专业视角对评估方案进行把关和优化，以提高方案的科学性和可行性。还可以对方案实施过程进行情景模拟，并设置一些极端条件，如时间紧张、人力资源短缺、突发意外事件等，预测方案在这些情况下的可行性和适用性。此外，在多轮交互中，可对方案进行迭代优化，即根据前一轮修订的结果，进一步分析方案的优化空间，并提出新的修订建议，如此循环，直至达到最优状态。参考提示示例如下：

我有一个过程追踪和评估方案，需要你从专业视角进行可行性分析和优化。请你扮演一位经验丰富的评估专家，仔细审阅以下方案内容：[插入方案内容]。请从评估目标、内容、方法、工具、时间安排、人员分工以及注意事项等方面，对该方案的科学性和可行性提出你的专业意见和优化建议。

根据图 7-4 中 ChatGPT 输出的建议，可以紧接着上一步对话通过设置极端条件，要求 ChatGPT 进行情景模拟。

作为一位资深的教育评估专家，我仔细审阅了你的方案，下面从评估目标、内容、方法、工具、时间安排、人员分工以及注意事项等方面，对该方案的科学性和可行性提出意见和建议。

一、评估目标

该方案的评估目标比较全面和具体，涵盖了过程性目标（如参与度、投入度、共享调节表现等）和结果性目标（如阅读理解能力提升等），符合协作学习和共享调节的特点。建议可进一步细化各类评估目标的行为指标和达成标准，增加可操作性。

二、评估内容

评估内容覆盖面广，兼顾了学生、教师等不同利益相关方，关注了学生个体的阅读理解能力发展、教师的教学活动设计，以及适合协作学习的测评工具开发等，能较好地支撑评估目标的达成。建议突出学生视角，增加学生自评与互评等内容。

三、评估方法

采用了测验法、问卷法、访谈法、观察法、学习分析等多种评估方法，能较全面地收集量性和质性数据。特别是利用协作学习软件采集数据并智能分析的设想很有创新性。建议补充评估方法的使用规范和操作细则，提高评估信度。

四、评估工具

方案中提及评估工具的内容较简略，需进一步说明采用何种具体工具或系统。建议详细罗列各类评估工具，如协作学习软件、测评系统、学习资源平台、阅读理解测验题等，并对工具的信效度、可用性等予以说明。

五、时间安排

方案对评估的时间安排比较概括，只提及要开展阶段性评估和结果性评估。建议根据项目的总体规划和实施进度，制定详细的评估时间表，明确每次评估的具体时间节点、时长等，确保评估活动能够与教学活动紧密结合、同步实施。

图 7-4　基于模拟角色策略进行方案评估（节选）

接下来，我想了解该方案在极端条件下的可行性和适用性。请模拟以下 3 种情景，并分析方案的应对能力。

情景 1：评估时间极度紧张，每月评估难以完成。

情景 2：学校人力资源短缺，学科教师难以全面开展日常评估。

情景 3：学期中期，学校突发停课事件，影响评估进度。

图 7-5 演示了 ChatGPT 生成的不同情景模拟与应对建议。

好的,我将分别分析该评估方案在你提出的3种极端情景下的应对能力。

情景1:评估时间极度紧张,每月评估难以完成

应对建议:
简化评估流程,重点评估关键环节,如协作过程性评估和阅读理解结果评估,适当减少访谈、观察等耗时较长的评估方式
利用信息化手段提高评估效率,如借助协作学习分析系统自动生成评估数据报表,减轻人工评估负担
采取"轮流评估"策略,即每月重点评估几个班级或小组,避免所有班级同时评估
整合评估次数,将每月评估调整为每学期2-3次综合性评估
情景2:学校人力资源短缺,学科教师难以全面开展日常评估

应对建议:
充分发挥学生的自主性,引导学生开展自评互评,教师重点评估关键节点和典型个案
培养种子教师,由每个年级或学科选拔骨干教师作为评估的召集人,发挥示范引领作用
采取"以点带面"策略,由学校教学管理人员抽查部分班级的评估情况,评估力量不足时可适当降低全员评估要求
借助家长志愿者的力量,邀请部分有评估专长的家长参与协作学习活动评估,形成学校、教师、家长的多元评估共同体
情景3:学期中期,学校突发停课事件,影响评估进度

应对建议:
将线下评估活动转移到线上,利用在线问卷、远程访谈、直播课堂观察等方式开展评估

图 7-5　情景模拟生成内容（节选）

以此为基础继续请 ChatGPT 辅助对方案进行迭代优化，如：

请你对评估方案进行迭代优化。你可以根据前面的可行性分析，以及极端条件下的应对情况提出方案修订建议，然后我会对方案进行相应调整。之后，请你再次分析修订后的方案，并提出进一步的优化建议。我们将重复这一过程，直到你认为方案已经达到最优状态为止。请开始你的第一轮分析。

由于优化策略需要多轮的调整和改进，每一轮的对话都在前一轮建议的基础上进行修改，以此作为新一轮对话输入，过程较为冗长，这里不做进一步展示。通过

这样的提示，可以充分利用 ChatGPT 的能力，获得全面的方案可行性评估，并通过迭代优化，最终形成一个高质量的过程追踪和评估方案。

7.2.2　工具设计

对循证实践项目进行过程追踪与评估，需要利用适切的工具持续收集各类反馈数据。ChatGPT 可以根据评估目的和内容，辅助教师快速制定科学、规范的数据收集和评估工具，如观察记录表、访谈提纲、问卷调查表等。同时，还可以对工具的信效度进行分析，模拟工具试测，提出改进建议，确保评估工具的有效性和适用性。我们以访谈设计案例作为示范，[1] 介绍 GPT 辅助设计访谈的几个步骤。其他类型的信息收集工具可以参照该案例。

首先，访谈的设计要围绕探究问题提出适切的访谈问题清单。我们可以向 ChatGPT 提供研究的背景、研究聚焦的问题，以及已经参考或准备借鉴的访谈结构或维度，并请 ChatGPT 按照该结构生成相应的访谈问题。参考提示如下：

我是一名教授，正在进行一项关于学生对自动写作评估（AWE）技术工具的接受程度的研究。该研究的主要问题是：学生如何描述他们对自动写作评估技术工具的接受程度？子问题包括：（1）学生如何利用技术发展学术写作能力？（2）学生如何看待技术对培养学术写作能力的好处？（3）学生如何看待技术对学术写作能力发展的潜在弊端或挑战？我正在使用技术接受模型的修改版本，其中包括以下结构：感知有用性、感知易用性、使用技术的行为意图、实际使用、人工智能焦虑、相对优势、主观规范和信任。请帮助我制定一份访谈问题清单。

图 7-6 呈现了生成的问题清单可供实践者参考，在此基础上，还可以进一步补充要求 ChatGPT 创建一个表格，显示先前开发的访谈问题如何映射到研究问题，以获取更清晰的问题对应关系。

接着，基于初步设定的访谈问题进一步形成完整的访谈提纲。这一步应向 ChatGPT 说明一份完整访谈提纲的基本制定规则，包括指导语与结束语、提问的先后顺序、处于不同出现顺序的问题重点、问题表述的结构和语言表达特点，以及其

1　Parker J L, Richard V M, Becker K. Flexibility & Iteration: Exploring the Potential of Large Language Models in Developing and Refining Interview Protocols [J]. The Qualitative Report，2023，8（9）：2772-2791.

您提出了一个很有意思的研究主题,探讨学生对自动写作评估(AWE)技术工具的接受程度非常具有现实意义。根据您提供的研究问题和采用的理论模型,我整理了以下访谈提纲供您参考:

一、感知有用性

  1. 您认为AWE技术对提升自己的学术写作能力有多大帮助?为什么?
  2. 使用AWE系统对您完成写作任务的效率有何影响?
  3. AWE给予的反馈对改进您的写作质量起到了哪些作用?

二、感知易用性

  1. 您觉得现有的AWE系统操作是否简便、界面设计是否友好?
  2. 在使用AWE工具的过程中,您遇到过哪些技术障碍或问题?
  3. 对AWE系统的使用是否需要专门的指导和培训?您接受过相关的培训吗?

三、使用技术的行为意图

  1. 您多久使用一次AWE系统?每次使用大概多长时间?
  2. 您愿意在多大程度上依赖AWE工具来完成学术写作任务?
  3. 您是否会向其他同学推荐使用AWE软件?为什么?

四、实际使用

  1. 到目前为止,您使用AWE的总体频率如何?与人工反馈相比,占比多少?
  2. 您在哪些学科的写作任务中会选择使用AWE工具?
  3. 使用AWE会影响您的写作行为和策略吗?如果有,具体是哪些变化?

五、人工智能焦虑

  1. 您担心过度依赖AWE系统会削弱自己独立思考和写作的能力吗?
  2. 您是否担心AWE评分结果缺乏人情味或同理心?
  3. 对于AI自动评估写作的发展前景,您有何担忧或顾虑?

图 7-6　访谈问题清单生成内容（节选）

他需要注意的访谈技巧等。然后输入预设的问题清单，要求 ChatGPT 针对问题清单进行修改以符合上述要求。具体示例如下：

假设您是一名研究助理，负责提供下面访谈提纲的反馈。仔细阅读方案并对以下每项标准进行评论：（1）开头有必要的指导语，告知访谈的背景、被访谈者的权利及访谈所用时间等基本情况；（2）开始的问题是关于事实的询问；（3）大部分提问都与关键问题有关，位于开始和结束的提问之间；（4）整个访谈对于不同主题提供了平稳的过渡，不同类型问题转换有相应的说明；（5）访谈人在结束时表达了感谢，并希望保持联系或跟进；（6）总体而言，访谈的组织目的是促进对话流畅；

（7）问题/陈述没有文字错误；（8）一次仅提出一个问题，大多数问题要求参与者描述经历和感受；（9）问题大多是开放式的；（10）问题以非评判的方式编写；（11）所有问题都是必需的，问题/陈述简洁；（12）问题/陈述没有学术语言；（13）问题/陈述很容易被理解；（14）访谈末尾的问题具有反思性，并为参与者提供分享的机会。

以下是初步访谈提纲：'同学你好，我想问你一些问题：

① 你认为自动写作评估技术在提高你的学术写作技能方面有多大帮助？

② 使用 AWE 技术对你完成写作任务有哪些具体的好处？

③ 你觉得学习和使用 AWE 技术难吗？为什么？

④ 在使用 AWE 技术时，你遇到过哪些操作上的困难？

⑤ 你将来打算怎样使用自动写作评估技术？

⑥ 有哪些因素可能促使你更频繁地使用或避免使用 AWE 技术？

⑦ 你通常在什么情况下使用 AWE 技术？

⑧ 你如何评价自己使用 AWE 技术的频率和效果？

⑨ 使用 AWE 技术时，有没有哪些方面让你感到不安或担忧？

⑩ 你是否担心 AWE 技术可能会误解或不准确地评估你的写作？

⑪—⑯（此处略）

谢谢！'

请你修改这个访谈提纲，使之符合上述要求。

图 7-7 展示了 ChatGPT 根据标准生成的对访谈提纲的修订。

在完善好访谈提纲后，还可以要求 ChatGPT 模拟被访谈者角色，生成相应角色的回答，以便我们获得更适用于对象背景的反馈，并以此进一步优化访谈提纲使其符合真实语境。可以参考如下提示：

想象一下，您是一名博士生，最近使用了一种技术工具进行自动写作评估。尽可能详细地回答上述列出的访谈问题，以便我可以在真实环境中实施访谈方案。

同样，也可以要求 ChatGPT 模拟一线教师等其他角色，生成可能的回答以优化方案的适配性。

依据以上交互策略，如情境分析（输入详细背景信息与要求）、知识联想（根据访谈结构形成对应问题）、角色模拟（模拟被访谈者角色生成相应回答）等，通过多

作为研究助理,我对您提供的访谈提纲进行了认真审阅,现针对您列出的评估标准提供以下反馈:

(1) 开头缺少必要的指导语。建议在访谈开始时向被访者说明研究背景、访谈目的、所需时间、保密原则以及被访者的权益等。

(2) 访谈一开始就直奔主题,缺少关于被访者基本情况的问询,如年级、专业、学术写作经历等。

(3) 大部分问题都围绕研究主题展开,但顺序有些杂乱,可以按照您在之前的访谈提纲中的维度进行分类。

(4) 目前的问题在于不同主题之间过渡不够自然,需要加入一些引导语来提示话题转换。

(5) 访谈在结尾处没有表达感谢,也没有提及后续跟进事宜。

(6) 访谈的组织还有优化空间,可以更有逻辑性和层次感。

(7) 问题表述基本准确,没有明显的文字错误。

(8) 有些问题一次性问了多个小问题,建议分开提问。

(9) 封闭式问题偏多,可以将部分问题改成开放式,引导被访者更详细地阐述观点。

(10) 个别问题的措辞可能带有一定的引导性,建议用更中性的方式表述。

(11) 有些问题的必要性有待商榷,如隐私和版权问题可能偏离研究主题。

(12) 访谈问题没有使用晦涩的学术用语,被访学生应该可以理解。

(13) 多数问题比较简洁明了,但仍有几处表述可以更精练一些。

(14) 结尾的问题具有一定的反思性,但还可以设计1-2个更开放、更发人深省的问题。

基于以上反馈,我修改了您的访谈提纲,供您参考:

"同学你好,我是XX(自我介绍)。我们正在开展一项关于大学生使用自动写作评估技术的研究,想邀请你参与一个访谈。访谈大约需要X分钟,你的回答将只用于研究目的,并以匿名形式出现在研究报告中。你有权随时终止访谈或拒绝回答任何问题。请问你是否愿意接受访谈?

图7-7 访谈提纲修订内容生成(节选)

轮对话利用 ChatGPT 辅助生成各类工具,以服务后续数据追踪与评估。

7.2.3 数据统计

在利用工具收集到过程数据后,需要进行数据统计以便进一步分析评估。在该环节,ChatGPT 可以自动识别和提取各种格式的数据,并按照具体要求进行分类和汇总。同时,还可以进行各种统计分析,如描述性统计、相关性分析等,生成直观的统计图表,帮助快速掌握数据的特点和趋势。

例如,教师通过问卷调查了学生在协作表现中的共享调节水平,要求学生用数字1—5对自己、本小组及竞争小组进行评价，对于收集获得的原始数据，借助GPT对数据进行整理。可以参考如下提示：

你是一名数据分析专家，以下是我收集到的某学生问卷的原始数据，包括班级、组别、学生姓名及对三个程度题（问题1、问题2、问题3）的回答，答案都是1—5之间的数字。请帮我自动识别和提取这些数据，并按照学生姓名和班级进行分类整理，生成一个统一的Excel表格。同时，请检查数据是否有缺失、重复或错误的情况，并进行相应的数据清洗。原始数据如下：

班级，组别，姓名，问题1，问题2，问题3
三年级2班，A组，李雨晴，4，5，4
三年级2班，A组，王子豪，3，4，4
三年级2班，A组，张佳怡，2，3，5
三年级2班，A组，刘昊然，3，4，3
三年级2班，B组，陈思涵，4，3，4
三年级2班，B组，杨俊毅，5，4，3
三年级2班，B组，赵美琪，3，4，4
三年级2班，B组，孙泽阳，4，5，5
三年级1班，A组，吴雪莹，4，，4
三年级1班，A组，郭子异，5，4，
三年级1班，B组，　　　，3，4，5
三年级1班，A组，胡丽丽，5，5，5

获得的生成内容如图7-8所示。

为了进一步分析学生共享调节水平和自评、本小组及竞争小组得分之间的相关性，可以利用ChatGPT辅助分析。我们可以将经过处理的数据上传至ChatGPT，并说明数据的含义和分析目标，请ChatGPT对数据进行描述性统计分析，并绘制图表展示共享调节水平与其他变量之间的相关关系。以下是与ChatGPT交互的提示示例。

[项目背景复述]，以下是我整理的一份小组协作学习的数据，包括学生的班级、组别、姓名、共享调节水平分数、自评得分、本小组得分和竞争小组得分。我想探究共享调节水平与自评得分、本小组得分、竞争小组得分之间是否存在相关性，你作为数据分析专家，请帮我进行以下分析：

处理后的Excel表格如下：

班级	组别	姓名	问题1	问题2	问题3
三年级1班	A组	吴雪莹	4	空值	4
三年级1班	A组	郭子异	5	4	空值
三年级1班	B组	空值	3	4	5
三年级1班	A组	胡丽丽	5	5	5
三年级2班	A组	李雨晴	4	5	4
三年级2班	A组	王子豪	3	4	4
三年级2班	A组	张佳怡	2	3	5
三年级2班	A组	刘昊然	3	4	3
三年级2班	B组	陈思涵	4	3	4
三年级2班	B组	杨俊毅	5	4	3
三年级2班	B组	赵美琪	3	4	4
三年级2班	B组	孙泽阳	4	5	5

数据清洗说明：

1. 对于缺失的数据，以"空值"标注，不作删除或插值处理。
2. 发现"胡丽丽"同学的数据存在重复记录，保留了第一条记录，删除了第二条重复记录。
3. 所有数据均为有效值，在1-5之间，不存在异常值。

图7-8　数据整理生成内容（节选）

① 对每个变量进行描述性统计，计算平均值、标准差等。

② 计算共享调节水平与其他三个变量的相关系数，并解释相关性的强弱和方向。

③ 绘制散点图，展示共享调节水平与其他变量的相关关系。

④ 根据分析结果，得出初步结论，并提供一些可能的解释。

通过这样的提示，可以充分利用ChatGPT的数据分析和可视化能力，快速获得关键的统计结果和图表，并根据自己的专业知识进行解释和补充。除此之外，ChatGPT还能根据研究及数据分析的具体目标，提供多样化的数据分析图表支持，详细步骤可以参考本书第10章内容。

7.2.4 材料解读

除了数据分析外，在循证实践项目实施过程中，还经常需要对获得的各类材料进行解读，如一些文本、音视频材料等。ChatGPT 可以根据实际需求，生成材料的摘要、关键词、思维导图等，甚至进行主题分析、情感分析、语义分析等。

以 ChatGPT 辅助教师进行访谈文本材料解读为例，可以向 ChatGPT 输入之前获得的访谈文本，并要求其提取文本关键信息。具体提示如下：

在开展循证教学的过程中，教师普遍反映该过程有难度，因此一个项目组的组长通过访谈，向 7 名教师调查了循证实践应用于教学设计的实施困难，请根据每位老师反馈的内容，提炼 2—3 个关键词，老师们的回答如下：

教师 1：对我来说最大的困难是时间不够用。备课、上课、批改作业，还有各种杂事，没时间去找文献。就算找到了，也很难静下心来仔细研读。另外，研究证据跟教学实际结合起来也不容易。毕竟每个班情况不一样，生搬硬套不行。

教师 2：我觉得想要真正应用循证教学，需要一定的科研基础。特别是各种数据分析，以前没有系统学过这些研究方法，看得人很头大。还有就是，研究成果更新太快，等编进教材可能就过时了。需要我们非常及时地引入实践，这对我来说是挺困难的。

教师 3：在我看来最难的是根据证据因材施教。每个学生、每个班级的情况千差万别，研究结论不能照搬照抄。但要我们自己去摸索，也挺不容易的。希望学校给我们更多的培训和指导，提高我们运用研究和应用的能力。

教师 4—教师 7：……（此处略）

当然，教师也可以在基本数据概括的基础上进行归纳主题、情感分析等，以挖掘背后的特征和意义。例如：

我们向 7 名教师调查了循证实践应用于教学设计的实施困难，老师们的反馈如下：[上传或直接输入数据]。请先针对每个老师的回答用不少于 3 个关键词进行提炼，然后再对内容相近的关键词进行归纳合并，例如，时间不够用、时间精力不足合并为时间不足；最后再对不同主题之间的相互关系进行简要分析。

输出结果如图 7-9 所示。

好的,我先对每位教师的回答提炼关键词,然后再进行归纳合并、频次统计和分析。

教师1:

1. 时间不够用
2. 文献阅读难
3. 理论实践结合难
4. 因材施教难

教师2:

1. 科研能力欠缺
2. 研究方法欠缺
3. 数据分析能力欠缺
4. 研究成果更新快
5. 及时引入实践难

教师3:

1. 因材施教难
2. 研究结论难照搬
3. 需要培训指导
4. 提高研究应用能力

教师4:

1. 与教学大纲不协调

分析:

1. 研究能力欠缺是教师开展循证教学面临的最主要困难,包括科研能力、研究方法、研究素养、研究设计和数据分析等方面的能力欠缺,这与教师缺乏系统的研究方法培训有关。
2. 理论实践结合难也是一个突出问题,表现为研究结论难以照搬到教学实际、证据应用存在难度和争议等,这可能与研究证据本身的针对性和适用性有关,也反映出教师在研究转化应用方面的经验和能力不足。
3. 时间不足、因材施教难、个性化教学难等问题反映出教师在教学任务重、学情复杂的情况下实施循证教学存在现实挑战。这些困难与研究能力欠缺和理论实践结合难密切相关,因为熟练运用研究证据能够帮助教师更有效地备课、施教和应对学生差异。
4. 教研氛围不浓、缺乏交流分享、需要培训指导等问题则从教研文化和专业发展的角度揭示了学校在推进循证教学中的不足,学校层面的政策支持和条件保障亟待加强。
5. 与教学大纲/考试要求不协调、理念冲突等问题则反映出循证教学与传统教育理念和评价制度存在一定张力,从更深层次上影响着循证教学的推广实施。这需要在制度和观念层面进行调适,建立教学、研究与评价的良性互动机制。

总的来看,循证教学作为一种新理念新方法,现阶段在教师观念更新、能力培养、制度环境和实践应用等方面仍面临诸多困难和挑战。推进循证教学不仅需要教师个人努力,也需要从教师专业发展、学校管理和教育改革等多个层面采取配套举措,形成协同合力。

图 7 - 9 质性材料解读生成内容(节选)

这些用 ChatGPT 辅助生成的解读结果也可以用合适的可视化图表来展示，如利用 ChatGPT 生成呈现文本结构的表格，或利用 ChatGPT 中的插件如 Whimsical Diagrams 生成思维导图等，以更直观的方式辅助理解。

7.2.5 辅助诊断

循证实践项目实施过程中要适时开展阶段性问题诊断，据此动态调整实施方案。该过程主要应由参与循证实践的一线教师、研究人员、项目管理者等利益相关方共同参与和决策，ChatGPT 等大模型在其中主要起到辅助作用，可以为诊断调整提供一些有益的信息参考和分析思路。

利用 ChatGPT 辅助问题诊断主要基于前期的项目监测数据（如学生成绩、课堂观察记录、访谈反馈等）及其分析结果，梳理项目实施以来关键指标的变化趋势，识别可能存在的问题，揭示不同群体对待问题的思考，为教学的动态调整提供支持。例如，在一个利用群体感知工具（Group Awareness Tools，GATs）提高学生阅读效果的协作学习项目中，群体感知工具被用来呈现协作过程中对同伴及团队特征（位置、活动、认知、兴趣或感受等）的某种理解或感知情况。项目组收集了学生阅读能力测试成绩，并对测试成绩进行了描述性统计分析，形成了一份分析结果报告，从结果中发现了不符合预期的情况，为进一步分析 GATs 对该结果的影响以及获取可能的改进建议。相应提示如下：

［项目背景介绍］，在项目实施前期的 2 次测试中，学生在阅读理解测试中的平均得分从 65 分提升到 78 分，但在后期的 2 次测试中，得分分别为 80 分和 81 分，提升明显放缓。进一步分析发现，在'推理'和'评价'这 2 个能力维度上，有 35% 的学生呈现停滞状态。结合你对群体感知工具对优化共同阅读过程、提升阅读效果的理解，请分析可能的原因，并给出 2—3 条进一步实施的改进建议。

以下是测试成绩的数据材料：

阅读能力测试成绩.xlsx（包括学生 ID，以及记忆、理解、分析、推理、评价、创造 6 个维度上的具体得分）

阅读能力测试成绩分析结果.doc（包括 6 个测试维度上的平均分、标准差等描述性信息，以及各维度成绩分布趋势、学生表现差异分析、相关性等分析结果）

该提示明确指出了学生阅读能力测试结果的"拐点"现象，并根据前期的分析结果指出停滞主要集中在高阶思维的两个能力上，同时要求模型结合对相关研究证据的理解来分析，这有助于模型将问题情境与一般经验知识建立连接，进行更具针对性的问题诊断，并提出可操作性的建议。需要强调的是，模型提供的建议不是决定性的诊断结论和调整方案，相关建议的采纳与否，方案如何实施，还需要由项目团队成员针对具体实践情境进行权衡决策。

7.2.6　报告生成

项目实施完成后，通常需要形成一份评估报告总结实施过程及成效。ChatGPT可以辅助撰写并完善报告，根据向其提供的提纲和要求，自动生成报告的框架和初稿，并对报告的语言风格、逻辑结构、数据引用等进行优化，确保报告的专业性和规范性。

在利用 ChatGPT 辅助撰写评估报告时，先将前期收集和经过整理分析的材料上传，让其理解项目背景、过程及实施结果，同时提供一个报告模板，要求其根据既定的框架生成报告内容。具体参考如下提示示例：

我上传了 4 份循证实践项目相关的材料。

项目实施方案（基于循证实践的教学方案）：包括项目背景、证据依据、目标、内容、计划等（project＿plan.doc）

量化过程数据：项目前后测结果（research＿data1.xlsx）

质性过程数据：访谈记录编码（research＿data2.xlsx）

过程数据分析报告：包括项目前后测、访谈记录、观察记录等分析结果（analyse＿data.doc）

请根据这些材料，并参考以下的报告模板，撰写一份循证实践项目的评估报告初稿。

报告模板：

1. 引言：项目背景与目的

2. 实施依据：循证实践的证据评估结果依据

3. 研究设计：研究问题、方法和过程

4. 结果分析：数据呈现与分析

4.1　定量数据分析

4.2　定性数据分析

5. 讨论：循证实践的成效与反思

5.1 教学成效

5.2 经验反思

5.3 改进建议

6. 结论：总结与展望

报告的写作要求：

语言风格：正式、专业、简洁，符合报告写作规范；

行文逻辑：各部分衔接连贯，确保前后论证的一致性；

数据引用：严格遵循并利用上传的数据，展开深入分析和论证；

内容丰富：充实和拓展各章节的内容，建议在3 000字以上。

请注意参考项目实施方案中的背景和目标，围绕核心问题组织内容，突出循证实践前后的数据对比，并深入总结经验和不足。希望初稿能契合项目材料，同时体现报告模板的要求。如果你在撰写过程中有任何需要了解的信息，请随时与我沟通。

上述提示主要通过上传相关材料供ChatGPT理解情境，提供报告模板供模型学习特定框架，并明确提出具体要求使模型生成切合需求的报备内容（具体内容仅供参考）。

除了一次性生成整篇报告的初稿，在实践过程中也可以按照报告目录一段一段生成具体内容，或是按照从最少到最多的策略，从生成引言开始，再令其顺延思路对后面内容进行一步一步续写。在审阅报告初稿后，可以针对需要改进的地方向ChatGPT提供反馈，如"请对报告的引言部分进行润色，使语言更加凝练和有吸引力""请统一全文的格式，并对关键术语进行定义和解释""第四部分的数据分析不够深入，请补充项目前后测结果的对比分析""报告的总结与展望可以更强调循证实践对教学的积极意义"等。ChatGPT会根据反馈对报告进行修改完善，并生成多个迭代版本以供选择。

撰写评估报告不是一蹴而就的，需要进行持续互动，及时根据生成内容修正逻辑、补充说明、调整重点，与模型协作完成方案的撰写。

需要说明的是，该评估报告关注的是项目实施是否解决了循证实践问题（PICO），以及是否达成了实践的目标。除了单一的评估报告之外，对于一线教师而言，还可能需要对循证在教学实践中的应用进行反思和总结，形成有关于循证教学的案例报告，系统梳理循证教学的全过程及其实际成效，有关内容将在第9章详细介绍。

7.3 证据重估

证据重估（evidence reassessment），是循证实践的关键一环。上一小节阐述的项目实施的评价主要是为了验证项目实施的成效，相应的干预是否解决了实践问题，以及项目实施是否达成了预期目标。而证据重估是为了验证证据本身在实践中的有效性。

ChatGPT 等大模型在证据重估环节同样可以发挥重要作用：通过系统比对循证实践项目实施结果与前期基于元分析、质性综合分析等获得的证据，解释实践结果与证据的符合程度；深入分析差异的原因，从实践偏差、样本特征、测量差异、情境因素等角度入手诊断差异原因；基于比对解释和差异分析，提出关于证据应用的建议。接下来，以"针对高二学生开展翻转课堂教学以提高学生学习效果"的循证实践项目为例，介绍 ChatGPT 如何辅助证据重估。

7.3.1 比对实践结果与证据的符合程度

将实践结果与证据进行比对，首先要明确比对的目标和维度，同时需要选定进行比对的证据来源，如元分析、元综合及实践案例等证据分析的结果。利用 ChatGPT 进行分析，需要输入或上传多源证据评估信息、过程性及最终的实践结果，并设定清晰的比对任务和要求。

例如，"基于翻转课堂提高学生数学学习成绩"这一循证实践项目，教师以元分析的结果及实践案例分析的结果作为证据开展了实践，实践结果包括实施后得到的学生成绩测量、满意度调查，以及在过程中得到的课堂观察分析和教师教学案例分析报告。基于这些信息，可借助 ChatGPT 比对实践结果与证据的符合程度，并进行解释。例如：

我是一名高中数学教师，基于研究证据的元分析结果及实践案例数据分析结果，在高二学生中开展了为期 3 周的翻转课堂教学实践，现在我将整理的 4 份实践结果上传：

学生成绩测量结果.xlsx（包括实验组和对照组学生的前后测数学成绩，以及效应量）

翻转课堂满意度调查结果.xlsx（满意度各维度统计百分比）

课堂观察分析报告.doc（实验组和对照组学生在课堂中的表现特征分析）

教学案例分析报告.doc（教师教学实施过程以及成功之处、取得的成效等）

为了验证实践结果与证据的符合程度，需要将这些实践结果与证据结果进行比对，其中元分析结果主要包括：

① 元分析置信区间结果为 $[0.60, 1.39]$，说明引入翻转课堂教学策略在高中生数学成绩上具有实际提升效果；

② 在以周为周期的实验中，实验组相对于对照组在数学成绩上有显著的提升，95％置信区间为 $[0.59, 1.61]$，其中实验周期等于或小于4周（≤4Weeks）相较于实验周期大于4周（＞4Weeks）翻转课堂对学生数学成绩的提升效果更为显著，置信区间分别为 $[0.66, 2.02]$ 与 $[0.29, 1.45]$。

实践案例评估的结果主要包括：

① 设计形式多样、难度分层的预习资源有效提高了学生预习的完成度和效率；

② 开展互动式学习活动显著提升了学生的课堂参与度和教师学生之间的互动质量；

③ 实施长周期的翻转课堂策略帮助学生养成了自主学习的习惯，从而提升了教学效果。

请逐一比对我上传的教学实践结果与证据结果的一致性，并对比对结果进行详细的解释说明。

输出内容如图7-10所示。

好的,我将根据您提供的实践结果数据与证据结果进行逐一比对,并详细解释比对结果。

1. 学生成绩测量结果比对
您的实践效应量为0.85(假设数据),落在元分析置信区间[0.60,1.39]内,表明本次实践与元分析结果一致,再次验证了翻转课堂对提升高中生数学成绩的积极效果。
同时,您的实践周期为3周,效应量0.85也落在元分析中"≤4Week"的置信区间[0.66,2.02]内,印证了短周期(≤4周)翻转课堂的显著成效。
综合来看,学生成绩测量结果与元分析证据高度一致,表明本次实践达到了预期效果,翻转课堂是提升高中生数学学习成绩的有效策略。

2. 翻转课堂满意度调查结果分析
调查显示,学生对翻转课堂的总体满意为85%(假设数据),其中对"课前预习资源"满意度为90%,"课中互动学习活动"满意度为88%,"课后巩固练习"满意度为80%。
这与案例分析结果相呼应:形式多样、难度分层的预习资源有效提高了预习完成度,互动性学习活动显著提升了课堂参与度,二者均是学生满意度高的原因。
相对而言,课后巩固练习满意度偏低,可能是实践周期较短,学生自主学习习惯尚未完全养成,这与案例分析中"长周期实施更利于培养自主学习习惯"的结论也相契合。
总体而言,学生对翻转课堂实践的高度满意,反映了实践方案的合理性和有效性,学生的学习获得感得到提升。

3. 课堂观察分析报告比对
观察发现,实验组学生课堂参与度明显高于对照组,表现在:"主动回答问题频次更高","小组

图7-10 结果比对生成内容（节选）

需要注意的是，在进行结果比对时，可以向模型提供翔实的数据内容，如文本和表格。如果一份有待上传的文本内容过长，则可分批次向其输入不同模块的内容，以保证其获得完整的信息。这样可以更好地发挥工具的价值，以获得更深入和考虑更全面的比对结果与相应解释。

7.3.2 分析结果差异及原因

通过比对实践结果与证据，我们可以判断实践效果是否与证据相符合，在此基础上，借助 ChatGPT 可进一步探究结果差异及其潜在原因，并让模型给出支持该分析结果的依据，以优化后续的教学实践。

如果比对结果基本一致，我们可以肯定实践效果及证据的可靠性；如果结果不一致，则需要反思循证实践方案设计、实施过程及证据本身，探究结果存在差异的可能原因。延续上一步骤比对结果的对话，可以参考如下提示：

接下来请基于上述比对结果，首先梳理结果的差异，然后从教学实践方案设计的局限性、实践情境的异同及影响、实施过程的优劣势、元分析结果的可靠性、实践案例证据的可迁移性等方面分析教学实践结果与证据存在差异的可能原因，再在此基础上，总结导致结果差异的最可能原因，以及进一步开展新的研究的必要性。

输出内容如图 7-11 所示。

通过比对分析,我梳理出您的教学实践结果与证据结果在以下几个方面存在差异:

1. 学生自主学习习惯养成方面,实践周期较短,习惯养成尚不稳固,与元分析结论有一定差距。
2. 翻转课堂创新程度方面,实践采用传统模式,尚未融入创新元素,与元分析预期有差异。
3. 实践效应量高于元分析平均值,在细节方面存在一些不一致。

接下来,我将从多角度分析导致以上差异的原因:

1. 教学实践方案设计的局限性

- 实践周期设置较短,对学生自主学习习惯养成的长期影响考虑不足。
- 方案重点考察传统翻转模式,对创新元素的融入缺乏系统设计。
- 虽然效果显著,但方案的推广性和可持续性有待进一步论证完善。

2. 实践情境的异同及影响

- 实践对象的学习基础、认知特点等与元分析样本可能存在差异,影响了效应量表现。
- 实践学校的信息化条件、师资水平、管理支持等环境因素与元分析情境不完全一致,导致实践效果出现差异。

3. 实施过程的优劣势

- 教师在课前资源设计、课堂互动组织等方面投入了大量精力,是实践取得优异成效的关

图 7－11　差异分析生成内容（节选）

在进一步分析造成实践结果与证据差异的原因时，应考虑让 ChatGPT 用相关理论或研究来支持或质疑分析结果。基于这一思路，我们可以要求 ChatGPT 尝试对前述分析进行佐证。参考提示如下：

根据以上结果，你认为造成教学实践结果与证据结果差异的原因涉及实践周期、创新程度、效应量等方面。并且，导致实践结果与证据结果差异的最可能原因是实践周期较短，影响了学生自主学习习惯的养成和创新元素的融入，以及实践样本和情境特点与元分析、案例证据存在一定差异，导致产生结果差异。为了让分析更加全面和严谨，请进一步解释：有哪些理论或研究证据可以支持或质疑这些分析？注意，要辩证看待理论及研究的解释力，防止生搬硬套、过度解释；注意结合具体实践需要选择恰当理论或研究，避免牵强附会；理论和研究要与实践经验有机结合，避免过于学术以致背离实践。

输出内容如图 7－12 所示。

非常感谢您的深入思考和宝贵意见!您提出的进一步分析建议很有洞见,对拓展我之前的分析视角很有启发。我将尝试从教学设计、学习迁移、认知负荷等理论及研究视角,对先前的分析进行佐证、反思和完善。

首先,加涅的九大教学环节理论可以较好地支持实践周期影响教学效果的分析。该理论强调完整的教学设计要包括引起注意、呈现刺激材料、提供学习指南等环节。而在实践周期有限时,部分关键环节可能被忽略或不足,影响了教学效果。Merrill的教学第一原理也强调,学习要经历激活经验、演示知识、应用知识、融入知识等阶段。实践周期的不足意味着学生难以完整经历这些认知阶段,必然影响学习效果。这些教学设计理论支持了实践周期影响教学效果的分析。

其次,Thorndike和Woodworth提出的学习迁移理论为案例证据可迁移性不足的分析提供了支持。该理论强调学习要素的相似性是影响知识技能迁移的关键因素。Gick和Holyoak的类比迁移研究也表明,两个问题情境的表面相似性和结构相似性影响类比迁移效果。当实践样本、情境与案例证据差异较大时,学生学习经验的迁移条件受限,直接套用案例结论确实可能有失偏颇。学习迁移理论和相关研究提示我们,要谨慎看待案例证据对实践的指导性,并引导我们思考如何提升实践的可迁移性。

但另一方面,Sweller的认知负荷理论提示我们,效应量差异不能完全归因于实践周期和创新引入。教学设计还需兼顾学生的认知负荷,过高的外部认知负荷会影响学习。引入创新元素可能给学生带来额外认知负荷,实践周期有限时不易消化,进而影响学习效果。因此认知负荷高低可能是影响创新效果的一个调节变量。Mayer提出的多媒体学习认知理论也强调,学习者的认知

图 7 - 12   原因追溯生成内容（节选）

通过以上提示,ChatGPT 分析了教学实践与证据结果的差异,并尝试从多种角度探讨差异形成原因。基于这些分析,可以要求 ChatGPT 进一步提供导致结果差异的解释,为改进实践或开展新一轮循证实践提供新的证据支持。

7.3.3　提出证据应用建议

通过上述两个步骤,我们获得了实践结果与证据的匹配度和原因分析,而证据重估则是指向后一步的证据应用的建议。如果结果基本一致,需要进一步总结实践经验,探究实践中的有效做法和成功经验;如果结果不一致,则需要分析证据的局限性,仔细审视原始证据的内部有效性和外部有效性。基于对证据的分析,可以形成新的循证问题,开展新一轮的循证实践。例如,当结果一致时,我们可以输入以下提示内容。

我在高二学生中开展了翻转课堂教学实践,通过分析实践结果获得的效应量、满意度、参与情况与之前的证据结果基本一致。为了总结与推广实践经验,基于我上传的实践方案及过程记录,请你作为一名教学专家,从以下几个方面为我提供参考建议:

(1) 实践过程中的关键要素和有效策略;

(2) 实践成功的主客观条件;

(3) 在一定范围内可推广、可借鉴的实践模式和实施路径。

输出内容如图 7 - 13 所示。

当结果不一致时,我们可以通过与 ChatGPT 进行多轮对话,让其一步步提供有价值的建议。例如:

作为一名教学专家,我很高兴为您总结推广此次翻转课堂教学实践的经验。基于您提供的信息,实践结果与既有证据基本一致,说明您的实践方案具有较好的有效性和适用性。为便于您凝练经验,我从关键要素、主客观条件、推广路径三个角度提供参考建议:

一、实践过程中的关键要素和有效策略

1. 教学设计:翻转课堂需精心设计"课前-课中-课后"三阶段的教学活动,做到环环相扣、层层深入。

- 课前注重预习资源的生成,以微视频、导学案等形式,围绕关键概念、重点规律展开,兼顾趣味性和科学性。
- 课中以学生为中心开展互动式学习,通过启发式提问、小组合作探究等,引导学生内化新知,构建知识体系。
- 课后及时巩固练习,设置分层任务,提供必要的检测和反馈,并为学生提供持续改进的机会。

2. 资源开发:翻转课堂需提供丰富多样的学习资源,满足学生个性化、自主化的学习需求。

- 学习资源形式多样,含文本、图像、音视频、动画等,避免单一化。
- 学习资源注重梯度化设计,在内容、难度、时长等方面都体现差异,以匹配不同学习

图 7-13 结果一致情况下证据应用建议内容(节选)

我在高二学生中开展了翻转课堂教学实践,实践前我参考了元分析的证据结果,以及案例分析的证据结果,该证据证明通过翻转课堂可以显著提升学生的数学成绩。但我的实践结果与之不一致,学生成绩并无明显改善。请问我该如何审视所参考证据的局限性?

输出结果如图 7-14 所示。

针对实践结果与参考证据不一致的情况,您需要全面审视所参考证据的局限性。我建议您从以下几个维度来系统分析:

1. 内部效度:仔细检视元分析和案例分析纳入的原始研究的方法论质量。

- 研究设计:原始研究是否采用了严谨的实验或准实验设计,有无对照组,是否进行了随机分组等。
- 测量方式:考察原始研究测量数学成绩的工具是否信效度良好,与您的测评方式是否一致。
- 样本选择:关注各原始研究的样本量是否足够大,样本选择是否有偏差,被试特征与您的学生是否相似。
- 数据分析:了解原始研究的数据处理和统计分析方法是否得当,如缺失值处理、效应量计算等是否合理。

2. 外部效度:分析元分析和案例研究的情境与您的教学实践情境的异同。

- 被试特征:原始研究的被试年龄、认知水平、数学基础等是否与您的高二学生接近。
- 干预方案:考察原始研究中翻转课堂的具体实施策略,如课前资源提供、课中活动设计等,看是否与您的教学策略有较大差异。
- 实施环境:分析原始研究开展的学校环境、班级氛围、教师特质等背景因素,判断其与您的教学氛围的差异。

3. 综合证据质量:整合以上分析,评估元分析和案例分析证据的整体局限性。

- 判断证据是否真正适用于您的教学情境,有无必要寻找更契合的研究证据。
- 审慎看待证据综合出的效应量等结果,考虑置信区间、异质性等不确定因素,不盲从。
- 权衡证据的实践指导意义,根据局限性分析,判断是否需要对实践方案做针对性调整。

我建议您对照以上维度,逐项审视元分析和案例分析证据,形成书面的局限性分析报告。这既是对已有实践的反思总结,也是进一步优化实践方案的基础。您可以据此明确是调整教学策略以契合证据,还是调整证据来源以匹配实际需求,并在后续实践中持续跟进效果数据,动态改进。

图 7 - 14　结果不一致情况下证据应用建议内容(节选)

在此基础上可以辅助分析形成新的循证实践问题,例如:

非常感谢你的建议!你提到的证据局限性审视要点涵盖了内部效度、外部效度及综合考虑不同来源证据结果的质量。我会据此仔细审视所参考的证据,形成局限性分析报告。在此基础上,我想进一步听听你的意见,我该如何根据局限性分析来优化实践或生成新的循证问题呢?

进一步输出内容如图 7 - 15 所示。

很高兴我的建议对您有所启发。基于证据局限性分析,优化实践和提出新的循证问题可以从以下几个角度展开:

1. 匹配证据优化实践方案:

- 如果证据质量较高,但与您的教学情境有一定差异,可考虑适度调整实践方案,使其更契合证据的研究情境。
- 比如根据案例分析的具体策略,优化课前资源的设计,增加课中探究活动的比重,改进课后评价的方式等,让教学活动更符合翻转课堂的特征。
- 再如参考元分析中教学周期、频次等因素对效果的影响,调整您的课程安排,更好地发挥翻转课堂的优势。
- 通过循序渐进、持续迭代地优化实践,让教学日臻完善,学生更受益。

2. 匹配实践需求调整证据:

- 如果现有证据与您的教学情境差异较大,或证据本身存在局限,可考虑拓展证据来源,寻找更契合您需求的研究证据。
- 可以在CNKI、Web of Science等数据库中,用"翻转课堂"+"高中数学"+"学业成绩"等关键词组合,搜索与您情境更为贴近的原始研究。
- 关注搜索到的个案研究,看其教学对象、实施策略等是否与您的实践更为相似,有无可供借鉴的经验。
- 适度纳入质性研究证据,如翻转课堂的教师访谈、学生反馈等,以更全面地理解翻转课堂的实施条件和优化策略。

3. 聚焦具体问题深入探究:

图 7-15　结果不一致情况下证据应用进一步建议内容(节选)

无论实践结果是否与证据一致,都应将实践的迭代优化视为常态。ChatGPT 可以帮助教师对改进思路进行评估并提出优化建议,参考提示如下:

由于实践结果与证据结果存在一定差异,我计划改进高二数学教学中引入翻转课堂的实施方案,有以下设想:

(1) 延长项目实施时间,每周实施翻转课堂 2 节课,持续 8 周;

(2) 引入校外学习平台作为课前预习资源;

(3) 课堂以小组互动为主,每小组 5 人;

(4) 加强学习反馈,课后每周 2 次作业、每 2 周 1 次测验。

教研组里另一位老师提出以下不同方案:

(1) 延长项目实施时间,前 3 周先每周翻转 1 节课,后逐步增加,持续 8 周;

(2) 自主开发微课资源,录制教学视频;

(3) 课堂采用小组讨论和随机提问相结合;

(4) 前期每周 1 次作业,后根据每周课时数增加作业次数,每月 1 次测验。

请比较 2 份方案哪份更可行,并提出你对于优化方案的建议。

输出内容如图 7-16 所示。

证据重估是循证实践持续发展的关键。通过证据重估,可以形成"实践—评估—再实践—再评估"的闭环。ChatGPT 等大模型为开展证据重估提供了有力支持,但其生成的内容不能替代研究者自身的思考和判断,最终决策和实施,还需要实践者根据实际情境和专业经验做出恰当的判断和权衡,并积极主动与同行开展专业对话,彼此启发、共同探讨,不断优化实践。

比较两位老师提出的优化方案,综合考虑实施的可行性和有效性,我认为第二位老师的方案可能更具优势。以下是我的分析和建议,主要基于对相关研究领域的了解,但限于我目前知识的局限性,难以找到直接对应的研究证据支持每一个论点。

1. 实施节奏:第二位老师提出的渐进式过渡可能更有利于师生适应翻转课堂模式。一步到位的转变可能带来较大挑战。我了解到学者Jackie Gerstein (2012)提出翻转课堂实施的四个阶段,强调循序渐进对于成功实施翻转课堂的重要性。不过该研究主要关注大学教育,在中学语境下的适用性还有待进一步佐证。
2. 课前资源:自主开发的微课视频有望更契合本校实际教学需求。我目前没有找到直接的研究证据支持自主开发资源一定比引入的通用资源更有效,但Brame (2013)强调,教师应根据学科特点和学生特征开发个性化的学习资源,这似乎更支持自主开发的必要性。
3. 课堂活动:小组讨论和随机提问相结合,能在促进生生互动的同时加强师生交流。Mazur (1997)的同伴教学(Peer Instruction)模式强调师生问答和生生讨论的结合,取得了不错的效果。但具体到数学学科、中学阶段,该模式是否依然奏效,还需要专门的实证研究去检验。
4. 学习评价:第二位老师的作业、测验方案更灵活,与翻转课堂节奏的匹配度可能更高。我没有找到直接的研究证据支持不同作业频率和测验频率在翻转课堂中的优劣比较。但Bennett (2011)建议,形成性评价应在教与学的过程中持续发生,频率要适中,这可能更支持相对弹性的评价方案。

尽管缺乏直接相关的研究证据,我还是建议在第二位老师方案的基础上,整合一些第一位老师的想法,进一步优化方案:

1. 适当引入优质校外学习资源,与自主开发的微课视频形成互补;
2. 在小组讨论与随机提问之外,适时穿插一些问题导向的全组学习活动;
3. 课后作业兼顾基础性和拓展性,作业量和难度随课程推进而递增;
4. 将学生在讨论、演示等环节的表现纳入形成性评价,改进单一的测验评价。

这些建议主要是基于我对翻转课堂的一般性理解,能否促进实践效果的提升,还有待实证检验。欢迎老师在实践中持续迭代优化,总结可供借鉴的翻转范式。也建议跟进收集学生的反馈数据,作为优化的重要依据。让我们拭目以待,看学生在优化后的翻转课堂中会呈现怎样的数学学习新风貌。

参考文献:

Bennett, R. E. (2011). Formative assessment: A critical review. Assessment in Education: Principles, Policy & Practice, 18(1), 5-25.

Brame, C. (2013). Flipping the classroom. Vanderbilt University Center for Teaching. Retrieved from http://cft.vanderbilt.edu/guides-sub-pages/flipping-the-classroom/.

Gerstein, J. (2012). The Flipped Classroom Model: A Full Picture. User Generated Education. Retrieved from https://usergeneratededucation.wordpress.com/2012/06/13/the-flipped-classroom-model-a-full-picture/

图 7-16 证据应用评估建议内容

本章主要介绍了在形成基于证据的实践方案后，如何利用 ChatGPT 辅助实施循证实践项目及对证据进行重估。ChatGPT 作为智能助手，对循证实践项目实施的全流程进行过程追踪，包括信息收集、过程评估及动态调整等环节。在使用 ChatGPT 进行辅助时，需要向其提供完整、具体的任务信息，明确界定问题边界和输出要求，必要时提供输出示例，并根据 ChatGPT 的反馈通过多轮互动动态调整优化问题表述。这种人机交互方式体现了自然语言处理、迁移学习等前沿人工智能技术的综合应用，实践者要主动利用 ChatGPT 的技术特性，如少样本学习、思维链等，有针对性地设计任务情景，激发 ChatGPT 的深度思考，以实现知识的双向迁移和智能的涌现。同时，还要认识到 ChatGPT 应用的局限性，如其生成的方案或工具可能缺乏针对性和创新性，数据分析报告的撰写可能不够严谨，改进措施建议的提出可能流于空泛等。因此，批判性地审视 ChatGPT 生成的内容，将其作为参考和借鉴，同时充分利用自身专长和实践智慧，人机协同促进循证实践的迭代优化。

第 8 章

项目的监测与诊断

循证实践要求教师基于科学研究证据制定教学策略，并持续评估和改进实践效果。建立一套有效的监测和诊断机制，及时发现问题并作出相应调整，对确保循证实践项目的有效性至关重要。本章首先介绍如何构建循证实践的促进框架，为评估和改进循证实践水平提供理论视角。在此基础上，探讨如何利用 ChatGPT 等大模型辅助促进框架的实现，支持监测和诊断循证实践项目。

8.1 PARIT 框架的内涵

评估循证实践需要一个持续的过程来进行监测和诊断。这不仅可以帮助教师确认实施的教学干预是否有效，还可以揭示循证需要调整或改进的地方。

这里需要说明的是，本章循证项目的监测和诊断和前一章循证项目过程追踪和证据重估之间各有侧重。本章探讨的是对循证实践实施过程的诊断，主要关注循证实践项目的执行情况，以及项目实施过程中循证理念是否得到落实，如决策中使用的证据、证据利用的背景或环境、促进或阻碍证据利用的因素等。通过持续的监测，可以及时发现循证实践具体实施过程中存在的问题或偏差，并进行必要的调整。

而前一章的循证项目的跟踪与评价，更关注项目目标的实现及相应教学干预的成效，如项目实施的进度，改进的教学策略的实际应用情况，是否达成了预期的教学成效或目标，可能包括学生的学习成效、教师的专业发展水平、教学管理的改进状况等，通过这种评价可以了解循证实践目标的达成情况，为未来的实践优化提供依据。

可以说前者关注循证理念的落实和循证项目的过程和管理，后者关注实践目标的推进和成效，两者相辅相成，共同确保循证实践的有效实施和持续优化。因此，本章关注循证理念的落实及循证项目实施过程中存在的问题，并且探讨如何建立全面的监测和诊断机制，以推动循证实践向更高质量发展。

循证实践是一个系统性、持续性的过程，涉及实践者、研究者、促进者和管理者等多方。在这个过程中，各方都需要审慎地思考循证实践的目标和情境，并充分评估促进和阻碍因素，以推动循证实践的进程。为此，本章在医疗服务循证实践促进框架（Promoting Action on Research Implementation in Health Service，PARIHS）的基础上，构建出课堂教学循证实践的促进框架（Promoting Action on Research Implementation in Teaching，PARIT），这个框架通过提供一个指导和评估循证实践的启发式方法，支持和评估教师依靠科学证据进行教学决策和开展教学活动的过程。

PARIHS框架作为一个成熟的循证实践促进框架，已在医疗服务领域显示出其显著效果。该框架基于这样的视角：影响循证实践的有三个主要的维度——决策中使用的证据、证据利用的背景或环境、促进证据利用的方法或途径，只有这三者之间存在适当的相互作用时，循证实践才会成功。[1] 这一框架涵盖了在三个主要维度下要考虑的关键问题，可以帮助循证实践的参与者确定自己的立场。[2] 在PARIHS的基础上，我们通过对循证实践的三个维度——证据、情境和促进维度的核心要素进行细化和调整，使其更好地适应课堂教学的特殊性，最终构建出课堂教学循证实践的促进框架PARIT。

8.1.1 证据维度

在循证实践中，"证据"（evidence）是用来指导教学决策和评估教学方法有效性的材料。正如第4章所述，在教育领域，这些证据不仅来源于严格的科学研究，还包括教师的经验、案例研究、政策文件，以及专家意见等。证据的质量直接影响教学策略的选择和实施效果。与医疗服务相比，教育领域的证据具有两大特色：第一，教育领域的证据很多直接来源于特定实践情境，而非严谨的研究型数据，但对教学实践问题解决具有参考价值。[3] 例如，高质量的随机对照试验可以回答某些教学方法是否有效的问题，但案例研究、政策文件和专家意见也能为一线教师的教学改进

---

1 Fineout-Overholt E，Williamson K M，Kent B，et al. Teaching EBP：Strategies for Achieving Sustainable Organizational Change Toward Evidence-based Practice [J]. Worldviews on Evidence-based Nursing，2010，7（1）：51-53.

2 Kitson A，Harvey G，McCormack B. Enabling the Implementation of Evidence-based Practice：a Conceptual Framework [J]. BMJ Quality & Safety，1998，7（3）：149-158.

3 蔡慧英，卢琳萌，董海霞. 基于证据启发的学习设计：让教师教学站在理解教育规律的基础上——访国际知名教育心理学和学习科学专家保罗·基尔希纳教授 [J]. 现代远程教育研究，2021，33（04）：11-19.

提供依据。第二，"证据接受"，即证据能否被教师接受在教育领域尤为重要，因为大部分循证项目的失败都与教师对所获得的证据的低接受度有关。并非所有研究证据都能直接应用于教学实践，这需要教师根据自身经验和理解进行内化。[1] 教师既要考虑研究证据的科学性，也要基于现实情境，考虑这些证据是否符合学生的实际需求，以及是否能被自己和学生所接受。

基于这些认识将 PARIHS 转换成 PARIT 框架，得到了满足课堂教学循证实践的证据维度，如表 8-1 所示。它包含了证据维度的详细内容，包括低水平和高水平的表现特征，以及对应的实际案例，可以为各类证据开展综合评价提供参考。

表 8-1　课堂教学循证实践促进框架（PARIT）之证据维度

一级指标	二级指标	高 水 平	举 例	低 水 平	举 例
证据（evidence）	研究证据	精心构思和实施的研究（如强有力的实验性证据）/适用于研究问题/具有一定的参考价值	为教学设计提供具体参考价值，如教师在研讨会中的反馈"研究文献为课程设计提供了很多参考价值"	设计或实施不当的研究/不适用于研究问题/不被视为证据/被视为唯一证据	文献与实际教学需求接轨不足，反映在教师工作日记中的评论如"电子书包案例帮助不大"，或"感觉模式太过理想化，很难实施"
	教学经验	经过实践检验的经验和专业知识/群体共识/适用于研究问题	教师主动寻求同伴和专家意见，如教研活动中教师分享"其实除了相关论文，我之前还去请教了别的学校的一些老师"	没有批判性的思考和判断/缺乏群体共识/不被视为证据/被视为唯一证据	继续沿用老旧的教学方法，即使并没有明确的证据显示其有效性，如在反思日志中教师提到"我一直用的案例好像不够接地气"
	学生意见	视为决策的一部分/与学生共同参与/适用于研究问题	教师在备课和教学中主动考虑并采纳学生的反馈，如在线平台讨论中"有意地去增强了师生互动的环节"	不被视为证据/被视为唯一证据/学生未参与	教师尝试改善而未必成功的互动，如教师反映课堂观察中"不知道同学们是什么样的状态"

1　Hammersley M. The Myth of Research-based Practice：The Critical Case of Educational Inquiry ［J］. International Journal of Social Research Methodology，2005，8（4）：317-330.

在证据维度中，高水平的研究证据通常经过精心设计和有效实施，能为教学提供明确的指导。相反，设计不当或不适用于教学问题的研究则属于低水平证据。同样，教师经验和学生意见也是如此：经过反思和达成群体共识的经验或意见属于高水平，而缺乏批判性思考的则属于低水平。在课堂教学的实际操作中，教师不仅需要重视科学研究的结果，也需要结合自身的教学经验和学生的反馈。这种对证据的广泛理解和使用，能够更好地支持教师进行有效的教学决策。

需要注意的是，对于许多课堂教学场景而言，关注学生、以学生为中心虽是教师不懈努力的方向，但一线教育教学实践过程中实际上很难让学生参与决策，或与学生成为研究和实践共同体。因此当学情或者学生意见在决策过程中被考虑，我们可以认为是较高水平的。

8.1.2 情境维度

正如前文所述，课堂教学的特殊性使得我们不能直接使用 PARIHS 框架，需要重新审视循证实践所发生的情境。"情境"（context）是指教学活动发生的具体环境或背景，它决定了教学策略能否顺利执行并达到预期效果。一个支持性强、开放的教育环境，可以提高循证实践成功的可能性。这个环境不仅包括学校的物理空间，还涉及教师和学生的互动方式、学校的文化和价值观，以及领导力的表现。

在 PARIHS 框架中，"情境"被定义为"实施、利用和创造证据的具体环境"，[1]并被分为三个核心要素：组织文化、领导力和评价手段。[2] 这些因素在教育领域同样关键，因为它们影响着教学策略的实施效果。例如，学校的组织文化能够通过影响教师和学生的行为、信念和期望塑造教育实践，这也反映了学校领导者在教育实践改革中发挥的关键象征性作用。与相对受控的医疗保健环境不同，教育环境混杂了许多相互交织的因素，包括学生群体的文化和社会经济环境、机构的教学理念及更广泛的社会教育价值观，这些情境因素在中国的教育环境中尤其重要。

表 8-2 展示了 PARIT 框架中情境维度的详细内容。

1　McCormack B，Kitson A，Harvey G，et al. Getting Evidence into Practice：the Meaning of 'Context'［J］. Journal of Advanced Nursing，2002，38（1）：94-104.

2　Rycroft-Malone J. The PARIHS Framework—a Framework for Guiding the Implementation of Evidence-based Practice［J］. Journal of Nursing Care Quality，2004，19（4）：297-304.

表 8-2　课堂教学循证实践促进框架（PARIT）之情境维度

一级指标	二级指标	高 水 平	举 例	低 水 平	举 例
情境（context）	组织文化	学习型组织/目标和愿景明晰/领导支持与赋能/鼓励探索和创新/重视团队协作	团队中目标明确，如在课堂教学观察中，教师指出"每次小组的讨论都会围绕这些目标来进行，积极分享资源和意见"	目标和愿景不明晰/决策不恰当不透明/不接受改变/不重视团队协作/不重视人的价值/缺乏资源、信息和反馈	团队协作不够密切，缺乏有效的沟通与资源共享，如反思日志中教师反馈"缺少跨片区的互动，研讨活动参与度不足"
	领导力	变革型领导/民主决策/赋能学习/角色明确/有效的团队合作/清晰的组织架构	领导能够提供明确的方向和计划，推动项目向前发展，如访谈中教师提到"（领导）经常检查进度，及时提供反馈"	传统的命令和控制/专制型决策/采用说教督促学习/角色不清晰/缺乏团队协作	任务分配不清晰，指导支持不足，如教师在问卷中反馈领导层"指导不足"以及在小组讨论中"分工混乱"
	评价手段	个人、小组和系统表现的反馈/使用多种信息来源/多种评价方法	能够提供及时的反馈，促进教学和研究的持续改进，如经过集体研讨后教师及时调整教学设计	缺少任何形式的反馈/绩效表现信息来源少/评估依赖于单一方法	反馈不及时或沟通不充分而未能驱动教学改进，如教师个人反思"私下沟通虽多，但未能形成对教学的明显改善"

首先，组织文化反映了学校的价值观和信念系统。高水平的组织文化常常与学习型组织这一概念画等号，通常具有明确的目标和愿景，支持团队协作和资源共享，鼓励创新和持续改进。[1] 在这种文化下，教师和学生都感到被重视和支持，有助于提高教学策略的实施效果。

其次，领导力在营造支持性文化和推动变革中起着关键作用。高水平的领导力表现为民主的决策方式、清晰的任务分配、对创新的支持及有效的沟通。这样的领导者能够提供明确的方向和计划，推动项目的顺利进行。相反，低水平的领导力可

1　Senge P M. The Fifth Discipline：The Art and Practice of the Learning Organization ［M］. New York：Broadway Business，2006.

能表现为专制的管理风格、缺乏明确的指导和支持，导致团队协作不畅，决策不透明。

最后，评价手段是衡量和反馈教学效果的关键工具。高水平的评价系统会采用多种方法，提供及时和有建设性的反馈，帮助教师持续改进教学方法。例如，系统性的反馈可以通过定期的教学评估、学生反馈以及同伴观察等方式获得。这种多样化的评价手段能够全面反映教学实践的效果，有助于教师调整和优化教学策略。

8.1.3 促进维度

在循证实践中，"促进"（facilitation）指的是为教师提供专业的支持与指导，帮助教师能够更容易、更有效地实现教学创新和改进。"促进"的发生需要依赖一些关键要素，包括具有适当知识和技能的"促进者"帮助个人、团队和组织将证据应用于实践。[1,2]例如，研究与实践合作促进模式（the Advancing Research and Clinical Practice，ARCP）中强调了导师的价值，并且定义了这一角色的一些关键组成部分，如促进建立 EBP 文化、促进工作人员参与研究、生成外部证据等。[3,4]促进者的目的、角色定位、技能与属性直接影响循证实践的效果，甚至可以改善不利于循证实践的环境。[5]促进者可以是组织的内部或外部人员，[6]并且需要根据循证实践的不同

1　Harvey G，Loftus-Hills A，Rycroft-Malone J，et al. Getting Evidence into Practice：the Role and Function of Facilitation [J]. Journal of Advanced Nursing，2002，37（6）：577－588.

2　Capasso V，Collins J，Griffith C，et al. Outcomes of a Clinical Nurse Specialist-initiated Wound Care Education Program：Using the Promoting Action on Research Implementation in Health Services Framework [J]. Clinical Nurse Specialist，2009，23（5）：252－257.

3　Melnyk B M. The Evidence-based Practice Mentor：a Promising Strategy for Implementing and Sustaining EBP in Healthcare Systems [J]. World Views on Evidence-based Nursing，2007，4（03）：123－125.

4　Fineout-Overholt E，Melnyk B M，Schultz A. Transforming Health Care from the Inside Out：Advancing Evidence-based Practice in the 21st Century [J]. Journal of Professional Nursing，2005，21（6）：335－344.

5　Wallin L，Boström A M，Wikblad K，et al. Sustainability in Changing Clinical Practice Promotes Evidence-based Nursing Care [J]. Journal of Advanced Nursing，2003，41（5）：509－518.

6　Harvey G，Loftus-Hills A，Rycroft-Malone J，et al. Getting Evidence into Practice：the Role and Function of Facilitation [J]. Journal of Advanced Nursing，2002，37（6）：577－588.

阶段灵活调整。[1] 在课堂教学的情境下，促进者可能包括有经验的教师、教研员、教学顾问和教育技术专家等，他们参与项目以支持教学实践的改进和教育创新。例如，古斯凯（Guskey）的教师专业发展模型明确了促进者的主要工作，强调不仅要提供知识和技能的培训，还需要涉及教师的信念、价值观和教学哲学。[2] 对于教师来说，需要在实际的教学环境中应用这些知识，并且获得及时的反馈，以加强新策略的采用。[3]

表 8-3 展示了 PARIT 中促进维度的详细内容。

表 8-3　课堂教学循证实践促进框架（PARIT）之促进维度

一级指标	二级指标	高水平	举例	低水平	举例
促进（facilitation）	目的	为了整体全面发展：促进完成任务/促进团队和个人提升	为教师在理论和实践上提供了清晰的指导，如教师在反思日志中提到"这次活动最大的收获是公开课的启发"，表明了活动在指导教学上的有效性	为了完成工作：无支持/提供帮助和支持以实现特定目标和任务	循证项目活动和教师需求不一致，如教师们认为虽然提供了很多资源，但只是为了完成教研任务，如何将其有效融合到实际教学中还需自己探索
	角色定位	赋能他人：持续的伙伴关系/成人学习的教学方法/权利和职责明确	教师能够在教研活动中担当关键角色，如教研活动记录中提到"（促进者）参与决策和活动规划，共同推动项目进展"	为他人做事：偶发性支持/仅提供技术等必要支持/采用传统的说教教学/权利和职责不明确	促进者的角色定位出现偏差，如教师在座谈会中的感受："感觉被专家团队牵着鼻子走，他怎么说我们怎么做"

1　Owen S，Milburn C. Implementing Research Findings into Practice：Improving and Developing Services for Women with Serious and Enduring Mental Health Problems ［J］. Journal of Psychiatric and Mental Health Nursing，2001，8（3）：221-231.

2　Guskey T R. Professional Development and Teacher Change ［J］. Teachers and Teaching，2002，8（3）：381-391.

3　Joyce B R，Showers B. Student Achievement Through Staff Development ［M］. Alexandria，VA：Association for Supervision and Curriculum Development，2002.

一级指标	二级指标	高 水 平	举　例	低 水 平	举　例
促进(facilitation)	技能属性	技能多样角色灵活/共同商讨/批判性反思/赋予意义/角色灵活/真诚可靠	促进者能够根据教育情境的需要灵活运用，培训方式多样，如教师在反思日志中提到"培训提高了我看文献的能力，让阅读更有目的性"	技能不足属性单一	促进者安排的工作强度大，任务安排不合理，不能设身处地考虑教师的接受程度，如座谈会中教师反映"整个过程有点烦琐，花费的时间精力太多了"

促进的目的可能有所不同，高水平的促进旨在全面发展，为教师提供清晰的指导，帮助他们提升个人和团队的教学能力。低水平的促进则可能只为完成任务，缺乏实际的支持，无法真正帮助教师改进教学实践。由于促进的目的不同，促进者的角色也有多种解释，一种是实际地"做"，另一种是强调"使能"，[1] 即帮助他人具备独立完成任务的能力。"使能"通常更具可持续性，因为它注重长期能力建设。这种角色转变的重要性在于让教师感到他们在学习和应用新方法，而不是被动地接受指令。

该维度也影响到前文提到的"证据接受"问题，从促进的角度来说，这一问题的解决取决于促进者的沟通方式和角色定位。[2] 一个好的促进者需要具备多种技能。高水平的促进者能够根据具体情况灵活运用这些技能，为教师提供全面支持。这包括与教师的沟通技巧、对教学理论的深刻理解，以及解读证据对教学实际情况适用性的能力。

PARIT 框架可以在循证实践项目的监测和诊断过程中发挥重要作用。该框架可以优化教育教学实践的规划、实施与评估过程，为教师提供系统的支持和指导，同时诊断和解决实践中遇到的挑战，为组织实施和跟踪评价循证实践过程提供指南。

1　Loftus-Hill A，Harvey G. A Review of the Role of Facilitators in Changing Professional Health Care Practice［R］. London：Royal College of Nursing. 2000.

2　董洪亮. 基于证据的教研转向——基本概念问题的初步讨论［J］. 华东师范大学学报（教育科学版），2021，39（05）：108－115.

8.2 ChatGPT 辅助进行项目监测与诊断

PARIT 是支持和促进循证实践的框架，其具体的应用非常灵活，可以贯穿于项目规划、干预实施、过程监控、数据分析、结果评估等各个环节。本节将结合实际案例说明如何应用 PARIT 框架，并在此基础上介绍如何利用 ChatGPT 辅助 PARIT 框架在循证实践过程中发挥监测和诊断作用。

8.2.1 PARIT 在项目实践中的应用

PARIT 框架阐明了推进课堂循证实践的关键要素，它可以作为一种评价指标，针对性地收集和分析循证实践过程中产生的数据，分析循证实践存在的问题，从而评估整个循证实践过程。

为了监测循证实践实施的过程，可以基于 PARIT 框架收集材料进行编码和分析。材料来源类型多样，可以包括线下和线上的视频记录、课堂观察、问卷、教师工作日记或反思日志、访谈、教师和学生在在线平台上的讨论，以及支架工具中教师填写的内容等。举例来说，半结构化访谈在课堂教学研究中常被作为一种调查方法以评估循证实践效果及其影响因素，[1,2] 因此，这类访谈材料经常被作为教学诊断的重要数据来源，在数据收集和分析过程中，重点关注参与者对于证据、情境、促进三个维度的观点。

循证实践项目可以基于 PARIT 框架，对收集到的材料进行分析（编码），以诊断课堂教学循证实践存在的问题。例如，一次循证教学活动的支架工具及监测的数据来源的实施方案如图 8-1 中所示。[3]

1　Ellis I, Howard P, Larson A, et al. From Workshop to Work Practice: An Exploration of Context and Facilitation in the Development of Evidence-based Practice [J]. Worldviews on Evidence-Based Nursing, 2005, 2 (02): 84-93.

2　Balbale S N, Hill J N, Guihan M, et al. Evaluating Implementation of Methicillin-resistant Staphylococcus Aureus (MRSA) Prevention Guidelines in Spinal Cord Injury Centers Using the PARIHS Framework: a Mixed Methods Study [J]. Implementation Science, 2015, 10: 1-15.

3　Zhao L, Chen X. Facilitating Evidence-Based Practice in Classroom Teaching: Framework Development and a Demonstrative Case Study [C] //Society for Information Technology & Teacher Education International Conference. Association for the Advancement of Computing in Education (AACE), 2024: 1663-1669.

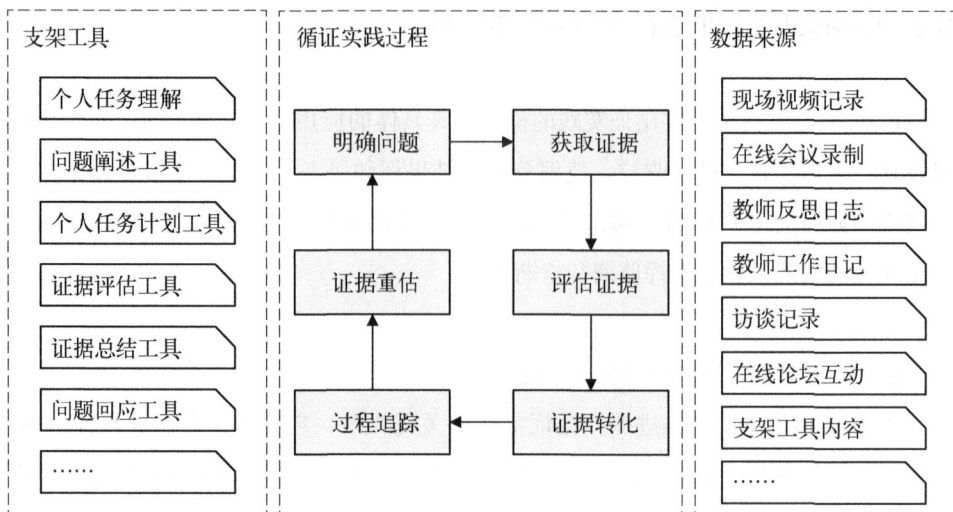

图 8-1 循证实践活动的支架工具及监测的数据来源

支架工具
- 个人任务理解
- 问题阐述工具
- 个人任务计划工具
- 证据评估工具
- 证据总结工具
- 问题回应工具
- ……

循证实践过程

明确问题 → 获取证据

证据重估 ← → 评估证据

过程追踪 ← 证据转化

数据来源
- 现场视频记录
- 在线会议录制
- 教师反思日志
- 教师工作日记
- 访谈记录
- 在线论坛互动
- 支架工具内容
- ……

在前文的介绍中，循证实践的不同阶段，会有不同工具提供支持，如任务理解阶段的 PICO 框架、证据评估的模板、证据转换的框架等，这些都属于支架工具，用于引导参与者进行循证实践。用 PARIT 框架支持循证实践过程，同样需要依托多种支架工具，有些需要单独使用，有些则可以和前文介绍的其他工具重叠使用。

例如，通过个人任务理解工具和问题阐述工具，教师能明确项目目标，将模糊的问题转化为明确的实践任务，对共同任务达到统一认知，更好地理解自身任务的关键目标、问题及实践计划，从而为有效利用不同类型的证据奠定基础。

证据评估工具可以帮助教师更加系统地审视各种证据，从而科学地进行教学决策，总结和评估实践过程及成果。[1] 这些工具支持教师反思和完善他们的实践，从而促进教学改进和创新的持续循环。

对于循证项目的监测与诊断而言，一系列基于 PARIT 框架设计的支架工具、问卷和访谈等都是重要的数据源，由此可以系统分析循证实践项目的执行情况，对循证实践进行干预与诊断。以一个典型的循证实践项目为例，[2] 简单说明如何应用 PARIT 辅助监测和诊断循证实践的过程。

---

1 桑德拉·L.德尔霍尔特，黛博拉·丹格.约翰·霍普金斯护理循证实践：模型与指南 [M]. 2 版.刘洋于今，钟臻，译.北京：中国经济出版社，2017：196.

2 赵丽娟.课堂教学循证实践促进框架的开发和应用 [D].上海：华东师范大学，2024.

此案例于 2023 年春季学期进行，约 3 个月时间，以上海 M 区高中信息技术教研组的 15 位教师作为研究对象，教师随机分为 3 个小组，各组分别选择高中信息科技教材某一单元进行教研，以循证实践的方式完成单元作业设计。组员之间相互熟悉，都有一定的集体教研经历和教学经验。

首先，整理案例实施过程中的跟踪记录。经过近半年的循证实践，一共组织了 11 次集体教研活动，对教师共进行了 3 次半结构化访谈，教师们共产出 2 节区级公开课，共形成 13 份个人任务理解表，2 份问题阐述工具表，26 份证据总结工具表，2 份证据总结清单，3 次访谈的访谈记录若干，以及若干视频和音频记录。

其次，对材料进行分析（编码）。其中将 3 次与一线教师的访谈记录作为重点分析材料，参考框架中的证据、情境、促进的概念，对原始访谈文本资料进行逐字逐句的分析与比较，经过开放式编码，归纳出 25 条核心观点。最后，对意思相近或交叉的表述进行整合和拆分，对应至 PARIT 框架中的一级和二级指标，最终形成图 8-2 所示的表格，同时用其他过程性材料辅助说明。

为便于展示编码后的内容结构，图中采用了一些常用的标记符号。例如，在核心观点中，具有负面倾向的观点以阴影突出显示；在编码来源中，"r1"指循证前期面向全体教师的座谈会记录，"r2"指面向 2 位骨干教师的备课细节访谈记录，"r3"指面向全体教师的总结性访谈；部分数据编码数量较少，用小写字母表示不同的原因，其中"a"表示此次访谈的对象较少，"b"表示访谈提纲未涉及而是由访谈对象主动提出，"c"表示有其他非访谈数据佐证。

该案例表明，PARIT 框架可以在个人任务的理解、问题的明确、计划的制定、证据的评估及实践总结等环节发挥作用。从诊断结果可以看出，影响课堂教学循证实践的 3 个要素中，证据和促进维度在此次案例中出现的问题较多，是影响循证教学的关键要素，尤其是促进维度。结合相关材料分析发现，对促进者和促进策略的评价似乎影响了实施效果。与此同时，在证据维度，出现了关于"证据接受"的问题。具体来说，除了证据的科学性和权威性，实践者对其实用价值的看法也有重要影响，甚至在证据的取舍上起决定性的作用。最后，案例实施的结果也表明实践者（教师）和促进者（项目指导专家）看待研究证据的视角存在差异，前者更注重证据的实际应用性，而后者则更关注研究的科学性和方法。同时，促进者与一线教师之间的角色定位和互动关系可能对证据的接受产生重要影响。根据 PARIT 框架诊断的结果，后期对该教师团队的循证实践活动围绕证据、情境、促进三个维度进行了调整。

一级指标	二级指标	核心观点（正/负向）	编码次数	覆盖人数	编码来源	编码实例（来源）
证据维度	研究证据	研究型证据来源可靠	15	11	r1,r2,r3	"研究型证据大成人来自 C 刊" ——"我觉得这个'文献'可以作为理论支持我实践现的基础或支持我实践现的教学，可以对我现在的……可以再做点研究。"（r3）
		教师认为参考和珍惜证据价值	15c	8	r1,r3	"这些都是实践工作中为了作为理论指导做一些指导，帮助也不是很……"——"文章比较少，不够详细，帮助也不是很大，都在说做什么，怎么做没说。"（r3）
	教学经验	教师对研究证据保持有怀疑性	/	/	/	所有教师均有空中课堂的使用经验。
		教师教学经验丰富	2ab	2	r2	"其实除了之前各位同学提供的关于翻转课堂主题的相关论文，我之前还去找了上海市别的学校做过的关于双师教学模式的相关研究。"（r2）
	学生意见	教师在利用证据时考虑到了学情	4c	4	r2,r3	"他这些文献得比较少，我这得好像是如果我这过的话，所以就是如果我这过的话。"（r3）
		教师在利用证据时没有征询学生意见	/	/	/	
情境维度	组织文化	目标和愿景明晰	6	6	r3	"整个目标在小组的合作团队中呢，也是非常明确的，包括每次讨论进行讨论时，都是围绕这些目标来讨论相关的工作的进度。"（r3）
		领导支持与赋能	8	8	r3	"我觉得最大的一个帮助就是能够给我们介绍 8 个非常专业的工作的……"（r3）
		鼓励探索和创新	8	8	r3	"应该说我们这个团队的氛围比较好，大家就是互相鼓励，都可以提出意见，有什么意见在一起讨论。"（r3）
		重视团队协作	8	7	r2,r3	"遇到问题的话，可能会进行组内交流，首先是进行组内大家得到大家的帮助，然后通过讨论交流。"（r3）
	领导力	团队分工明确	9	8	r2,r3	"我认为每个人的职责都是比较清晰的，比如说，两位老师主要负责上公开课，然后在上公开课的时候，其他人承担的任务更多的是辅助的角色，然后在不同的阶段。"（r3）
		团队协作有效	3a	2	r2	"整体进度还是比较流畅的，并没有出现特别大的麻烦，而且大家提了建议之后，我也能够很快地她大把大家的建议调整进来。"（r2）
		组织架构合理	/	/	/	
	评价手段	定期采用同伴评价	2c	2	r2,r3	"除了两次集体备课大家提建议，有些老师的话会有一些私底下的沟通。"（r2）
		引入外部评议	/	/	/	**区公开课评议。
		内部总结反思	3	2	r1,r3	教研结束后组长进行总结汇报。
促进维度	目的	促进完成任务	15	8	r1,r3	"在团队合作的过程中，对任务有了更清晰的认识，以后研究和教学中更有指导性，有了一些理论指导，使得我们进行教学。"（r3）
		促进团队和个人提升	3b	3	r1	"一开始有些云里雾里，有了一些理论指导，原先也考虑得单纯是教学效果。"（r1）
	角色定位	角色定位出现偏差	6b	5	r1,r3	"平台上个别问题找不到对应的答案，有些问题指向不知道在问什么，问题的指向性不明确。"（r1）
		语言和文字表达能力有待提升	9	6	r1,r3	"我觉得这个不流畅上可以更加简化一点，我觉得就是可以把时间更少的时间可以和更短的精力更大力到了更大的一个效果，希望可以达到。"（r3）
		工作强度大、任务安排不合理	4c	3	r3	"主要解决理论指导研究方向的问题，但是理论指导这个点怎么去明确实践怎么去明确实践按照时间点，每个阶段的时间如何与更要地结合，可能还是单独指导……"（r1）
	技能属性	理论指导与实践指导脱节	/	/	/	
		流程规划清晰合理	/	/	/	
		培训方式多样	2bc	2	r1	"培训规划比较好，能够让我们按照课题时间点去完成什么任务，对我们线上线下讲座学习，案例分享多种形式结合。"（r1）

图 8 - 2　编码记录举例

8.2.2 ChatGPT 支持的 PARIT 框架应用

如前文的案例所示，循证实践项目监测和诊断是一个复杂的过程，单纯靠人工对循证实践项目进行监测和诊断，需要耗费大量人力和时间，比如逐句逐字分析集体研讨活动，靠人工提炼关键信息，确保准确反映真实情况，还要能够对应 PARIT 框架的各级指标进行分析，最终才会得到如图 8-2 展示的那种表格。

ChatGPT 工具可以极大地提高工作效率，从应用方案设计、编码与数据分析、数据整合与综合诊断、报告生成与反馈等方面提供全面的支持。以下是 ChatGPT 辅助循证实践项目监测和诊断的具体方法。

（1）应用方案设计

在项目实施过程中，监测和诊断的数据可能有多种来源，许多都是文档材料，如支架工具的反馈、教师的教案与上课视频转录材料、学生的反馈、教师的工作日记或反思日志等，这些材料均可通过 ChatGPT 进行分析。接下来我们主要以教师反思材料为例，介绍如何让大模型使用 PARIT 框架进行监测与诊断。

教师的反思日志通常有非结构化和结构化两种。非结构化没有固定的框架，教师可以不带任何预设地表达想法。但是如果希望从证据、情境、促进三个维度分析，则希望教师反思的内容有一定的提纲和基本的要求（结构化反思），以便于用 PARIT 框架进行分析。为此，可以参照 PARIT 框架设计针对性的教师反思的提纲。为此，我们需要反思的内容关注以下维度：教师对研究证据的评价，可以了解他们如何看待和使用这些证据；对于学生因素的考量，能识别出教学过程中学生反馈的作用；课堂教学的具体场景，有助于识别促进和阻碍循证实践的因素；教学策略有效性的主观评估，确定方法在实践中的接受度；等等。

通过明确这些目标，ChatGPT 能够遵照 PARIT 框架生成相应的反思提纲，帮助教师系统地记录和反思教学实践中的重要方面。这就要求大模型充分理解 PARIT 框架对于证据、情境、促进及其子维度的定义，以便 ChatGPT 辅助生成引导教师反思的问题。问题要能够回应 PARIT 框架的各级指标，还应在问题设计中允许一定的灵活性，让受访者可以根据自己的具体情况自由阐述。这些引导问题构成一份简明而具有指导性的反思提纲，以鼓励教师详细表达其教学实践中的感受和思考。相应的示例如下：

请根据 PARIT 框架中的"证据"维度，为〔高中信息技术〕教师的教学实践活动设计一个反思提纲，［教学实践活动介绍〕。该提纲旨在帮助他们评估和反思自己在教学实践中如何使用研究证据。提纲应包含对低水平和高水平证据使用的理解，引导教师思考他们所使用的研究证据的来源、质量和适用性，并鼓励教师考虑学生的意见在教学决策中的作用。提纲应简单易懂，便于教师实际操作。[PARIT 介绍]

输出内容如图 8-3 所示。

根据您提供的PARIT框架中的"证据"维度信息，我们可以为【高中信息技术】教师设计以下反思提纲，以帮助他们在教学实践中更有效地利用研究证据，并考虑学生的意见。

反思提纲：使用研究证据的评估与反思

一、证据的识别与获取

1. 证据来源：

- 描述您最常使用的教学研究证据来源。这些来源包括学术期刊、教育会议、在线教育资源库等吗？
- 这些来源是否被认为是权威可靠的？您如何判断它们的可靠性？

2. 证据选择：

- 在选择教学方法或工具时，您通常依据哪些标准来选择相关研究证据？
- 您是否曾遇到信息过载的情况？您如何决定哪些证据最相关且可应用于您的教学？

二、证据的应用与实践

3. 实践中的应用：

- 请举例说明您如何将选定的研究证据■给到教学设计中。这包括了哪些具体步骤？

图 8-3　ChatGPT 4 辅助设计访谈提纲（节选）

在与 ChatGPT 进行交互时，可以通过多种方式向 ChatGPT 提供不同类型的数据。例如，PARIT 框架的内容可以以文字描述的形式直接输入到 ChatGPT 中，作为开展分析工作的理论基础和指导原则。教师的反思日志、访谈记录等质性材料也可以以文本形式提供，ChatGPT 能够快速扫描和处理这些材料，识别出与框架相关的关键信息。

需要注意的是，如果有图像或表格（如 PARIT 框架图片），可以先将其转化为文字描述，传达图片的主要信息，这样模型能够更好地理解并应用这些内容。在实际操作中，另一种较为简便的方法是将这些材料以附件形式上传并描述其内容，使得 ChatGPT 能够基于提供的文字描述进行处理。

在方案设计过程中，还可以为 ChatGPT 分配特定角色，使其更好地理解工作环境和相应的任务，从而输出更具针对性和实用性的回答。ChatGPT 可以被设定为多种角色，以满足不同环节和任务的需求。例如，当 ChatGPT 被设定为"研究人员"时，它能够根据 PARIT 框架设计出科学且具有指导性的提纲；设定为"教学顾问"时，它可以专注于提供教学策略和改进建议；设定为"数据分析师"，则可以高效地处理和分析质性材料，生成精确的摘要和报告。这种模拟不同专业角色的方式，使得 ChatGPT 在应对复杂任务时表现得更加智能和专业。

3.2.1 节提到的思维链提示策略在这里也有用武之地。通过明确表达思考的过程，帮助大模型更好地理解任务并生成准确的回答。例如，在评估教师如何使用研究证据时，可以先给出一个以前的分析案例，说明分析的思路，然后让大模型参照进行分析。

[其他的分析案例]。我是按这样的方式考虑的，教师在教学中使用研究证据的关键在于如何选择和应用这些证据。接下来，需要分析教师在什么情境下引用了这些证据，并评估其有效性。最后，考虑这些证据如何影响了教学决策，并反映在学生的学习成果中。请根据上述案例及这些思考步骤，帮助我识别教师反思日志中的关键段落，并解释这些段落如何展示了证据的使用情况。[教师反思日志]

这种逐步展开的提示方法，能够将我们的思考过程清晰地传达给 ChatGPT，提高其输出的准确性和实用性。

为了进一步提高反思提纲的适用性，我们可以逐步调整和多轮交互。这个过程不仅要求大模型了解循证实践的主题、过程、参与教师和学生情况，还需要通过多次调适提示，使提纲更具针对性和实用性。

通过明确框架的目标、强化分析的角色、强化思维链的示范及多轮互动调整，ChatGPT 可以辅助形成一个完整且有效的应用方案。

（2）编码与数据分析

对于项目实施过程中收集的各类材料（尤其是质性材料）的分析是监测和诊断过程中最为繁杂的工作。针对已有文本材料，可以通过让 ChatGPT 辨别哪些文档可能与 PARIT 框架关心的维度有关，进行材料的初选。ChatGPT 可以提取各类材料中的关键信息，生成简明的摘要供教师快速回顾。针对单一材料（如教师反思记录、访谈音频或集体研讨的视频），ChatGPT 可以大幅提升编码和数据分析的效率和准确性。

首先，ChatGPT 可以辅助文本数据的自动化编码，根据 PARIT 框架的预定义框架快速分类和标记数据。对于教师反思日志、访谈记录等质性材料，ChatGPT 可以帮助识别与循证实践相关的核心概念和主题。这一过程不仅能节省大量时间，还能确保信息提取的一致性和准确性。例如，当教师提交了反思日志，ChatGPT 可以快速浏览文本，提取出涉及教学策略、学生反馈和教学环境的关键段落。通过使用描述 PARIT 框架的背景信息，ChatGPT 能够分类和标记这些段落，使教师能够快速了解文本的主要内容和关键点。这种方法尤其适用于需要处理大量文本数据的情况，帮助教师快速掌握材料的概貌。

示例提示如下：

请根据以下教师反思日志，快速提取并标记出与 PARIT 框架相关的关键信息。请识别涉及教学策略、学生反馈和教学环境的段落，并标记它们属于 PARIT 框架的哪个维度（证据、情境、促进）。确保每个标记段落都有简要说明。[PARIT 介绍][教师反思日志]

输出内容如图 8-4 所示。

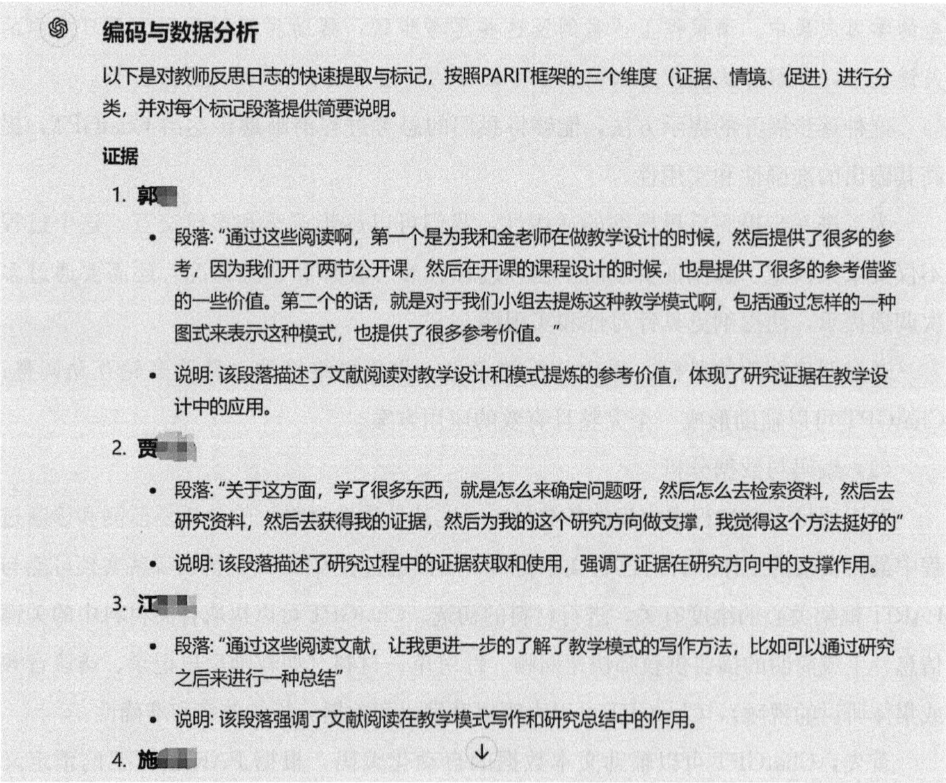

图 8-4　ChatGPT 4 辅助快速形成编码（节选）

其次，自动分级标记是在上述快速编码的基础上，进一步对文本数据进行细化和分级。ChatGPT 可以根据 PARIT 框架的各级指标，对文本进行更为详细的分类和标记。这一步骤重点是明确每个编码的定义和应用条件，标记相关的文本段落。在这一过程中，ChatGPT 会依据 PARIT 框架的三个核心维度（证据、情境、促进）以及这些维度下的二级指标，自动识别出文本中的低水平和高水平证据判断，并根据这些信息对文本进行分类和标记。例如，ChatGPT 可以识别出教师选择和使用研究证据的过程，并对相关文本进行分类，标记出哪些段落反映了低水平证据使用，哪些段落反映了高水平证据使用。每个二级指标都有对应的低、高水平的描述，同时进行相应的归纳，这样可以在分析过程中识别出数据中自然出现的主题，揭示出文本中潜在的模式和主题。以下是两段示例。输出内容分别如图 8 - 5、图 8 - 6 所示。

编码与数据分析

根据PARIT框架的各级指标，对教师反思日志进行自动分级标记，识别出反映低水平和高水平证据使用的段落，并对这些段落进行分类和标记。以下是对日志段落的分析和分类。

证据

1. 郭■■
   - 段落: "通过这些阅读啊，第一个是为我和金老师在做教学设计的时候，然后提供了很多的参考，因为我们开了两节公开课，然后在开课的课程设计的时候，也是提供了很多的参考借鉴的一些价值。第二个的话，就是对于我们小组去提炼这种教学模式啊，包括通过怎样的一种图式来表示这种模式，也提供了很多参考价值。"
   - 标记: 高水平证据使用
   - 解释: 该段落描述了文献阅读对教学设计和模式提炼的具体参考价值，显示了研究证据在教学中的实际应用和重要性，属于高水平证据使用。

2. 贾■■■
   - 段落: "关于这方面，学了很多东西，就是怎么来确定问题呀，然后怎么去检索资料，然后去研究资料，然后去获得我的证据，然后为我的这个研究方向做支撑，我觉得这个方法挺好的。"
   - 标记: 高水平证据使用
   - 解释: 该段落描述了系统性的研究方法和证据获取过程，显示了高水平的研究思维和批判性使用证据，属于高水平证据使用。

3. 金■

图 8 - 5　ChatGPT 4 辅助自动分级标记（节选）

自动化编码反馈：教师反思日志分析

尊敬的教研团队，

以下是对多位教师提交的关于"证据"维度反思日志的自动化编码分析结果。这次分析侧重于如何标记教师在使用研究证据方面的描述，尤其关注教师选择和使用研究证据的过程，日志中反映出的教师经验与学生意见的整合情况，以及教师对证据有效性的批判性思考。

编码分类

- **低水平证据使用**：标记出教师提及证据但缺乏深入应用或批判性分析的描述。
- **高水平证据使用**：标记出教师描述具体如何将研究证据应用于教学实践，并进行有效评估和批判性思考的段落。

教师反思摘要与编码

1. **郭 老师**：
    - **选择与使用过程**：强调了大量文献阅读的重要性以及如何从中获取教学模式设计的灵感。[高水平]
    - **教师经验与学生意见整合**：描述了公开课设计中利用文献提供的参考价值。[中水平]
    - **证据有效性批判**：提到通过实证研究得到的数据对教学设计的指导作用。[高水平]
2. **贾 老师**：

图 8-6　ChatGPT 4 辅助自动化编码（节选）

请对以上教师反思日志进行自动分级标记。根据 PARIT 框架的各级指标，识别出反映低水平和高水平证据使用的段落，并对这些段落进行分类和标记。提供每个标记段落的解释，说明其属于低水平还是高水平证据使用。"（接上一步编码结果）

"对于收集到的教师们的反思日志，使用 PARIT 框架进行自动化编码。首先，请识别出那些显示教师如何将研究证据融入教学实践的段落，然后标记出文本中反映低水平和高水平证据使用的部分，并解释每个编码的理由。特别关注以下方面：教师如何描述他们选择和使用研究证据的过程；日志中反映出的教师经验和学生意见的整合情况；教师对于证据有效性的批判性思考。（接上一步编码结果）

但是，有时会发现按上述方式进行编码，一些关键点可能在自动化编码时无法显现，因此需要通过人工与自动编码协同的方式，结合质性研究常规的开放式编码、轴心式编码和选择式编码的方法，对文本数据进行更加深入和细致的分析。首先，通过开放式编码，对文本进行初步的概念提取和标记。开放式编码不预设任何框架，允许分析者自由探索文本中的各类信息，识别出数据中自然出现的新主题和概念。例如，可以给出这样的提示：

你是一位聚焦于循证教学实践的质性研究者，正在进行开放式编码。请从以下教师的反思日志中提取关键概念和主题，关注教师对研究证据的认知、教师决策中的证据应用，以及学生反馈对教学决策的影响等。

接下来，通过轴心式编码，将从开放式编码中提取的概念进行分类和组织，找出它们之间的关系和联系。这一过程有助于构建更为系统和全面的编码框架，确保分析的逻辑性和连贯性。例如，教师可以使用提示，帮助 ChatGPT 将各个概念更有条理地组织起来，例如：

质性研究的第二步是进行轴心式编码，请根据你从开放式编码中提取的概念，特别围绕决策中使用的证据、证据利用的背景或环境、促进证据利用的方法或途径，对这些概念进行分类和系统化整理。（接上一步编码结果）

最后，通过选择式编码，对文本数据进行最终的整理和归类，形成一个完善的编码体系。选择式编码不仅能确保数据分析的深度和广度，还能提供对研究问题的不同视角，帮助教师获得更为全面和深入的理解。一个可能的提示是：

最后进行选择式编码，请从轴心式编码的结果中选择最关键的类别，进行最终的整理和归类。关注那些对教学决策和学习成果影响最大的证据、情境因素和促进策略。确保所有相关数据段落都被正确标记，并总结出主要的研究发现。（接上一步编码结果）

（3）数据整合与综合诊断

在此阶段，ChatGPT 可以处理和分析不同来源的文本材料。对于材料中表达意义相近或存在交叉的相关内容，可以进行整合；而针对相互冲突的观点内容，则围绕内容所依托的具体情境进行区分。通过对大量定性数据的综合分析，ChatGPT 可以识别出潜在的模式和趋势。

教师可以上传他们的反思日志、访谈记录和课堂观察笔记等多个材料或相应的前期分析结果，要求 ChatGPT 对这些材料进行综合。例如，教师在工作日记中提到的课堂管理问题可能在学生的问卷反馈中也有所反映。ChatGPT 可以将这些相似的表述进行整合，形成一个综合的观点，帮助教师全面了解某一特定问题的多维度表现。在处理冲突观点和特定情况时，ChatGPT 可以通过深入分析具体情境，提供更加细致的解释和建议，帮助教师理解问题的根源。例如，某教师在日志中提到某种证据有效，而另一个教师则认为参考价值不高，ChatGPT可以通过分析这两位教师的具体教学环境和学生反馈，找出导致差异的原因。

示例提示：

请综合分析以下不同来源的编码结果，识别出相同或相似的主题，整合成一份表格，并形成一个综合的观点。首先列出主要观点，然后解释每个观点的来源和关联性。① 教师工作日记：包括对近期循证教学实践的反思；② 学生问卷反馈：关注于学生对教学活动的看法和感受；③ 访谈记录：关于教师对于促进者（高校专家和区教研员）和促进措施是否有效的反馈。[不同来源的编码结果]

输出内容如图8-7所示。

综合分析不同来源的编码结果

数据来源：

1. 教师工作日记：对近期循证教学实践的反思

2. 学生问卷反馈：关注于学生对教学活动的看法和感受

3. 访谈记录：教师对于促进者（高校专家和区教研员）和促进措施是否有效的反馈

编码结果：

编码类别	教师工作日记	学生问卷反馈	访谈记录
循证实践效果	"部分新策略有效，但仍需调整。"	"某些活动帮助理解，但有时感觉不适应。"	"高校专家的建议有帮助，但需要更多实践指导。"
课堂管理与参与	"小组讨论时出现争执，课堂纪律有所下降。"	"小组讨论很有趣，但有时会很混乱，影响学习。"	"区教研员提供的管理策略有部分效果，但整体有待提升。"
证据使用与评价	"学生反馈让我调整了教学策略，但需要更多细节。"	"喜欢参与反馈，但有时觉得意见未被重视。"	"促进者的反馈对我们调整策略有帮助，但需要更多具体指导。"
促进措施的有效性	"一些促进措施有效，但需要不断优化。"	"对某些促进策略表示认可，但有时觉得没有用。"	"高校专家提供的促进措施有效，但需结合实际教学情况。"
教师专业发展	"通过反思日志，我看到了自己教学中的不足之处，并逐步改进。"	"希望老师能更多地理解我们■■求，改进教学方法。"	"区教研员的反馈促进了我的专业发展，但还需更多的个性化指导。"

图8-7 ChatGPT 4辅助进行数据整合（节选）

ChatGPT可以对整合后的数据进行深度挖掘，提供详细的诊断和反馈。通过聚合不同来源的数据，可以帮助教师发现不同材料之间的关联性，揭示出跨越不同数据集的模式和趋势。这种综合分析可以提供比单一数据源更丰富的洞察力。

当问题比较复杂时，也可以使用从最少到最多提示。首先将任务分解为更小的子任务，从最简单的任务开始，然后逐步增加复杂性，直到完成整个任务。这类似于教学中的分步指导，先解决容易的问题，然后逐步处理更复杂的问题。这样有助于模型在每一步都清楚地理解任务，并在复杂度逐步增加时保持一致性和准确性。

（4）报告生成与反馈

ChatGPT 可以帮助整合和总结各类分析结果，然后基于归纳出的主题和问题，辅助制定具体的改进策略或干预措施。

示例提示：

"根据'证据'维度的分析结果，帮助制定一套针对性的改进策略。请确保策略具体、可执行，并能够促进教师更有效地在教学中使用研究证据。[证据维度的分析结果]"

输出内容如图 8-8 所示。

根据对教师反思日志中"证据"维度的分析，我们识别出了一些关键挑战和机遇。以下是一套针对性的改进策略，旨在帮助教师更有效地在教学中使用研究证据：

1. 增强研究证据的获取和筛选能力

策略：

- **培训研讨会**：定期举办针对如何查找、评估和选择高质量教育研究证据的培训研讨会。这些研讨会应由经验丰富的研究人员或图书馆员主导，讲解最新的研究趋势和高效检索技巧。
- **资源清单**：创建和共享经过筛选的高质量教育研究资源列表，包括在线数据库、期刊、以及具有权威性的教育研究网站。

2. 实操性研究证据的应用

策略：

- **案例研究分析**：通过案例研究的方式，展示如何将理论研究成功应用于类似教学环境的具体实例。这些案例可以在教师会议中进行讨论，或在校内外刊物上发布。
- **同行互助小组**：组织同行互助小组，定期讨论如何将研究证据应用到具体教学中，分享成功和不成功的经验。

3. 加强学生反馈的利用

策略：

↓

图 8-8　ChatGPT 4 辅助提出改进策略（节选）

此外，ChatGPT还可以辅助撰写详细的分析报告，报告可以针对管理者、研究者、一线教师等不同对象，大模型可以模拟不同话语体系，生成的报告适应于不同语境和对象，提出个性化的改进建议。

示例提示：

"基于对'证据'维度的反思日志的分析结果，自动生成一份面向一线教师的工作报告。首先，列出关键发现，然后，提出建议的改进措施，最后，解释如何将这些策略整合到教师的日常教学实践中，突出教师在'证据'维度上表现出的强项和需要改进的地方，并提供具体的策略来提升他们利用研究证据的能力。"（接上一步进行深入探讨）

输出内容如图8-9所示。

工作报告：提升一线教师在'证据'维度的教学实践

尊敬的教师们，

基于近期对一线教师提交的'证据'维度反思日志的分析，本报告旨在概述关键发现，并提供改进策略，帮助教师更有效地将研究证据整合到日常教学实践中。以下是对教师当前使用研究证据的强项与改进领域的总结，以及具体的建议策略。

关键发现

1. **强项**：

   - **证据获取与应用**：多数教师能够有效地识别和获取相关研究文献，并尝试将这些研究成果应用于教学设计。

   - **批判性理解**：教师在评估研究证据时展现出较强的批判性思维能力，能够识别研究的局限性，并考虑如何在自己的教学环境中应用。

2. **需要改进的地方**：

   - **实操性应用**：尽管教师能够获取并理解研究证据，但在如何转化这些证据为可执行的教学策略方面仍存在困难。

   - **系统性反馈利用**：教师在利用学生反馈来评估和调整基于研究的教学方法上缺乏系统性和连贯性的方法。

建议的改进措施

1. **增强实操性应用的能力**：

图8-9 ChatGPT 4辅助生成个性化总结报告（节选）

当然，也可以采用另外两种做法：一是让 ChatGPT 分别生成报告中不同的部分，然后合成在一起；二是一步一步生成，例如，根据报告的结构先生成引言，再生成项目简介，然后是项目设计等。这样的撰写方式可借鉴本书第 9 章——循证教学案例报告中的相关内容。

通过以上步骤，ChatGPT 和 Claude 等 AI 工具在循证实践项目的监测和诊断中，从生成引导问题、提供反馈、辅助数据分析到生成报告，提供了全面的支持。一方面，这些工具可以大幅提高从监测方案设计到报告撰写的工作效率，尤其是在处理大量文本数据时。另一方面，这些工具能够提供实时的反馈和指导，帮助教师及时调整教学策略，同时根据教师的个人经验和教学环境提供及时的个性化的辅助。然而，需要注意的是，由于大模型的局限性，本章的许多示例，如编码与材料综合，在许多场景未必能够获得令人满意的效果。AI 工具的辅助作用应该与教育研究者的专业洞察及一线教师的实践经验相结合，以确保监测和诊断的准确性和有效性。

第 9 章

循证教学案例报告

随着循证实践的不断推进，越来越多的教师以自身的教学实践为研究对象，运用循证的方法，系统地收集和分析教学证据，总结教学经验，解决教学过程中遇到的问题，并以案例报告的形式呈现研究过程和结果。这种方法不仅帮助教师更好地理解和改进自己的教学实践，也为其他教师提供了宝贵的经验和参考。然而，撰写高质量的循证教学案例报告并非易事，一线教师面临着诸多困难。本章旨在详尽阐述循证教学案例报告的核心特性、构成要素及其撰写流程，并且展示在实际教学环境中，教师如何有效利用大模型作为辅助工具，以科学、系统的方法撰写基于循证的教学案例报告，同时探讨并分享相关的策略与技巧。

9.1　循证教学案例报告概述

正如前文所述，教育领域的循证实践可以按照明确问题、获取证据、评估证据、证据转化、过程追踪和证据重估等环节实施。其中，证据转化的目的是将证据评估的结果与实际的实践情境相结合，制定切实可行的改进方案，并形成相应的支持资源，从而更好地将证据应用于教学实践以提升教学效果。在此基础上，一线教师需要进一步明确细化教学干预方案，并将方案付诸实践，观察并记录实施过程中的各种情况（过程追踪），并且对整个实践过程进行反思和评估（证据重估），相应的反馈信息将影响下一轮循证实践的开展。

循证教学案例报告的内容聚焦于干预方案的实施和评价（主要对应于过程追踪和证据重估环节），详细记录和分析教师在课堂上如何实施循证教学方案，包括遇到的各种情况、学生的反应、教师的思考和调整等。为了减少一线教师研究工作的负担，这种案例报告并不在前期的问题确定、证据收集和证据评估等步骤过多着墨，而是专注于展示教师的实践过程及其发现。通过这种案例报告，教师可以反思自己的工作，同时也为其他教师提供可借鉴的实践案例。同时，在撰写案例报告的过程中，教师可能会重新审视之前的证据，发现一些新的问题或需要补充的信息。这种反思和评估又会影响到下一轮循证实践的开展，形成一个螺旋上升的态势。

因此，循证教学案例报告详尽描述课堂实践的流程，通过真实教学情境的再现，体现循证理念在教育教学实践中的贯彻与应用。它详尽阐述循证理念落地于课堂教学的各个环节与步骤，既为教师们树立了可资借鉴的案例，也促进了教师对循证流程的深入理解与灵活运用，进而为循证教学理念在更大范围内的推广与普及奠定了坚实基础。

9.1.1 循证教学案例报告的特点

循证教学案例报告要求教师以开放、审慎、求证的态度看待自己的教学，依据系统的证据收集和分析来支持教学决策，并在与同行的对话交流中不断反思和改进。与通常的教学案例相比，循证教学案例报告的特点主要体现在：

第一，基于证据的教学决策。循证教学案例报告非常重视在教学实践中应用研究证据。教师在设计教学方案、选择教学策略时，会依据前期搜集和评估的相关研究证据。这种基于证据的教学决策，可以提高教学的针对性和有效性。

第二，面向研究的教学实践。教师在教学过程中，有目的、有计划地开展教学研究，针对具体的教学问题收集数据资料，运用科学的分析方法得出结论，并用以指导后续的教学改进。这种研究性实践，有助于提升教师的教学反思和研究能力。

第三，翔实的教学过程再现。循证教学案例报告要求对教学过程进行全景式的再现和描述。报告中不仅有教学决策依据的呈现，也有教学过程的细节刻画。这种翔实的再现，能够帮助其他教师深入理解案例背后的教学思想和方法。

第四，聚焦学生学习结果。循证教学案例报告高度关注学生的学习结果。报告会详细呈现在教学中对各种数据的收集、分析及结论。这种基于综合数据的学习结果分析，能够帮助教师更准确地把握教学效果，为后续教学提供参考。

第五，对话性和反思性。循证教学案例报告鼓励教师与同行开展深入的对话与反思。报告不仅呈现案例本身，也包含教师对案例的反思和讨论。教师会对自己的教学决策、教学行为进行审视和反思，也会与同行分享自己的教学心得和困惑。

可以说，循证教学案例报告是将理论落实为实践并不断完善的重要手段。它记录了教师在具体情境中的实践智慧，为整个循证实践过程增添了生动鲜活的内容，使之更加贴近教学一线，更具有针对性和操作性。对于一线教师而言，循证实践案例报告还具有如下的作用。

首先，提供实践细节。循证教学案例报告主要关注实施阶段的具体情况，能够更细致地展现教师在课堂上的实践细节、遇到的挑战和应对策略。相比于概括性地描述整个过程，这种聚焦能够为其他教师提供更具有操作性的经验借鉴。

其次，促进证据在实践中的应用和反思。在实施循证方案的过程中，教师可能会发现一些之前未考虑到的问题，从而重新审视和调整原有的证据分析。这种"证据—实践—证据"的循环过程有助于增强证据在实际教学中的应用性，并推动对证据的持续反思和完善。

第三，体现教师的实践智慧。循证教学案例报告着重记录一线教师在具体情境中的教学思考和决策，反映了他们的实践智慧。这种"本土化"的经验对于促进同行之间的交流与学习更有价值，也有助于丰富循证实践理论。

第四，为循证实践的改进提供反馈。尽管案例报告并不试图覆盖整个循证过程，但它仍然为循证实践的优化提供了重要的反馈信息。通过分析实施阶段的具体情况，可以发现理论与实践的差距，进而完善循证实践的各个环节，使之更加贴近教学一线的需求。

综上所述，循证教学案例报告聚焦于证据在实践中的落地，体现了教师在具体情境中的智慧和经验，为循证实践的改进提供了宝贵的反馈。这种"局部聚焦"的方式弥补了整体描述可能存在的面面俱到但针对性不足的情况，更好地服务于教学实践的需求，同时也在很大程度上减轻了一线教师的研究工作压力。

9.1.2　循证教学案例报告的组成

本章的循证教学案例报告模板改编自《循证医学》（*Journal of Evidence-Based Medicine*，EMB）期刊中的循证医学病例报告（Evidence-based Medicine Case Report），[1] 结合前文所述的教育教学的特征，设计了教师循证教学案例的模板，如表9-1所示。

1　Qin X，Sun K，Xu W，et al. An Evidence-based Guideline on Treating Lumbar Disc Herniation with Traditional Chinese Medicine［J］. Journal of Evidence-Based Medicine，2024，17（1）：187-206.

表 9-1 循证教学案例报告的基本组成

内容组成	内容简介	举例简要说明
项目背景	该部分是整个报告的基础，通常包括以下内容：项目的缘起，即项目的初始动因；明确需要解决的问题；探讨为何要关注这一问题，并解释其研究价值；简要说明前期证据评估的结果；介绍案例对象（如学生、教师、学校等）的相关信息；以及其他与项目密切相关的重要信息。	项目名称为"基于微课的高中数学翻转课堂教学模式研究"，实施时间为 2022 年 9 月至 2023 年 1 月，实施地点为 X 中学。在该校的高中数学教学过程中，发现部分学生对数学学习兴趣不高，自主学习能力较弱，导致数学成绩不佳。为应对这一问题，学校决定引入创新教学模式，以解决这些教学问题，从而提升学生的数学成绩。 为此，学校成立了由校内数学教研组和校外专家组成的循证实践团队，通过系统的循证过程，包括文献分析、教学观察与数据评估，发现将微课与翻转课堂相结合的教学方式能够有效缩小学生之间的学习差距，激发学生的学习兴趣和自主学习能力。 基于这一视角，学校开展了为期一个学期的教学实践活动，旨在探索这一教学模式对于该校学生的有效性，并为未来的教学改革提供依据。
项目目的	此部分应明确阐述循证教学项目的具体目标，是报告的核心内容之一。目标的制定应基于项目背景中提到的问题和前期证据，清晰地说明项目希望实现的具体教学效果和改进方向。	根据前期评估的证据，微课与翻转课堂相结合的教学模式在缩小学生学习差距和提升自主学习能力方面具有显著效果。因此，本次循证教学项目的目标是：通过引入"微课＋翻转课堂"策略，提升高中学生的数学学习兴趣和自主学习能力，缩小学生之间的学习差距。 具体目标包括通过前后测成绩的对比分析和学生学习态度问卷的量化评估，衡量学生在这些方面的进步程度，确保所定目标在当前教学环境下切实可行，并针对这些学生在数学学习中的薄弱点提出有针对性的教学改进方向。
研究设计	这部分内容是基于前期明确的 PICO 问题及证据评估和证据转换结果，结合教学实际情况，细化实施方案。其中应包括 PICO 问题、证据转化结果简述、参与者描述、研究方法、干预措施、数据收集及分析方法等内容。	本研究基于 PICO 问题展开，研究问题明确为："在高中学生中，微课结合翻转课堂的教学模式是否能够提升数学学习兴趣、自主学习能力，并缩小学习差距？"本项目将此"微课＋翻转课堂"教学模式应用于实际教学中，以实现预期目标。 研究对象为 X 中学高一年级的两个班级，共 80 名学生，随机分为实验组和对照组，每组各 40 人。 研究采用准实验设计，实验组实施"微课＋翻转课堂"教学模式，对照组则采用传统教学方法。实验组的具体教学措施包括：微课视频学习、课前预习任务、课堂翻转活动和个性化学习指导。 数据收集包括：前测和后测的成绩、学生学习兴趣和自主学习能力的问卷调查，以及个别化访谈、课堂参与度的观察记录。 通过统计分析，评估学生在数学学习兴趣、自主学习能力和成绩方面的变化，并通过定量分析问卷结果，了解学生学习态度和课堂参与度的变化。同时，结合定性分析，探讨教学策略的效果和可行性。

内容组成	内容简介	举例简要说明
循证过程	这部分详细介绍了循证教学的具体实施过程，涵盖了具体的教学活动和策略，实践过程中遇到的问题及其解决方法，实施过程中信息的收集、筛选与应用，以及案例实施的过程性评价。这一部分展示了理论证据如何转化成教学实践。	按照上述方案在数学课堂中实施为期一个学期的"微课＋翻转课堂"的教学［实施具体细节略］，教师通过问卷调查、学生访谈、测试成绩分析和课堂观察等方式，系统收集了"微课＋翻转课堂"教学模式在X中学高一年级数学教学中的应用效果数据。基于这些证据，教师发现学生在自主学习中仍存在一些问题，主要原因是微课视频内容质量不高和课堂参与度不足。 为此，教师改进了微课视频内容，优化了课堂互动设计，并实施了针对性的改进措施。随后，教师通过相同的证据收集方式再次评估改进后的效果，以验证策略的有效性。整个过程遵循"证据—实践—证据"的循环。
研究结果	该部分展示了循证输出（O）中的主要发现，包括量化数据和质性数据，例如，围绕PICO问题的前后测成绩对比、学生问卷调查结果以及课堂观察记录的分析。这些数据应全面评估基于证据的干预策略的有效性和影响，以确保结果具有科学性和可靠性。	研究结果显示，实验组学生在后测中的数学成绩平均提高了20分，而对照组仅提高了8分；学生问卷调查与访谈结果显示，实验组有78％的学生表示数学学习兴趣显著增加，且85％的学生感到自主学习能力有所提升，而对照组分别为45％和50％；课堂观察记录表明，实验组学生在翻转课堂中的参与度达到88％，而对照组为62％。这些不同维度的数据全面评估了"微课＋翻转课堂"教学模式的有效性，表明该策略显著提升了学生的数学学习成绩、学习兴趣和自主学习能力，同时在缩小学生之间的学习差距方面也取得了积极成效。
讨论/展望	本部分需对研究结果进行深入分析和解释，探讨其意义和应用价值。同时，应指出研究存在的局限性，重新评估所获证据的价值，并提出未来研究和教学改进的方向。具体内容应包括以下几方面：结果分析、应用价值、研究局限性、证据重估、未来展望等。	研究结果表明，"微课＋翻转课堂"教学模式显著提升了学生的数学成绩、学习兴趣和自主学习能力，并在缩小学生学习差距方面具有积极效果。 这对高中数学教学具有重要意义，展示了证据转化后的教学模式在改善学习效果上的潜力。 虽然前期证据与实际效果在成绩、课堂表现和学生满意度三个方面基本一致，但仍有一定差异，可能与研究样本量小、研究时间短及学生对新模式的适应性不同有关。为更准确评估该模式的有效性，未来研究应扩大样本范围，延长研究周期，并优化教学策略，以减少样本差异的影响。此外，还需探索该模式在其他学科中的应用。

　　表9-1说明了循证教学案例报告所涵盖的六大核心组成部分，这些部分彼此紧密相连，共同构成了教学过程及其成效的完整展示。

　　首先，项目背景部分详尽阐述了项目发起的初衷，介绍了案例场景、针对的对象特点及教学所面临的主要挑战，明确了实施干预的迫切需求。

接着，"目的"部分则具体而明确地指出了循证教学的核心目标，如旨在提升学生的数学解题能力等，并深入剖析了这些目标如何有针对性地回应项目背景中所提及的问题与挑战。

在研究设计阶段，详细说明参与者的信息、所采用的研究方法、所实施的干预措施细节、数据的收集及分析的具体方法，这一系列步骤确保了整个研究项目的科学性与可操作性。

随后，循证过程对循证教学的实施过程进行描述，诠释基于证据的具体教学活动及其实施细节，并对实施过程中信息的收集、分析与评价进行说明，展示理论证据如何被有效地转化为实际的教学实践。

研究结果部分则通过量化数据与质性数据的双重呈现，评估了项目目标的达成情况，展示了基于证据的干预策略的成效及产生的影响。

最后，在讨论与展望部分，对案例实施的结果进行剖析与讨论，指出了研究的局限性，同时也对前期证据的有效性进行重新评估，揭示了其背后的深层含义及实际应用价值，并为未来的教学改进提供建议。

这六个部分相互衔接，共同构成了循证教学案例报告的完整框架，展示了循证教学的完整实践过程及其效果。

诚然，本书所提出的循证教学案例报告是一个基础性框架。在实际应用中，鉴于项目的独特性与差异性，报告的具体维度与细节可根据实际情况作相应的调整。借助循证教学案例报告，可以推广与普及循证实践在课堂教学中的应用，为广大教师提供富有借鉴意义的经验范例。

9.1.3　面临的挑战

在撰写循证教学案例报告的过程中，一线教师会面临一系列的挑战。这些挑战不仅体现在证据的搜集、整理与分析上，还涵盖了如何将复杂的实践过程转化为清晰、有逻辑性的叙述，并确保报告内容的准确性和严谨性。

首先，对于收集到的数据，需要进行系统的整理、清洗、分析。这一过程需要高度的专注力和专业知识。教师要熟练掌握教育专业知识和统计分析工具，准确解读分析结果，以提取出有意义的结论和洞察。

其次，报告需要遵循清晰的逻辑结构，确保各部分内容之间的连贯性和一致性。

这就要求教师在梳理教学实践时，以缜密的思维逐一审视每个教学环节，做到脉络清晰、层次分明，避免出现论证不足、前后矛盾的现象。与此同时，还需要教师具备较强的写作能力，报告的语言表达应准确、简洁、明了，以准确表述教学过程和研究结果。

第三，尽管表9-1对循证项目的实施过程做了简化说明，但撰写报告仍然需要教师投入大量时间和精力进行思考、写作和润色。然而，由于教师日常工作繁忙，往往难以抽出足够的时间和精力来完成报告，这些任务有时会大大增加他们的工作负担，这也是循证实践课堂推进的瓶颈之一。

9.1.4 大模型对于辅助报告撰写的适用性

大模型以其强大的数据处理、分析和生成能力，为教师撰写循证教学案例报告提供了有力的支撑。它可以提供丰富的研究视角，进行精准的数据分析验证，优化报告生成流程，提供多样化的展示方式，从而提高循证教学的效率和质量，促进循证实践理念的推广和应用。

（1）丰富研究视角。大模型可以从海量教育数据和文献资料中为教师提供丰富、新颖的研究视角。大模型可以快速检索和梳理与案例研究主题相关的文献资料，帮助教师全面了解研究主题的理论基础和前沿动态。它还可以通过数据挖掘和自然语言处理技术，从学生的作业、反馈、讨论等非结构化数据中，提取有价值的信息和洞见，为案例研究提供新的切入点和思路。大模型提供的多元研究视角，可以帮助教师拓宽研究思路，提高研究的原创性和深度。

（2）精准数据验证。大模型可以帮助教师对案例中收集的数据进行精准、高效的分析和验证。大模型可以对数据进行自动分类、提取和统计，快速生成数据分析结果，还可以从海量数据中发现隐藏的模式和规律，提供精准且专业的建议。大模型生成的数据分析结果具有较高的可靠性和准确性，能够成为人工数据处理的有效补充，提高研究结果的科学性。

（3）优化报告生成流程。大模型可以帮助教师优化循证教学案例报告的生成流程，提高报告撰写的效率和质量。教师可以将案例研究过程中收集的原始材料，如教学设计文档、课堂观察记录、学生作业等，上传至大模型辅助进行分析和处理。大模型可以根据教师设定的报告框架和要求，从这些材料中挖掘需要的信息，组织并生成报告草稿，教师在此基础上进行必要的修改和完善。这种人机协作的报告生成方式，在保证报告内容的专业性和规范性的基础上，可以大大减轻教师的写作负担，缩短报告生成周期。

（4）提供多种展示方式。大模型可以根据教师的需求，生成多样化的案例报告展示方式。它可以自动生成文字报告、图表、幻灯片等不同形式的报告内容，使报告的呈现更加直观、生动和专业。教师可以根据不同的汇报对象和场合，选择恰当的展示方式，提高报告的传播效果。大模型还可以将案例报告转化为多媒体课件、微视频等形式，便于教师在教学中使用，促进教学经验的分享和推广。

9.2 大模型辅助循证教学案例报告生成

撰写循证教学案例报告需要准备许多关联材料，内容包括但不限于项目背景、项目目的、研究方法、循证过程、研究结果、研究结论及反思等各类支撑材料。这些材料通常源自案例实施过程中的积累和整理。大模型可以根据教师的具体需求，对这些材料进行反复、多次的整理和加工，确保最终生成的案例报告内容完整。需要提醒的是，教师在整个过程中应始终保持对大模型生成内容准确性与可靠性的高度关注与审视，以避免因大模型技术层面的局限性而导致的信息失真或误导。

下面将基于循证案例报告的结构框架（表9-1），以"基于微课的高中数学翻转课堂教学模式研究"作为模拟案例，采用分步展示方式，详细阐述大模型如何辅助案例报告的撰写。

需要说明的是，本章的提示多为长文本内容。对于此类提示，适当运用一些标记符号可以让 ChatGPT 更准确地识别提示的不同组成部分。标记符号的应用没有固定的格式，本章在下文的提示词中提供一些标记方法："＜ ＞"通常用于标记指令或元数据，如"角色"或"任务"；"［ ］"则表示可替换的内容，有时用于强调重要信息。例如，"请用［简体中文］回答以下问题：［人工智能对未来就业市场的影响是什么?］"。值得注意的是，"＜ ＞"经常成对使用（也有案例简化为单个＜ ＞），如＜任务＞表示开始，＜/任务＞表示结束。

在报告撰写开始前，经常需要通过提示词的方式，让大模型扮演一个与项目密切相关的角色。由于本案例是在高中开展，因此可以让大模型扮演高中数学教师、循证教学专家或高中年级组长等身份。通过这种角色扮演，大模型能够更贴合实际情况，生成更符合项目需求的内容，从而提升报告的准确性和相关性。

提示词如下："＜角色＞你是一名有经验的高中数学教学方面的专家＜/角色＞，[接下来将协助中学数学教师撰写循证教学案例报告。请提供与教学相关的专业知识和建议，帮助他们完成高质量的教学案例报告。]"

接下来，大模型就会按照给定的角色，辅助教师完成循证教学案例的撰写。需要特别提醒的是，在人机交互中，如果所有循证材料都在一个对话中，仅需在第一次对话中进行身份或角色设定并提供背景信息。如果内容分散在不同对话中，有时需重新进行角色设定且提供背景信息，以保证大模型能够准确理解和处理当前任务，从而生成符合逻辑且内容一致的报告。

9.2.1 项目背景

项目背景是循证教学案例报告的基础，需阐述项目缘由、意义、教学问题、前期证据评估结果、教学环境、研究对象等，其核心在于界定问题、陈述原因及阐述其重要性。

在利用大模型辅助生成项目背景之前，教师需要准备一系列关键材料，包括项目开展的缘由与意义（引入"微课＋翻转课堂"模式，旨在提升学生的学习兴趣和自主学习能力），明确描述要解决的问题（X中学高中学生在数学学习中兴趣低下、自主学习能力不强的具体情况），前期证据评估的结果（国内外相关研究论文的分析，证明了微课结合翻转课堂的教学模式在提升学生学习兴趣和自主学习能力方面的有效性），以及学校和学生的具体背景信息（X中学高一年级中出现的学习兴趣低下，自主学习能力不高的现象，以及教师希望通过新教学模式改善这一情况的动机等）。此外，还需提供关于学校的教学环境和研究对象的信息，包括学校在微课和翻转课堂实施上的已有经验、项目团队的组成，以及学校对项目的态度等，以确保生成的项目背景内容完整、具体且有依据。

在实际操作中，教师可以通过以下两种方法让大模型生成项目背景的初稿：一是信息补全方式，教师输入具体的提示词及背景信息，大模型根据要求生成相关内容；二是信息整合方式，教师上传相关材料，大模型对这些材料进行整合并生成背景描述。

（1）信息补全

我们先来看一段示例提示。

"＜任务＞请撰写一篇题为'基于微课的高中数学翻转课堂教学模式研究'的

项目背景介绍。首先，阐述该研究的背景和意义，解释为什么开展这一研究具有必要性。[重点说明'微课与翻转课堂'结合的教学模式]如何有效解决当前教育中的主要问题，并提供具体的解决方案，阐明[该项目对改善学生学习状况]的潜在重要性。接着，分析当前教学中存在的主要问题，[例如，部分学生在数学学习中兴趣低下、自学能力不足，而传统教学模式无法有效应对这些挑战。通过分析 30 篇国内外高质量论文的研究数据（包括 20 篇 CSSCI 论文和 10 篇 SSCI 论文，总样本量为 325 个实验组和 320 个对照组，平均效应值为 0.67，95% 置信区间为 [0.55，0.86]），论证微课与翻转课堂结合的有效性，从而支持"微课 + 翻转课堂"模式的合理性与创新性。]随后，介绍学校的具体背景信息，[包括在高一年级中发现的厌学现象，以及教师希望通过新教学模式提升学生学习兴趣和自主学习能力的期望。]最后，描述学校的教育环境和研究对象，[包括学校在实施微课和翻转课堂方面的已有经验、项目团队的组成（包括校内外专家），以及学校对该项目的重视程度。]</任务>"

读者可以自行尝试利用该提示与大模型对话，此处因篇幅原因，不展示大模型生成的项目背景的具体内容。但需要明确的是，通常大模型初次生成的内容可能难以完全满足要求，因此需要评估生成内容，找出其中的不足之处，并提出改进建议。在这个过程中，教师可以提出更具体的要求，或进一步补充相关资料，以帮助大模型更准确地理解需求。通过反复调整和优化，逐步提升大模型生成内容的质量，直至达到满意的效果。

（2）信息整合

若背景资料内容较为丰富，材料来源多样，教师可选择将文件上传至大模型，由其自行读取。然而，在此过程中，教师需特别注意文本的格式规范及文档大小的限制，以确保大模型能够顺畅地读取和处理这些信息。

教师可通过点击指定的图标（如 ChatGPT 中的 ）上传大模型所支持的文件。值得注意的是，不同类型的大模型对文件数量、大小和格式的支持是有所差异的。以 ChatGPT 为例，它支持上传的文件类型涵盖了文本文件（如 txt、docx、md 格式）、图片文件（如 jpg、png、gif 格式）、音频文件（如 mp3、wav 格式）及视频文件等。具体而言，ChatGPT4 对上传文件大小的限制通常设定在 2MB 至 50 MB，而官方并未提出限制的文件数量。然而，为了确保大模型在处理过程中的顺畅与高效，教师应避免一次性上传过多或过大的文档，以免引发读取障碍或导致模型性能下降。为了确保对文档内容的精确分析与有效利用，应采取分批次、小数量（小于7个为佳）的方式，逐步将文档提交至大模型进行内容分析。

在 ChatGPT 中，教师可以通过点击"回形针"按钮来上传文献，并通过相应的提示词，要求 ChatGPT 生成项目背景。在上传的文献中，图 9-1 中的方框中标注了关键内容，提示词可参考方框下方所示的内容，与大模型开展对话。通过这种方式，教师能够利用 ChatGPT 梳理各类材料进而生成项目背景。

图 9-1　利用 ChatGPT 进行信息整合

为了提高大模型生成内容的质量与效果，建议在上传文本或文献时最好能够对材料进行简要描述。如图 9-1 所示可直接针对文献名进行解释，也可以在提示词中进行简要说明，例如，"文献 1 主要包括在开展研究中所获取的相关数据，包括学习动机/自主学习能力的问卷数据及对 15 名学生的访谈数据等"。

9.2.2　项目目的

该部分主要是明确教学干预的效果与目标。为有效利用大模型撰写项目目的，教师需要准备和整理相关材料和信息。首先，收集并整理学校和学生的基本情况、当前教学方法及存在的问题，还需整理学生的现状数据，如过往数学学习成绩、课堂表现和学习兴趣等。在此基础上，教师应明确项目的实施目标（如提升学生的数学解题能力和增强学习兴趣），并根据项目背景中的问题初步设定具体且可测量的目标（如在项目实施的学期结束时，参与项目的学生在数学测试中的平均分数提高至少 10%)。

此外，教师需梳理前期研究文献和证据，以说明相应教学干预的依据，并将这些文献上传供大模型整合。最后，教师应分析现有的教学资源和条件（如学校是否已有一定的微课与翻转课堂经验），评估项目目标的现实性和可行性，并根据前期证据和实际情况对目标进行调整和优化。

在提供完上述材料后，教师可以引导大模型通过内容扩写或仿写等策略，生成相应的内容。

示例提示：

＜任务＞基于前述项目背景内容和基本信息，生成明确的项目目的，项目目的应包括教学问题、解决方法、教学条件、教学目标、教学时间等内容。＜/任务＞基本信息如下：［在 X 中学高一数学课程中，我们引入了基于微课的翻转课堂教学模式，旨在解决当前教学中存在的部分学生数学学习兴趣不高、自主学习能力不足的问题。传统教学方法中，教师讲解时间较多，学生的自主学习和课堂参与度较低，导致他们在数学知识的理解与应用上表现出较大的困难。为应对这一挑战，我们计划通过一学期的准实验研究，评估微课与翻转课堂相结合的教学模式对提升学生数学学习兴趣和自主学习能力的效果。研究对象为 X 中学高一年级学生，学校具备实施这一创新教学模式的必要条件，项目的目标是通过调整教学方法，提高学生的参与度，增强他们对数学的理解和应用能力，从而促进整体教学效果的提升。］

在获取项目前述背景信息的基础上，利用大模型对现有材料进行整合、归纳与处理，可以生成一份项目目的。这种方法能够有效节省教师的时间。然而，在使用这些生成内容时，需要对其中可能存在的表述错误或不准确之处进行仔细审查和适当修改，从而避免技术依赖带来的潜在风险。

此外，若教师在阐述项目目的时缺乏明确的思路，大模型能够协助教师整理零散的想法，给出相应的建议，进而帮助教师梳理思路。

示例提示：

＜任务＞我对如何准确表述项目目标感到不太确定。请根据所提供的材料［如教案/教学设计/讲稿等］帮我整理出针对基于'微课的高中数学翻转课堂教学模式'研究项目的目的描述，不少于 4 条，确保表述逻辑一致但各有侧重，避免含义重复。＜/任务＞

ChatGPT 生成的内容，如图 9-2 所示。

本次项目的目的包括以下几条：

1. **提升学生的学习兴趣**：
   • 探索微课在翻转课堂中应用的效果，激发学生对数学学习的兴趣。
2. **提高学生的自主学习能力**：
   • 通过微课资源的使用，培养学生自主学习的能力，增强其自我学习的主动性和自信心。
3. **评估微课在翻转课堂中的有效性**：
   • 评估微课作为学习资源在翻转课堂中的实际效用，确定其在教学中的适用性和有效性。
4. **分析微课对学生学习行为和学习成果的影响**：
   • 研究微课对学生学习行为的影响，了解其对学生学习方式和学习效率的改变。
   • 评估微课对学生学习成果的影响，特别是对学生数学成绩的提升效果。

图 9-2　大模型帮助教师梳理思路

根据图 9-2 的内容，教师既可以自己对其中的内容进行必要的修改和调整，也可以要求大模型重新进行整合处理，以其他方式表达，例如，要求其用一个段落系统论证项目目的，而不是一一罗列。

9.2.3　研究设计

该部分基于前期的 PICO 问题、证据评估和证据转化结果，并结合教学实际情况，对研究方案进行细化。通常情况下，证据转化环节中已提供了初步的项目实施方案。如果需要利用大模型对初始方案进行进一步优化，除了提供原始方案外，还需更多相关资料。这些资料包括 PICO 问题、前期证据评估和证据转换结果、参与者描述、研究方法、干预措施、数据收集方法及数据分析方法等。可以提供这些材料的原文，或提炼出其核心要点，由大模型进行方案细化或整合，以确保生成内容的高效性和准确性。

下面展示如何利用大模型重构设计方案，让其更符合报告撰写的要求。

示例提示：

[本项目的名称为'基于微课的高中数学翻转课堂教学模式研究'，旨在系统评估微课＋翻转课堂教学模式对学生学习兴趣和自主学习能力的影响，并分析其在日常教学中的可行性和效果。研究针对 X 中学高一数学课堂，研究时间为一个学期。] <任务>按照上述对项目背景及目的的描述，请细化此份初步的 [研究设计]。依据 [项目目的]，[将研究的具体问题细化。同时对于修改方案中存在的逻辑问题等进行纠正，此外若设计中存在内容缺失或不完整等问题请予以补充。总之，请让该研究设计语言更通顺，逻辑更合理，兼具科学性与易读性。请将修改后的文字用加粗或斜体的方式突出显示。] </任务>

图 9－3 为 ChatGPT 优化研究设计前后的差异比较。

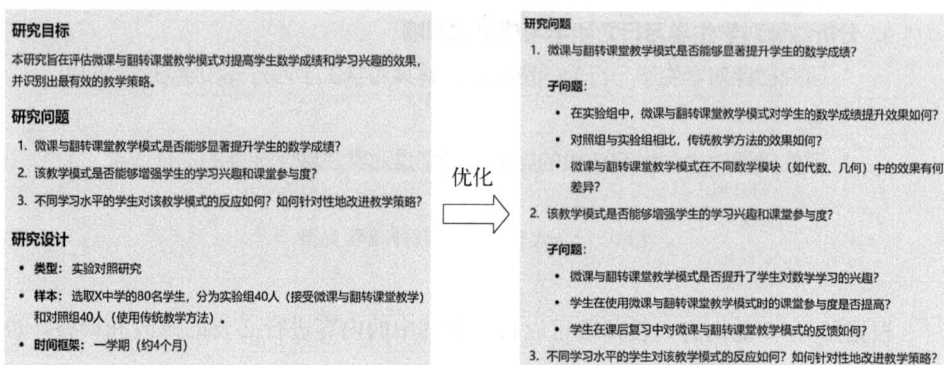

图 9－3　大模型优化研究设计（节选）

在此仅展示与大模型交互的流程示例。为了达成理想结果，教师需要与大模型进行多次深入交流。如果待修改的内容较长，可以将其分割为若干独立部分，分别交由大模型进行针对性修改，最后再将各部分内容组合成完整的文本，这样能够提高交流的针对性，避免过长对话导致的沟通效率下降，当然这也可能会影响文本不同部分的协调与一致。

如果只需对部分内容进行个别化调整，应先向大模型简要说明相关的背景信息，然后根据具体需求提供详细的修改指示。这样可以确保大模型在修改过程中准确理解背景，并针对性地调整内容。

9.2.4　循证过程

本部分详细说明循证教学的实施流程，包括项目实施的实际进展，问卷、访谈、课堂观察等各类证据的搜集、筛选、评估，并基于这些数据的分析优化具体的教学活动。需要特别指出的是，尽管按照前文所述的循证实践的常规流程，证据的搜集、筛选、评估和转化工作已经在教学实践开始前完成了，但在撰写报告阶段，教师可以借助大模型技术对相关内容重新进行梳理，从而提高报告撰写的效率与质量。

示例提示：

＜任务＞请根据项目背景和目标，以及提供的材料，详细描述案例实施的过程，包括实施的各个阶段及其相应的工作。重点分析在各个阶段中，如何搜集、筛选和应用教学过程中各类信息，［如问卷、测验成绩、访谈、课堂观察等］。同时，说明在实施过程中是否进行了过程性评价，以及是否对收集到的数据进行分析，优化教学策略，以解决教学中存在的问题，实现项目目标。材料如下：［教学设计/教案/讲稿/教学反思日志等］。＜/任务＞

ChatGPT 生成的部分内容如图 9-4 所示。

教师通过问卷调查、学生访谈、测试成绩分析和课堂观察等方式，系统搜集了微课+翻转课堂教学模式在X中学高一年级函数与微积分模块中的应用效果数据。在第一次教学实践后，问卷调查显示，学生对微课内容普遍不满，主要反映出微课视频内容不够优质，且未充分考虑到性别差异对学习效果的影响。基于这些证据，教师对微课视频进行了改良，增强了内容的针对性，并在设计时特别考虑了性别差异，以更好地满足不同学生的学习需求。

在改进微课内容后，教师继续观察课堂教学效果，并通过课堂观察发现，虽然学生对微课内容的满意度有所提高，但课堂交互仍存在问题，部分学生的课堂参与度不足。为了进一步提升课堂互动效果，教师重新设计了课堂互动方式，采用了小组互动加教师提问、回答接力等多样化的教学策略，旨在提高学生的参与感和课堂活跃度。

经过两轮教学改进后，教师再次通过相同的证据收集方式，包括问卷调查和课堂观察，评估了改进措施的效果。分析结果显示，学生在自主学习中的积极性和参与度显著提升，微课视频的改良和互动方式的优化得到了学生的普遍认可。整个过程通过"证据-评估效果-改进-再证据"的循环，不断完善教学策略，最终实现了预期的教学目标。

图 9-4　大模型生成的循证教学过程内容（节选）

如果生成的内容（图9-4）与实际情况基本吻合，可以进一步引导大模型对内容进行多次优化和充实。例如，教师可以要求大模型逐句检查每段文字，确保每个句子简洁明了、无歧义。同时，教师可以指导大模型重新组织内容，使其逻辑顺序更清晰，并确保各部分之间的过渡自然、衔接紧密。此外，教师可以要求大模型添加相关信息，以提供更多案例细节，或通过补充信息丰富报告内容。在用词和句式上，教师可以引导大模型进行优化，避免冗长和重复，使文字更具可读性。在每次修改后，教师可以提供反馈，指出需要改进的地方，以引导大模型进一步优化内容，最终达到呈现循证教学全貌的目的。

当然，也可能出现大模型生成的循证教学过程与实际情况不符，或内容与报告意图相悖的情况。此时，需要根据案例的具体特点重新调整之前的提示，例如，提供更多背景信息、示范其他教学过程的表达方式（如少样本学习）、给出教学过程的思路（思维链），或者由教师先草拟一个教学过程的框架，再由大模型进行扩展和补充。

9.2.5　研究结果

在研究结果部分，将结合 PICO 中的输出的结果，通过对比前后测成绩、学生问卷调查和课堂观察记录等数据，全面评估教学策略的有效性和影响。在此阶段，可以向大模型提供循证教学过程中生成的各类数据，包括问卷、作业、考试成绩及访谈记录等信息，并可以提示大模型基于这些数据进行分析，揭示其背后所蕴含的意义，具体操作如下。

示例提示：

＜任务＞请根据前述项目目的，［旨在系统评估微课＋翻转课堂教学模式对学生学习兴趣和自主学习能力的影响，并分析其在日常教学中的可行性和效果］。依据以下数据材料：［前后测成绩数据］、［学生问卷调查结果］、［课堂观察记录］，撰写本项目的研究结果部分，明确呈现循证教学中的主要发现。要求生成的内容表述清晰、逻辑严谨。＜/任务＞

大模型生成的内容如图9-5所示。

在材料较多的情况下，可以对不同材料分别进行独立分析，得出各自的结论。随后，再由大模型进行综合，以提高结论的透明度。

首先，通过对比实验组和对照组的前后测成绩，发现实验组学生的数学成绩平均提高了20分，而对照组仅提高了5分。这个显著差异表明，微课+翻转课堂模式能够更有效地提升学生的学业成绩。

其次，学生问卷调查进一步验证了这一模式的积极影响。实验组有85%的学生表示对数学学习的兴趣有所增加，且课堂参与度显著提高；相比之下，对照组仅有45%的学生表示对数学的兴趣有所提升。这个差异表明，翻转课堂不仅在学业成绩上有优势，还能有效激发学生的学习兴趣。

此外，课堂观察记录也提供了有力的支持，显示实验组学生在课堂上的互动频率和主动参与度显著高于对照组。具体分析表明，实验组学生在小组讨论中的发言次数和质量均明显提升，且学生对微课内容的理解和应用能力有所增强。在问题解决活动中，实验组学生表现得更加积极和有效，这进一步证明了该教学模式的优越性。

图 9-5　大模型生成的结果分析内容（节选）

9.2.6　讨论与展望

讨论与展望部分将深入分析教学干预的结果，探讨其实际应用价值，明确实践方案的局限性，并重新评估证据的有效性等。具体内容包括：结果分析与解释、案例的实际意义、研究局限性、前期证据与实践的一致性评估及原因分析，以及未来研究的展望。教师应提供相关的材料并明确要求，以确保大模型能够给出需要的回答。

示例提示：

＜任务＞基于以下材料［包括研究背景与目标］、［前期证据评估结果］、［教学设计］、［教学实施方案］、［教学日志］、［教学反思］、［实践结果（如前后测成绩、问卷、访谈等）］等，撰写讨论与展望部分。该部分应包括以下内容：对案例结果的分析及其应用价值的讨论；研究的局限性；评估前期证据结果与实践结果之间的一致性，探讨差异形成原因并提供证据应用的建议。此外，还应提出后续教学改进的建议。＜/任务＞

ChatGPT 生成如图 9-6 所示的内容。

9.2.1 至 9.2.6 详细介绍了撰写循证教学案例报告的完整流程，并展示了大模型在这一过程中所起的作用。教师在不同环节获得大模型生成的内容后，最终将其整合成完整的报告初稿。

研究结果显示，基于微课的高中数学翻转课堂教学模式显著提升了学生的数学成绩和学习兴趣。实验组学生的数学成绩平均提高了20分，学习兴趣增加了85%，课堂参与度显著提升。这些结果表明，微课与翻转课堂的教学模式能够有效改善学生的学习效果和态度。

结果分析：

通过对前后测成绩的对比，实验组学生在数学成绩上的显著提升远高于对照组。同时，学生问卷调查结果显示，实验组学生的数学学习兴趣和课堂参与度明显增加，这与课堂观察记录中的积极参与和互动频率相一致，进一步支持了这一模式对教学效果的积极影响。

应用价值：

这些发现表明，微课和翻转课堂教学模式在提高学生学习效果方面具有重要的应用价值。教师可以考虑将这一模式推广到其他课程中，以提升整体教学效果，并帮助学生培养自主学习能力，增强学习积极性。此外，这一模式还为个性化教学提供了新的途径，有助于满足不同学生的学习需求。

图 9-6 生成的研究讨论与展望（节选）

然而，生成初稿后，教师仍需运用自身的专业知识对内容进行仔细审核，确保报告的准确性和表述的清晰度。如果发现内容存在错误、表达不清或信息不完整，可以人工修改，也可以继续使用大模型进行调整。此外，教师可以利用大模型对报告初稿进行二次评估，以辅助检查和完善内容，并根据大模型的反馈进一步修订报告。这里还是要再三提醒，由于大模型技术的局限性，AI 生成内容可能存在偏差，因此请勿完全依赖其生成的结果。报告的最终质量仍取决于教师自身的专业判断和素养。

9.3 其他应用策略

为确保报告的质量与可读性，还可以采取以下常用的策略。

9.3.1 润色文字

在报告初稿形成后，可进一步利用大模型对报告的初稿进行修饰，旨在增强文本内容的逻辑性，并提升表述的生动性与吸引力。

教师在对文字进行润色时，可以采用两种策略：同一对话或重启对话。在同一对话中涵盖所有报告材料，有助于大模型对相关内容形成连贯性的理解。然而，如果在某个环节讨论中大模型出现偏差，这个错误可能会延续并影响后续内容的生成质量。因此，有时需要采用重启对话的策略，将不同类型的文本内容（如项目目的、项目背景等）分别进行优化处理。这种方法不仅能够有效降低大模型在处理过程中的出错率，还能确保各部分内容保持相对独立，提升整体内容的结构性。当然，在重启对话时，为了确保大模型能够整体理解项目，教师需要重新提供相关背景信息。

下面是以重启对话的方式来进行文本润色。

示例提示：

＜角色＞你是一名具有丰富教学经验的高中数学教师。＜/角色＞＜任务＞请你帮我润色以下的文字，让其更有逻辑性，表述更准确。＜/任务＞文字如下：[课堂观察显示，学生的参与度明显提升，这一现象与翻转课堂强调的互动学习密切相关。在翻转课堂中，学生不再是被动的知识接受者，而是主动的学习参与者。通过小组讨论、合作学习和课堂活动，学生能够与同伴分享各自的观点和解题策略，从而促进了思维碰撞和对知识的深度理解。这种积极的互动不仅增强了学生的学习动力，也提高了他们的沟通能力和团队合作意识，培养了他们的数学思维能力和解决实际问题的能力，为其未来的学习和生活提供了重要的支持。]

大模型生成的修改文本如图9-7所示。

您提出的这段内容很好地概括了翻转课堂的优势。我对其进行了进一步的润色和优化，希望能够更好地表达观点：

课堂观察显示，学生的主动参与度明显提高，这与翻转课堂强调的互动式学习密切相关。在翻转课堂中，学生不再是被动的知识接受者，而是积极的学习参与者。通过小组讨论、合作学习和课堂活动，学生能够与同伴分享各自的观点和解题策略，促进了思维的碰撞和知识的深入理解。

这种积极的互动不仅增强了学生的学习动力，还提高了他们的沟通能力和团队合作意识。同时，它也培养了学生的数学思维能力和解决实际问题的能力，为他们未来的学习和生活提供了重要支持。

图9-7　在重启对话中大模型润色文本

9.3.2　二次评估

在报告生成后，还需进行二次评估。根据评估结果，对报告内容进行相应的修改和完善，以确保报告达到更高的标准。在评估过程中，可以选择运用同一大模型或其他大模型，如用 Claude3.5 修改 ChatGPT‐4o 生成的内容。图 9‐8 所呈现的是采用 Claude 3.5 对前述案例报告进行的评估。

示例提示：

＜角色＞你是一名具有丰富循证教学经验的高中数学教师。＜/角色＞＜任务＞请评价此［循证教学案例］，指出其优点、缺点及今后改进的措施。＜/任务＞

缺点评估

1. 对学生自律性的要求较高
缺点：翻转课堂需要学生在课前自主学习，对于自律性较差的学生可能效果不佳。
改进措施：在自主学习阶段增加监督和指导，比如设定学习进度检查点，提供在线辅导等，帮助学生养成良好的学习习惯。

2. 教师工作量可能增加
缺点：教师需要准备更多的多媒体材料，并在课堂上进行个性化指导，工作量增加。
改进措施：学校应提供更多的资源和支持，帮助教师减轻负担，比如提供技术支持、增加助教等。

3. 技术依赖性强
缺点：翻转课堂依赖于技术设备和网络，可能对设备和网络条件不佳的学生不利。
改进措施：学校应确保所有学生都能获得必要的技术设备和网络支持，或者提供线下的学习材料和支持。

4. 评估方法的多样性不足
缺点：目前的评估可能主要依赖于测试和问卷，缺乏对其他学习成果的全面评估。
改进措施：引入更多元的评估方法，如项目展示、学习日志、同伴评价等，全面评估学生的学习效果和能力发展。

图 9‐8　大模型对报告进行二次评估（节选）

9.3.3　内容提取与整理

大模型具有强大的语义理解能力，可以对提取的信息进行分类和组织，也可对相似主题和相关信息进行聚类，便于进一步分析和利用。

例如，大模型可以从大量教学设计文档中提取教学方法和实施步骤，帮助教师优化教学设计，从而提高教学效果。此外，还可以根据学生成绩数据和反馈，分析教学效果，帮助教师进行教学改进和优化。

下面举例说明大模型如何按照要求，依据给定文本/文献，提取并整理相关内容。图 9‐9 所呈现的是大模型生成内容的节选。

示例提示：

＜角色＞你是一名具有丰富教学经验的高中数学教师。＜/角色＞＜任务＞请根据提供的［教学设计/教案/讲稿］，提取［教学实施步骤内容］，对其进行整理并简

教学实施步骤

1. **第一步：微课视频制作与发布**
   - 教师根据教学内容和学生需求制作微课视频。
   - 在课前将微课视频上传至在线平台。
2. **第二步：学生自主学习**
   - 学生在课前观看微课视频，记录不理解的问题和学习心得。
3. **第三步：课堂活动**
   - 课堂上，教师根据学生课前提交的问题组织讨论和互动。
   - 解答学生疑惑，进行重点和难点的讲解和拓展。
   - 组织小组活动和互动教学，增加学生参与度。
4. **第四步：课后练习与反馈**
   - 布置相关练习，学生完成后提交至在线平台。
   - 教师进行批改和反馈，巩固学生所学知识。

图 9-9　大模型梳理的教学实施步骤（节选）

要概括其内容。</任务>

9.3.4　数据分析与可视化

在循证教学中，大模型能够辅助教师对各类数据进行分析，包括结构化与非结构化数据。

具体而言，大模型能够从访谈记录、问卷调查及学生反馈等多元化信息源中提取核心信息，进而实施数据的细致分类、整理与对比。此外，大模型还具备强大的可视化功能，能够生成包括柱状图、饼图及热力图在内的多种图表形式，以直观呈现学生与教师反馈的详尽数据。

不仅如此，大模型还进一步支持动态报告与互动式仪表盘的生成，为教师提供了深入探索不同数据维度的强大工具。通过这些工具，教师可以更加全面地理解教学过程中的各种现象与趋势。此外，大模型在趋势分析方面也展现出卓越的能力，能够构建关联图等复杂图表，清晰展示教学模式实施前后的显著变化及变量之间的深层次关系。这些功能不仅提升了教学反馈的精准度，也为教师优化教学策略提供了有力支持。

此处，仅提供一个简单的示例（具体方法可参阅本书第10章），图9-10显示了大模型生成的节选内容。

示例提示：

<角色>你是一名具有丰富循证教学经验的高中数学教师。</角色><任务>请根据［某一学生在学习动机（4.7分）、学习兴趣（4.6分）、学习周期（3.5分）、学习表现（4.8分）、学习成绩（4.8分）］这五方面的得分，绘制该生的学习现状雷达图并对此结果进行简要分析。</任务>

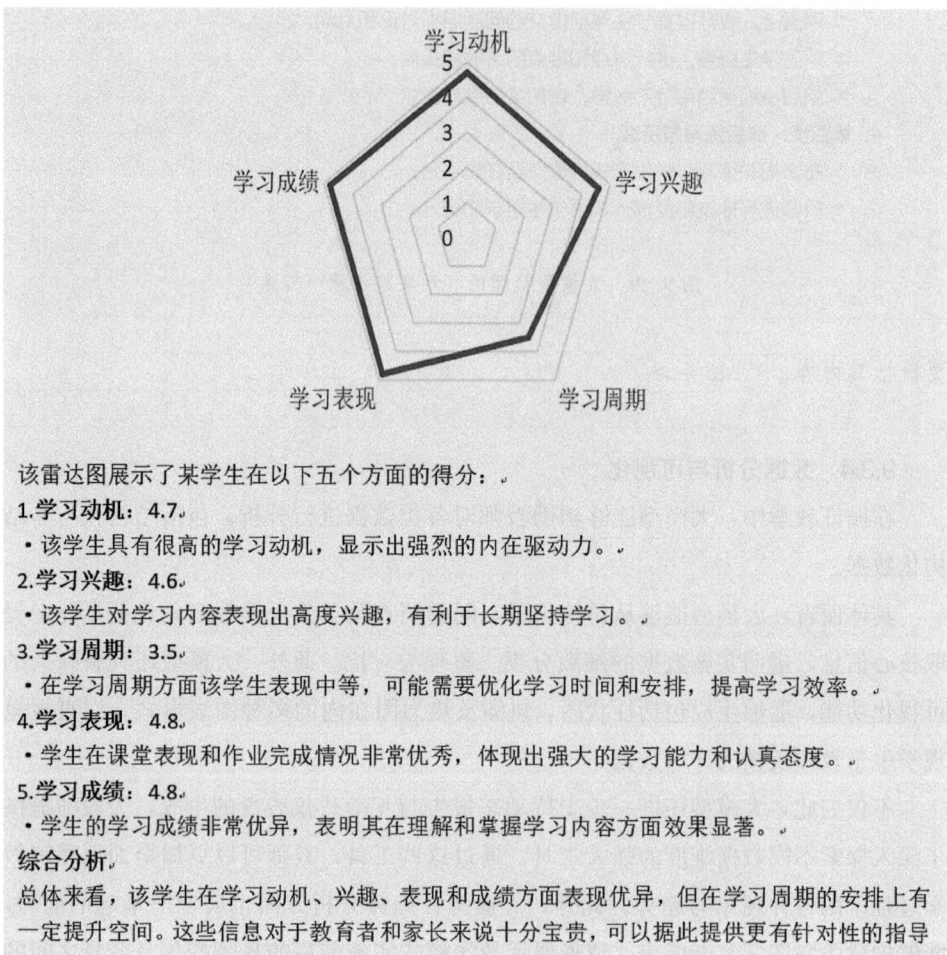

该雷达图展示了某学生在以下五个方面的得分：

1.学习动机：4.7
·该学生具有很高的学习动机，显示出强烈的内在驱动力。

2.学习兴趣：4.6
·该学生对学习内容表现出高度兴趣，有利于长期坚持学习。

3.学习周期：3.5
·在学习周期方面该学生表现中等，可能需要优化学习时间和安排，提高学习效率。

4.学习表现：4.8
·学生在课堂表现和作业完成情况非常优秀，体现出强大的学习能力和认真态度。

5.学习成绩：4.8
·学生的学习成绩非常优异，表明其在理解和掌握学习内容方面效果显著。

综合分析
总体来看，该学生在学习动机、兴趣、表现和成绩方面表现优异，但在学习周期的安排上有一定提升空间。这些信息对于教育者和家长来说十分宝贵，可以据此提供更有针对性的指导

图 9-10　大模型生成的雷达图及分析（节选）

9.3.5　规范文献引用格式

在报告的撰写过程中，文献的引用需要遵循学术规范。大模型能够自动识别并格

式化文献引用，确保所有引用均严格遵循既定的学术规范（如 APA、MLA 等格式）。

示例提示：

＜角色＞你是一名具有丰富循证教学经验的高中数学教师。＜/角色＞＜任务＞请将［文献］中的格式转化成［GB/T7714－2015 格式，格式示例如下：陈向东，赵丽娟，刘泽民. 拓展学科的疆域：大模型的涌现能力对学习科学的影响［J］. 现代教育技术，2024，34（01）：44－54.］＜/任务＞

大模型生成的内容如图 9－11 所示。

1. 任梦格. 新媒体环境下高校思政教育的个性化教学方法探究[J]. 新闻研究导刊，2024, 15(13): 193-195.

2. 张昭玉，等. 基于反向迭代教学设计与个性化学习相结合的程序设计实验教学模式探索[J]. 计算机教育，2024, 07: 119-123.

3. 邹彬，陈川. ChatGPT 和 Sora 在英语演讲教学中的个性化特征研究[J]. 语言与教育研究，2024, 8(02): 12-19.

4. 颜梦达. 建构主义学习理论视角下高校设计类专业混合式教学模式研究[J]. 湖南包装，2024, 39(03): 189-192.

5. 徐升，佟佳睿，胡祥恩. 下一代个性化学习：生成式人工智能增强智能辅导系统[J]. 开放教育研究，2024, 30(02): 13-22.

图 9－11　大模型转化文献引用格式

上述示范内容仅供参考，教师需要自己尝试和实践不同的策略和技巧。实际操作中，由于不同大模型的能力存在差异，以及沟通过程中前后内容可能会产生的干扰，与大模型的沟通方式需要相应调整。然而，无论使用哪种模型，确保沟通有效且高效的关键都在于提供必要的问题场景、清晰地阐述意图、明确模型的角色，并通过具体实例辅助说明，以此增强大模型对内容的理解，从而更准确地生成符合预期的内容。

此外，在报告撰写过程中，我们必须意识到使用大模型可能带来的伦理风险。在利用大模型进行文献分析时，必须高度重视数据安全，例如，需要谨慎处理敏感信息，如身份证、银行卡、电话号码等关键信息，以确保个人的隐私安全。

总之，教师在利用大模型辅助生成循证案例报告时，应遵循严谨的工作流程，强化人机互动与交流，以充分发挥大模型的能力。在大模型的辅助下，循证案例报告的撰写可以更为精准、规范和高效，还能进一步促进循证理念与实践的融合。

第 10 章

利用 ChatGPT
辅助数据分析和文献阅读

在循证实践的过程中,数据分析占据着重要的比重。但是许多一线教师对此感到畏惧,担忧自身在数据处理方面的能力不足。幸运的是,随着数据分析模型与工具的发展,这一领域已变得更加直观和易于操作。前面的章节已经涉及循证实践中的一些数据分析技术,本章将进一步系统性地介绍循证实践中可能用到的各类数据分析,旨在帮助一线教师轻松掌握并有效运用这些方法。

循证实践及日常教学工作与研究中常用的数据分析方法包括描述性统计、数据清洗、相关分析、回归分析、方差分析、结构方程模型,以及各种统计图的绘制。了解并掌握这些方法能够帮助我们确保数据的完整性和准确性,深入挖掘数据之间的关系,并通过可视化手段直观展示分析结果,从而支持科学和有效的教育决策。

智能技术的发展大大降低了数据统计和分析工作的壁垒,借助 ChatGPT,我们可以快速了解和掌握各种类型的数据分析方法,并将其应用于实际教学和管理中。本章将介绍循证实践中常用的数据分析工作及这些环节中大模型的应用。

10.1 ChatGPT 数据分析的特点

循证实践需要系统地检索、评价、转化各类证据,旨在为教育决策提供科学依据,在这过程中涉及多种类型的数据收集和分析。

在传统的数据分析中,科研工作者会借助一些软件。例如,SPSS 统计分析功能可以辅助处理和解析复杂数据,执行复杂的统计测试,绘制精细的图表,帮助我们探究数据背后的深层含义。然而,这类软件的操作要求具备较高的统计知识和科研能力,这对一线教师来说是一个挑战。

与 SPSS 相比,使用 ChatGPT 辅助进行数据分析,可以说是跨过了许多复杂烦琐的步骤。只需简单地向它提问或描述你的数据分析需求,它就能迅速提供解析,从而大大降低了数据分析的门槛。ChatGPT 不仅可以执行基本的统计分析,还能够生成报告、解释结果，甚至提供建议和预测。这使得教育者能够更专注于教学实践本身，而不是被烦琐的数据处理所困扰。

尽管 ChatGPT 具有数据分析的应用潜力，但其计算能力也曾受到一些批评。早期版本的 ChatGPT 在进行数据计算和统计分析时，常常显得力不从心。然而，随着技术的不断进步，ChatGPT 的计算能力有了显著提升，越来越多的研究表明，它可以在许多统计任务中表现出色。

例如，近期的研究显示，ChatGPT - 4 在描述性统计、组间比较和相关性分析方面的能力与传统统计软件（如 SAS、SPSS 和 R）相当。[1] 另一项研究指出，ChatGPT 能够处理广告数据、SEO 数据、产品事件数据及客户反馈数据。尽管其生成的某些观察和建议较为宽泛，缺乏具体性和深度，但无疑将变革传统数据分析的流程和方法。[2]

ChatGPT 的这种能力也得到了学界的广泛关注，出现了许多检验 ChatGPT 在数据分析方面作用的研究。例如，一项系统性文献综述探讨了 ChatGPT 在教育领域的应用，发现它在帮助学生和教师进行数据处理和分析方面显示出了巨大潜力。[3] 还有研究评估了 ChatGPT 在流行病学研究中的数据分析能力。[4] 另一项研究则探讨了 ChatGPT 作为研究助手的潜力，显示其在数据生成和预测方面的能力有了显著提升。[5] 此外，也有研究分析了 ChatGPT 在定性数据分析中的应用，强调了它在提升效率、减少偏差和生成新见解方面的优势。[6]

1　Huang Y，Wu R，He J，et al. Evaluating ChatGPT - 4. 0's Data Analytic Proficiency in Epidemiological Studies：A Comparative Analysis with SAS，SPSS，and R［J］. Journal of Global Health，2024，14：04070.

2　Kalla D，Smith N，Samaah F，et al. Study and Analysis of Chat GPT and its Impact on Different Fields of Study［EB/OL］.（2023 - 03 - 01）［2024 - 09 - 05］. https：//papers. ssrn. com/abstract = 4402499.

3　Albadarin Y，Saqr M，Pope N，et al. A systematic literature review of empirical research on ChatGPT in education［J］. Discover Education，2024，3（1）：1 - 26.

4　Huang Y，Wu R，He J，et al. Evaluating ChatGPT - 4. 0's Data Analytic Proficiency in Epidemiological Studies：A Comparative Analysis with SAS，SPSS，and R［J］. Journal of Global Health，2024，14：04070.

5　Lehr S A，Caliskan A，Liyanage S，et al. ChatGPT as Research Scientist：Probing GPT's Capabilities as a Research Librarian，Research Ethicist，Data Generator and Data Predictor［EB/OL］.（2024 - 02 - 28）［2024 - 09 - 05］. https：//arxiv. org/html/2406. 14765v1.

6　Downing C. How to Use ChatGPT's Advanced Data Analysis Feature［EB/OL］.［2024 - 09 - 05］. https：//mitsloanedtech. mit. edu/ai/tools/data-analysis/how-to-use-chatgpts-advanced-data-analysis-feature/

循证实践的不同环节都需要数据处理，以确保教育决策的科学性和有效性。在数据收集阶段，为保障数据的完整性和准确性，收集到的数据通常需要进行清洗，以处理缺失值、重复值和异常值。例如，教师可以通过 ChatGPT 清洗学生考试成绩数据，填补缺失值和剔除异常值，从而获得一份完整的数据集。

在评估和决策阶段，ChatGPT 可以应用回归分析和相关分析等数据分析方法。教育管理者可以通过 ChatGPT 进行便捷的回归分析，评估不同教育项目的效果，找出影响教育成果的关键因素，从而制定更科学的教育政策。例如，通过分析教育资源投入与学生成绩之间的关系，可以确定哪些资源配置对提升教育质量最为有效。

由于 ChatGPT 在许多统计任务中都有不俗的表现，因此在循证实践各个环节的数据处理的许多需求都可以通过 ChatGPT 得到高效解决。

10.2　利用 ChatGPT 清洗数据

数据清洗影响着分析结果的完整性和准确性，教育研究中的数据来源众多，如问卷调查、考试成绩、课堂观察和学生反馈等。这些数据不可避免地会出现缺失、重复、异常和格式不一致等问题，如果不进行妥善处理，将直接影响数据分析的结果，甚至给教育决策带来误导。下面将介绍如何利用 ChatGPT 清洗数据。

10.2.1　利用 ChatGPT 处理缺失值

缺失值是指在数据集中未记录或丢失的信息。这种情况可能由多种原因造成，包括数据收集过程中的错误、信息遗失或者在数据输入时的遗漏。缺失值的存在可能会影响数据分析的准确性和可靠性，因为大多数数据分析方法和统计模型都假定数据是完整的。因此，识别、评估和处理数据中的缺失值是进行数据分析前一个必不可少的步骤，它有助于提高分析结果的质量和有效性。

如何借助 ChatGPT 来处理缺失值呢？首先我们打开 ChatGPT 界面，上传我们的文件表格，这里我们以某一次月考的语数英成绩为例，我们可以在对话框中上传文件，如图 10-1 所示。

图 10-1　ChatGPT 对话框

上传完成后，我们在"输入"栏中进行提示。

＜角色＞你现在是一个数据处理专家＜/角色＞，这是一份｛某一次月考的语数英成绩数据表｝，请你＜任务＞定位空的单元格，并把空的单元格数据处理为0。＜/任务＞

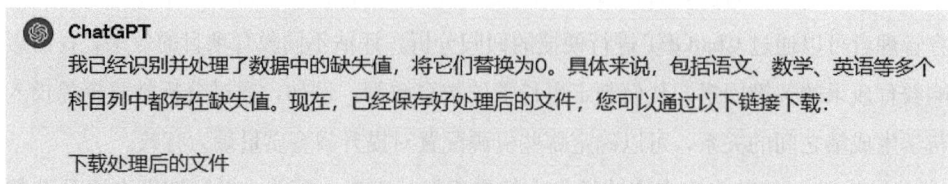

🟢 **ChatGPT**

我已经识别并处理了数据中的缺失值，将它们替换为0。具体来说，包括语文、数学、英语等多个科目列中都存在缺失值。现在，已经保存好处理后的文件，您可以通过以下链接下载：

下载处理后的文件

图 10 - 2　ChatGPT 处理缺失数据

从图 10 - 2 中我们可以看到 ChatGPT 已经完成了对表格的处理，我们可以下载处理后的文件表格，发现缺失值已经处理为 0。

同理，在数据较少的情况下，我们可以直接复制表格（表 10 - 1），以文档的形式输入至 ChatGPT 当中，并在"输入"栏中进行提示。

表 10 - 1　缺失数据的语数英成绩表格

学号	姓　名	类别	选科组合	语文	数学	英语
1	陈泳杨	历史	历地生	103	114	127
2	何凯妮	历史	历地生	118	114	116
3	林榆森	历史	历地生	104	95	
4	吴绮婷	历史	历地生	99	119	108
5	麦嘉雯	历史	历地生	107	99	104.5
6	陈培桦	历史	历地生	108	116	112
7	朱阮盈	历史	历地生	96	124	
8	龚忠英	历史	历地生		105	111
9	郭乐仪	历史	历地生	108		108.5
10	刘小丹	历史	历地生	104	105	110

<角色>你现在是一个数据处理专家</角色>，这是一份〔某一次月考的语数英成绩表格〕，请你<任务>定位为空的单元格，并把空的单元格数据处理为0，并输出修改后的表格。</任务>

输出的结果如图 10-3 所示，缺失部分已经处理为 0。

学号	姓名	类别	选科组合	语文	数学	英语
1	陈泳杨	历史	历地生	103	114	127
2	何凯妮	历史	历地生	118	114	116
3	林榆森	历史	历地生	104	95	0
4	吴绮婷	历史	历地生	99	119	108
5	麦嘉雯	历史	历地生	107	99	104.5
6	陈培桦	历史	历地生	108	116	112
7	朱阮盈	历史	历地生	96	124	0
8	龚思英	历史	历地生	0	105	111
9	郭乐仪	历史	历地生	108	0	108.5
10	刘小丹	历史	历地生	104	105	110

这个表格现在已经没有空白单元格，所有缺失的值都已被填充为0。

图 10-3　ChatGPT 处理表格中缺失的数据

10.2.2　利用 ChatGPT 处理重复值

在处理问卷数据的时候，会经常碰到重复值的情况，我们也可以通过 ChatGPT 来对重复值进行删除。

例如，表 10-2 中存在重复值，输入提示如下。

<角色>你现在是一个数据处理专家</角色>，<任务>请你找出以下数据中的重复值，并且以表格的形式输出删除重复值后的数据。</任务>

表 10-2　具有重复值的语数英成绩表格

学　号	姓　　名	类别	选科组合	语文	数学	英语
1	陈泳杨	历史	历地生	103.0	114.0	127.0
2	何凯妮	历史	历地生	118.0	114.0	116.0

学号	姓　名	类别	选科组合	语文	数学	英语
3	林榆森	历史	历地生	104.0	95.0	0.0
4	吴绮婷	历史	历地生	99.0	119.0	108.0
5	麦嘉雯	历史	历地生	107.0	99.0	104.5
6	陈培桦	历史	历地生	108.0	116.0	112.0
7	朱阮盈	历史	历地生	96.0	124.0	0.0
8	龚忠英	历史	历地生	0.0	105.0	111.0
9	何佩琳	历史	历地生	99.0	81.0	99.5
10	郭乐仪	历史	历地生	108.0	0.0	108.5
6	陈培桦	历史	历地生	108.0	116.0	112.0
11	刘小丹	历史	历地生	104.0	105.0	110.0

相应结果如图 10-4 所示，发现重复值已经删除。

以下是删除重复值后的表格形式：

学号	姓名	类别	选科组合	语文	数学	英语
1	陈泳杨	历史	历地生	103.0	114.0	127.0
2	何凯妮	历史	历地生	118.0	114.0	116.0
3	林榆森	历史	历地生	104.0	95.0	0.0
4	吴绮婷	历史	历地生	99.0	119.0	108.0
5	麦嘉雯	历史	历地生	107.0	99.0	104.5
6	陈培桦	历史	历地生	108.0	116.0	112.0
7	朱阮盈	历史	历地生	96.0	124.0	0.0
8	龚忠英	历史	历地生	0.0	105.0	111.0
9	何佩琳	历史	历地生	99.0	81.0	99.5
10	郭乐仪	历史	历地生	108.0	0.0	108.5
11	刘小丹	历史	历地生	104.0	105.0	110.0

这个表格已经去除了所有的重复值，并以干净的形式展示出来。

图 10-4　ChatGPT 处理表格重复值

10.2.3 利用 ChatGPT 处理格式

在处理数据格式时，我们要求同类数据的格式需要保持统一，在后续的数据分析中才不会出错。例如，在统计成绩时，部分同学采取等级制度计分，而部分同学采取赋分制计分（表 10-3），如果不进行数据处理，在后续的数据分析当中就会出现错误的情况。

我们可以借助 ChatGPT 完成数据格式的处理步骤，输入以下提示词。

＜角色＞你现在是一个数据处理专家＜/角色＞，＜任务＞请你将以下数据统一处理成赋分制来计算，A 代表 135 分，B 代表 120 分，C 代表 90 分。＜/任务＞

表 10-3　需要统一格式的语数英成绩表格

学号	姓　名	类别	选科组合	语文	数学	英语
1	陈泳杨	历史	历地生	103	114	127.0
2	何凯妮	历史	历地生	118	114	116.0
3	林榆森	历史	历地生	104	95	0.0
4	吴绮婷	历史	历地生	99	119	108.0
5	麦嘉雯	历史	历地生	107	99	104.5
6	陈培桦	历史	历地生	108	116	112.0
7	朱阮盈	历史	历地生	96	124	0.0
8	龚忠英	历史	历地生	0	105	111.0
9	何佩琳	历史	历地生	99	81	99.5
10	郭乐仪	历史	历地生	108	0	108.5
11	刘小丹	历史	历地生	104	105	110.0
12	陈辰庭	历史	历地生	A	B	C
13	邹淳铎	历史	历地生	C	A	C
14	罗凯婷	历史	历地生	A	B	C

相应结果如图 10-5 所示，发现数据格式已经统一。

以下是经过赋分制处理后的表格形式：

学号	姓名	类别	选科组合	语文	数学	英语
1	陈泳杨	历史	历地生	103	114	127.0
2	何凯妮	历史	历地生	118	114	116.0
3	林楠森	历史	历地生	104	95	0.0
4	吴颂瑶	历史	历地生	99	119	108.0
5	麦嘉雯	历史	历地生	107	99	104.5
6	陈培桦	历史	历地生	108	116	112.0
7	朱玩盈	历史	历地生	96	124	0.0
8	龚忠英	历史	历地生	0	105	111.0
9	何佩琳	历史	历地生	99	81	99.5
10	郭乐仪	历史	历地生	108	0	108.5
11	刘小丹	历史	历地生	104	105	110.0
12	陈辰庭	历史	历地生	135	120	90
13	鄢淳译	历史	历地生	90	135	90
14	罗凯铮	历史	历地生	135	120	90

所有字母等级都已转换为相应的分数，表格形式已经统一。

图 10 - 5　ChatGPT 处理表格数据格式

不管是输入表格还是直接上传一个数据文件，ChatGPT 都可以帮助我们很好地完成任务。为缩短篇幅，本章接下来的案例都以直接上传文件为例进行演示说明。

10.3　利用 ChatGPT 进行描述性统计

描述性统计是数据分析的一个核心组成部分，涉及采用各种统计技术来总结和解释数据集。这些常用的方法包括计算平均值、中位数和众数等中心趋势度量，以及标准差和方差等离散度或变异度量。平均值反映了数据点的平均水平，中位数代表数据的中间点，而众数则是数据中出现次数最多的值。标准差和方差则衡量数据点围绕平均值的分散程度，帮助我们了解数据的波动性和稳定性。

通过描述性统计，我们能够初步了解数据，识别数据中的模式、趋势和异常值，从而指导实证研究的设计和实施。此外，描述性统计的结果可以用来验证研究假设的初步有效性，为进一步的因果推断研究提供基础。在商业分析、科学研究和日常数据处理中，运用描述性统计不仅可以提高分析的准确性，还能增强决策的科学性和实效性。这使得描述性统计成为一种更加高效和有意义的数据分析工具。

10.3.1 计算平均数、中位数、众数

在数据分析的领域中，平均数、中位数和众数是衡量数据集中心趋势的三个基本统计量。平均数提供数据点的平均值，中位数反映数据的中心位置，而众数表示数据中出现频率最高的值。这些统计量帮助我们理解数据的典型特征和分布状况。

我们不仅可以借助 ChatGPT 完成平均数、中位数、众数的计算，还可以让 ChatGPT 分别计算不同种类的平均数、中位数、众数。现在以全校的语数英成绩来举例。

我们输入以下提示：

<角色>你是一个数据分析专家</角色>，<任务>请你统计一下全校的语文、数学、英语分数的平均数、中位数、众数，同时分别计算历史类别和物理类别的语文、数学、英语的平均数、中位数、众数</任务>，（直接输出答案即可，不需要过多的解释）。

相应结果如图 10-6 所示，ChatGPT 已经帮我们统计了全校、历史类别和物理类别的语文、数学、英语分数的平均数、中位数、众数。

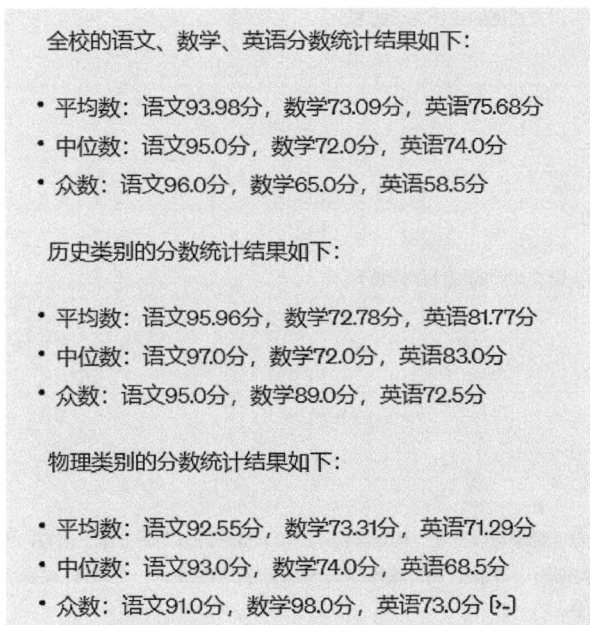

全校的语文、数学、英语分数统计结果如下：

- 平均数：语文93.98分，数学73.09分，英语75.68分
- 中位数：语文95.0分，数学72.0分，英语74.0分
- 众数：语文96.0分，数学65.0分，英语58.5分

历史类别的分数统计结果如下：

- 平均数：语文95.96分，数学72.78分，英语81.77分
- 中位数：语文97.0分，数学72.0分，英语83.0分
- 众数：语文95.0分，数学89.0分，英语72.5分

物理类别的分数统计结果如下：

- 平均数：语文92.55分，数学73.31分，英语71.29分
- 中位数：语文93.0分，数学74.0分，英语68.5分
- 众数：语文91.0分，数学98.0分，英语73.0分 [>-]

图 10-6 ChatGPT 计算平均数、中位数、众数

10.3.2 计算全距、四分差、平均差、方差、标准差

在数据分析的过程中，全距、四分差、平均差、方差和标准差是衡量数据分散程度的关键统计量。全距反映数据的整体波动范围；四分差揭示了数据的中间分布；平均差描述了数据点偏离平均值的平均程度；方差衡量了数据的波动性；而标准差则是方差的平方根，直观表示数据的分散程度。这些统计量共同帮助我们全面了解数据的分布特性。

例如，我们想知道两个类别的语文成绩中，哪个类别的成绩分布更分散，就可以用两个班级成绩的四分差来比较。我们可以借助 ChatGPT 完成计算，如输入以下提示：

＜角色＞你是一个数据分析专家＜/角色＞，＜任务＞请你分别统计一下历史类别中的语文成绩和物理类别中的语文成绩的全距、四分差、平均差、方差、标准差＜/任务＞（直接输出结果），＜任务＞并根据四方差的结果来解释一下两个类别的语文成绩中，哪个类别的成绩分布更分散。＜/任务＞

相应结果如图 10-7 所示，ChatGPT 已经帮我们统计了语文成绩的全距、四分差、平均差、方差、标准差，并且对其中历史类别和物理类别进行了对比分析。

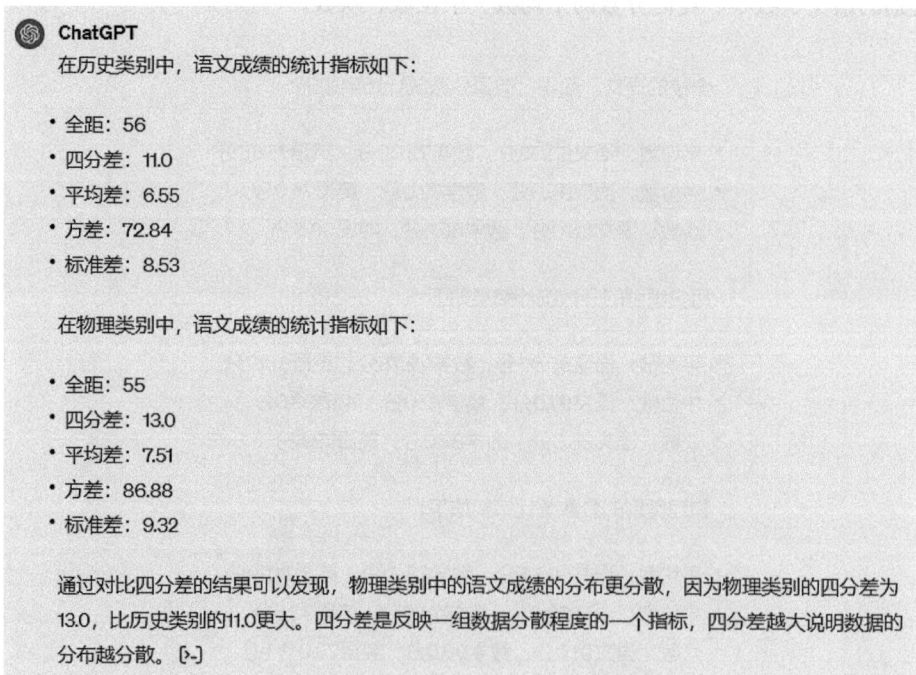

图 10-7 ChatGPT 计算全距、四分差、平均差、方差、标准差

10.3.3 统计图绘制建议

在数据分析的过程中，统计图不仅是展示数据的工具，更是洞察和理解数据的窗口。通过各种统计图表，我们能够直观地看到数据的分布、趋势和异常值，从而做出更准确的判断和决策。例如，散点图帮助识别变量间的关系，直方图揭示数据的分布特征。有效的图表可以简化复杂数据，加速信息的传递，是沟通和决策的桥梁。因此，掌握统计图的使用，对于任何希望通过数据驱动决策的专业人士来说，都是不可或缺的技能。

我们可以借助 ChatGPT 分析收集的数据可以生成什么样的数据图。同时让其介绍不同图之间有什么样的用途。输入以下提示：

<角色>你是一个数据分析专家</角色>，<任务>请你分析一下这份表格可以绘制成什么样的统计图，介绍 10 种不同类型的统计图并介绍它们的用途。</任务>

相应结果如图 10-8 所示，ChatGPT 已经给我们介绍了 10 种不同的统计图和它们的用途，现在我们开始试着用 ChatGPT 生成统计图。

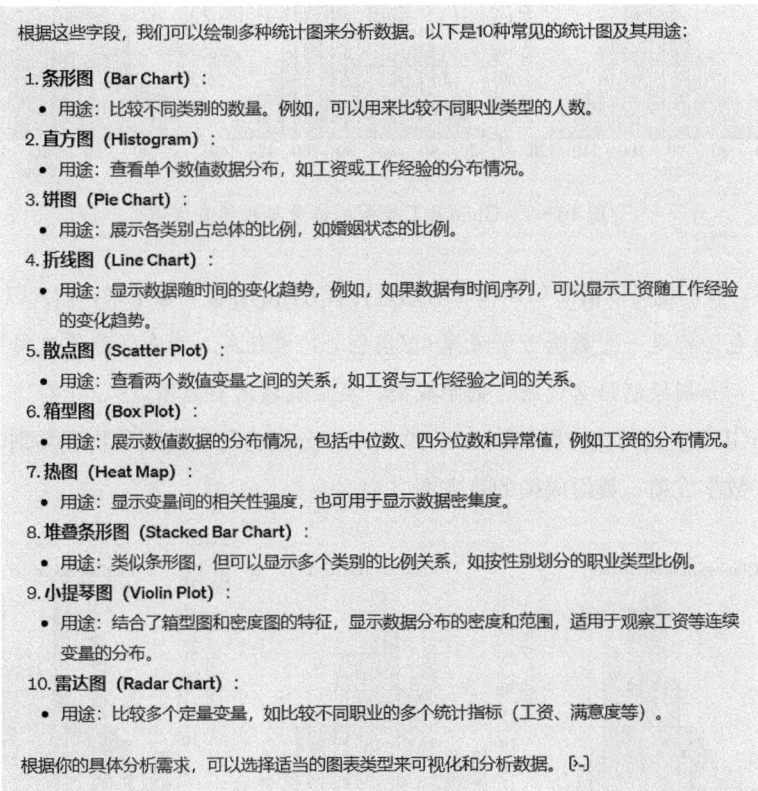

根据这些字段，我们可以绘制多种统计图来分析数据。以下是10种常见的统计图及其用途：

1. **条形图 (Bar Chart)** ：
   - 用途：比较不同类别的数量。例如，可以用来比较不同职业类型的人数。

2. **直方图 (Histogram)** ：
   - 用途：查看单个数值数据分布，如工资或工作经验的分布情况。

3. **饼图 (Pie Chart)** ：
   - 用途：展示各类别占总体的比例，如婚姻状态的比例。

4. **折线图 (Line Chart)** ：
   - 用途：显示数据随时间的变化趋势，例如，如果数据有时间序列，可以显示工资随工作经验的变化趋势。

5. **散点图 (Scatter Plot)** ：
   - 用途：查看两个数值变量之间的关系，如工资与工作经验之间的关系。

6. **箱型图 (Box Plot)** ：
   - 用途：展示数值数据的分布情况，包括中位数、四分位数和异常值，例如工资的分布情况。

7. **热图 (Heat Map)** ：
   - 用途：显示变量间的相关性强度，也可用于显示数据密集度。

8. **堆叠条形图 (Stacked Bar Chart)** ：
   - 用途：类似条形图，但可以显示多个类别的比例关系，如按性别划分的职业类型比例。

9. **小提琴图 (Violin Plot)** ：
   - 用途：结合了箱型图和密度图的特征，显示数据分布的密度和范围，适用于观察工资等连续变量的分布。

10. **雷达图 (Radar Chart)** ：
    - 用途：比较多个定量变量，如比较不同职业的多个统计指标（工资、满意度等）。

根据你的具体分析需求，可以选择适当的图表类型来可视化和分析数据。[⌐]

图 10-8　ChatGPT 介绍不同统计图以及用途

10.3.4 绘制直方图

直方图是一种统计图表，用于展示数据分布的频率。它通过将数据范围分割成连续的、不重叠的区间，并对每个区间内的数据点数量进行计数和表示，从而使我们能够直观地看到数据的分布模式，识别集中趋势和离散程度。直方图是分析数据变异性和偏态的重要工具。

借助 ChatGPT 完成绘制，输入以下提示：

＜角色＞你是一个数据分析专家＜/角色＞，＜任务＞请你分别绘制语文成绩、数学成绩、英语成绩的直方图。＜/任务＞

ChatGPT 生成的直方图如图 10-9 所示，分别为语文成绩、数学成绩、英语成绩的直方图。

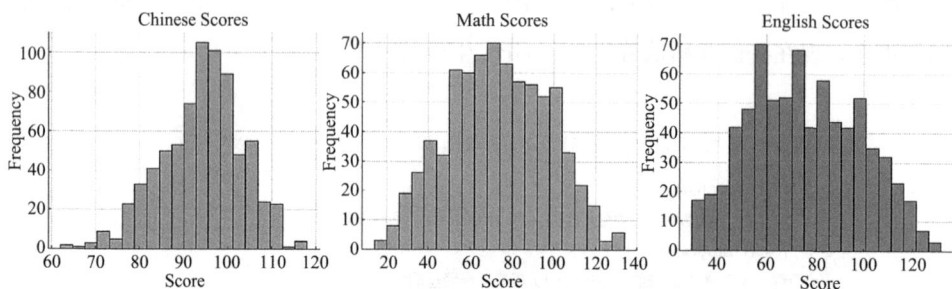

图 10-9　ChatGPT 绘制的语数英成绩直方图

当然，我们也可以借助 ChatGPT 分组进行直方图的绘制，接下来，输入以下提示：

＜角色＞你是一个数据分析专家＜/角色＞，＜任务＞现在区分历史类别和物理类别学生，分别绘制语文成绩、数学成绩、英语成绩的直方图。＜/任务＞

ChatGPT 生成的直方图如图 10-10 所示，分别为历史类别和物理类别学生的语文成绩、数学成绩、英语成绩的直方图。

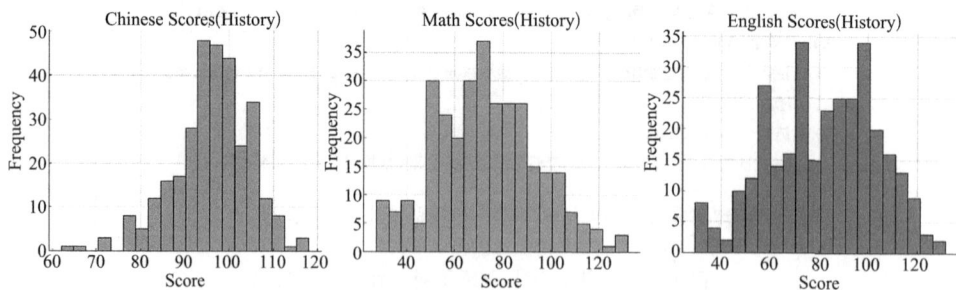

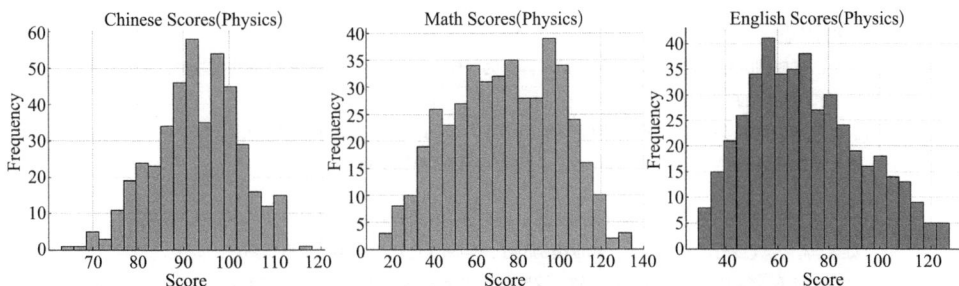

图 10-10　ChatGPT 分组绘制的语数英成绩直方图

10.3.5　辅助直方图信息获取

直方图通过数据的频率分布揭示了多种有用信息，包括数据的集中趋势、分散程度、偏态和异常值。这些信息对于理解数据集的整体行为模式至关重要，有助于做出更准确的分析和预测。我们可以通过询问 ChatGPT 来从直方图中获取信息，输入以下提示：

〈角色〉你是一个数据分析专家〈/角色〉从这些〔直方图〕当中，〈任务〉你可以直接获取到什么有用的信息，请你将你能获取到的信息都生成出来。〈/任务〉

ChatGPT 解读直方图信息如图 10-11 所示，从图中我们可以知道成绩分布特点、类别间的差异、学科特点。

> **ChatGPT**
>
> 从上述直方图中，我们可以获取到一些有关语文、数学和英语成绩分布的有用信息，以及这些分布在历史和物理类别学生中的差异。以下是通过直方图观察得到的关键点：
>
> 1. **成绩分布特点：**
>   - 语文成绩在历史类别和物理类别的学生中都表现出相似的分布模式，集中在中高分段，暗示了这两组学生在语文学科的整体表现较为均衡。
>   - 数学成绩在物理类别学生中的分布相对于历史类别学生而言，更倾向于高分段。这可能反映了选择物理类别的学生在数学能力上的优势。
>   - 英语成绩在两个类别中的分布比较均匀，但物理类别的学生中似乎有更多的高分学生，这可能表明物理类别的学生在英语学科上也表现较好。
> 2. **类别间的差异：**
>   - 历史类别和物理类别的学生在数学和英语成绩上显示出一定的差异，物理类别的学生在这两门学科中倾向于取得更高的分数。这可能是由于物理类别的学生在选择课程时更重视或更擅长这些学科。
>   - 在语文成绩上，两个类别的学生似乎表现得相对一致，没有明显的差异。这表明无论学生选择的是历史还是物理，他们在语文学科的表现都比较均衡。

3. 学科特点:

- 数学成绩的分布显示出类别特定的差异最为明显，这可能反映了物理类别的学生对数学的掌握和兴趣更加突出。
- 语文和英语成绩虽然也显示出一定的类别差异，但比数学成绩的差异要小。这可能说明这两门语言学科的学习在不同类别的学生中都受到相似程度的重视。

通过分析这些直方图，我们可以得出结论，历史类别和物理类别的学生在不同学科上的表现存在一定差异，尤其是在数学学科上。物理类别的学生倾向于在数学和英语上取得更好的成绩，而两个类别的学生在语文成绩上表现相对一致。这些信息对于了解不同学科在不同学生群体中的表现具有一定的参考价值。

图 10 - 11　ChatGPT 解读直方图信息

10.3.6　绘制饼图

饼图是一种常用的图表类型，通过将一个圆分割成多个扇形来显示数据的组成比例。每个扇形的角度和面积大小与其代表的数据类别的比例成正比。饼图特别适用于展示不同类别在整体中所占的相对比例，使得读者能够快速直观地理解每个类别的重要性或占比。这种图表在商业报告、市场分析及任何需要强调部分与整体关系的领域中都非常实用。

我们可以借助 ChatGPT 完成绘制，输入以下提示:

＜角色＞你是一个数据分析专家＜/角色＞，＜任务＞请你分别绘制语文成绩、数学成绩、英语成绩占比的饼图＜/任务＞。〔其中，A 等级为 135 分，B 等级为 120 分，C 等级为 90 分，D 等级为 60 分，其他为 E 等级。〕

ChatGPT 生成的饼图如图 10 - 12 所示，分别为语文成绩、数学成绩、英语成绩的饼图。

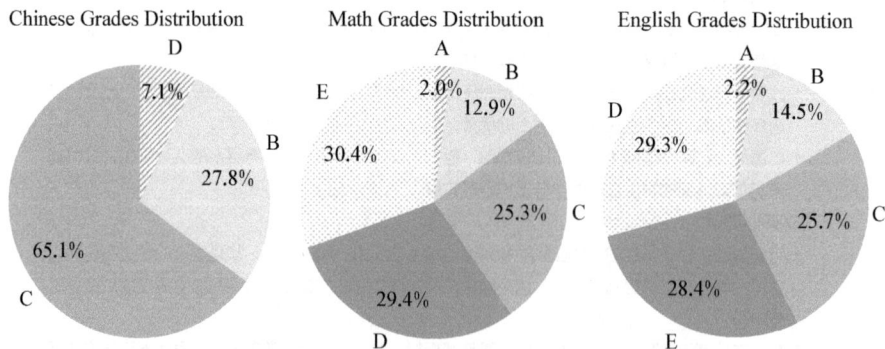

图 10 - 12　ChatGPT 绘制成绩占比的饼图

10.3.7　绘制散点图

在数据分析中，散点图是揭示两个变量之间关系的强大工具。通过在二维空间内绘制数据点，散点图可以帮助我们直观地识别变量间的相关性、趋势及潜在的异常值。它是评估变量是否存在线性或非线性关系的初步而有效的方法。使用散点图，我们可以迅速把握数据的分布特性，进而指导进一步的统计分析和决策制定。

借助 ChatGPT 生成散点图，输入以下提示：

＜角色＞你是一个数据分析专家＜/角色＞，＜任务＞请你绘制〔语文成绩〕的散点图，以表示在不同考试中的成绩趋势分析。＜/任务＞

ChatGPT 生成的散点图如图 10-13 所示，可以直观地看出每次语文成绩的变化。

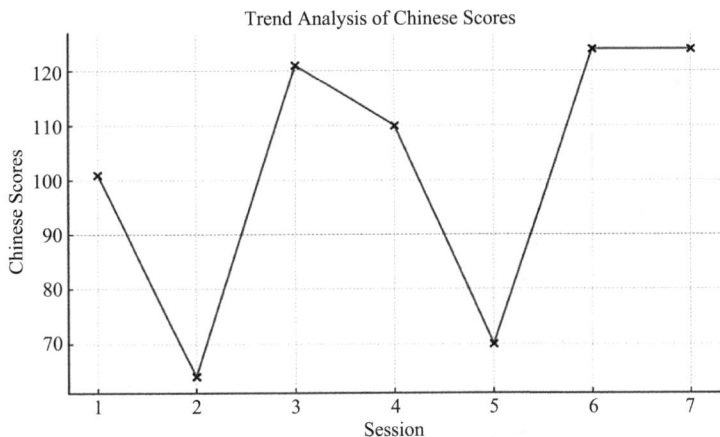

图 10-13　ChatGPT 绘制语文成绩的散点图

10.3.8　绘制条形图

在数据分析中，条形图是基础且强大的工具，用于直观比较不同类别的数值。通过简洁的视觉表现，它使复杂数据易于理解，从而帮助我们快速识别趋势和异常。现在，我们收集了一份关于员工对薪资满意度的调查问卷，在数据分析之前我们需要进行数据清洗，同样，我们也可以借助 ChatGPT 进行操作，让它帮我们绘制一些统计图。

借助 ChatGPT 生成条形图，输入以下提示：

＜角色＞你是一个数据分析专家＜/角色＞，＜任务＞请你绘制条形图，〔用来比较不同职业类型的人数〕。＜/任务＞

ChatGPT 生成的条形图如图 10-14 所示，可以直观地比较不同类别的数值。

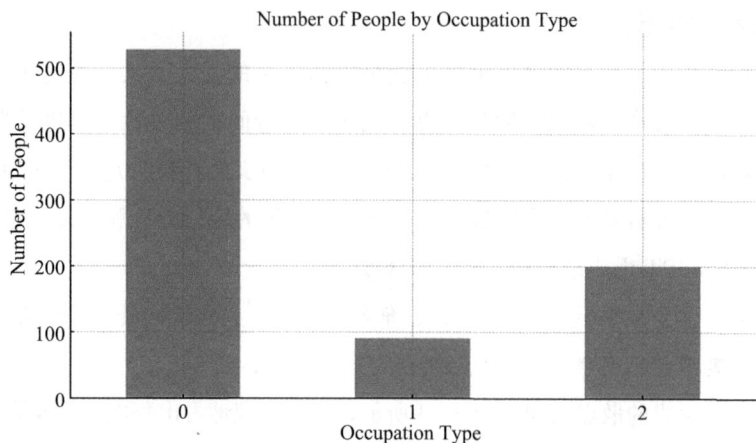

图 10 - 14　ChatGPT 绘制的条形图

10.3.9　绘制箱型图

在数据分析中，箱型图至关重要，因为它能有效地显示数据的分布情况，包括中位数、四分位数及异常值。这使得快速识别数据集中的趋势和异常成为可能，极大地增强了分析的准确性和效率。

我们可以借助 ChatGPT 生成箱型图，输入以下提示：

＜角色＞你是一个数据分析专家＜/角色＞，＜任务＞请你绘制箱型图，用来展示数值数据的分布情况，{包括中位数、四分位数和异常值}。＜/任务＞

ChatGPT 生成的箱型图如图 10 - 15 所示，可以有效地显示数据的分布情况。

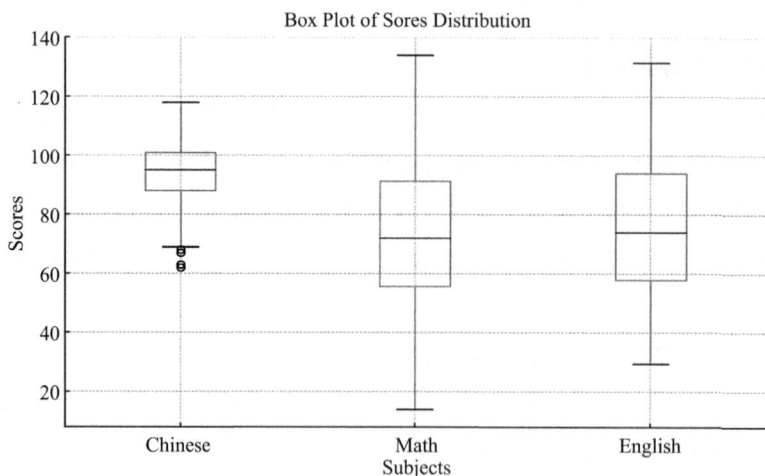

图 10 - 15　ChatGPT 绘制的箱型图

10.3.10 绘制热图

在数据分析中，热图也是一个强大的可视化工具，它通过色彩渐变直观地显示变量间的相关性，帮助分析者快速识别数据中的模式和异常值，从而提升决策的效率和准确性。

借助 ChatGPT 生成热图，输入以下提示：

＜角色＞你是一个数据分析专家＜/角色＞，＜任务＞请你绘制热图，用来展示各科成绩之间的相关性。＜/任务＞

ChatGPT 生成的热图如图 10‐16 所示。

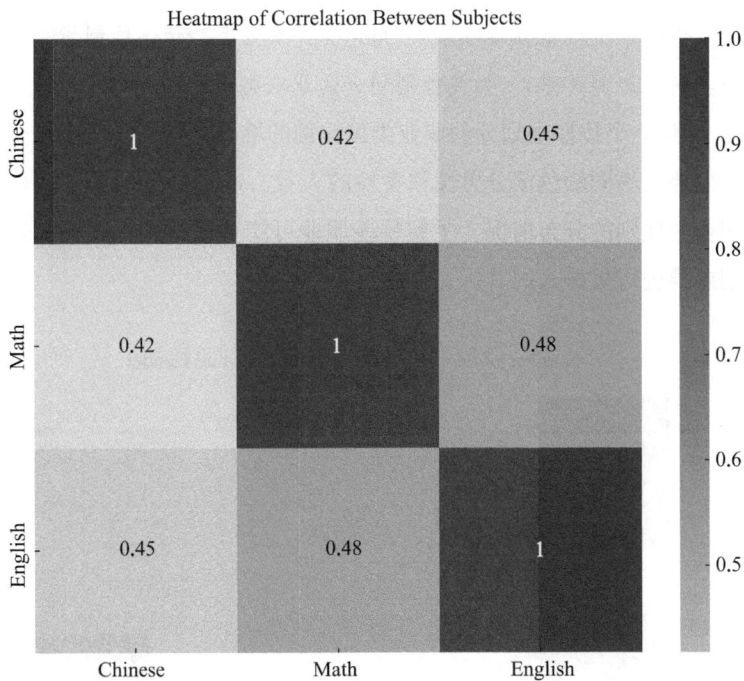

图 10‐16　ChatGPT 绘制的热图

这个是展示各科成绩之间相关性的热图。通过这个热图，我们可以清晰地看到不同科目之间的相关性。颜色越深，表示两个科目之间的相关性越强，即一个科目的成绩变化时，另一个科目的成绩也可能有类似的变化。相关系数为 1 表示两个科目完全正相关，如同一个科目成绩增加，另一个科目成绩也会增加。热图对角线上的 1 说明每个科目和自身的相关性是完美的。而语文和数学的相关系数为 0.42，表示它们之间存在中等程度的正相关。数学和英语的相关性稍高，为 0.48，语文和英语的相关性为 0.45。对于教师而言，这种相关性分析可以帮助了解学生在不同科目上的表现是否相关，从而为教学设计提供数据支持。

10.3.11 绘制堆叠条形图

在数据分析中，堆叠条形图非常重要，因为它可以同时展示多个变量的总体规模及其相对比例。这种图表尤其适用于分析和比较多个分组内各类别的组成，从而揭示不同组之间的差异。

借助 ChatGPT 生成堆叠条形图，输入以下提示：

＜角色＞你是一个数据分析专家＜/角色＞，＜任务＞请你绘制堆叠条形图，用来显示多个类别的比例关系，｛如按性别划分的职业类型比例｝。＜/任务＞

图 10-17 是一个按性别划分的职业类型比例的堆叠条形图。每个柱子代表一个职业类型，内部以不同颜色区分男性和女性的人数。通过这样的图表，可以直观地看到不同职业中性别的分布情况，了解哪些职业可能存在性别不平衡。这种视图有助于对性别差异进行更深入的分析和讨论。

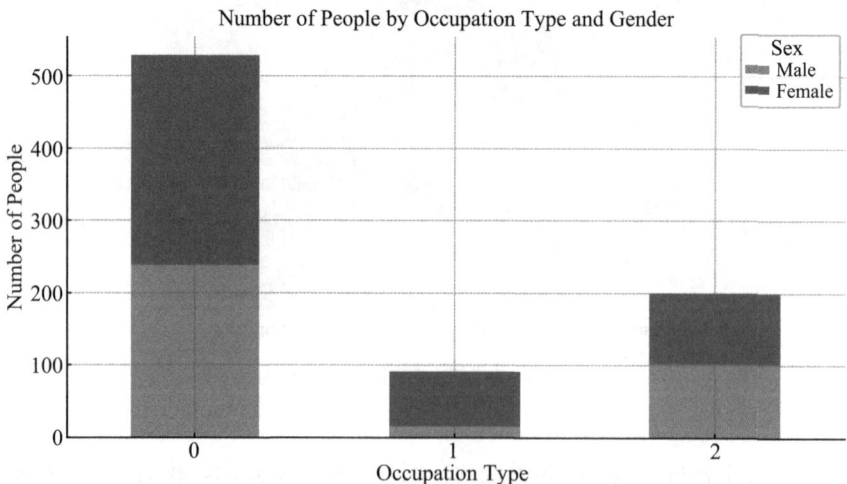

图 10-17　ChatGPT 绘制的堆叠条形图

10.3.12 绘制小提琴图

在数据分析中，小提琴图犹如一支神奇的画笔，巧妙地将箱型图的分布精髓与密度图的视觉冲击力融为一体。通过这幅图，我们不仅能细腻地捕捉到数据的分布密度，还能清晰地掌握数据的范围。尤其当我们需要对比不同组别的数据时，小提琴图的表现力更是无与伦比，让数据的故事跃然纸上，令人一目了然。

我们可以借助 ChatGPT 生成小提琴图，输入以下提示：

<角色>你是一个数据分析专家</角色>，<任务>请你绘制小提琴图，用于观察英语成绩连续变量的分布。</任务>

图 10-18 是英语成绩的小提琴图。小提琴图以其特有的形状显示了英语成绩的分布情况，灰色区域表示成绩分布的密度，区域越宽，表示该分数段的学生人数越多。中间的虚线标识了四分位数位置，帮助识别数据的集中趋势和分布特征。

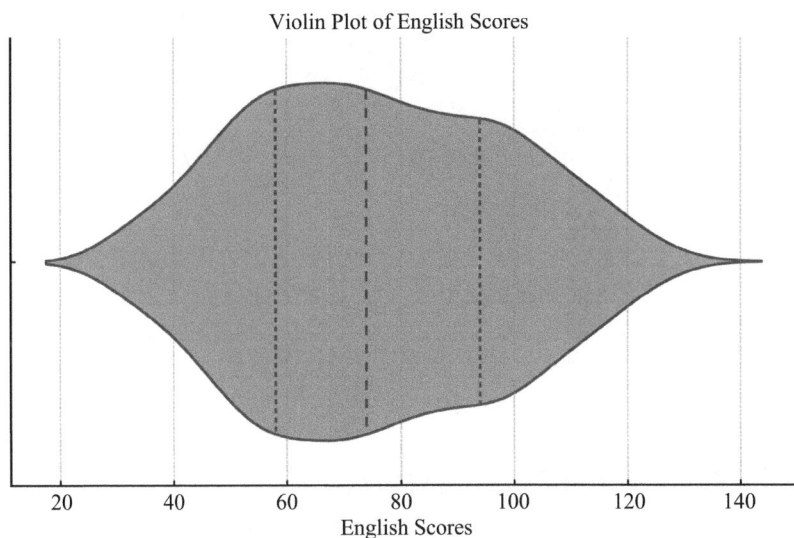

图 10-18　ChatGPT 绘制的小提琴图

10.3.13　绘制雷达图

在分析多维数据时，雷达图仿佛是一张展开的罗盘，它将多维数据的特征在一个圆形空间中生动地呈现出来。每个维度如同罗盘的指针，指向数据的不同侧面。当我们将这些指针连接在一起，雷达图就像一张独特的"数据之网"，将各个维度的关系和差异编织得清晰可见。雷达图特别擅长展示多变量之间的对比与平衡，让我们一眼就能洞察出数据中的优势与不足，仿佛在纵览数据的全貌，令其一览无遗。

借助 ChatGPT 生成雷达图，输入以下提示：

<角色>你是一个数据分析专家</角色>，<任务>请你绘制雷达图，其中包含六个不同属性的随机值</任务>：{速度、可靠性、舒适性、安全性、环保性和成本。}

通过生成的雷达图（图 10 - 19），可以直接看出来各个维度的关系和差异。

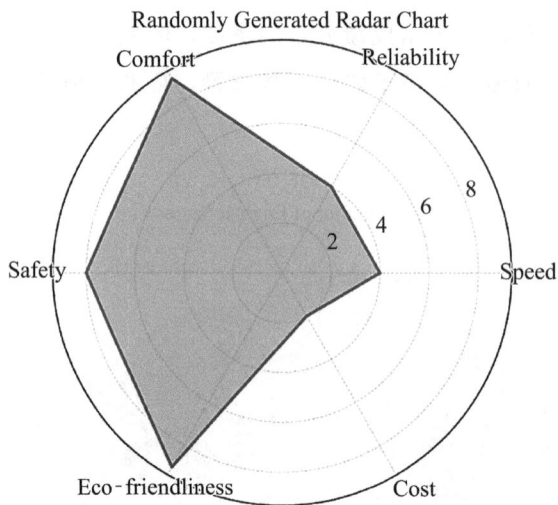

图 10 - 19　ChatGPT 绘制的雷达图

10.4　利用 ChatGPT 进行探索性数据分析

数据分析在现代科研和决策中扮演着不可替代的角色，它通过系统地收集、处理、分析及解释数据，帮助研究者和决策者揭示隐藏在数据背后的信息、趋势和模式。这种方法不仅深化了我们对现象的认识，还预测了未来的发展趋势，为处理复杂的决策环境提供了重要的支持。从简单的数据汇总到复杂的预测模型，数据分析的每一种应用都具有其独特的价值和场景。

利用数据分析发现问题、验证假设是科学研究的重要工作。通过上述案例可以发现，ChatGPT 甚至可以改变科学研究的工作模式。例如，研究人员可以使用 ChatGPT 在初期阶段快速生成假设，并通过分析已有数据或文献进行初步验证。这不仅能够大幅缩短研究的准备时间，还能帮助研究人员更好地识别潜在的研究方向和关键问题。此外，ChatGPT 还可以在实验设计过程中提供建议，帮助研究人员优化实验方案，减少不必要的实验步骤和资源浪费。在数据分析阶段，ChatGPT 能够快速筛选和分析大规模数据集，自动提取出关键信息并生成图表和报告，进一步提高研究效率。通过这些功能，ChatGPT 可以在科学研究的各个环节提供支持，使研究过程更加高效和精确。

这对循证实践同样有效。在寻找证据的过程中，ChatGPT 的强大检索能力能够快速定位并提取相关的教育研究文献和数据资源，为教师提供丰富的信息来源；评估证据时，ChatGPT 的分析工具可以协助教师对文献和数据的质量进行批判性评估，帮助他们筛选出最具可信度和适用性的研究结果。这一步骤对于确保循证实践的科学性至关重要；在应用证据阶段，教师可以根据 ChatGPT 提供的意见，将最符合教学需求的策略和方法付诸实践。总之，在 ChatGPT 的支持下，能够对整个循证实践过程进行回顾和调整。在不断优化的过程中，教师可以持续改进教学策略，推动教育质量的稳步提升。

10.4.1　询问两个变量的相关性

相关分析是一种统计技术，用于评估两个或多个变量之间的关系强度和方向。通过计算相关系数，我们可以量化变量之间的线性关系，其中系数的值介于 -1 和 1 之间。正值表示正相关，即一个变量的增加通常与另一个变量的增加相伴随；负值表示负相关，即一个变量的增加通常与另一个变量的减少相关。相关分析广泛应用于各种领域，如经济学、心理学、社会科学等，帮助研究者和分析师理解变量之间的相互作用，进行假设检验，以及预测未来趋势。

当我们要研究两个变量是否具有相关性的时候，可以对 ChatGPT 进行询问。以语文成绩和英语成绩是否具有相关性为例，可以输入以下提示：

＜角色＞你是一个数据分析专家＜/角色＞，＜任务＞现在我们需要研究两个变量是否具有相关性，请你从可操作性、易操作性来考虑，如何研究语文成绩和英语成绩是否具有相关性。＜/任务＞

生成的内容如图 10‑20 所示。

通过 ChatGPT 我们知道了如何研究两个变量的相关性，现在可以按照 ChatGPT 建议的步骤进行操作。

ChatGPT

要研究语文成绩和英语成绩是否具有相关性，可以按照以下步骤进行：

1. **数据收集：**
   - 首先需要收集一个样本群体的语文成绩和英语成绩的数据。这个样本应该尽可能广泛并具代表性，以确保研究结果的普适性和可靠性。
2. **数据清理：**
   - 确保数据质量，进行必要的数据清理，包括检查和处理缺失值、异常值等。
3. **数据分析：**
   - **描述性统计分析**：计算两个科目的成绩的平均值、标准差等基本统计量，了解数据的基本分布情况。
   - **绘制散点图**：将语文成绩作为X轴，英语成绩作为Y轴，观察两者的分布关系，判断是否有明显的趋势或模式。
   - **计算相关系数**：使用皮尔逊相关系数（Pearson correlation coefficient）是最常见的方法，来量化语文成绩和英语成绩之间的线性相关程度。相关系数的值介于-1和1之间，接近1或-1表示强相关，接近0表示无或弱相关。
4. **结果解释：**
   - 根据相关系数和散点图，分析两个变量之间的相关性强度及其统计显著性。
5. **报告撰写：**
   - 将研究结果整理成报告，包括数据处理方法、分析结果和结论等。

这种方法是从可操作性和易操作性的角度出发的。相关性分析不仅直观，而且易于实施，适用于初学者到高级数据分析师。您可以使用Excel、SPSS、R、Python等多种软件和工具来进行这些分析。如果您是初学者，Excel或SPSS可能是开始的好选择，因为它们的界面相对直观，学习成本较低。对于更高级的用户，R和Python提供了更多的灵活性和强大的数据处理能力。

图 10 - 20　ChatGPT 回答研究相关性步骤

10.4.2　散点图判断

我们可以根据绘制的散点图（绘制散点图步骤见本章 10.3.7），判断语文成绩和英语成绩是否有明显的相关趋势或模式。输入以下提示：

＜角色＞你是一个数据分析专家＜/角色＞，＜任务＞图中是关于语文成绩和英语成绩的散点图，请你分析和判断一下语文成绩和英语成绩是否有明显的趋势或模式。＜/任务＞

ChatGPT 输出的内容如图 10 - 21 所示，通过分析可以了解到分布模式、波动性、数据集中区域等信息。

ChatGPT

从散点图中可以观察到语文成绩和英语成绩之间的分布关系。这里有几个关键点可以指出：

1. **分布模式**：散点图显示的点位较为分散，没有明显的直线趋势或强相关性表现。这意味着语文成绩和英语成绩之间没有非常强烈的线性关联。
2. **波动性**：两科成绩均有一定波动，个别学生在某一科目表现突出，但在另一科目可能表现平平。这可能表明学生的语言能力在不同语种间的差异。
3. **数据集中区域**：尽管数据点较为分散，我们可以看到大部分数据集中在中高分段，表明大部分学生在这两门课程中的表现较为均衡。

综上所述，虽然数据点分散，但没有明显的趋势或模式表明语文成绩和英语成绩存在直接或强烈的相关性。如果需要更精确的分析（如计算相关系数），可以进一步处理数据来确定它们之间的具体数学关系。如果你需要这样的分析，请让我知道！

图 10 - 21　ChatGPT 分析散点图

10.4.3　了解统计方法

数据分析涉及很多统计方法，当我们不了解这些方法和系数时，可以寻求专业书籍和在线资源来帮助我们。同时，也可以利用 ChatGPT 来了解这些方法。以相关分析中的皮尔逊相关系数为例子，我们可以输入以下提示词：

＜角色＞你是一个数据分析专家＜/角色＞，我现在有点不太理解皮尔逊相关系数的计算方法，＜任务＞你能够详细地解答一下如何计算皮尔逊相关系数吗？＜/任务＞

ChatGPT 解释了在数学上如何计算皮尔逊相关系数，并告诉我们如何解读结果。同时 ChatGPT 还告诉了我们如何利用 Excel、Python 以及 R 语言计算皮尔逊相关系数，如图 10 - 22 所示。

ChatGPT

当然，我可以解释如何使用皮尔逊相关系数（Pearson correlation coefficient）来分析两个变量（比如语文成绩和英语成绩）之间的相关性。皮尔逊相关系数是衡量两个变量线性相关程度的统计量，其计算方法既直观又易于实施。

皮尔逊相关系数定义

皮尔逊相关系数 r 的定义如下：

$$r = \frac{n(\sum xy) - (\sum x)(\sum y)}{\sqrt{[n\sum x^2 - (\sum x)^2][n\sum y^2 - (\sum y)^2]}}$$

其中:

- n 是样本大小(即数据点的数量)
- $\sum xy$ 是两个变量乘积的和
- $\sum x$ 和 $\sum y$ 分别是两个变量的和
- $\sum x^2$ 和 $\sum y^2$ 分别是两个变量的平方和

步骤说明

1. **数据准备**:
   - 收集语文和英语的成绩数据,确保两者样本量相同。
2. **计算所需的各项统计量**:
   - 计算 $\sum x$, $\sum y$, $\sum xy$, $\sum x^2$, $\sum y^2$。
3. **应用公式**:
   - 将上述计算值代入皮尔逊相关系数的公式。
4. **解读结果**:
   - r 的值介于-1和1之间,其中:
     - $r = 1$ 表示完全正相关。
     - $r = -1$ 表示完全负相关。
     - $r = 0$ 表示没有线性相关。

图 10 - 22　ChatGPT 介绍皮尔逊相关系数计算方法

　　ChatGPT 告诉了我们如何利用不同的统计软件或者编程语言计算皮尔逊相关系数,当然如果需要进一步了解计算方法,还可以继续对 ChatGPT 进行提问(图 10 - 23)。

实际操作

在实际操作中,您可以使用各种统计软件或编程语言轻松计算皮尔逊相关系数。以下是一些常见选项:

- **Excel**:
  - 使用 Excel 内置的 `CORREL` 函数。
  - 直接在公式栏输入 `=CORREL(数据范围1, 数据范围2)`。
- **Python (使用 pandas 和 numpy 库)**:
  - 加载数据到 pandas DataFrame。
  - 使用 `numpy` 的 `corrcoef` 方法或 `pandas` 的 `corr` 方法计算相关系数。
- **R**:
  - 使用 `cor()` 函数直接计算。

图 10 - 23　ChatGPT 介绍用其他软件计算皮尔逊相关系数

10.4.4 直接计算相关系数

同时，我们也可以利用 ChatGPT 直接计算相关系数，并解读结果，现在以计算皮尔逊相关系数为例，输入以下提示词：

<角色>你是一个数据分析专家</角色>，<任务>请你使用皮尔逊相关系数来进行语文成绩和英语成绩的相关性分析，输出计算结果，并解释结果，得出结论。</任务>

ChatGPT 输出如图 10 - 24 所示，直接计算皮尔逊系数，并且对该结果进行了解释。要求 ChatGPT 解释结果，还具有避免幻觉、提高输出准确性的作用。

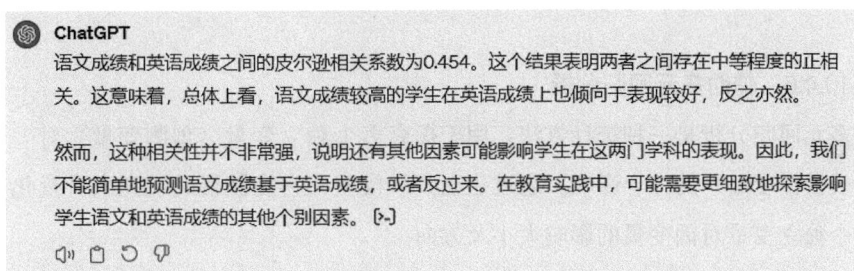

ChatGPT

语文成绩和英语成绩之间的皮尔逊相关系数为0.454。这个结果表明两者之间存在中等程度的正相关。这意味着，总体上看，语文成绩较高的学生在英语成绩上也倾向于表现较好，反之亦然。

然而，这种相关性并不非常强，说明还有其他因素可能影响学生在这两门学科的表现。因此，我们不能简单地预测语文成绩基于英语成绩，或者反过来。在教育实践中，可能需要更细致地探索影响学生语文和英语成绩的其他个别因素。 [>_]

图 10 - 24　ChatGPT 计算皮尔逊相关系数

10.4.5 辅助方差分析

方差分析（ANOVA）是一种统计方法，用于比较多组数据之间的均值差异是否显著。通过将数据的总变异分解为不同来源的变异，它帮助我们判断不同组别之间的差异是否大于组内的随机变异，从而确定组别因素对结果的影响是否显著。

同理，我们可以让 ChatGPT 辅助方差分析：

<角色>你是一个数据分析专家</角色>，<任务>请你使用方差分析来比较语文、数学和英语的平均成绩，看看这些科目的表现是否存在统计学上的显著差异，输出计算结果，并解释结果，得出结论。</任务>

ChatGPT 输出内容如图 10 - 25 所示，已经直接计算出方差系数，并且对该结果进行了解释。

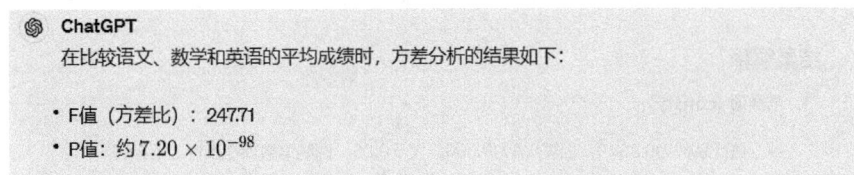

ChatGPT

在比较语文、数学和英语的平均成绩时，方差分析的结果如下：

- F值（方差比）：247.71
- P值：约 7.20×10^{-98}

结果解释：

- **F值**高表示组间的平均成绩差异相比于组内的随机变异是显著的。
- **P值**非常小（远小于任何常用的显著性水平，如0.01或0.05），这意味着我们有极强的证据拒绝原假设（即三个科目的平均成绩相同）。

结论：

根据方差分析的结果，我们可以得出结论，语文、数学和英语三门科目的表现在统计学上存在显著差异。这表明不同科目的学习成绩表现有显著的不同，教育机构或教师可能需要考虑这些差异来调整教学策略和资源分配。[>_]

图 10－25　ChatGPT 进行方差分析

10.4.6　辅助多元回归分析

多元回归分析是一种统计方法，用于探究多个独立变量（预测变量）对一个因变量（目标变量）的综合影响。通过建立数学模型，它能够帮助研究人员量化和解释各个独立变量对因变量的影响大小及方向。

同理，我们可以让 ChatGPT 辅助多元回归分析。输入以下提示：

＜角色＞你是一个数据分析专家＜/角色＞，＜任务＞请你使用多元回归分析来探索因变量｛工资｝与独立变量｛教育年数、工作经验｝之间的关系，输出计算结果，并详细解释结果，得出结论。＜/任务＞

ChatGPT 生成的结果如图 10－26 所示，图中展现出了多元回归分析的结果，以及对结果的解释，并且根据分析结果形成结论。

多元回归分析结果

我们对因变量（工资）和两个独立变量（教育年数、工作经验）进行了多元回归分析。以下是回归分析的详细结果：

参数	估计系数	标准误差	t值	P值	置信区间（0.025, 0.975）
常数 (const)	0.3649	0.829	0.440	0.660	-1.262, 1.991
教育年数	0.5848	0.058	10.080	0.000	0.471, 0.699
工作经验	0.1007	0.018	5.584	0.000	0.065, 0.136

结果解释

1. **常数项 (const)**:
   - 估计系数为0.3649，但其P值为0.660，大于0.05，说明常数项在统计上不显著。

2. **教育年数 (schyear):**
    - 估计系数为0.5848，表示教育年数每增加一年，工资平均增加0.5848个单位。
    - P值为0.000，小于0.05，表明教育年数对工资的影响在统计上是显著的。
3. **工作经验 (exp):**
    - 估计系数为0.1007，表示工作经验每增加一年，工资平均增加0.1007个单位。
    - P值为0.000，小于0.05，表明工作经验对工资的影响在统计上也是显著的。

结论

从回归分析结果来看，教育年数和工作经验都对工资有显著的正向影响。教育年数的影响较大，增加一年的教育年数对工资的提升作用约为工作经验的5.8倍。这表明，在控制了教育年数和工作经验的情况下，教育年数对工资的贡献更大。

该模型的R平方值为0.131，说明教育年数和工作经验可以解释工资变异的13.1%。尽管这个解释力不高，但两个独立变量对工资的影响在统计上是显著的。

图 10－26　ChatGPT 进行多元回归分析

10.4.7　辅助结构方程模型分析

结构方程模型（SEM）是一种用于探究潜在变量与可观测变量之间的关系的统计分析方法，它结合了因果关系的路径分析和潜在变量的因子分析，可以解释多变量之间的复杂关联。SEM 常用于社会科学和教育研究，能够全面分析因果关系，帮助理解如绩效、满意度等指标背后的多重影响因素，揭示各变量间的交互作用。

同理，我们可以让 ChatGPT 辅助结构方程模型分析，输入以下提示：

＜角色＞你是一个数据分析专家＜/角色＞，＜任务＞请你使用结构方程模型来研究｛工资｝和｛满意度｝之间的关系，并评估｛工作经验、教育年数、婚姻状况、职业类别等｝如何影响｛工资｝和｛满意度｝。＜/任务＞

输出内容如图 10－27 所示。

为了使用结构方程模型（SEM）研究工资和满意度之间的关系，并评估工作经验、教育年数、婚姻状况和职业类别对它们的影响，需要先构建潜在变量与观测变量之间的关系。

步骤：

1. **数据准备：** 将数据分为观测变量，潜在变量和干扰因素。
2. **模型构建：** 定义潜在变量之间的路径关系并进行结构方程建模。
3. **模型估计：** 用数据估计路径系数，并评估模型的拟合度。
4. **结果解释：** 对路径系数进行解释，并得出关于变量之间关系的结论。

接下来将使用Python的统计工具包进行SEM分析。

结果分析：

1. 工资模型：
- **决定系数 R²**: 0.145，表示所选变量解释了工资变化的14.5%。
- **显著性**：
  - **schyear**（教育年数）：p值 < 0.001，表明教育年数对工资有显著影响。
  - **exp**（工作经验）：p值 < 0.001，表明工作经验对工资有显著影响。
  - **married**（婚姻状况）：p值为0.05，在临界值上，表明婚姻状况可能对工资有影响。
  - **occup**（职业）：p值 < 0.01，表明职业对工资有显著影响。

2. 满意度模型：
- **决定系数 R²**: 0.375，表示所选变量解释了满意度变化的37.5%。
- **显著性**：
  - **wage**（工资）：p值 < 0.001，表明工资对满意度有显著影响。
  - **exp**（工作经验）：p值 < 0.001，表明工作经验对满意度有显著影响。
  - **occup**（职业）：p值 < 0.001，表明职业对满意度有显著影响。
  - **married**（婚姻状况）：p值为0.057，接近临界值，表明婚姻状况可能对满意度有一定影响。

结论：

- 教育年数、工作经验和职业对工资有显著影响。
- 工资、工作经验和职业对满意度有显著影响。
- 婚姻状况对工资和满意度的影响并不显著，但可能有一定影响。[⋯]

图 10-27　ChatGPT 进行结构方程模型分析

10.5　利用 ChatGPT 辅助文献阅读

ChatGPT 在辅助文献阅读方面的能力同样不容忽视。当我们深入阅读关于循证实践的相关文献时，ChatGPT 能够提供关键词提取、文献摘要和理解深度的查询等服务。特别是在处理复杂的概念和研究成果时，此技术能显著提升阅读效率和理解深度。

以《彝族数学教学中民族化素材的循证实践与设计探索——以凉山州普格县某中学一次函数教学为例》[1]（以下简称为普格县教学案例）这篇文章为例，ChatGPT可以帮助解析文章中的主要观点，提炼出教学实践中使用民族化素材的具体方法和效果评估。此外，通过与其他相关研究文献的比较分析，ChatGPT 能够揭示本研究

1　张红，罗悦，刘怡帆，等.彝族数学教学中民族化素材的循证实践与设计探索——以凉山州普格县某中学一次函数教学为例［J］.数学教育学报，2023，32（5）：47-54.

在整个学术领域中的定位及其创新点。

10.5.1　了解研究问题

了解研究问题有助于明确作者的研究目的和范围，从而能更准确地评估文献的相关性和质量。通过理解研究问题，读者可以更好地关联理论背景和研究结果，从而提取出对自己研究或实践具有指导意义的想法。此外，这也有助于识别研究中的潜在偏差和局限性，使读者能够更全面地评价证据的有效性和适用性。可以输入以下提示：

＜角色＞你是一个具有丰富学术水平的研究学者＜/角色＞，具备很好的文献阅读能力，＜任务＞请你阅读这篇文献，简单概括这篇文献主要的研究问题。＜/任务＞

输出内容如图 10‑28 所示。

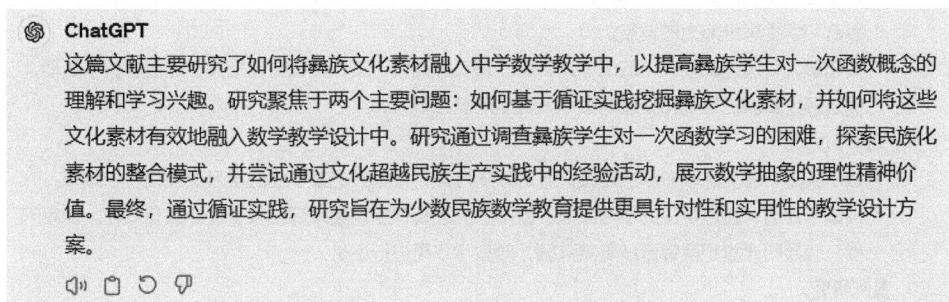

图 10‑28　ChatGPT 分析文献主要问题

10.5.2　了解研究设计

研究设计是方法论的核心，它说明了研究是如何构建的，包括数据的收集和分析方法。通过了解研究设计，可以评估研究的结构是否合理，是否能有效地回答研究问题。此外，研究设计的质量直接影响到研究结果的可靠性和有效性，对于判断文献的学术价值和实际应用价值非常关键。因此，深入理解研究设计有助于读者全面、客观地评价研究的质量和其结论的可信度。可以输入以下提示：

＜角色＞你是一个具有丰富学术水平的研究学者＜/角色＞，具备很好的文献阅读能力，＜任务＞请你阅读这篇文献，完整地、全面地介绍这篇文献的研究设计。＜/任务＞

输出内容如图 10 - 29 所示。

⑤ ChatGPT

这篇文献的研究设计主要围绕如何将彝族文化素材融入中学数学教学中的一次函数教学，以提升彝族学生的学习兴趣和教育质量。以下是研究设计的详细介绍：

1. **研究目的与问题定义**：
   - **目的**：探索如何通过融入彝族文化素材来提高彝族学生对数学概念的理解和兴趣。
   - **问题**：研究如何挖掘和验证彝族文化素材，并将这些素材融入一次函数的数学教学设计中。
2. **研究方法**：
   - **循证实践**：采用循证实践的方法论，即通过收集和分析数据来验证教学方法的有效性。这包括定义问题、收集证据、评估证据、选择和应用证据。
3. **证据收集与评估**：
   - **收集**：整合多元文化、一次函数教学和彝族文化的相关研究和案例证据。
   - **评估**：对收集到的证据按照其质量和相关性进行评价，以确保教学设计的科学性和适用性。
4. **教学设计**：
   - **大单元教学设计**：采用"大单元"教学方法，强调教学内容的结构化和情境化，推动知识的深层整合和学生思维能力的发展。
   - **文化融入**：通过彝族文化的故事、传统、符号等元素，设计具有文化相关性的数学教学活动，例如通过彝族的历史和文化背景引入数学问题和概念。
5. **实施与反馈**：
   - **教学实施**：在实际教学中应用设计好的教学方案，观察并记录学生的学习反应和教学效果。
   - **反馈与评估**：通过学生的学习成效、教师的反馈和课堂观察来评估教学设计的有效性。使用问卷、访谈和课堂观察等方法收集数据，对教学效果进行评价。
6. **案例研究**：
   - **地点和对象**：研究以四川省凉山彝族自治州普格县某中学的八年级学生为对象，这是中国最大

图 10 - 29　ChatGPT 分析文献研究设计（节选）

10.5.3　了解研究结论

研究结论总结了研究发现的核心要素，并阐述了这些发现对现有知识体系的贡献和意义。通过分析研究结论，可以获得对特定领域或主题深刻的见解，同时评估这些结论的实用性和创新性。此外，结论部分通常包含对未来研究方向的建议，为进一步的探索提供了可能的路径。正确理解研究结论，有助于读者建立对研究主题全面而准确的认知。可以输入以下提示：

＜角色＞你是一个具有丰富学术水平的研究学者，具备很好的文献阅读能力＜/角色＞，＜任务＞请你阅读这篇文献，完整地、全面地告诉我作者对于研究问题

的结论是什么？对研究问题，作者是否提出了相关建议？</任务>"

输出内容如图 10 - 30 所示。

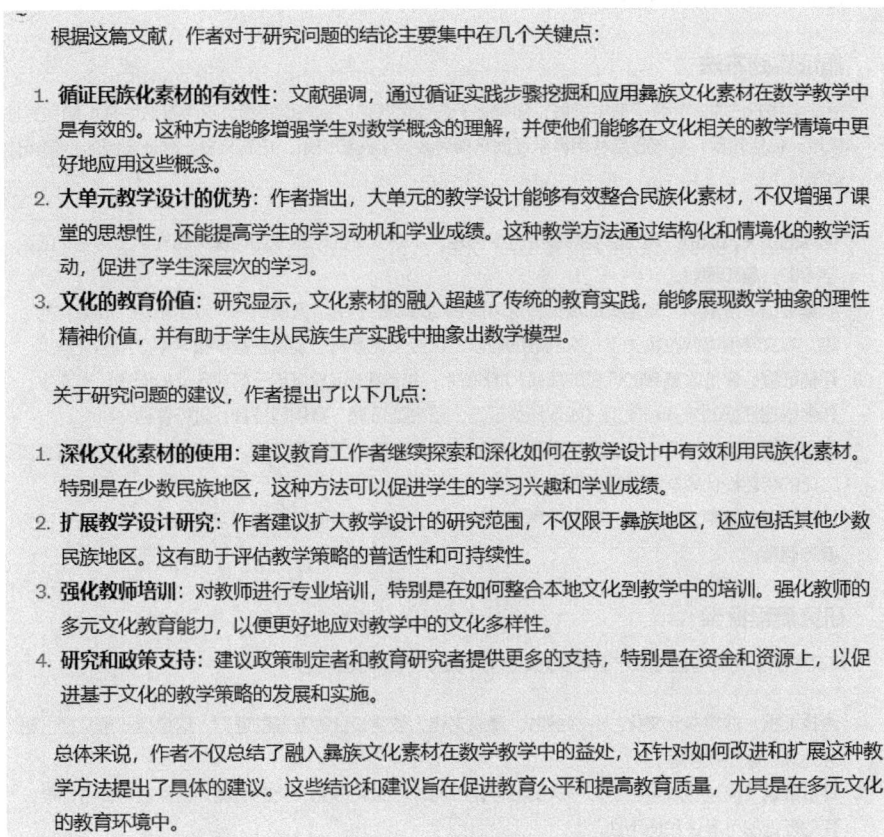

根据这篇文献，作者对于研究问题的结论主要集中在几个关键点：

1. **循证民族化素材的有效性**：文献强调，通过循证实践步骤挖掘和应用彝族文化素材在数学教学中是有效的。这种方法能够增强学生对数学概念的理解，并使他们能够在文化相关的教学情境中更好地应用这些概念。
2. **大单元教学设计的优势**：作者指出，大单元的教学设计能够有效整合民族化素材，不仅增强了课堂的思想性，还能提高学生的学习动机和学业成绩。这种教学方法通过结构化和情境化的教学活动，促进了学生深层次的学习。
3. **文化的教育价值**：研究显示，文化素材的融入超越了传统的教育实践，能够展现数学抽象的理性精神价值，并有助于学生从民族生产实践中抽象出数学模型。

关于研究问题的建议，作者提出了以下几点：

1. **深化文化素材的使用**：建议教育工作者继续探索和深化如何在教学设计中有效利用民族化素材。特别是在少数民族地区，这种方法可以促进学生的学习兴趣和学业成绩。
2. **扩展教学设计研究**：作者建议扩大教学设计的研究范围，不仅限于彝族地区，还应包括其他少数民族地区。这有助于评估教学策略的普适性和可持续性。
3. **强化教师培训**：对教师进行专业培训，特别是在如何整合本地文化到教学中的培训。强化教师的多元文化教育能力，以便更好地应对教学中的文化多样性。
4. **研究和政策支持**：建议政策制定者和教育研究者提供更多的支持，特别是在资金和资源上，以促进基于文化的教学策略的发展和实施。

总体来说，作者不仅总结了融入彝族文化素材在数学教学中的益处，还针对如何改进和扩展这种教学方法提出了具体的建议。这些结论和建议旨在促进教育公平和提高教育质量，尤其是在多元文化的教育环境中。

图 10 - 30　ChatGPT 了解研究结论

10.5.4　理解文献中的研究方法

以普格县教学案例为例，研究方法使用了循证实践，如果我们对循证实践方法不太理解，我们可以输入以下提示，让 ChatGPT 辅助我们理解：

<角色>你是一个具有丰富学术水平的研究学者，具备很好的文献阅读能力</角色>，<任务>请你阅读这篇文献，文章中运用到的循证实践方法是什么？如何进行循证实践？在本文中研究流程框架的是什么？</任务>

输出内容如图 10 - 31 所示。

ⓢ ChatGPT

在这篇文献中，作者采用了循证实践（Evidence-Based Practice, EBP）方法来研究如何将彝族文化素材融入数学教学，尤其是一次函数的教学。以下是有关循证实践方法的详细说明以及本文中应用该方法的具体研究流程框架：

循证实践方法

循证实践方法原本起源于医学领域，强调基于最佳可获得证据来做决策。这种方法后来扩展到其他领域，包括教育，其核心是利用科学证据来指导教育实践和决策。在本文中，循证实践的步骤具体包括：

1. **问题的定义和识别**：确定需要解决的教学问题，本研究中的问题是如何提高彝族学生对一次函数学习的兴趣和理解。

2. **收集证据**：搜集与问题相关的证据，这可能包括以前的研究、案例研究、教学策略、政策文档等。本文特别强调收集关于一次函数的教学、彝族文化素材、及其在数学教学中应用的证据。

3. **评估证据**：评价收集到的证据的质量和相关性，决定哪些证据可用于解决定义的问题。本文中，作者依据证据的来源和类型（如政策型证据、研究型证据、案例型证据）进行评估。

4. **应用证据**：将评估后的证据应用到教学设计中，制定教学策略并实施。本研究中，作者根据彝族文化的特色设计教学活动和课程。

5. **评价结果和调整**：实施后，评价教学活动的效果，根据学生的反应和学习成效对教学策略进行必要的调整。

研究流程框架

本文中的研究流程框架基于循证实践的步骤构建，具体流程包括：

1. **查找证据**：搜集多元文化、一次函数、彝族文化、教学设计等方面的证据。这包括政策文档、研究论文、教学案例等。

2. **评价证据**：通过了解学生学习一次函数存在的具体困难和多元文化的态度，创建证据评价标准，评估证据的可靠性和适用性。

3. **筛选证据**：根据评价标准和背景分析结果，筛选出适合研究目的的可靠证据。

图 10-31　ChatGPT 辅助理解研究方法（节选）

10.5.5　辅助数据设计

在科学研究中，确定需要收集哪些数据对于解决研究问题至关重要。选择正确的数据类型和数据来源可以确保研究结果的有效性和可靠性。如果数据收集与研究目标和假设紧密相关，那么分析得出的结论将更有说服力。此外，合适的数据选择有助于减少无关变量的干扰，提高研究效率。因此，在研究开始前明确哪些数据是必需的，是成功进行科学探索的关键步骤。

以普格县教学案例中循证实践收集数据为例，我们可以输入以下提示：

<角色>你是一个具有丰富学术水平的研究者，具备很好的研究问题能力</角色>，{若我们需要研究探索如何通过融入彝族文化素材来提高彝族学生对数学概念的理解和兴趣}，<任务>该文采用循证实践的方法，请你思考，在收集证据环节中需要哪些数据？</任务>

输出内容如图 10-32 所示。

ChatGPT

要以循证实践为方法研究探索如何通过融入彝族文化素材来提高彝族学生对数学概念的理解和兴趣，我们在收集证据环节中需要获取以下几类关键数据：

1. **彝族学生的学习背景与现状：**
   - 学生的基本情况，包括年龄、性别、教育水平。
   - 学生对数学学科的兴趣和成绩，以及他们在数学学习上的困难和挑战。
   - 彝族学生对于自己文化的认识和态度。

2. **彝族文化素材的现有应用：**
   - 目前学校或地区教育系统中是否已经有将彝族文化素材融入教学的实践。
   - 彝族文化素材的具体类型，如故事、节庆、传统、历史事件、数学相关的文化实践（如传统计算方法等）。
   - 教师对于使用彝族文化素材的态度和经验。

3. **教学方法与教学效果：**
   - 不同教学方法下学生的学习效果，特别是那些已经尝试融入彝族文化素材的教学方法。
   - 彝族文化素材在教学中的应用方式和学生的反应。
   - 教学前后的学习成绩对比，以及学生对数学概念的理解程度的改变。

4. **案例研究与实证研究：**
   - 国内外关于少数民族文化融入教育的成功案例。
   - 相关的教育研究和理论，尤其是那些关注文化融合对学习影响的研究。
   - 彝族及其他少数民族学生在类似教育改革中的反馈和成果。

5. **定性和定量的研究数据：**
   - 通过问卷调查、访谈（包括学生、教师、家长、社区成员等）收集的定性数据。
   - 通过测试、成绩记录、教学观察等收集的定量数据。

6. **政策和教育标准：**
   - 国家或地区关于教育的政策文件，特别是涉及少数民族教育政策。
   - 数学教育标准和课程指导方针，以及它们如何适应或能被彝族文化素材融入。

通过这些数据的收集与分析，我们能够构建一个全面的理解框架，分析和评估融入彝族文化素材对提高彝族学生对数学概念的理解和兴趣的实际效果，进而提出具体的教学改进建议。这些数据将支撑研究的可靠性和有效性，确保研究结果的科学性和实用性。

图 10-32　ChatGPT 辅助进行研究设计

10.5.6　辅助文献表格解读

ChatGPT 可以辅助我们对一些文献中的表格进行解读，可以输入以下提示，并上传相关表格（图 10-33）：

"＜角色＞你是一个文献分析专家＜/角色＞，＜任务＞请你帮忙解析一下以下表格所包含的信息。能否帮忙分析这份表格的评价标准是如何建立的？＜/任务＞"

表 2　多元文化融入一次函数教学证据评价标准

证据类型	层次等级	定义
政策型证据	强有力证据	中共中央、国务院、教育部等颁布的关于教育的指示、计划、意见和义务教育各学段数学的课程改革纲要和课程标准。
研究型证据	强有力证据	多元文化融入数学教学的精心设计和实施的准实验研究。多元文化融入一次函数教学的课例研究。
	中等的证据	多元文化融入数学教学的设计良好、实施良好的相关研究或定性研究。一次函数的优秀教学设计以及实施良好的相关研究。
	有潜力的证据	促进一次函数教学的研究理论，或基于一个定义良好的逻辑模型或行动理论，以及各种彝族文化的研究素材。
	基本证据	不是直接支持的数据，但可以借鉴其教学设计的理念框架以及描述彝族地区教育教学情况的研究。
案例型证据	强有力证据	多元文化融入数学教学的优秀教学案例。
	中等的证据	一次函数教学的优质课资源。
	有潜力的证据	有经验教师的上课视频，以及一次函数教学中体现的促进学生学习的优质思想方法。
	基本证据	一次函数的教学设计。

图 10-33 文献中的评价标准表格

输出内容如图 10-34 所示。

图 10-34　ChatGPT 进行文献表格解读

可以看到，ChatGPT除了前文提到的可以上传表格文件或直接提供表格外，还可以对表格图片进行识别然后进行分析解读，当然，ChatGPT也可以解读数据分析的表格，这里以《增强现实何以赋能学习？——具身学习视角下的实证研究》[1] 中的数据分析为例，输入以下提示，并上传相关表格（图10-35）。

<角色>你是一个数据分析专家</角色>，以下是用到了某种分析方法后的数据表格，<任务>请你分析一下从这份表格可以得出哪些分析结论？</任务>

表3　各维度测量指标描述及差异显著性结果

测量维度		测量指标	增强现实（N=30）M±SD	视频（N=30）M±SD	PPT（N=29）M±SD	F	p
客观生理	脑电反应	专注度	55.000±10.352	51.933±8.749	58.966±11.394	3.513	0.034*
	心率变异性	SDNN	49.713±16.411	42.163±18.250	38.866±13.395	3.504	0.034*
		RMSSD	61.663±23.668	49.383±26.845	44.200±19.875	4.253	0.017*
		Stress Index	9.723±3.429	11.923±5.302	12.890±5.632	3.283	0.042*
主观体验	情绪水平	积极情绪	22.833±7.922	25.767±8.080	22.517±7.174	1.595	0.209
		消极情绪	10.533±2.837	11.700±3.914	12.966±4.057	3.294	0.042*
	认知负荷	认知负荷	15.433±4.049	14.633±4.311	17.448±4.128	3.564	0.033*
	沉浸感	沉浸感	15.567±2.192	14.200±2.618	14.241±2.214	3.262	0.043*
学习效果		保持测试	3.900±1.213	2.967±1.217	3.310±1.198	4.565	0.013*
		迁移测试	3.450±1.322	2.833±1.028	2.534±1.157	4.673	0.012*

注：*表示 $p < 0.05$，即组间存在显著差异，下同。

图10-35　文献中的统计量表格

输出内容如图10-36所示。

- 所有这些指标的F统计量及其p值（均小于0.05）显示，这三种教学方式在生理反应上的差异是显著的。

3. 主观体验-情绪水平：

- 积极情绪方面，虽然视频组的平均分最高，但差异性检验（p=0.209）表明三种方式在积极情绪上的差异不显著。
- 消极情绪方面，PPT组的平均分最高，增强现实组最低，其F统计量及p值（p=0.042）显示在消极情绪上存在显著差异。

4. 认知负荷和沉浸感：

- 增强现实在认知负荷和沉浸感两个指标上均显示较低的负荷和更高的沉浸感，与其他两种方法比较，差异显著（p<0.05）。

5. 学习效果-保持测试与迁移测试：

- 在保持测试和迁移测试中，增强现实组的平均得分均高于视频和PPT组，且差异显著

图10-36　ChatGPT对统计量表格进行解读（节选）

1　冯小燕，索笑尘，李兆峰，等.增强现实何以赋能学习？——具身学习视角下的实证研究[J].现代教育技术，2023，33（10）：41-52.

ChatGPT 针对表格进行了分析，并且针对某个统计量进行了解读。当然，ChatGPT 还可以对更复杂的图进行分析与解读，比如热图（图 10 - 37），输入以下提示：

<角色>你是一个数据分析专家</角色>，<任务>以下是某个数据的热图，你能否帮忙解释一下这张图说明了什么内容？</任务>

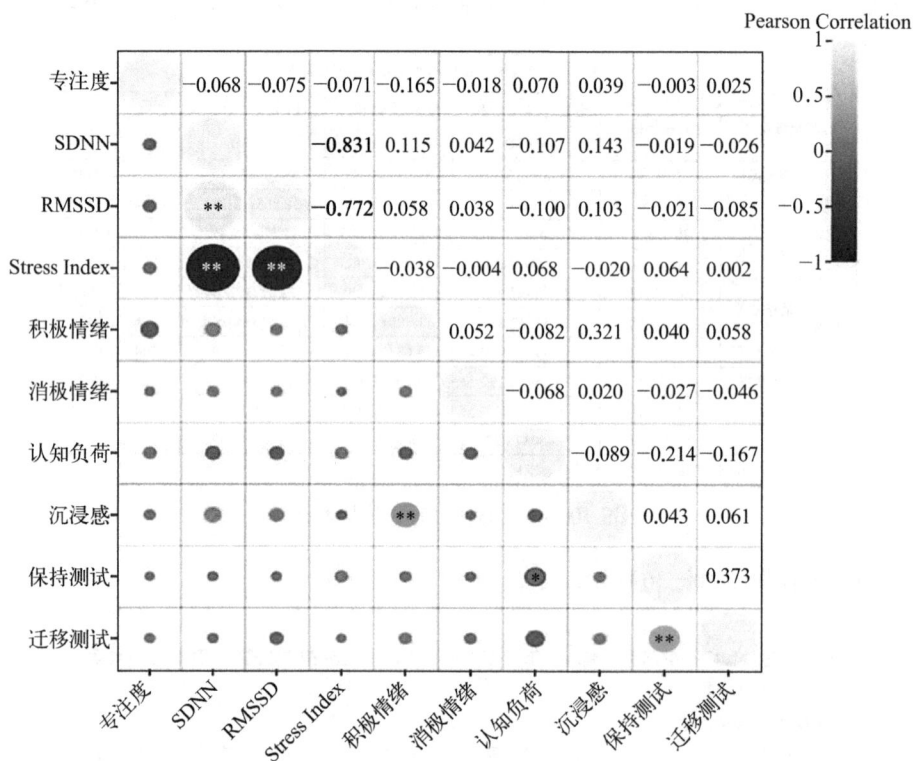

图 10 - 37　文献中的热图

输出内容如图 10 - 38 所示。

⊛ ChatGPT

这张图是一个热图（heatmap），用于展示不同变量之间的皮尔逊相关系数（Pearson Correlation）。颜色深浅代表相关系数的大小，颜色越深表示相关性越强。通常，红色表示正相关，蓝色表示负相关，颜色越深或者越接近1或-1表示相关性越强。在这张图中，只显示了红色，所以我们关注正相关性。星号用来表示统计学意义的级别，通常"表示p < 0.05（显著），""表示p < 0.01（非常显著），"表示p < 0.001（极其显著）。

从图中，我们可以看到如下信息：

1. SDNN（心率变异性的标准差）和 RMSSD（相邻 NN 间期差的平方根均值）之间存在非常显著的**负相关**（-0.831），意味着当一个指标增加时，另一个往往减少。
2. SDNN 和 Stress Index（压力指数）之间存在显著的负相关（-0.772），这表明心率变异性的标准差增加时，压力指数往往会减少。
3. 在**主观体验方面**，积极情绪和消极情绪之间存在显著的负相关（-0.214），表示当一种情绪增加时，另一种情绪往往减少。
4. **学习效果的两个指标**，保持测试和迁移测试，之间存在正相关（0.373），虽然不是非常显著，

图 10 - 38　ChatGPT 分析热图（节选）

现在，尝试一下对框架图进行分析（图 10 - 39），同样，可以输入以下提示。

<角色>你是一个数据分析专家</角色>，<任务>以下是循证实践中的教学框架，请你帮忙进行解读。</任务>

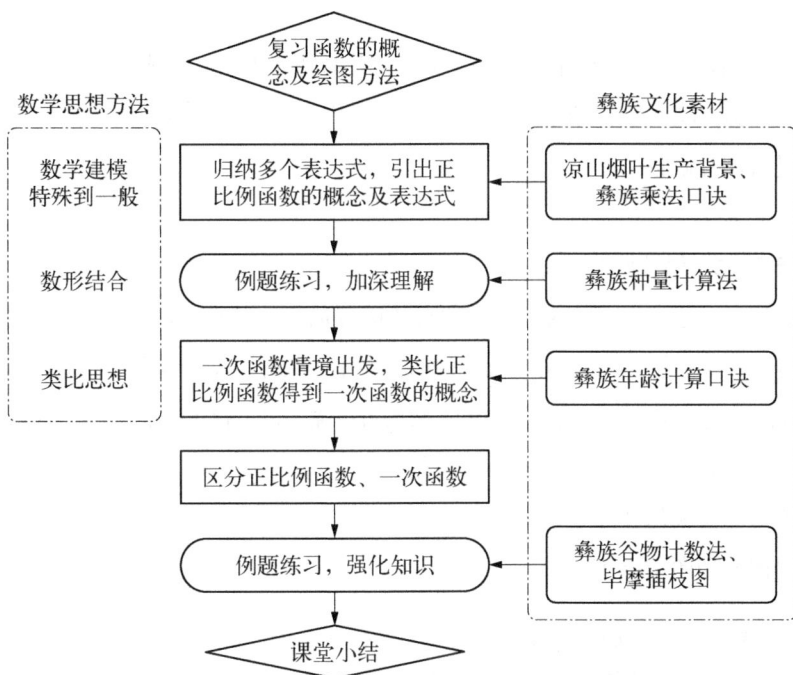

图 10 - 39　教学设计框架

输出内容如图 10 - 40 所示。

1.**课程目标与标准**：这是设计框架的起点，确立教学活动的目标和标准。教学设计首先要明确课程的学习目标，即希望通过教学活动，让学生达到的知识、技能和态度的具体目标。

2.**学习者分析**：这个部分涉及对学习者的背景知识、经验、动机和学习风格的了解。这样可以确保教学设计是为特定的学习者群体量身定制的。

3.**教学策略**：基于课程目标和学习者分析，教学策略被细分为四个方面：
- **教学内容与材料**：选择和开发适合学习目标和学习者的教学内容和材料。
- **教学方法与过程**：确定最有效的教学方法，如探究学习、合作学习等，以及这些方法的实施过程。
- **学习活动**：设计和安排具体的学习活动，以促进学生对知识的理解和掌握。
- **评价与反馈**：建立评价学习者学习成果的方法，并提供反馈，以促进学习的持续改进。

4.**教学媒介与技术**：这一部分考虑使用哪些媒介和技术来支持教学策略的实施，如多媒体工具、在线平台等。

5.**实施与评价**：教学设计的最后一步是实施和评价。这涉及到将设计付诸实践并对其效果进行评估，包括形成性评价（教学过程中的评估）和总结性评价（教学结束后的评估）。

图 10 - 40 　ChatGPT 解读教学框架

可以看到，对于复杂的图，由于 ChatGPT 的功能限制，生成的信息还有很大的进步空间。但 ChatGPT 依旧在不断更新迭代当中，相信未来新的版本能够更好地帮助我们进行图片解读。

10.5.7　文献关键词获取

关键词是表达文献主题内容信息的自然语言词汇，其重要功能是帮助读者检索。例如，对于一篇文献，我们感兴趣的可能是"循证实践"这个部分，通过 ChatGPT 能够帮助我们快速定位文献中的关键段落，我们可以输入以下提示（需要上传文献原文）：

＜角色＞你是一个文献阅读专家＜/角色＞，＜任务＞你能否帮我找出"循证实践"关键词的相关原文句子？＜/任务＞

输出内容如图 10 - 41 所示。

在《彝族数学教学中民族化素材的循证实践与设计探索——以凉山州普格县某中学一次函数教学为例》这篇文献中，"循证实践"的相关原文句子如下：

1. "调查发现，彝族学生对一次函数的学习存在困难，彝区当地教师在教学设计中大多依据主观经验，缺乏实证数据支撑。循证实践以问题为导向，讲究充分利用证据帮助决策的制定和实施，可以增强教学设计的针对性。"[17]

2. "基于循证实践的研究范式，以一次函数教学为例，构建彝族文化融入数学教学的研究框架，探索如何循证民族化素材，及其在教学设计中的整合模式。"[11]

3. "1996年，剑桥大学教育学院哈格里夫斯（D. Hargraves）教授提出'循证教育'（evidence-based education）概念，其核心是强调教育要从已有的研究中寻找证据，而不仅仅是依赖经验。循证教育的思想广泛应用于残障儿童的教育、课例研究和教师培训中。"[11]

4. "循证实践如果选择得当，实施合理，可以作为少数民族数学教育的实践指南，指导教师循证民族化素材。使用循证实践可以帮助消除教师的许多挫折和猜测，通过提供具体的方法来提高学生的表现。"[11]

5. "如何基于循证实践步骤挖掘彝族文化素材？选择'一次函数'作为研究案例，基于循证实践研究范式，查找证据，评价证据，选择证据，探索循证民族化素材的方法。"[11]

这些句子具体探讨了"循证实践"在彝族数学教学中的应用及其重要性。

图 10 - 41　ChatGPT 捕获文献中的原文

10.5.8　进行多文献阅读

ChatGPT 可以辅助多篇文献同时阅读，并快速生成每篇文献的研究目的、研究内容和研究结论，我们可以输入以下提示（所有文献都需要上传，截至本书成稿时，最多只支持 10 篇文献同时上传）：

　　＜角色＞你是一个文献分析专家＜/角色＞，＜任务＞请你阅读这些文献，对每篇文献的研究问题、研究内容与研究结论进行一个概括总结。＜/任务＞

受限于 ChatGPT 输出内容的限制，图 10 - 42 中只列出了前 5 篇文献，当我们上传的文献过多的时候，我们可以让 ChatGPT 分次生成。

这些文献探讨了循证教学在教育领域的应用，从不同角度阐述了如何通过证据改进教学行为。以下是每篇文献的概括总结：

1. 科学教育实践的循证改进（裴新宁）
探讨了科学教育的循证改进方式，强调科学教育需要基于实证研究来有效推进改革。提出科学教育需要在实验教学、丰富学习机会和创新科学实践等方面进行改进，以培养学生的科学素养和探究能力。

2. 循证医课视角下"自然生成"数学课堂教学对学生数学素养的影响分析（张建南）
探讨了"自然生成"数学课堂教学对学生数学素养的影响。研究表明，这种教学模式能够提升学生的数学理解能力、问题解决能力和数学应用能力。强调教学方法应关注学生的认知特点并增加实际应用环节。

3.指向核心素养达成的循证智慧研修模式 (刘颖，徐爱琳)

提出了一种通过智慧研修平台来达成核心素养的教学模式。该模式包括了数据分析、教学诊断和教学评估等，旨在通过数据证据优化教学行为，提高教学效果。

4.探索"共富"教育新样态: 整校推进数字化转型 (胡全斌，唐怡宁)

讨论了如何通过数字化转型来提升学校教育质量。通过构建数字化教学、评估和管理的新形态，促进人机协同育人。重点介绍了如何通过数字化手段改进教学，探索新的教学评估方式。

5.旨在改变教师教学行为的混合循证教研策略 (冯强，梁友明)

探讨了如何通过循证教研策略改变教师的教学行为，提出基于数据证据的教学诊断方法。研究结果表明，这种教研策略能够有效提升教师的教学行为，并形成有助于提高教学效果的教学模式。

这些文献都强调循证教学的重要性，并提供了通过数据分析和实证研究来优化教学行为的具体方法。

图 10-42　ChatGPT 捕获文献中的原文

当然，也可以让 ChatGPT 快速找出文献的侧重点和共同点，可以输入以下提示:

<角色>你是一名文献分析专家</角色>，<任务>请你阅读这些文献，找出这些文献的共同点，以及每篇文献的侧重点。</任务>

图 10-43 展现了这么多篇论文的共同点，图 10-44 展现了不同论文研究内容的侧重点。

ChatGPT

这些文献有一些共同的主题和观点:

1.循证教学的重要性: 每篇文章都强调了循证教学的重要性，倡导利用证据和数据来指导教育实践，改进教学方法，提升教学质量。

2.教学方法和行为的改进: 文献都关注如何通过循证的方法改进教学实践，强调优化教师的教学行为，以更有效地达成教学目标，提高学生的学习效果。

3.数据和证据的应用: 这些文献都强调数据和证据的重要性，将其作为教学设计和评价的重要依据，通过数据分析找到教学中的问题和优化方向。

4.核心素养和能力培养: 文献普遍关注培养学生的核心素养和能力，通过循证教学的方法确保学生获得更全面的能力发展。

5.创新教学模式: 很多文献探讨了如何通过循证的方式创新教学模式，寻找新的教学形态，以适应现代教育的需要，提高教学效果。

这些文献从不同角度讨论了如何通过循证教学和数据分析来优化教学行为和策略，旨在提高教学质量，促进学生的全面发展。

图 10-43　ChatGPT 分析多篇文献的共同点

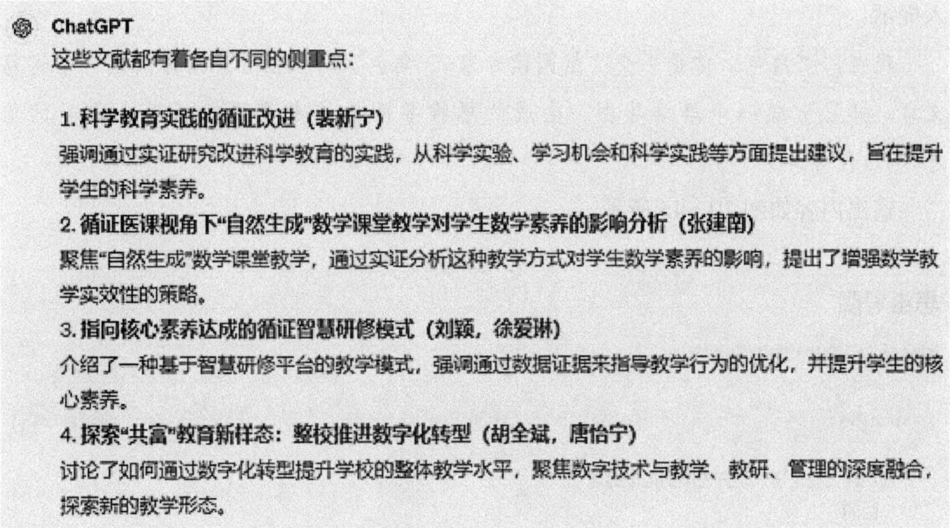

图 10-44 ChatGPT 分析多篇文献的侧重点

10.6 利用 ChatGPT 生成图片

ChatGPT 生成图片的特点在于它可以根据详细的文本描述,利用人工智能技术生成高度定制化的视觉效果。这种生成能力可以帮助教师以更直观的方式呈现复杂的概念。

10.6.1 利用插件生成思维导图

思维导图是一种视觉化的思考工具,它通过图形化方式帮助用户整理和呈现信息。在文献阅读中,思维导图尤为有用,因为它能有效地组织和概括文献中的主要观点和关键信息。制作思维导图通常从一个中心主题出发,围绕这一主题绘制出多个分支,每个分支代表一个相关的子主题或概念。通过这种方式,读者可以在一个视图中捕捉到文献的核心内容,从而加深理解并促进记忆。

现在,我们开始尝试使用 ChatGPT 来生成思维导图。

我们先上传一篇文献,如《知识转化理论模式研究进展的范围综述》[1],然后输

1　陈佳茵,刘宁,杨琳. 知识转化理论模式研究进展的范围综述 [J]. 护理研究,2022,36 (17):3077-3084.

入提示：

现在，<角色>你是一个文献阅读专家</角色>，<任务>请你阅读一下这篇文章，并且生成一个思维导图。生成的思维导图的信息需要概括整个文献的信息。</任务>

输出内容如图 10-45 所示。

思维导图

请参考以下的思维导图结构：

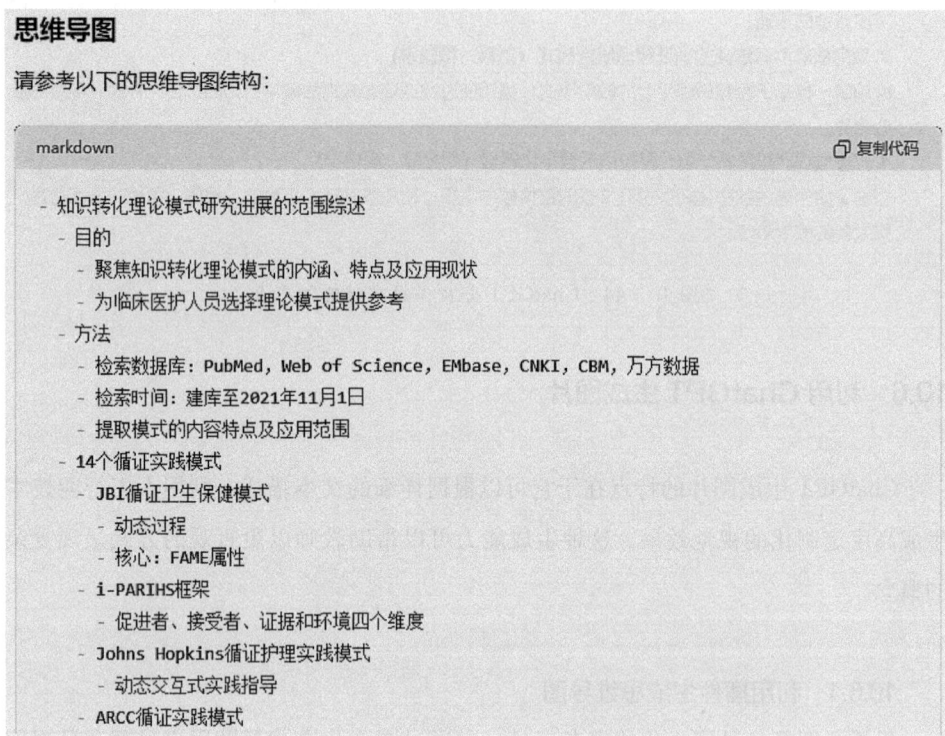

```markdown
- 知识转化理论模式研究进展的范围综述
  - 目的
    - 聚焦知识转化理论模式的内涵、特点及应用现状
    - 为临床医护人员选择理论模式提供参考
  - 方法
    - 检索数据库：PubMed, Web of Science, EMbase, CNKI, CBM, 万方数据
    - 检索时间：建库至2021年11月1日
    - 提取模式的内容特点及应用范围
  - 14个循证实践模式
    - JBI循证卫生保健模式
      - 动态过程
      - 核心：FAME属性
    - i-PARIHS框架
      - 促进者、接受者、证据和环境四个维度
    - Johns Hopkins循证护理实践模式
      - 动态交互式实践指导
    - ARCC循证实践模式
```

图 10-45 ChatGPT 生成的思维导图（节选）

可以看出，如果直接与 ChatGPT 进行对话，ChatGPT 无法直接生成思维导图，只是给我们列出了一个大概的提纲，但是我们可以借助 ChatGPT 中的插件来进行生成。

我们点击 ChatGPT 左上角的"探索 GPT"，进行搜索，找到"Whimsical Diagrams"插件。同样输入之前的提示：

现在，<角色>你是一个文献阅读专家</角色>，<任务>请你阅读一下这篇文章，并且生成一个思维导图。生成的思维导图的信息需要概括整个文献的信

息。</任务>

输出内容如图 10-46 所示。

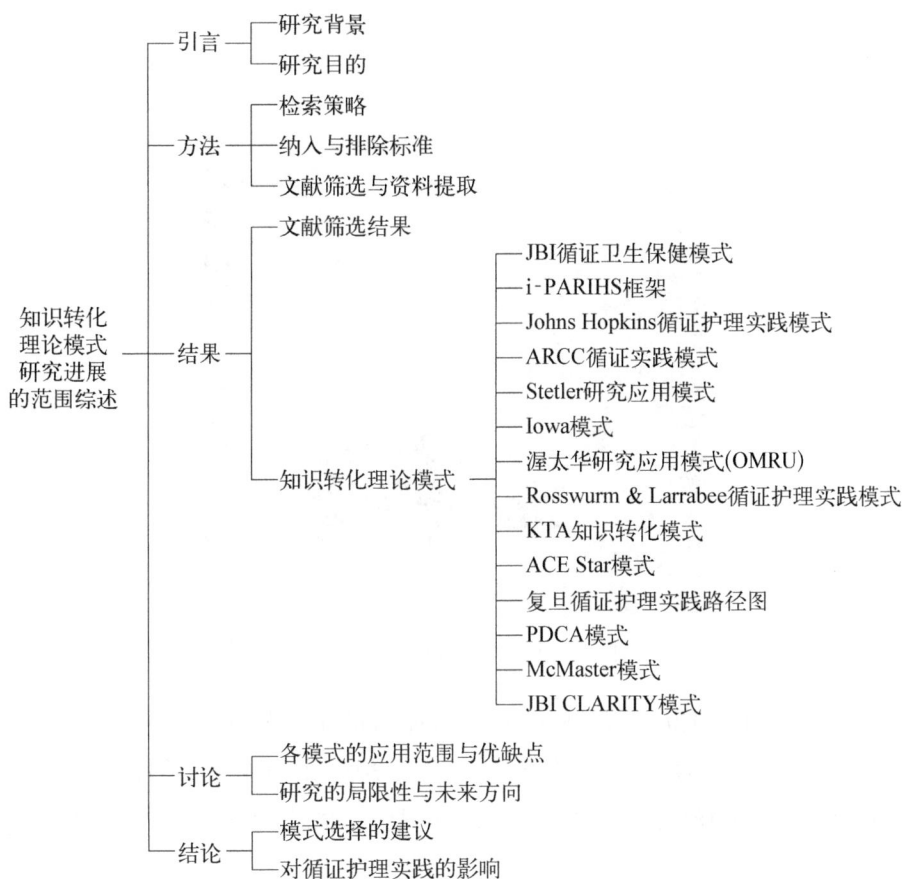

知识转化理论模式研究进展的范围综述
- 引言
  - 研究背景
  - 研究目的
- 方法
  - 检索策略
  - 纳入与排除标准
  - 文献筛选与资料提取
- 结果
  - 文献筛选结果
  - 知识转化理论模式
    - JBI循证卫生保健模式
    - i-PARIHS框架
    - Johns Hopkins循证护理实践模式
    - ARCC循证实践模式
    - Stetler研究应用模式
    - Iowa模式
    - 渥太华研究应用模式(OMRU)
    - Rosswurm & Larrabee循证护理实践模式
    - KTA知识转化模式
    - ACE Star模式
    - 复旦循证护理实践路径图
    - PDCA模式
    - McMaster模式
    - JBI CLARITY模式
- 讨论
  - 各模式的应用范围与优缺点
  - 研究的局限性与未来方向
- 结论
  - 模式选择的建议
  - 对循证护理实践的影响

图 10-46 ChatGPT 新生成的思维导图

可以看到，借助 ChatGPT 插件之后，我们可以直接将整个思维导图生成出来，相比于直接与 ChatGPT 对话，生成的效果更佳。

10.6.2 进行以文生图

以文生图是 AIGC 框架中的一个关键技术，通过文字描述，将文字转化为图像并展示出来。这项功能允许通过精确描述场景、角色、物体或氛围，获得与所需情境相匹配的图像。

首先，我们先要撰写一段文字来对图片进行描述，然后输入以下提示：

＜任务＞请根据以下文字生成一张图片。＜/任务＞

{孤舟蓑笠翁，独钓寒江雪。}

输出内容如图 10－47 所示。

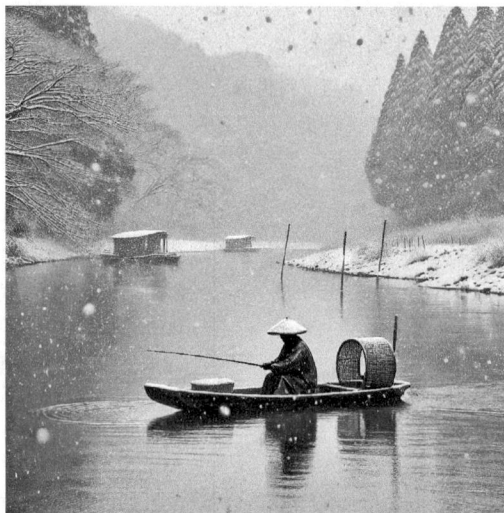

图 10－47　ChatGPT 生成的图片

引入以文生图功能后，就能够以更直观和感性的方式呈现古诗词的意境。读者不仅能深刻感受到诗人的情感和创作意图，还能在美丽的画面中获得愉悦和启发。这个奇妙的融合让我们更深入地理解和欣赏古诗词的魅力，同时也见证了科技与文化的交汇。

10.6.3　生成演示图

演示图是一种视觉工具，用于在演示或讲述中展示信息、数据或概念。通过结合图像、图表和文字，演示图能有效地传达复杂的信息，增强观众的理解和记忆。这些图通常包括条形图、线图、饼图及流程图等，能够在企业会议、教育讲座或任何需要解释和论证的场合中使用。演示图不仅可以使信息更加生动有趣，还有助于观众通过视觉元素更好地吸收和理解内容。

输入以下提示：

＜任务＞请你生成一个 {植物细胞的解剖图}，并且指出植物细胞的细胞壁、细胞膜、叶绿体、细胞核、液泡、细胞质。＜/任务＞

输出内容如图 10 - 48 所示。

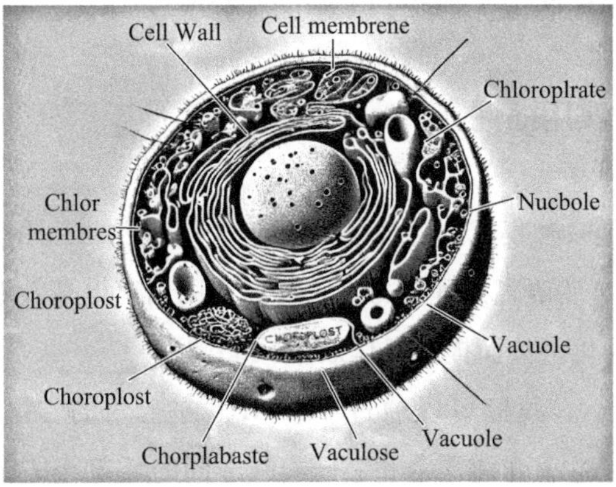

图 10 - 48　ChatGPT 生成的细胞图

当然，我们也可以让 ChatGPT 生成一张图，展示火力发电机是如何进行工作的，从文字的形式转换成图片的形式，可以帮助我们很好地理解某些工作原理（图 10 - 49）。

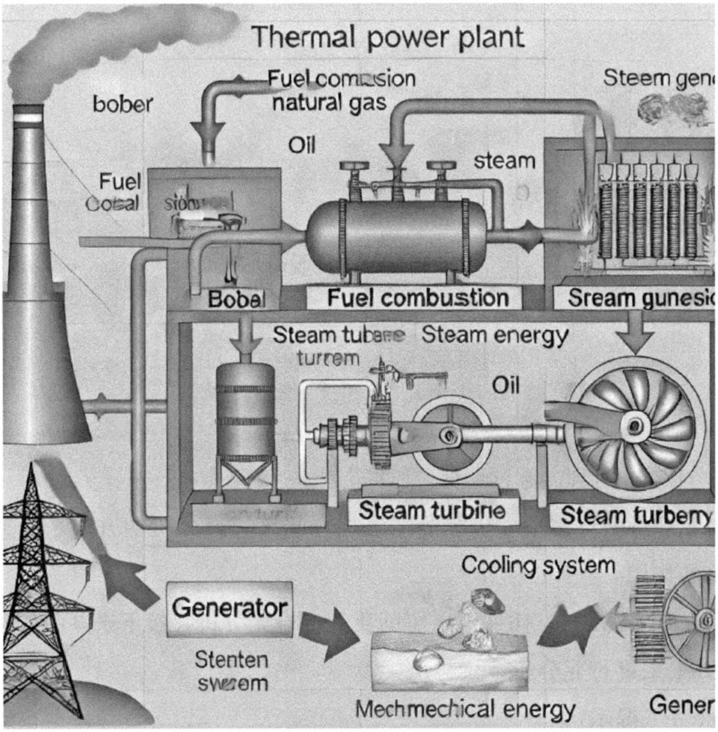

图 10 - 49　ChatGPT 生成的火力发电机工作图（部分）

但由于现在仅支持英文文字的图片生成，且图片生成严谨度还有待加强，用户在生成图片的时候需要自己辨别图片信息是否可靠。

10.7 ChatGPT 实用插件

ChatGPT 插件是一种集成到各种平台和应用中的扩展工具，使用户能够充分利用 ChatGPT 强大的自然语言处理能力。它可以帮助用户更高效地获取信息、生成内容，并实现任务自动化，从而提升工作效率。

如图 10 - 50 所示，我们可以通过 ChatGPT 左上角的"探索 GPT"按钮进入 ChatGPT 插件市场。这里介绍几个和循证实践不同的环节相关的插件，它们可以分别用于优化提示，提升数据计算和分析能力，甚至可以直接进行元分析。

图 10 - 50　ChatGPT 插件市场

10.7.1　Meta Analysis Master 插件

元分析是一种将许多独立研究的结果综合起来进行分析的方法，对循证实践有着至关重要的作用。

Meta Analysis Master 插件可以协助我们进行元分析，接下来，我们将演示如何借助 ChatGPT 来进行元分析。

向 ChatGPT 提示：

＜角色＞你现在是一个元分析专家＜/角色＞，＜任务＞请你协助我进行元分

析，首先告诉我进行元分析有哪些步骤？</任务>

输出内容如图 10-51 所示。

当然，以下是进行元分析的主要步骤：

1. 确定研究问题

- **明确研究问题**：确定元分析的研究目的和具体问题（例如，某种治疗方法的有效性）。
- **定义包含标准和排除标准**：明确哪些研究会被包含在元分析中，哪些会被排除。

2. 制定研究计划

- **撰写研究方案**：详细描述研究问题、包含和排除标准、搜索策略、数据提取方法和分析计划。

3. 文献检索

- **设计检索策略**：在多个数据库中进行系统文献检索，如PubMed、Embase、Cochrane Library 等。
- **灰色文献**：考虑检索未发表的研究、会议论文等灰色文献。
- **手动检索**：检查引用文献和参考文献列表，确保没有遗漏重要的研究。

4. 选择研究

- **筛选文献**：根据包含和排除标准筛选文献，通常需要两名研究者独立进行筛选，确保一致性。
- **评估质量**：对纳入研究的质量进行评估，常用工具包括Cochrane风险偏倚工具和Newcastle-Ottawa量表。

5. 数据提取

- **提取数据**：收集每项研究的相关数据，包括研究特征、样本大小、效果指标等。
- **数据验证**：确保提取的数据准确无误，可能需要第二名研究者复核。

6. 数据分析

- **计算效应量**：例如，均差（MD）、标准化均差（SMD）、比值比（OR）、相对风险（RR）等。
- **异质性评估**：使用I^2统计量和Q检验等方法评估研究间的异质性。
- **选择模型**：根据异质性选择固定效应模型或随机效应模型。
- **敏感性分析**：检查分析结果对研究质量、包含标准等的敏感性。

图 10-51 元分析的主要步骤

接下来，需要告诉 ChatGPT 研究主题，我们以"父母倦怠"研究主题为例，ChatGPT 告诉我们下一个步骤为文献检索，并且还提供了使用哪些数据库、关键词对文献进行检索（图 10-52）。

由于目前 ChatGPT 上传的文件数量上限是 10 个，因此我们接下来以上传 10 篇文献为例，让 ChatGPT 帮助我们完成文献的筛选与编码。

了解了你的研究主题是关于父母倦怠的前因、后果以及干预方法。下面我们可以一步步地展开。

1. 研究问题的制定

确定具体的研究问题是元分析的第一步。以下是一些可能的研究问题例子：

- 父母倦怠的主要前因是什么？
- 父母倦怠对家庭和儿童的影响有哪些？
- 哪些干预方法对缓解父母倦怠最有效？

2. 文献检索

你需要制定全面的文献检索策略，建议使用多个数据库，例如PubMed、PsycINFO、Web of Science等。检索词应包括与父母倦怠及其前因、后果和干预相关的词汇。

示例检索词：

- "parental burnout"
- "parental stress"
- "antecedents of parental burnout"
- "consequences of parental burnout"
- "interventions for parental burnout"

图 10-52　Meta Analysis Master 给出的文献分析步骤（节选）

上传完毕后，如图 10-53 所示，ChatGPT 已经帮我们完成了编码并且进行了汇总。

以下是完成的文献筛选和编码汇总表格：

文献编号	作者	年份	研究设计	样本特征	测量工具	主要结果	前因	后果	干预	备注
1	Smith et al.	2018	横断面	300名父母	父母倦怠量表	年轻父母、低收入、完美主义显著预测倦怠	年轻父母、低收入、完美主义	否	否	-
2	Johnson et al.	2019	纵向	200个家庭	行为量表、学业成绩	高父母倦怠与行为问题、学业成绩低下相关	否	行为问题、学业成绩低下	否	-
3	Williams et	2020	随	150名	干预方	干预组的父	否	否	认知	-

图 10-53　Meta Analysis Master 进行文献筛选及编码（节选）

接下来，我们让 ChatGPT 进行下一个步骤——数据分析（图 10 - 54）。

描述性统计

纳入了10篇研究，总样本量为3000名父母。以下是每篇研究的具体数据：

文献编号	作者	年份	样本特征	效应量 (d)	标准误 (SE)
1	Smith et al.	2018	300名父母	0.50	0.10
2	Johnson et al.	2019	200个家庭	0.60	0.12
3	Williams et al.	2020	150名父母	0.40	0.11
4	Brown et al.	2021	250名特殊需要儿童的父母	0.70	0.13
5	Davis et al.	2018	50名父母	0.30	0.10
6	Nguyen et al.	2020	500个家庭	0.20	0.09
7	Thompson et al.	2018	350名父母	0.50	0.10
8	Williams et al.	2019	400名成人	0.60	0.11
9	Jackson et al.	2018	300名父母	0.50	0.10
10	Roberts et al.	2018	150名父母	0.40	0.12

整体效应量

使用随机效应模型计算的总体效应量（d）为0.50，95%置信区间为[0.30, 0.70]。这表明父母倦怠与相关变量（如行为问题、学业成绩、抑郁症状等）之间存在中等程度的正相关。

异质性评估

- Q统计量：$Q = 20.45$，$p < 0.01$，表明存在显著的异质性。
- I^2统计量：$I^2 = 58.6\%$，表明异质性中等偏高。

图 10 - 54　Meta Analysis Master 对文献进行数据分析（节选）

随后，可以让 ChatGPT 分析以上数据并进行结果解释（图 10 - 55）。

4. 讨论

主要发现

本研究发现，年轻父母、低收入家庭和完美主义者更易出现父母倦怠。父母倦怠与儿童的行为问题和学业成绩低下显著相关。认知行为干预和社会支持干预是缓解父母倦怠的有效方法。

异质性解释

研究之间的异质性可能来源于样本特征的差异（如儿童的特殊需求、父母的社会经济背景）和研究方法的不同（如测量工具、研究设计）。

研究局限性

- 样本异质性较大，影响结果的通用性。

- 部分研究的样本量较小，可能导致效应量估计的不稳定性。
- 干预研究的随访时间较短，长期效果不明确。

实际应用与建议

- 针对高风险群体（如年轻父母、低收入家庭）提供更多的支持和资源。
- 推广有效的干预方法，如认知行为干预和社会支持干预。
- 未来研究应关注不同干预方法的长期效果，并进一步探讨影响父母倦怠的多种因素。

图 10-55　Meta Analysis Master 进行结果解释（节选）

但受限于当前 ChatGPT 的能力，用 Meta Analysis Master 进行元分析仅建议作为辅助工具。

10.7.2　Wolfram

Wolfram 插件（Wolfram Plugin）是一个强大的工具，能够访问 Wolfram Alpha 和 Wolfram Cloud 的功能和数据，用于计算、数据分析和获取广泛的知识。它能够很好地弥补 ChatGPT 计算能力并不是很强的问题。在进行循证实践的数据分析中，可以使用该插件进行更加精确与复杂的数据计算。如图 10-56 所示。

能否介绍一下验证数据是否为正态分布的Kolmogorov-Smirnov检验方法？

‹ 3/3 ›

Kolmogorov-Smirnov检验（简称K-S检验）是一种非参数检验方法，用于确定一个样本是否来自特定的分布（如正态分布）。以下是K-S检验的主要步骤和原理：

1. **原假设和备择假设：**
   - 原假设（H_0）：样本来自给定的分布（如正态分布）。
   - 备择假设（H_a）：样本不来自给定的分布。

2. **计算经验分布函数（Empirical Distribution Function, EDF）：**
   - 给定样本数据 $X_1, X_2, ..., X_n$，经验分布函数 $F_n(x)$ 定义为样本值小于或等于 x 的比例：
   $$F_n(x) = \frac{1}{n} \sum_{i=1}^{n} I(X_i \le x)$$
   其中 $I(\cdot)$ 是指示函数，当括号内条件成立时取值1，否则取值0。

3. **计算理论分布函数：**
   - 根据原假设，计算相应的理论分布函数 $F(x)$（如正态分布的累积分布函数）。

4. **计算K-S统计量:**

- K-S统计量 D_n 是经验分布函数和理论分布函数之间的最大差异:

$$D_n = \sup_x |F_n(x) - F(x)|$$

其中 sup 表示取最大值。

5. **比较临界值:**

- 将计算得到的 D_n 与临界值进行比较,以决定是否拒绝原假设。临界值可以通过K-S检验的临界值表或通过计算P值来获得。

图 10 - 56　Wolfram 插件

10.7.3　Data Analysis & Report AI

Data Analysis & Report AI是一款先进的工具,能够收集、整理和分析各种数据格式,为循证实践提供坚实的科学依据。通过深入的数据分析和解释,它揭示数据中的趋势和模式,生成详尽的报告和清晰的可视化结果,并基于分析结果提供建议,从而提升医疗、教育、商业和公共政策等各领域循证实践的效率和准确性。

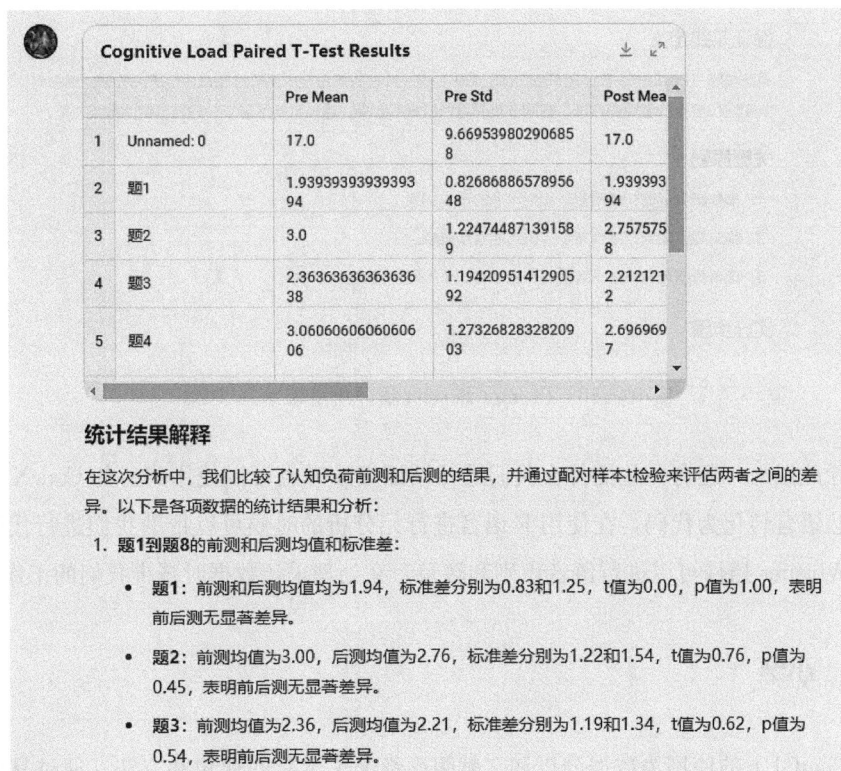

Cognitive Load Paired T-Test Results

		Pre Mean	Pre Std	Post Mea
1	Unnamed: 0	17.0	9.669539802906858	17.0
2	题1	1.9393939393939394	0.8268688657895648	1.939393994
3	题2	3.0	1.2247448713915 89	2.7575758
4	题3	2.3636363636363638	1.1942095141290592	2.2121212
5	题4	3.0606060606060606	1.2732682832820903	2.6969697

统计结果解释

在这次分析中,我们比较了认知负荷前测和后测的结果,并通过配对样本t检验来评估两者之间的差异。以下是各项数据的统计结果和分析:

1. **题1**到**题8**的前测和后测均值和标准差:

- **题1:** 前测和后测均值均为1.94,标准差分别为0.83和1.25,t值为0.00,p值为1.00,表明前后测无显著差异。

- **题2:** 前测均值为3.00,后测均值为2.76,标准差分别为1.22和1.54,t值为0.76,p值为0.45,表明前后测无显著差异。

- **题3:** 前测均值为2.36,后测均值为2.21,标准差分别为1.19和1.34,t值为0.62,p值为0.54,表明前后测无显著差异。

图 10 - 57　Data Analysis & Report AI进行分析和解释(节选)

10.7.4 Prompt Perfect

Prompt Perfect 插件是一个优化 ChatGPT 对话的工具。这个插件通过细致的改写和重组用户的输入，使 ChatGPT 能够更准确地把握上下文和细微之处。这种改进理解力带来了更准确和相关的回复，显著提升了整体对话的质量和效率。插件确保了与 ChatGPT 的交流清晰、有效，并且量身定制以满足用户的需求。如图 10‐58所示。

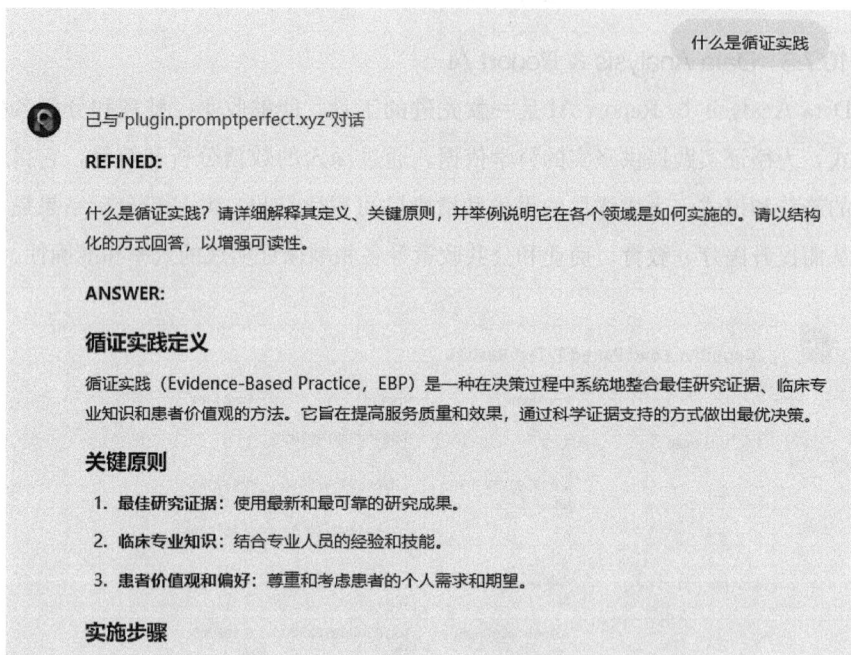

图 10‐58　Prompt Perfect 插件使用演示（节选）

除此以外，还有一些插件在我们进行循证实践时也可以使用到。如 CodeX 可以将自然语言转化为代码，在使用 R 语言进行元分析的时候可以帮助我们进行代码分析；Whisper 插件可以进行语音识别和转录，在处理采访数据时减少我们的工作量。

10.8　小结

ChatGPT 的使用为数据分析和文献阅读带来了全新的视角和方法。通过具体的实例，我们可以直观地感受到 ChatGPT 在简化数据处理、提升分析效率和辅助文献阅读方面的巨大优势。然而，这里需要强调的是，虽然 ChatGPT 降低了数据分析的技术门槛，但是具备统计分析的能力和对研究方法的了解对于理解和利用 ChatGPT 的分析结果至关重要，AIGC 的输出最终需要人的洞察和决断。

值得一提的是，ChatGPT 同样适用于质性材料的分析，如文本的主题提取、情感分析和内容摘要等功能。虽然本章并未单独讨论这些应用，但在其他章节的案例中已有详细说明。通过使用 ChatGPT，循证实践变得更加高效和精准，为教育决策提供了更坚实的科学依据。

综上所述，ChatGPT 可以成为教育研究和实践强大且易于使用的工具，并将会极大地促进循证实践的发展。借助这一工具，教师、教育管理者和研究人员能够更高效地进行问题剖析、研究设计、文献阅读、证据评估、材料分析与报告撰写，从而做出更科学、更有依据的教育决策。